KARL W. KRATKY/ELFRIEDE MARIA BONET

SYSTEMTHEORIE UND REDUKTIONISMUS

Wiener Studien zur Wissenschaftstheorie

Herausgeber der Reihe:

DIETER FLAMM, Univ.-Prof., Institut für Theoretische Physik der Universität Wien

GISELHER GUTTMANN, Univ.-Prof., Institut für Psychologie der Universität Wien

GERHARD LANGER, Univ.-Prof., Psychiatrische Universitätsklinik der Universität Wien

PETER MARKL, Univ.-Doz., Institut für Analytische Chemie der Universität Wien

ERHARD OESER, Univ.-Prof., Institut für Wissenschaftstheorie und Wissenschaftsforschung der Universität Wien

HANS CHRISTIAN REICHEL, Univ.-Prof., Institut für Mathematik der Universität Wien

RUPERT RIEDL, Univ.-Prof., Institut für Zoologie der Universität Wien

FRANZ MANFRED WUKETITS, Univ.-Doz., Institut für Philosophie der Universität Wien

Ehrenmitglied der Herausgebergruppe:

KONRAD LORENZ, Univ.-Prof., Konrad-Lorenz-Institut der Österreichischen Akademie der Wissenschaften †

SYSTEMTHEORIE UND REDUKTIONISMUS

herausgegeben von

KARL W. KRATKY
und
ELFRIEDE MARIA BONET

Wiener Studien zur Wissenschaftstheorie
Band 3

EDITION S

Edition S
Verlag der Österreichischen Staatsdruckerei, Wien

1. Auflage 1989

Copyright © by
Österreichische Staatsdruckerei
Alle Rechte vorbehalten

Einbandgestaltung: Multi Art
Druck und Bindearbeit: Österreichische Staatsdruckerei
ISBN 3-7046-0146-2

Inhaltsverzeichnis

Teil I: Grundsätzliche Überlegungen

Teil II: Bausteine zu einer Theorie komplexer Systeme

Teil III: Systemtheoretische Ansätze in den Einzelwissenschaften

Vorwort

Nun liegt der dritte Band der Buchreihe „Wiener Studien zur Wissenschaftstheorie“ vor. Er beruht im wesentlichen auf den Vorträgen, die im Studienjahr 1987/88 im Rahmen des interdisziplinären Seminars „Theorie der Naturwissenschaft“ an der Universität Wien gehalten wurden. Wie schon bisher, sind die Seminarbeiträge von den Vortragenden aufgrund der — wie immer regen — Diskussion überarbeitet worden. Außerdem hat der erste Herausgeber diesmal die Geduld der Autoren zusätzlich strapaziert, indem er sie in etlichen Fällen auf Fachausdrücke hingewiesen hat, die man vielleicht allgemein verständlicher formulieren könnte. So haben sich die Beiträge in einem (dem Buchthema entsprechenden) System von Rückkoppelungsschleifen noch verändert und sind insgesamt einheitlicher geworden. Den Autoren sei für die Kooperation gedankt. Alle haben sich Mühe gegeben, die richtige Mischung von Verständlichkeit und Exaktheit zu finden.

Bei den bisherigen Bänden der Reihe ist es um die Evolutionäre Erkenntnistheorie bzw. um das Realismusproblem gegangen. Das vorliegende Buch behandelt die Systemtheorie bzw. den Reduktionismus, d.h. das Verhältnis von Teil und Ganzem. Begriffe wie Rückkopplung, Vernetzung, Umwelt und Dynamik spielen eine zentrale Rolle. Eine genauere Einführung in den Themenkreis findet der Leser in den ersten beiden Kapiteln des ersten Beitrags. Wir wollen daher an dieser Stelle sehen, wie die Buchreihe weitergeht. Als besonders komplexes System wird im nächsten Band das Bewußtsein behandelt werden. Da vielleicht der eine oder andere Leser durch die Lektüre des vorliegenden Bandes zum Besuch des Seminars „Theorie der Naturwissenschaft“ im Biozentrum der Universität Wien angeregt wird, sei auch noch erwähnt, daß im Studienjahr 1989/90 das Thema „Selektion“ abgehandelt wird.

Die Aufgaben der Herausgeber waren wie bisher folgendermaßen verteilt: Der erste Herausgeber leitete auch das entsprechende Seminar, bei der Herstellung des Buches verschob sich der Arbeitsanfall im Lauf der Zeit vom ersten zum zweiten Herausgeber. Frau E.M. Bonet übersetzte außerdem den Beitrag F.J. Varelas vom Englischen ins Deutsche. Diesmal hat Frau Dr. Martha Laufer die Manuskripte in den Computersatz übertragen, die Grafik besorgte Frau Heidi Grillitsch. Den beiden Damen sei ebenso gedankt wie dem Verlag für das geduldige Warten auf die fertigen Manuskripte.

K.W. Kratky

Teil I: Grundsätzliche Überlegungen

Die Begriffe Systemtheorie und Reduktionismus sind nicht nur mehrdeutig, d.h. sie werden von Vertretern verschiedener Disziplinen und Paradigmen in unterschiedlicher Weise verwendet, sondern sie haben auch ihre Geschichte. Die Spannung zwischen Teil und Ganzem, Veränderlichem und Unveränderlichem hat die Menschen seit jeher beschäftigt und, in Abhängigkeit von den zur Verfügung stehenden Mitteln, zu verschiedenen Lösungen geführt. Vor allem die Aussage, daß „das Ganze mehr sei als seine Teile", war und bleibt Herausforderung. In der historischen Entwicklung stellen sich Systeme zunächst als statisch dar, ebenso die Beziehungen deren Elemente untereinander. Mit dem Aufkommen des Evolutionsgedankens werden sie dynamisch und in einem weiteren Schritt, den unser Jahrhundert setzt, offen gegenüber dem sie umgebenden Milieu. Der Reduktionismus als Forschungsstrategie behauptet gegenüber diesen weit ausholenden Theoriengebäuden nach wie vor seinen Platz.

Der erste Beitrag hat mehrere Funktionen: Zunächst stellt er eine Einstimmung in den Band dar. Weiters verknüpft er die (historische) Entwicklung der Systemtheorie in den letzten hundert Jahren mit den Buchbeiträgen. Schließlich werden konkret die Begriffe Linearität und Zirkularität betrachtet, um die (logische) Entwicklung vom linearen zum systemischen Denken darzulegen.

Karl W. Kratky (geb. 1948) ist Professor für Statistische Physik an der Universität Wien. Neben physikalischen und mathematischen Fragen hat ihn schon während des Studiums vor allem die interdisziplinäre Diskussion zwischen verschiedenen Wissenschaften interessiert. Nach der Promotion konzentrierte er sich auf thermodynamische Probleme. Seit der Habilitation 1982 zunehmende Beschäftigung mit erkenntnis- und wissenschaftstheoretischen Fragestellungen und Grundsatzproblemen der Medizin. Er ist Mitglied des Editorial Advisory Board der Zeitschrift „Cybernetics and Systems".

Vom linearen zum systemischen Denken

Karl W. Kratky

Willst Du dich am Ganzen erquicken,
so mußt Du das Ganze im Kleinsten erblicken.
(Johann Wolfgang von Goethe)

Es gibt nichts Praktischeres
als eine gute Theorie.
(Kurt Lewin)

1. Anleitung zum Lesen

Dieses Buch handelt von der Beziehung zwischen *Teil* und *Ganzem*. Das Thema ist in gewisser Hinsicht *zeitlos*, und doch ist es durch neue Entwicklungen in den Wissenschaften besonders *aktuell* geworden. Versucht man, das Ganze auf seine Teile zu reduzieren, ist man ein Anhänger des *Reduktionismus*. Die Gegenposition, der *Holismus*, konzentriert sich auf das Ganze und sieht die Teile als sekundär an. Die *Systemtheorie* versucht, eine Mittelposition einzunehmen und das Wechselspiel zwischen Teil und Ganzem in ausgewogener Weise zu berücksichtigen (K.W. Kratky 1989a). Freilich gibt es viele Facetten von Holismus, Systemtheorie und Reduktionismus, wie aus den Beiträgen zu diesem Buch hervorgeht. Auch die in den verschiedenen Ansätzen verwendeten Begriffe wie *System*, *Offenheit* und *Geschlossenheit*, *Gleichgewicht* usw. werden in den Beiträgen nicht in genau demselben Sinn verwendet. Das ist trotz aller Bemühungen auch gar nicht möglich, wenn man die Auseinanderentwicklung der Einzelwissenschaften in den letzten Jahrzehnten und Jahrhunderten bedenkt. Das Ziel dieses interdisziplinären Bandes ist es, den anderen verstehen zu können, auch wenn er eine etwas andere Sprache spricht als man selber. Das ermöglicht letztlich wieder eine *Integration* der verschiedenen Ansätze.

Eine empfehlenswerte Strategie für den Leser wird es sein, bei neu auftauchenden Begriffen vom Alltagsverständnis auszugehen, aber auf Begriffserweiterungen, -verengungen bzw. -verschiebungen von Mal zu Mal gefaßt zu sein. So kann Systemtheorie einmal eine Position *zwischen* Reduktionismus und Holismus sein, ein anderes Mal aber so allgemein gefaßt sein, daß sie Reduktionismus und Holismus als Grenzfälle beinhaltet. Dieses *aktive* Lesen statt eines *passiven* Aufnehmens ermöglicht dann auch ein leichteres Verfolgenkönnen der ringsum zunehmenden Diskussion um *Systemdenken*, *Selbstorganisation*, *Komplexität*, *Vernetzung* und *Autonomie*. Die (jeweilige) Bedeutung dieser Begriffe ergibt sich im allgemeinen gut aus dem Zusammenhang, während eine fortwährende (Um-)Definition zwar formal befriedigender, in der Praxis aber viel verwirrender wäre. Die Aktivität des Lesers ist aber noch in einer zweiten Hinsicht gefordert: Er darf sich keine *Rezepte*, keine festgeschnürten „Antwortpakete" erhoffen, sondern einen vielfältigen Fragenkatalog mit Lösungsansätzen unter verschiedenen Blickwinkeln.

In den Wissenschaften im allgemeinen und in der Wissenschafts- und Erkenntnistheorie im besonderen ist wohlbekannt, daß es auf die richtigen *Fragen* ankommt. Deren (vorläufige) Beantwortung führt dann wieder zu weiteren Fragen usw. Dieser Themenkomplex wurde kürzlich von P. HANDKE (1989) literarisch aufgearbeitet. Daß es in erster Linie auf das Fragen ankommt, spürt jedes kleine Kind, das damit allerdings seine Eltern ganz schön nerven kann. Erst der Schule ist es vorbehalten, Antworten auf nicht gestellte Fragen zu liefern und das Kind damit in eine passive Rolle zu drängen, wodurch die Motivation stark eingeschränkt wird. Ein praktisch angewendetes Systemdenken könnte hier eine Bildungsrevolution auslösen. Anstoß zu einer solchen Entwicklung versucht das Projekt „Vernetzung und Widerspruch" zu geben (R. FISCHER 1988), das in seinem interdisziplinären Anspruch mit dem Seminar „Theorie der Naturwissenschaft" vergleichbar ist, das der vorliegenden Buchreihe zugrundeliegt.

Ein weiterer Hinweis für den Leser besteht darin, daß — wie auch schon in den bisherigen Bänden der Reihe — vor jedem Beitrag ein paar Zeilen stehen, die diesen mit den anderen Beiträgen „vernetzen". Gerade in einem Buch über systemisches Denken kann das dazu benützt werden, die Beiträge in einer anderen Reihenfolge zu lesen, als sie abgedruckt sind. So kann jeder das Buch auf seine persönliche Art lesen und beispielsweise bei den Beiträgen einsteigen, die ihm fachlich nahestehen. Die lästige Beschränkung durch den *linearen* zeitlichen bzw. logischen Ablauf wird auch in der Kunst immer wieder durchbrochen, man denke z.B. an Rückblenden im Film oder parallele Handlungsabläufe und Querverweise in der Literatur (vgl. V. FLUSSER 1988). Dieses Durchbrechen ist besonders deutlich bei *Rückbezüglichkeit*, z.B. dem Thematisieren des Schreibens selber. Als Beispiel soll P. NIZON (1989) genannt werden.

Begriffe wie (Nicht-)Linearität und Rückbezüglichkeit spielen in der Systemtheorie eine große Rolle. Was ist nun aber die Systemtheorie? Während schon die Namen „Holismus" und „Reduktionismus" eine gewisse Fixierung andeuten, gibt es — Gott sei Dank — keinen „Systemismus". Auch der Name *Systemtheorie*, der immer wieder verwendet wird und auch in den Buchtitel aufgenommen wurde, kann in die Irre führen. Es handelt sich nicht um eine geschlossene große Theorie, sondern um einen Sammelbegriff für zwei zunächst verschiedene Dinge (vgl. P. CHECKLAND 1987/88):

1. Die Bereitschaft, in unserer Umwelt Systeme zu erkennen und für ein variables Wechselspiel zwischen Teil und Ganzem offen zu sein. Diese Grundhaltung wird oft auch mit *Systemdenken*, Systemansatz oder systemischer Sichtweise umschrieben. Darum geht es schwerpunktmäßig im ersten Teil des Buches.

2. Das aktuelle *Auskristallisieren* des Systemdenkens in konkreter Form in bestimmten Wissenschaften (siehe dazu vor allem den dritten Teil des Buches). Diese speziellen „Systemtheorien" haben sich unter verschiedenen Namen entwickelt, führen aber schon aufgrund ihres Ansatzes dazu, integrativ und interdisziplinär zu wirken. Eine Systemtheorie, die nicht letztlich auch zur Problematisierung der Spezialisierung und Aufsplitterung der Wissenschaften führt, ist unglaubwürdig. In welchem Sinn so eine Rückkehr zur „Universität" möglich ist, wird vor allem im zweiten Teil des Buches angeschnitten. Freilich kann der Leser aus diesen Erläuterungen ersehen, daß die Einteilung in die drei Buchteile eine Trennung vortäuscht, die letztlich nicht vorhanden ist. Fast jeder Beitrag gehört eigentlich allen drei Teilen an. Die Zuordnung erfolgte gemäß der Schwerpunktbildung in den Beiträgen.

Noch ein paar Worte zur Rückbezüglichkeit, die bei der Systemtheorie so wichtig ist: Es gibt viele Beispiele, wo die Rückbezüglichkeit *Paradoxien* auslöst (z.B. in der Logik — oder auch in den Bildern M.C. ESCHERs, vgl. D.R. HOFSTADTER 1985). So ist üblicherweise eine Behauptung entweder wahr oder falsch. Der rückbezügliche Satz „Dieser Satz ist falsch" bereitet allerdings Kopfzerbrechen. Ist er nämlich wahr, so ist er falsch — und daher wieder wahr usw. Bevor wir uns in einer „unendlichen Schleife" verfangen, soll darauf hingewiesen werden, daß es neben logischen Paradoxien, wie oben, auch paradoxe *Handlungsanweisungen* gibt, die in der Praxis wesentlich problematischer sind. Beispiele sind Aufforderungen wie „Handle spontan!" oder „Mach doch nicht immer das, was man dir sagt!". Was soll der oder die Angesprochene nun tun? Auch sonst kann in einem sozialen System wie z.B. der Familie durch Schleifenbildung im Verhalten (circulus vitiosus) eine paradoxe Situation entstehen, die durch ein entsprechend paradoxes Verhalten des Familientherapeuten gelöscht werden kann (A. SCHÖPPE und E.J. BRUNNER 1988). Die systemische (Familien-)Therapie scheint derzeit überhaupt die praktischeste Seite der System„theorie" zu sein. Die Aufgeschlossenheit der Therapeuten bzw. das dauernde Konfrontiertwerden mit Paradoxien führte beim 1. Kongreß „Systeme" 1988 in Wien den Hauptredner B. BROCK sogar zu der „Definition", daß die Systemtheorie (als Grundlage der Systemtherapie) eigentlich eine *Humortheorie* sei.

Bevor der *Ernst* der Systemtheorie mit dem nächsten Kapitel beginnt, sei noch ein Hinweis auf das jetzige Kapitel gestattet. Es sind darin bewußt (und sicher auch unbewußt) etliche Rückbezüglichkeiten bzw. Schleifen eingebaut. Wem es Spaß macht, der kann also jetzt unter diesem Blickwinkel mit dem ersten Kapitel nochmals beginnen und auf Entdeckungsreise gehen.

2. Die Entwicklung systemtheoretischer Ansätze

Der Erfolg der neuzeitlichen Naturwissenschaften bis ins 20. Jahrhundert beruhte weitgehend auf ihrer reduktionistischen Strategie, wobei die Welt in kleine, möglichst isolierte Teile zerlegt wurde. Die Physik beeinflußte als Leitwissenschaft viele andere Bereiche (K.W. KRATKY 1988a). Es fragt sich nur, ob die Strategie an sich so gut ist oder ob es während der ersten paar Jahrhunderte der Neuzeit eben genug (relativ einfache) Forschungsgebiete gab, für die der Reduktionismus ausreichte. Für zweiteres spricht, daß in der modernen Physik selbst (z.B. in der *Thermodynamik*) Entwicklungen zu verzeichnen sind, die auf eine ausgewogene Betrachtung von Teil und Ganzem abzielen (siehe meinen anderen Beitrag). Allgemeiner bekannt ist, daß sich die *Quantenphysik* mit dieser Problematik beschäftigt (W. HEISENBERG 1969, M. HEINDLER und F. MOSER 1987).

In der Biologie bzw. Physiologie tobte die Auseinandersetzung Reduktionismus — Holismus ab ca. 1900 in Form des *Mechanismus-Vitalismus*-Streits (siehe V. SCHURIG 1985). Die Parallele dazu in der Psychologie war dann die Auseinandersetzung zwischen *Behaviorismus* und *Gestalttheorie* (zu letzterer siehe ebenfalls V. SCHURIG 1985 oder auch T. HERRMANN 1957). Die Gestaltpsychologie kam zeitweilig außer Mode und wurde erst unlängst in Zusammenhang mit Konzepten der *Selbstorganisation* neu belebt (M. STADLER und P. KRUSE 1986). In der Biologie versuchte L.v. BERTALANFFY, den Streit durch eine *biologische Systemtheorie* zu überwinden, die er schließlich zu einer interdisziplinären *Allgemeinen Systemtheorie* ausbaute. Letztere wird teilweise im Beitrag von F.M. WUKETITS bzw. im ersten Beitrag von R. RIEDL behandelt. Eine Weiterentwicklung der *biologischen* Systemtheorie findet sich in R. RIEDLs zweitem Beitrag.

BERTALANFFYs Versuch, eine fächerübergreifende Systemtheorie aufzustellen, war nicht der erste. Doch ist die *Tektologie* A. BOGDANOVs (Anfang des 20. Jahrhunderts) schon aus sprachlichen Gründen nicht so bekannt geworden. BOGDANOV sprach von *organisierten*, *neutralen* und *disorganisierten* Komplexen. Im ersten Fall ist das Ganze mehr als die Summe seiner Teile, im zweiten Fall gleich der Summe, im dritten Fall kleiner als die Summe seiner Teile. Eine genauere Darstellung der Tektologie und einen Vergleich mit der Allgemeinen Systemtheorie und der Kybernetik gibt G. GORE-

LIK (1987). In der *Genetik* spiegelt sich BOGDANOVs Einteilung in der Fragestellung, ob die *Fitness* eines Organismus aus den einzelnen Genen heraus erklärt werden kann oder ob ein übersummativer Effekt vorliegt. Dieser Frage wird im Beitrag von G.P. WAGNER nachgegangen. Bezüglich der *Ökonomie* ist eine Parallele im Beitrag W. LEINFELLNERs angegeben: Es kommt zur *Kooperation*, wenn der Gesamtnutzen größer ist als die Summe der Einzelnutzen. Wenn der eine verliert, was der andere gewinnt, handelt es sich um *Konkurrenz* („Nullsummenspiel" in der Spieltheorie). Einen dritten Weltkrieg hat (bisher) bloß die Einsicht verhindert, daß alle nur verlieren können. Zu Fragestellungen der Kooperation siehe R. AXELROD (1988). Daß Partnerschaft in der Wirtschaft mehr bringt als Konkurrenzdenken, wird im praxisorientierten Buch von G.A. WOLF-LAUDON (1984) näher ausgeführt. Die positiven Auswirkungen der Kooperation werden dort *Synergieeffekte* genannt. Auch in der *Ökologie* stellt sich das Problem von Kooperation und Konkurrenz immer wieder (vgl. den Beitrag von J. OTT). In der dort angesprochenen Gaia-Hypothese wird die Biosphäre als abgestimmter, kooperativer „Organismus" angesehen. Eine Verbindung von *Ökologie* und *Ökonomie* versucht schließlich der Club of Rome in den sogenannten „Weltmodellen" (Stichwort: *Systemanalyse*).

Die oben erwähnte *Spiel-* und *Entscheidungstheorie*, die im Zusammenhang mit Wirtschaftsmodellen von J.v. NEUMANN und O. MORGENSTERN (1953) entwickelt wurde, wird heute auch in der Biomathematik angewendet; vgl. J. HOFBAUER und K. SIGMUND (1984, Teil IV). Neben ihr und der schon erwähnten Allgemeinen Systemtheorie (L.v. BERTALANFFY 1949) stammen auch die *Kybernetik* und die *Informationstheorie* aus der Mitte des 20. Jahrhunderts. Sie werden in den Beiträgen von G. PORENTA bzw. E. OESER behandelt. Der Untertitel des Kybernetikbuchs von N. WIENER (1948) lautet „Control and Communication in the Animal and the Machine". Es geht also um *Regelung* und *Kommunikation*, die durch Rückkopplung ermöglicht werden. Da von Tier *und* Maschine die Rede ist, bedeutet das, daß die Biokybernetik bereits in der Geburtsstunde der Kybernetik eingeschlossen ist. Grundlegende Fragen, die sich aus der Kybernetik ergeben, sind in R. GLANVILLE (1987) behandelt. Bei der *Informationstheorie* handelt es sich eigentlich (auch) um eine *Kommunikationstheorie*, wie aus dem Titel der Arbeit von C.E. SHANNON und W. WEAVER (1949) hervorgeht. Der Begriff der Information ist vielschichtig, siehe die Beiträge von E. OESER, P. SCHUSTER und meinen anderen Beitrag. Über den Problemkreis der Information kann man auch in B.-O. KÜPPERS (1986) nachlesen.

Ein neuer Schub an systemtheoretischen Ansätzen ist in den sechziger Jahren festzustellen, wobei die Standardbücher allerdings erst in den siebziger Jahren entstanden sind: die Katastrophentheorie (R. Thom 1975), die dissipativen Systeme (P. Glansdorff und I. Prigogine 1971, G. Nicolis und I. Prigogine 1977) und die Synergetik (H. Haken 1977, vgl. auch die gesamte Reihe „Springer Series on Synergetics"). Bei der *Katastrophentheorie* geht es um das Instabilwerden von Zuständen bei kontinuierlicher Veränderung bestimmter Parameter. Durch Symmetriebrechung kommt es dann zu qualitativ neuen Zuständen. Deshalb auch der Hinweis auf die Morphogenese im Titel von Thoms Buch. Die Katastrophentheorie wird im Beitrag von H. Troger behandelt. Er zitiert das erwähnte Buch allerdings gar nicht mehr, weil es ziemlich unverständlich geschrieben ist.

Die *dissipativen Systeme* und die *Synergetik* werden in meinem anderen Beitrag genauer behandelt. Die bei der Katastrophentheorie unterschlagenen Fluktuationen bei Phasenübergängen spielen bei den Schulen Prigogines und auch Hakens eine zentrale Rolle. Damit wird die reale Dynamik eingebaut. Beide Richtungen haben sich parallel entwickelt, auch das Forschungsgebiet ist teilweise identisch. Trotzdem findet man erst in den letzten Jahren häufiger Zitate über die jeweils andere Gruppe, was eine eigene Untersuchung wert wäre. Der Ausgangspunkt Hakens war eine *physikalische* Systemtheorie mit dem *Laser* als Paradebeispiel. Er verallgemeinerte diese Theorie zur Synergetik, so wie Bertanlanffy seine biologische Systemtheorie zur Allgemeinen Systemtheorie erweitert hatte. Eine interessante Zusammenstellung des Verhältnisses der Synergetik zu anderen systemtheoretischen Konzepten findet sich in Haken (1987, Kap. 13). Die Vernetzung der Ansätze wird dort besonders deutlich. So ist auch der „kybernetische" Zugang F. Vesters vom „systemischen" kaum zu unterscheiden (siehe z.B. F. Vester 1988). Die Begriffe *systemisch — vernetzt — organismisch — kybernetisch — ökologisch* sind heute weitgehend synonym geworden.

Zur angesprochenen Konvergenz von Begriffen bzw. Ansätzen hat die zunehmend *dynamische* Betrachtungsweise vieler systemtheoretischer Ansätze beigetragen, was durch die weitgehend vorhandene Rückbezüglichkeit noch weiter verstärkt wurde. So spricht man von einer Kybernetik der Kybernetik (Regelung der Regelung) bzw. einer Kybernetik zweiter Ordnung, die eng mit Konzepten der Selbstorganisation verwandt ist (siehe unten). Auch die Evolution der Evolution wird immer öfter angesprochen. Ein literarisches Pendant findet sich bei M. Ende (1984) oder bei F.P. Ingold (1988). Der Übergang von der noch vorwiegend statischen Katastrophentheorie zur Synergetik bzw. den dissipativen Systemen wurde bereits erwähnt. Dabei spielen *Schwankungen* eine Rolle, also der *Zufall* — ein eigenes interessantes Kapitel. Besonders in der noch zu besprechenden *Chaostheorie* kommt er zur Geltung, den Biologen war er in Gestalt der Mutation schon längst geläufig. Durch die Dynamisierung ist es möglich geworden, kybernetische Systeme genauso unter dem Blickwinkel von Geschichtlichkeit und Evolution zu betrachten wie biologische Systeme. Es sieht jedenfalls danach aus, daß die derzeitige Entwicklung zu einer *integrativen Theorie komplexer dynamischer Systeme* führt. Eine Zusammenschau der bisherigen Entwicklung findet sich unter anderem auch bei P. EISENHARDT et al. (1988). Abgesehen von seinem wertvollen Glossar ist dieses Buch auch deshalb bemerkenswert, weil es einigen Richtungen sehr kritisch gegenübersteht, beispielsweise der Synergetik. Daraus könnte sich eine fruchtbare Diskussion ergeben.

In *Wirtschaft* und *Management* ist in den letzten zwei Jahrzehnten etliches parallel zu den Naturwissenschaften gelaufen. Bereits 1972 schrieb F.A.v. HAYEK ein Buch mit dem Titel „Die Theorie komplexer Phänomene". Aus der St. Galler Schule um H. ULRICH entwickelten sich dann systemisch bzw. evolutionär ausgerichtete Managementtheorien (P. GOMEZ und G.J.B. PROBST 1987, F. MALIK 1984, siehe auch E. OESER 1987). In den *Literatur-* und *Sprachwissenschaften* gibt es ebenfalls systemtheoretische Ansätze. Im Rahmen des dem Buch zugrundeliegenden Seminars hielt STANISLAW LEM einen witzigen Vortrag über „Systemtheorie und Literaturwissenschaft" — leider unter der Bedingung, nichts darüber schreiben zu müssen. Er wies dabei auf seine beiden Bände hin, die 1983 bzw. 1985 unter dem kuriosen Titel „Philosophie des Zufalls" erschienen sind. Erst im Untertitel „Zu einer empirischen Theorie der Literatur" wird klar, worum es geht. Eine *systemisch-konstruktivistische* Sicht (s.u.) der Literaturwissenschaft vermitteln H. HAUPTMEIER und S.J. SCHMIDT (1985).

Bezüglich der *Linguistik* sei auf den Beitrag von E. LEINFELLNER-RUPERTSBERGER hingewiesen. Der dort behandelte *Strukturalismus* hat in der Linguistik schon eine lange Tradition. Auch in anderen Wissenschaften wie z.B. der Ethnologie oder der Soziologie wird der Name „Strukturalismus" für eine bestimmte systemtheoretische Richtung verwendet (siehe G. SCHIWY 1984). Es geht hier um Strukturen von Zeichensystemen, wobei die Frage ist, ob sie nur für sich (abgeschlossen) zu betrachten sind oder auf eine objektive Wirklichkeit hinweisen. Jedenfalls wird die Struktur hier als statisch angesehen und nicht als dynamische Prozeßstruktur. Um hier Abhilfe zu schaffen, hat W. WILDGEN eine *Dynamisierung* der Linguistik versucht. Zunächst ging er von der Katastrophentheorie aus (W. WILDGEN 1982), wobei er darauf hinwies, daß R. THOM selbst die Anwendung der Katastrophentheorie auf die Linguistik im Sinn hatte. In Frankreich entwickelte J. PETITOT in der Zwischenzeit den „Neostrukturalismus". In den letzten Jahren wendete sich WILDGEN dynamischen Phänomenen der Linguistik zu und entwickelte demgemäß dynamische Konzepte in Anlehnung an Systemtheorie und Selbstorganisation (W. Wildgen und L. Mottron 1987). Diese Entwicklung paßt also gut zu dem oben besprochenen allgemeinen Phänomen der Dynamisierung in verschiedenen wissenschaftlichen Bereichen.

Bisher nur am Rand erwähnt wurde die Beziehung zwischen *System* und *Umgebung*. Sie ist letztlich genauso differenziert zu sehen wie das Verhältnis zwischen Teil und Ganzem. Betrachten wir ein System von „außen" und machen wir damit ein Experiment, ohne auf die internen Prozesse des Systems zu achten, nehmen wir einen *behavioristischen* Standpunkt ein (System als „black box"). Eine *systemische* Betrachtungsweise berücksichtigt hingegen die Wechselbezüge zwischen System und Umgebung, die zusammen ein noch größeres System bilden. Dabei entdeckt man, daß oft ein Großteil des Systemverhaltens nicht von außen aufgezwungen, sondern durch interne Prozesse zumindest mitbewirkt wird. Dementsprechend findet sich der Terminus *Selbstorganisation* immer häufiger in diversen systemtheoretischen Arbeiten (siehe K.W. Kratky 1990).

Eine besonders akzentuierte Form einer Selbstorganisationstheorie ist die *Autopoiese* (H.R. Maturana und F.J. Varela 1987). Dieser *konstruktivistische* Ansatz ist aus der Kybernetik-Schule H.v. Foersters hervorgegangen (H.v. Foerster 1985), der sich schon in den sechziger Jahren mit Selbstorganisationsphänomenen aufgrund von Rückkopplungsschleifen beschäftigte. Bei der Autopoiese wird auf die *internen* Vorgänge das Hauptgewicht gelegt. Im Extremfall landet man bei einer „black box" in der anderen Richtung: Nun sitzt man *in* der Box, und die Umwelt erscheint einem unzugänglich. Die Problematisierung der Beziehung System — Umgebung führt also zu der Frage, inwieweit (und in bezug auf welche Eigenschaften) ein System *offen* bzw. *abgeschlossen* gegen die Umgebung ist. Eine völlige Offenheit gibt es nicht, sonst könnte man zwischen System und Umgebung nicht unterscheiden. Im Fall der Autopoiese ist das System (z.B. das Gehirn) *operational* bzw. *informationell* abgeschlossen und bildet daher die Umwelt nicht ab, sondern *konstruiert* sie (S.J. Schmidt 1987, spez. S. 229 ff). Das System ist von der Umwelt nicht in dem Sinn abhängig bzw. auf die Umwelt bezogen, wie man üblicherweise meint, sondern (weitgehend) *autonom*. Das kommt im Beitrag von F.J. Varela, der das Immunsystem betrachtet, deutlich zum Ausdruck. Auch in der *kognitiven Psychologie* beschäftigt man sich wieder mit den mentalen Prozessen, während in der Hochblüte des Behaviorismus Begriffe wie „Bewußtsein" oder gar „Wille" tabu waren. Nicht von ungefähr beschäftigt sich die Autopoiese schwerpunktmäßig mit Kognition.

Die Autopoiese wurde in abgewandelter Form von N. LUHMANN in die *Sozialwissenschaften* übernommen, siehe auch den Beitrag von M. THALER. Die Rückbezüglichkeit kommt in den Erwartungserwartungen zum Ausdruck, die im letztgenannten Beitrag besprochen werden. Auch in der *systemischen Therapie* gibt es eine starke Strömung, die sich an den Vorstellungen des Konstruktivismus orientiert (H. MERL 1987). Es stellt sich dabei allerdings die Frage, ob die Terme „konstruktivistisch" und „systemisch" miteinander verträglich sind. Vielfach wird das bejaht, vgl. z.B. G. SCHIEPEK (1987). Mit dieser Betrachtung an der Grenze zwischen Psychologie und Psychiatrie sind wir bei der *Medizin* angelangt. Einen Vergleich reduktionistischer und ganzheitlicher Modelle der Medizin, insbesondere der Psychiatrie, bringt G. LANGER in seinem Beitrag anhand des *Placebo*begriffs. Im allgemeinen ist das systemische Denken in der sogenannten „Schulmedizin" noch nicht sehr ausgeprägt. Doch zeichnet sich auch hier ein Umdenken ab (F. TRETTER 1988, W. FEIGL und E.M. BONET 1989). Um diesen Prozeß zu fördern, wurde die Wiener Internationale Akademie für Ganzheitsmedizin gegründet, siehe z.B. K.W. KRATKY (1988b). Dabei geht es um die systemische Betrachtung *in* der Medizin, aber auch bezüglich des Verhältnisses der medizinischen Richtungen untereinander.

Der eben genannte Unterschied von Betrachtungsweisen spiegelt sich bei den Naturwissenschaften in zwei Arten von Reduktionismus wider: einerseits der Reduktion eines Systems auf seine Elemente, andererseits der Reduktion beispielsweise der Biologie auf Physik und Chemie (B.-O. KÜPPERS 1987). Dadurch kommt es öfters zu Verwirrungen bei der Zuordnung von Wissenschaftlern. So beschäftigt sich P. SCHUSTER einerseits mit Selbstorganisation und Rückbezüglichkeit (siehe M. EIGEN und P. SCHUSTER 1979), vertritt aber andererseits die Meinung, daß die Biologie letztlich in Physik (und Chemie) aufgeht. SCHUSTER bezeichnet sich selbst als Verfechter eines reduktionistischen Forschungsprogramms. Seinen Beitrag kann der Leser auch unter diesem Gesichtspunkt betrachten.

Da ich schon öfters um meine eigene Meinung zur Rolle der Physik befragt wurde, möchte ich kurz folgendes sagen: Sie befindet sich derzeit im Umbruch, es fragt sich daher schon einmal, was überhaupt *die* Physik ist. In ihrer älteren Form kann sie die Biologie sicher *nicht* „erklären". In Zukunft könnte sie sich aber als Keimzelle einer wesentlich umfassenderen vernetzten Naturwissenschaft erweisen, die dann auch die biologischen Phänomene erfaßt. Ob man das dann noch „Physik" nennt, ist aber eher Geschmackssache. Es geht hier also teilweise um definitorische Fragen. Auch sonst sind Mißverständnissen und Fehlinterpretationen Tür und Tor geöffnet, man denke nur an die laufende Diskussion um die Autopoiese. Ein wesentlicher Punkt ist dabei, ob man Ausdrücke wie Teil — Ganzes, System — Umgebung, Statik — Dynamik, Struktur — Prozeß usw. als Gegensätze ansieht oder als einander ergänzende und bedingende Begriffspaare, vgl. z.B. K.W. Kratky (1989b). In den folgenden beiden Kapiteln wird mit *Linearität* und *Zirkularität* ein für das Buchthema wichtiges Begriffspaar durchleuchtet.

3. Lineare und zirkuläre Verknüpfung von Elementen

Die Verschmelzung der verschiedensten Ansätze zu einer Systemtheorie ist schon so weit gediehen, daß viele Begriffe in ihnen gemeinsam verwendet werden. Oft weiß man gar nicht mehr, aus welchem Teilgebiet ein Begriff eigentlich stammt. Der Leser sei auf F.B. Simon und H. Stierlin (1984) verwiesen, wo viele Begriffe — allerdings durch die Brille der Systemtherapie gesehen — ausführlich und verständlich erläutert werden.

Im folgenden werden wir uns auf einige wichtige Begriffe konzentrieren. Dabei gehen wir von den möglichen *Verknüpfungen von Elementen* aus. Abb. 1 zeigt einige einfache Fälle. Die Elemente mögen z.B. (logische) Sätze sein, die Pfeile die Richtung der (logischen) Ableitung angeben. Viele andere Interpretationen des abstrakten Konzepts sind aber auch möglich (zeitliche statt logische Verknüpfung, Ursache-Wirkungs-Ketten, usw.). In Abb. 1a sind die Elemente isoliert, in Abb. 1b gibt es *eine* Verbindung, in Abb. 1c eine lineare Verkettung aller drei Elemente. Abb. 1d deutet an, daß das System auch eine Umgebung hat, mit der es in Verbindung stehen kann.

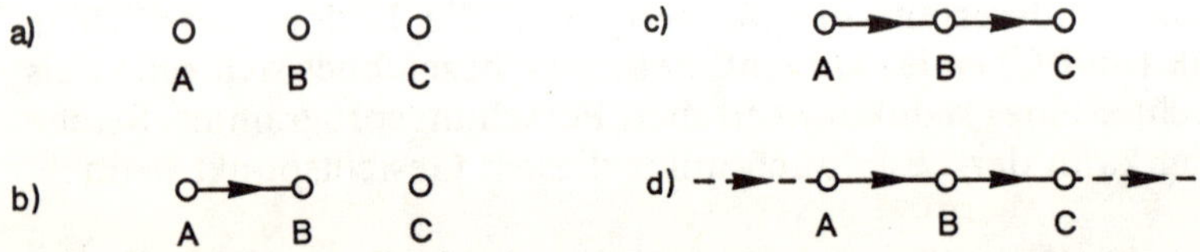

Abb. 1: Einfache Möglichkeiten einer linearen (linealen) Verknüpfung von drei Elementen A, B und C.

Die vier in Abb. 1 dargestellten Fälle haben eines gemeinsam: Man kann sich ein Element nach dem anderen hernehmen und das logische oder mathematische Problem Schritt für Schritt lösen, eine gleichzeitige Betrachtung aller Elemente ist nicht nötig. Die Reihenfolge der Betrachtung ist im Fall a beliebig, im Fall b teilweise und in den Fällen c und d ganz vorgeschrieben. Die in Abb. 1 wiedergegebenen Fälle sind durch *Linearität* gekennzeichnet, manchmal auch *Linealität* genannt, um sie von einer anderen Art von Linearität zu unterscheiden, die im nächsten Kapitel besprochen werden wird. Beide Begriffe sind gemäß Abb. 1c einsichtig. Sie sollen aber auf alle Fälle ausgedehnt werden, wo eine Lösung „Element für Element" möglich ist. Dazu gehören unter anderem auch alle baumartigen Strukturen, siehe z.B. die Abb. 1 des Beitrags von E. LEINFELLNER-RUPERTSBERGER. Man kann den dortigen Baum auch als Symbol für die Einteilung aller Lebewesen (nach Reichen, Gattungen, Arten usw.) ansehen, wobei sich die Pfeile durch die Einteilungsvorschriften (spezifische Differenz) ergeben. Man erhält dann eine *Systematik* des Lebendigen. Die Baumstruktur kann aber auch als eine strenge *Hierarchie* (z.B. im militärischen Bereich) interpretiert werden, wobei die Pfeile die Befehlsrichtung angeben.

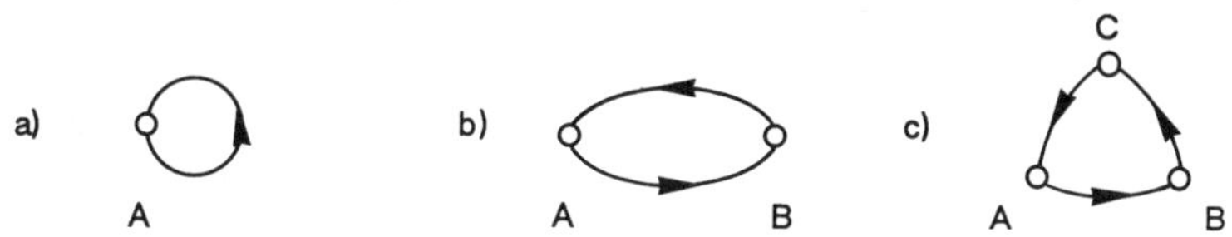

Abb. 2: Einfache Möglichkeiten einer zirkulären Verknüpfung von ein bis drei Elementen.

Eine gänzlich andere, nämlich *nichtlineare* Situation stellt sich in Abb. 2 dar. Hier gibt es eine *Rückkopplungsschleife* bzw. eine *zirkuläre* Verknüpfung, die eine saubere Trennung der Elemente im allgemeinen unmöglich macht. Je nach Fachrichtung und Zusammenhang spricht man auch von *Regelkreis*, *Rekursivität*, *Reflexivität*, *Rückbezüglichkeit* (*Selbstreferentialität*), *zirkulärer Kausalität*, *Zirkelschluß* und *Autologie* (F. SCHÖNBAUER 1987). Bei einer logischen Interpretation kann es zu Paradoxien kommen. Als Beispiel für Abb. 2a nehmen wir einen rückbezüglichen Satz, der zunächst unproblematisch zu sein scheint:

A: Dieser Satz hat fünf Wörter.

Er ist wahr, allerdings gilt das auch für seine Verneinung:

A': Dieser Satz hat nicht fünf Wörter.

Die Sätze A und A', nur mit der Zahl „sechs" statt „fünf", sind hingegen beide falsch. Jede andere Zahl paßt in das übliche logische Schema (A falsch, A' wahr). Noch viel offensichtlicher ist die Paradoxie in folgendem Beispiel zu Abb. 2b (Erweiterung des Beispiels vom 1. Kapitel):

A: Der nächste Satz ist wahr.
B: Der vorige Satz ist falsch.

Gleichgültig, ob man den ersten Satz als wahr oder falsch annimmt, man kommt nicht zu Rande. Ersetzt man im zweiten Satz das Wort „falsch" durch das Wort „wahr", fällt die Inkonsistenz weg. Allerdings kann man nicht entscheiden, ob dann beide Sätze wahr oder falsch sind. Bei Abb. 2c kommt es (genauso wie bei Abb. 2a und 2b) zu einem Widerspruch, wenn man den Pfeil als die mathematische Relation „größer als" interpretiert:

$$A > B > C > A . \qquad (1)$$

Würde ein Pfeil (beispielsweise derjenige von C nach A) umgedreht, würde der Widerspruch aufgehoben:

$$A > B > C < A . \qquad (2)$$

Dementsprechend liegt dann *Linearität* vor. In einer logischen Interpretation kann man von A ausgehend nach B kommen. Die Aussagen A und B ergeben dann zusammen die Schlußfolgerung C. Doch zurück zur *zirkulären* Verkettung: Was *logisch* widersprüchlich ist, kann *zeitlich* aufgelöst werden. Interpretiert man den Pfeil als Kraft, die eine Zeit Δt zur Übertragung bzw. Wirksamkeit braucht, so ergibt sich bei Abb. 2b die Kette

$$A(t) \rightarrow B(t + \Delta t) \rightarrow A(t + 2\Delta t) \rightarrow \ldots . \qquad (3)$$

Aus dem *Zirkel* wird somit eine *Spirale* (A. Schöppe und E.J. Brunner 1988). Eine solche zeitliche Auflösung ist z.B. im Hin- und Herpendeln des Klöppels einer Klingel zwischen zwei Stellungen gegeben. Die jeweilige Klöppelstellung löst gerade ihr „Gegenteil" aus, durch die Oszillation wird aber gerade ihr Zweck erreicht, nämlich einen Ton zu erzeugen. Durch dieses Beispiel wird angedeutet, daß durch das Betrachten von Rückkopplung ein System dynamisch wird. Sehen wir uns dazu die Einteilung aller Lebewesen noch einmal an. Betrachten wir nun aber nicht statisch/ahistorisch den momentanen Zustand, sondern sein Entstehen im Lauf der Evolution. Diese ist wesentlich durch die Wechselbezüge zwischen den Lebewesen bestimmt. Praktisch jedes Individuum steht in einer Rückkopplungsschleife der Selektion und treibt somit die Evolution voran. Für dieses *dynamische nichtlineare* System ist aber „systemisch" und nicht „systematisch" das richtige Adjektiv. Diese Unterscheidung entspricht übrigens auch dem Unterschied zwischen dem *künstlichen* und dem *natürlichen* System des Lebendigen. Man kann nach vielen Kriterien systematisch einteilen und klassifizieren. Aber nur eine Einteilung ergibt sich „von selbst" in natürlicher Weise — die *systemische.*

Wir haben in diesem Kapitel zwei Typen von Systemen kennengelernt: lineare (lineale), in denen es keine Rückkopplungsschleifen gibt, und nichtlineare (nichtlineale), in denen zumindest eine solche Schleife auftritt. Auch bei nichtlinearen Systemen gibt es verschiedene *Komplexitätsgrade*, je nach der Art der *Vernetzung*. Im Extremfall sind alle Elemente über eine oder mehrere Schleifen miteinander verbunden. Leicht überschaubar, da auf die Teile reduzierbar, sind die *linearen* Systeme. *Isolierte* Elemente erlauben eine besonders extreme Form von Reduktionismus: Das „System“ besteht nur aus seinen Teilen. In der Praxis ist das fast nie der Fall, nur im Rahmen einer näherungsweisen Betrachtung. Jeder kann bei sich selbst nachprüfen, wie oft Rückkopplungsschleifen zur Vereinfachung „vergessen“ werden. Das führt dann beispielsweise zur Konstruktion *linearer Ursache-Wirkungs-Ketten*, oft sogar in der besonders einfachen Form von Abb. 1c.

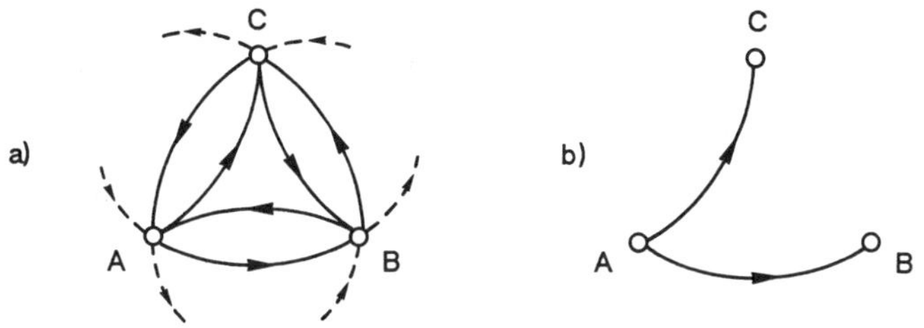

Abb. 3: Die Wechselwirkung zwischen Sonne (A), Jupiter (B) und Saturn (C). a) vollständiges Problem analytisch nicht lösbar, b) vereinfachtes Problem, (lösbar).

Bezüglich der obigen Überlegungen ist die Rolle der neuzeitlichen Naturwissenschaften interessant. Eines ihrer Fundamente ist NEWTONs Prinzip „actio = reactio“. Das bedeutet z.B. zwischen Sonne und Jupiter eine Wechselwirkung (reflexive Krafteinwirkung) im Sinn von Abb. 2b. Das entsprechende *Zweikörperproblem* läßt sich analytisch lösen (zeitliche Auflösung). Es folgt daraus, daß sich Sonne und Jupiter in Ellipsenbahnen um den gemeinsamen Schwerpunkt als Brennpunkt bewegen. Eine näherungsweise (lineare) Betrachtung ergibt sich aus der Vernachlässigung der (Rück-)Wirkung von Jupiter auf die Sonne. Diese Kraft ist zwar gleich groß wie die Kraft, die die Sonne auf den Jupiter ausübt, sie wirkt sich aber infolge der wesentlich größeren Sonnenmasse viel weniger aus. Das Ergebnis der vereinfachten linearen Rechnung ist eine Ellipsenbahn von Jupiter um die fixe Sonne als Brennpunkt. Nehmen wir den Saturn als den nach Jupiter zweitgrößten Planeten des Sonnensystems dazu, erhalten wir ein *Dreikörperproblem*, vgl. Abb. 3a. Dort ist durch die gestrichelten Pfeile auch noch die schwächere Wechselwirkung mit den anderen Planeten, den Monden usw. angedeutet („Umgebung“). Selbst wenn man diese Wechselwirkungen vernachlässigt, ist das verbleibende

Dreikörperproblem analytisch unlösbar. Beläßt man nur die zwei dominierenden Wirkungen, nämlich den Einfluß der Sonne auf die Bewegung von Jupiter und Saturn, erhält man die lösbare *lineare* Situation von Abb. 3b. Beide Planeten bewegen sich dann unabhängig voneinander in Ellipsenbahnen um die ruhende Sonne. Hat man diese Lösung, kann man die oben vernachlässigten Kräfte mittels einer Störungsrechnung (zumindest näherungsweise) wieder berücksichtigen.

Die Lösung des vollen Problems (Abb. 3a) ist nur *numerisch* — am Computer — möglich, der die Erfassung von Mehrteilchensystemen mit Rückkopplungsschleifen erlaubt. Man braucht daher auf diese auch nicht mehr zu „vergessen". Die sich in den Computerrechnungen ergebende Vielfalt von Verhaltensmustern komplexer Systeme hat die Abwendung von einer reduktionistischen Sichtweise stark gefördert (H.R. PAGELS 1988, Untertitel: The Computer and the Rise of the Sciences of Complexity). Die in den letzten Jahren rasante Entwicklung der Computergraphik tut hier ein übriges, weil wir Ergebnisse in Bildform automatisch eher ganzheitlich auffassen (Gestaltpsychologie!) als Zahlenkolonnen, vgl. die graphische Darstellung iterierter Abbildungen (zirkulärer Gleichungen), die zu ästhetisch sehr ansprechenden Formen führen kann (H.-O. PEITGEN und P.H. RICHTER 1986, Untertitel: Images of Complex Dynamical Systems). Der Computer, gerade von systemisch orientierten Wissenschaftlern zunächst eher argwöhnisch betrachtet, zeigt hier also eine unerwartete Wirkung.

4. Systemisches Verhalten durch Nichtlinearität und Nichtlinealität

Es gibt noch eine andere Art von *Linearität*, die oft stillschweigend angenommen wird und die scheinbar gar nichts mit der *Linealität* zu tun hat. Um Verwechslungen zu vermeiden, werden wir für die schon besprochene Linearität (Linealität) nur mehr die Bezeichnung „Linealität" verwenden und den Ausdruck „Linearität" für das jetzt zu Besprechende reservieren.

Sehen wir uns zunächst Abb. 4 an. Sie zeigt unter anderem eine Gerade durch den Ursprung, in einer Formel ausgedrückt:

$$y = ax\,. \qquad (4)$$

Die Variable y ist eine *lineare* Funktion der Variablen x, wobei a der Anstieg der entsprechenden Geraden ist. Nehmen wir als Beispiel die *Straßenbahn*. Bei einem mittleren Fahrpreis x ergibt sich bei a Fahrten im Jahr eine jährliche Einnahme y. Nach dem Motto „doppelter Preis — doppelte Einnahmen" besteht daher dauernd die Versuchung, die Preise zu erhöhen, um das übliche Defizit zu

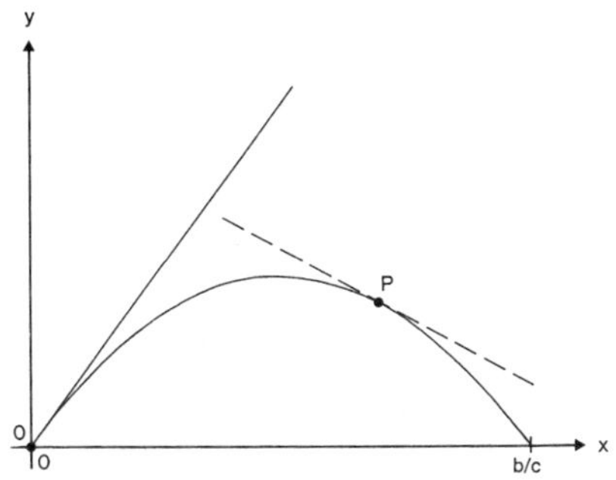

Abb. 4: Lineare und nichtlineare Abhängigkeit einer Variablen y von einer anderen Variablen x.

verringern. Die realistische Abhängigkeit der Einnahmen vom Fahrpreis sieht aber anders aus, sie ist durch die Kurve in Abb. 4 modellmäßig wiedergegeben. Werden die Fahrpreise real angehoben, reagieren nämlich die Fahrgäste, indem sie mehr schwarzfahren oder überhaupt weniger die Straßenbahn benützen. Damit ist aber a nicht mehr konstant. Ein einfaches Modell (mit den Konstanten b und c) lautet:

$$a = b - cx, \quad 0 \leq x \leq b/c, \tag{5a}$$

$$a = 0, \quad b/c \leq x, \tag{5b}$$

woraus sich insgesamt eine Parabel ergibt:

$$y = bx - cx^2, \quad 0 \leq x \leq b/c, \tag{6a}$$

$$y = 0, \quad b/c \leq x. \tag{6b}$$

Infolge des quadratischen Terms ist die Gleichung (6a) nichtlinear. Solange x sehr klein ist, ist x^2 noch viel kleiner, und man kann den nichtlinearen Beitrag vernachlässigen. In Abb. 4 sieht man das daran, daß in der Nähe des Ursprungs die Parabel nur sehr wenig von der Geraden abweicht. Die *Linearisierung* funktioniert dort also sehr gut. Bei immer höheren Fahrpreisen tritt dann allerdings zutage, daß die Annahme eines konstanten a ein Trugschluß war. Die Einnahmen steigen immer weniger, sinken schließlich sogar ab, bis ab einem bestimmten Horrorpreis überhaupt niemand mehr die Straßenbahn benützt. Einen ähnlichen Kurvenverlauf zeigt das *Steueraufkommen* als Funktion des Steuersatzes. Dadurch, daß auf das Reagieren (= Rückwirkung) der Fahrgäste, Steuerzahler usw. vergessen wird, hat es schon viele Fehleinschätzungen gegeben. Trotzdem bewährt sich das Linearisieren, sofern man nicht zu weit von einem Punkt der Kurve weggeht. Die gestrichelte Gerade in Abb. 4 zeigt etwa das Linearisieren um P, einen anderen Punkt als den Ursprung. Auch die im vorigen Kapitel bei der Betrachtung des Sonnensystems erwähnte Störungsrechnung kann man als eine Linearisierung (um die ungestörte Lösung) ansehen.

Bei der mathematischen Modellierung von physikalischen, biologischen oder auch ökologischen Systemen treten im allgemeinen nicht Gleichungen wie (6a), sondern *Differentialgleichungen* auf. Sie geben an, wie sich Größen im Lauf der Zeit ändern. Es läßt sich nun zeigen, daß sich jedes „System" von Differentialgleichungen auf eine bestimmte Form bringen läßt (und zwar in ein sog. System autonomer Differentialgleichungen erster Ordnung). Jede solche Differentialgleichung steht für die zeitliche Entwicklung einer Variablen (eines Elementes), wobei der Einfluß der Umgebung auch einbezogen ist. Nehmen wir als Beispiel den Ort x einer Masse, die an einer Feder mit großer Reibung („Überdämpfung") befestigt ist. Die Ruhelage sei $x = 0$. Die Änderung der Lage der Masse mit der Zeit t sei durch folgende *lineare* Gleichung beschrieben:

$$dx/dt = -x\,. \tag{7}$$

Da die Variable x auf sich selbst zurückwirkt, läßt sich der Prozeß graphisch analog zu Abb. 2a veranschaulichen. Die Lösung von (7) lautet

$$x = x_o \exp(-t)\,, \tag{8}$$

wobei x_o der x-Wert zum Zeitpunkt $t = 0$ ist. Die Ruhelage $x = 0$ wird also nach langer Zeit asymptotisch erreicht. Sie ist somit ein „Anziehungspunkt" (*Attraktor*) der Lösung. Ist $x_o = 0$, so ändert sich x im Lauf der Zeit überhaupt nicht. Daher auch der Name „Ruhelage" (*Fixpunkt*). Wird nun eine zweite gleichartige Feder (Variable y für den Ort der entsprechenden Masse) betrachtet, so ergeben sich zwei unabhängige Gleichungen, die — jede für sich — gelöst werden können:

$$dx/dt = -x\,, \tag{9a}$$
$$dy/dt = -y\,. \tag{9b}$$

Werden die Massen zusätzlich linear aneinander gekoppelt (= rückgekoppelt), so ergibt sich ein komplizierteres Schema:

$$dx/dt = -x + y\,, \tag{10a}$$
$$dy/dt = -y + x\,. \tag{10b}$$

Abb. 5: Graphische Darstellung a) der gekoppelten Gleichungen (10), b) der entkoppelten Gleichungen (11). Die Zahlen ergeben sich aus den entsprechenden Vorfaktoren der Variablen in den Gleichungen.

Die graphische Umsetzung in Abb. 5a zeigt deutlich, daß Nichtlinealität vorliegt, und zwar sowohl *innerhalb* jeder Variablen als auch — was hier wichtiger ist — *zwischen* den Variablen. Durch die Verkoppelung der Gleichungen kann man nicht jede für sich lösen. Es gibt aber einen Trick, der das *doch* in gewissem Sinn ermöglicht. Durch Herumspielen mit der Summe und der Differenz der Gleichung erkennt man:

$$d(x + y)/dt = 0\,, \tag{11a}$$
$$d(x - y)/dt = -2(x - y)\,. \tag{11b}$$

(x + y) und (x − y) sind also *entkoppelt*, vgl. Abb. 5b. Die Gleichungen lassen sich leicht getrennt lösen, siehe (7)—(9). Das Ergebnis lautet

$$x + y = x_o + y_o\,, \tag{12a}$$
$$x - y = (x_o - y_o)\exp(-2t)\,, \tag{12b}$$

woraus sich x und y wieder rückrechnen lassen. Somit kann man zwar nicht die Gleichungen für x und y getrennt rechnen, wohl aber für entsprechende Linearkombinationen von x und y. Wenn man das System in die „richtigen" Elemente zerlegt, läßt es sich auf diese reduzieren. Was oben durch den Trick intuitiv einsichtig war, funktioniert übrigens nach einem allgemeinen Schema. Voraussetzung dafür ist die *Linearität* der Gleichungen, Terme wie x^2, y^2, xy oder x^7y^3 dürfen nicht auftreten. Ganz allgemein läßt sich zeigen: Sind gekoppelte Differentialgleichungen linear, so lassen sie sich entkoppeln. In unserer Terminologie: Die *Linearität* bewirkt die *Linealität* zwischen geeigneten Linearkombinationen der Variablen, vgl. Abb. 5b. Sind die gekoppelten Differentialgleichungen *nicht* alle linear, so lassen sie sich im allgemeinen *nicht* entkoppeln. Dann muß man das System als *Ganzes* lösen, ohne es in Teile aufspalten zu können. Die Lösung ist wiederum in der Regel nur numerisch (am Computer) möglich.

Sind die Gleichungen von Haus aus entkoppelt, können sie natürlich nichtlinear sein — trotzdem läßt sich das Verhalten jeder

Variablen getrennt ausrechnen. Das Lösen einzelner nichtlinearer Differentialgleichungen ist allerdings im allgemeinen auch nur numerisch möglich. Daraus ergibt sich letztlich, daß in der überwiegenden Zahl der realistischen Fälle, wo eben Nichtlinearität und/oder Nichtlinealität herrscht, der Computer herangezogen werden muß. Wenn man diesen Schritt einmal durchführt, erkennt man erst, daß die Standardbeispiele vieler Lehrbücher nur einen winzigen Ausschnitt möglicher Probleme behandeln. Dabei handelt es sich um jene Beispiele, die auf analytisch lösbaren und daher im allgemeinen reduktionistischen Modellen beruhen. Die eingeschränkte Lösbarkeit hat auch den Blickwinkel auf die Probleme eingeschränkt bzw. die Interessenschwerpunkte beeinflußt. Erst jetzt beginnt man, die Lehrbücher (z.B. in der Physik) umzuschreiben.

Eine *einzelne* Differentialgleichung führt — wie auch die lineare Gleichung (7) — zur asymptotischen Bewegung in Richtung einer *Ruhelage, zwei* gekoppelte Differentialgleichungen können auch zu einem *periodischen* Verhalten führen. *Drei* gekoppelte Differentialgleichungen können *chaotisches* Verhalten zeigen, allerdings nur, wenn mindestens eine Gleichung nichtlinear ist. Chaos bedeutet große Abhängigkeit von kleinen Störungen und somit die Unmöglichkeit langfristiger Vorhersagen; das Verhalten der Variablen scheint auf längere Sicht zufällig zu sein. Es ist nicht verwunderlich, daß Chaos zum ersten Mal in der Simulation meteorologischer Vorgänge gefunden wurde (E.N. LORENZ 1963). Mehr als zehn Jahre lang war es um diese Arbeit still, dann ist aber die Chaosforschung explodiert (J. GLEICK 1988). Sie beruht gemäß oben auf Nichtlinearität und -linealität, also im wesentlichen der *Nichtreduzierbarkeit* eines Gleichungssystems auf getrennte Differentialgleichungen.

Genau diese Nichtreduzierbarkeit ist aber bei den *Planetenbewegungen* gegeben. Ab dem Dreikörperproblem reicht die Zahl der Differentialgleichungen außerdem für chaotische Lösungen aus. Sollte das Sonnensystem als Inbegriff eines „Uhrwerks“ genauso chaotisch sein wie die Erdatmosphäre? Es sieht tatsächlich so aus, wobei man bedenken muß, daß sich langfristige Vorhersagen beim Sonnensystem auf einen ganz anderen Zeitraum beziehen als beim Wettergeschehen. Infolge der anderen Zeitskala muß man mit (vielen) Millionen Jahren rechnen, bis sich kleine Störungen infolge von Resonanzen so aufschaukeln können, bis beispielsweise die Erde aus ihrer jetzigen Bahn geschleudert wird. Daß überhaupt so eine Möglichkeit besteht, hat H. POINCARÉ vor ca. hundert Jahren erkannt. Es dauerte danach aber mehr als achtzig Jahre, bis dieses Thema wieder aufgegriffen wurde. Ein Grund für diese lange Pause lag darin, daß man sich ganz einfach nicht vorstellen konnte, daß bereits recht einfache Systeme, die durch wenige Differentialgleichungen darstellbar sind, *komplexes Verhalten* — wie z.B. Chaos — an den Tag legen können.

Die in diesem Beitrag beschriebene neue Entwicklung läßt sich durchaus als Abkehr vom Reduktionismus interpretieren. Dabei tritt ein interessantes Phänomen auf, das uns zum Spruch J.W.v. GOETHEs (zu Beginn des Artikels) zurückführt: Wenn die Elemente isoliert sind, kann man aus der Kenntnis des Verhaltens eines Elements nicht auf die anderen zurückschließen. Sind hingegen die Elemente unentwirrbar verkoppelt und bilden somit ein Ganzes, so kann man von einem Element zumindest teilweise auf die anderen Elemente bzw. auf das System als Ganzes schließen. Mißt man z.B. die *Windgeschwindigkeit* an einem bestimmten Punkt über einen längeren Zeitraum und stellt chaotisches Verhalten fest, ergibt sich daraus zwingend, daß diese Variable mit mindestens zwei weiteren verkoppelt sein muß — erst drei Differentialgleichungen ergeben Chaos. Es lassen sich noch wesentlich weitergehende Aussagen machen, doch das soll genügen. Es zeigt sich: Gerade wenn man ein verkoppeltes Ganzes vor sich hat, ergibt es Sinn, sich auf ein einzelnes Element zu konzentrieren und es zu untersuchen.

Literatur

AXELROD, R., 1988: Die Evolution der Kooperation. Oldenbourg, München.

BERTALANFFY, L.v., 1949: Zu einer allgemeinen Systemlehre. Biologia Generalis *19*: 114.

CHECKLAND, P., 1987/88: Images of systems and the systems image. IFSR (International Federation of Systems Research) Newsletter *16*: 1.

EIGEN, M. and P. SCHUSTER, 1979: The hypercycle — A principle of natural self-organization. Springer, Berlin—Heidelberg—New York.

EISENHARDT, P., D. KURTH und H. STIEL, 1988: Du steigst nie zweimal in denselben Fluß. Rowohlt, Reinbek b. Hamburg.

ENDE, M., 1984: Der Spiegel im Spiegel. Thienemanns, Stuttgart.

FEIGL, W. und E.M. BONET, 1989: Systemtheorie in der Medizin und Biologie. Wiener Medizinische Wochenschrift *139*: 87.

FISCHER, R., 1988: Vernetzung und Widerspruch. IFF (Interuniversitäres Forschungsinstitut für Fernstudien), Projektzentrum St. Pölten.

FLUSSER, V., 1988: Krise der Integrität. Benteli, Bern.

FOERSTER, H.v., 1985: Sicht und Einsicht. Vieweg, Braunschweig—Wiesbaden.

GLANSDORFF, P. and I. PRIGOGINE, 1971: Thermodynamics of Structure, Stability and Fluctuations. Wiley, London.

GLANVILLE, R., 1987: The Question of Cybernetics. Cybernetics and Systems *18*: 99.

GLEICK, J., 1988: Chaos — die Ordnung des Universums. Droemer-Knaur, München.

GOMEZ, P. und G.J.B. PROBST, 1987: Vernetztes Denken im Management. Schweizerische Volksbank, Bern.

GORELIK, G., 1987: Bogdanov's tektologia, general systems theory, and cybernetics. Cybernetics and Systems *18*: 157.

HAKEN, H., 1977: Synergetics. Springer, Berlin—Heidelberg—New York.

HAKEN, H., 1987: Advanced Synergetics. Springer, Berlin—Heidelberg—New York.

HANDKE, P., 1989: Das Spiel vom Fragen. Suhrkamp, Frankfurt/Main.

HAUPTMEIER, H. und S.J. SCHMIDT, 1985: Einführung in die Empirische Literaturwissenschaft. Vieweg, Braunschweig—Wiesbaden.

HAYEK, F.A.V., 1972: Die Theorie komplexer Phänomene. Walter Eucken-Institut, Tübingen.

HEINDLER, M. und F. MOSER (Hrsg.), 1987: Ganzheitsphysik. Hochschülerschaft der Technischen Universität, Graz.

HEISENBERG, W., 1969: Der Teil und das Ganze. Piper, München—Zürich.

HERRMANN, T., 1957: Problem und Begriff der Ganzheit in der Psychologie. Sb. d. Österr. Akad. d. Wiss., Sph *231*: 1.

HOFBAUER, J. und K. SIGMUND, 1984: Evolutionstheorie und dynamische Systeme. Paul Parey, Berlin—Hamburg.

HOFSTADTER, D.R., 1985: Gödel, Escher, Bach. Klett-Cotta, Stuttgart.

INGOLD, F.P., 1988: Das Buch im Buch. Merve, Berlin.

KRATKY, K.W., 1988a: Neue Konzepte in der Physik — neue Sicht der Realität? In: E. Oeser und E.M. Bonet (Hrsg.): Das Realismusproblem. Österreichische Staatsdruckerei, Wien.

KRATKY, K.W., 1988b: Ist die Medizin eine Naturwissenschaft? In: Dokumentation des Wiener Dialogs über Ganzheitsmedizin. Jugend und Volk, Wien—München.

KRATKY, K.W., 1989a: Holismus versus Reduktionismus. In: P. Weingarten und G. Schurz (Hrsg.): Grenzfragen zwischen Philosophie und Naturwissenschaft. Berichte des 13. Internationalen Wittgenstein-Symposiums 1988. Hölder-Pichler-Tempsky, Wien.

KRATKY, K.W., 1989b: Form und Funktion bzw. Struktur und Prozeß als polare Begriffe. In: K. Edlinger (Hrsg.): Form und Funktion. Ihre stammesgeschichtlichen Grundlagen. WUV-Universitätsverlag, Wien.

KRATKY, K.W., 1990: Der Paradigmenwechsel von der Fremd- zur Selbstorganisation. In: K.W. Kratky und F. Wallner (Hrsg.), Grundprinzipien der Selbstorganisation. Wissenschaftl. Buchgesellsch., Darmstadt (im Druck).

KÜPPERS, B.-O., 1986: Der Ursprung biologischer Information. Piper, München—Zürich.

KÜPPERS, B.-O. (Hrsg.), 1987: Leben = Physik und Chemie? Piper, München—Zürich.

LEM, S., 1983: Philosophie des Zufalls. Band 1. Insel, Frankfurt/Main.

LEM, S., 1985: Philosophie des Zufalls. Band 2. Insel, Frankfurt/Main.

LORENZ, E.N., 1963: Deterministic Nonperiodic Flow. J. Atmos. Sci. *20*: 130.

MALIK, F., 1984: Strategie des Managements komplexer Systeme. Haupt, Bern—Stuttgart.

MATURANA, H.R. und F.J. VARELA, 1987: Der Baum der Erkenntnis. Scherz, Bern—München—Wien.

MERL, H., 1987: Familientherapie. Ehe und Familie, Wien.

NEUMANN, J.V. and O. MORGENSTERN, 1953: Theory of Games and Economic Behavior. Princeton University Press, Princeton, N.J.

NICOLIS, G. and I. PRIGOGINE, 1977: Self-Organization in Non-Equilibrium Systems. Wiley, New York.

NIZON, P., 1989: Im Bauch des Wals. Suhrkamp, Frankfurt/Main.

OESER, E., 1987: Evolutionäres Management und Evolutionäre Erkenntnistheorie. In: R. Riedl und E.M. Bonet (Hrsg.): Entwicklung der Evolutionären Erkenntnistheorie. Österreichische Staatsdruckerei, Wien.

PAGELS, H.R., 1988: The Dreams of Reason. Simon und Schuster, New York—London—Toronto.

PEITGEN, H.-O. and P.H. RICHTER, 1986: The Beauty of Fractals. Springer, Berlin—Heidelberg—New York.

SCHIEPEK, G. (Hrsg.), 1987: Systeme erkennen Systeme. PVU, München—Weinheim.

SCHIWY, G., 1984: Der französische Strukturalismus. Rowohlt, Reinbek b. Hamburg.

SCHMIDT, S.J. (Hrsg.), 1987: Der Diskurs des Radikalen Konstruktivismus. Suhrkamp, Frankfurt/Main.

SCHÖNBAUER, F., 1987: Komplexität und ihre autologischen Aspekte. Diplomarbeit an der Technischen Universität, Wien.

SCHÖPPE, A. und E.J. BRUNNER, 1988: Ein systemischer Erklärungsversuch paradoxer Kommunikation und Intervention. System Familie *1*: 172.

Schurig, V., 1985: Die Entdeckung der Systemeigenschaft „Ganzheit". Gestalt Theory *7*: 208.

Shannon, C.E. and W. Weaver, 1949: Mathematical Theory of Communication. University of Illinois, Chicago.

Simon, F.B. und H. Stierlin, 1984: Die Sprache der Familientherapie — ein Vokabular. Klett-Cotta, Stuttgart.

Stadler, M. und P. Kruse, 1986: Gestaltheorie und Theorie der Selbstorganisation. Gestalt Theory *8*: 75.

Thom, R., 1975: Structural Stability and Morphogenesis. Benjamin, Reading, Mass.

Tretter, F., 1988: Systemwissenschaft in der Medizin. System Familie *1*: 199.

Vester, F., 1988: Leitmotiv vernetztes Denken. Heyne, München.

Wiener, N., 1948: Cybernetics. MIT Press, Cambridge, Mass.

Wildgen, W., 1982: Catastrophe Theoretic Semantics. Benjamins, Amsterdam—Philadelphia.

Wildgen, W. und L. Mottron, 1987: Dynamische Sprachtheorie. Brockmeyer, Bochum.

Wolf-Laudon, G.A., 1984: Produktive Partnerschaft in der Wirtschaft. Orac, Wien.

Der Reduktionismus wird nun genauer durchleuchtet. Es werden drei Formen unterschieden und verglichen. Dabei ergeben sich positive und negative Aspekte der Reduktion. Für das Verständnis von Systemen ist sie hilfreich, aber nicht ausreichend. Zuletzt wird auf das Konzept des Fließgleichgewichts LUDWIG VON BERTALANFFYs *eingegangen.*

FRANZ M. WUKETITS (geb. 1955) ist Dozent für Wissenschaftstheorie der Naturwissenschaften mit besonderer Berücksichtigung der Biowissenschaften. Er studierte Biologie, Philosophie und Wissenschaftstheorie in Wien. Zahlreiche Veröffentlichungen auf dem Gebiet der Philosophie und Biologie bzw. deren Zusammenhängen. Daher auch sein Interesse für Systemtheorie und Reduktionismus.

Formen und Grenzen der Reduktion in den Biowissenschaften

FRANZ M. WUKETITS

„Organismen sind ... nicht einfach Molekülhaufen. Jedenfalls kann ich mich nicht als solcher fühlen“ (WEISS 1970, 59). Dieser Satz, so scheint es, drückt weniger eine (natur-)wissenschaftliche Erkenntnis aus als ein persönliches Bekenntnis, ein subjektives Gefühl. Oder? Hat nicht die Molekularbiologie längst klar gezeigt, daß jedes lebende System — und so auch der Mensch! — aus Molekülen zusammengesetzt ist? Sind lebende Systeme also vielleicht doch bloß „Molekülhaufen“? Hier werden wahrscheinlich die meisten Biologen meinen, daß natürlich ein Organismus letzten Endes zwar aus Molekülen besteht, daß er aber wesentlich durch die Art und Weise des Zusammenwirkens der Moleküle definiert ist. Also: „Das Ganze ist mehr als seine Teile.“ Ja, es ist mehr als *die Summe* seiner Teile, weil es eben keine bloße Summation von irgendwelchen Elementen bildet, sondern nur aus deren spezifischer *Integration* verständlich ist. Daß indes die *Reduktion*, der *Reduktionismus*, in den Biowissenschaften heuristisch von Bedeutung ist, wird aber auch nicht zu bezweifeln sein. Hier gilt es jedoch, Klarheit darüber zu gewinnen, was überhaupt unter Reduktion/Reduktionismus im allgemeinen, in der Biologie im besonderen, verstanden werden kann.

1. Die Bedeutung der Reduktion

Mit „Reduktion“ meint schon unsere Alltagssprache ein Zurückführen von Gegenständen oder Vorgängen auf andere, einfachere Gegenstände oder Vorgänge. In etwas negativer Wortbedeutung heißt „etwas reduzieren“ soviel wie dieses Etwas zu zerstückeln, „zusammenzustutzen“, zu verkleinern. Eine ähnliche Bedeutung — und nicht selten auch einen negativen Beigeschmack — hat der Begriff der Reduktion in den Wissenschaften. Hier aber hat man sich daran gewöhnt, die Reduktion als eine Forschungs- und Denkstrategie zu sehen, um eben die Welt bzw. bestimmte Ausschnitte daraus besser verstehen zu können. Letztlich steckt dahinter der Wunsch, *die Einheit der Welt* zu erkennen. In diesem Sinne schreibt etwa JACOBS (1986, 389): “Reductionism as a strategy of scientific explanation is motivated by both the desire for and the promise of a unified science that economizes on types of entities and laws." Die Fülle der beobachteten Gegenstände/Vorgänge und der darüber gemachten Aussagen soll gleichsam reduziert werden auf einige wenige Prinzipien und Aussagen darüber; es sollen also die „großen Linien" im Aufbau unserer Welt aufgezeigt und durch einige umfassende Theorien — oder auch nur eine „große Theorie", um nicht zu sagen „Weltformel" — ausgedrückt werden.

Sicher, die Suche nach der „Weltformel" hat man mittlerweile vielerorten aufgegeben. Aber die Reduktion als Forschungs- und Denkstrategie, als heuristisches Prinzip, hat sich generell durchaus bewährt. In den Augen vieler Biologen handelt es sich hierbei überhaupt um die wichtigste Forschungsstrategie, oder jedenfalls die erfolgreichste: „Ihr verdanken wir Wissenschaft und Technik. Reduktionismus bedeutet die Überzeugung, daß ein Ganzes sich (im mathematischen Sinne) als eine Funktion seiner Teile darstellen läßt, wobei die Funktionen etwas über die räumliche und zeitliche Anordnung der Teile und über die Art ihrer Wechselwirkung aussagen" (Medawar und Medawar 1986, 264). Was also wunder, daß viele Biologen und, allgemein, viele Naturwissenschaftler sozusagen begeisterte Reduktionisten sind. Bestärkt werden sie darin durch viele, zweifelsohne bahnbrechende Erkenntnisse. Es ist klar, daß wir ohne reduktionistische Forschungsprinzipien wohl bis heute nichts über das Wesen der Vererbung wüßten, über das Wesen des Stoffwechsels und anderes mehr. Eine bloß kontemplative Ganzheitsschau, die Beobachtung des Organismus als Ganzheit, hätte uns wohl nie Einblicke in Verschlüsselung und Weitergabe der Erbinformation gewährt, in Stoff- und Energieaustauschprozesse in Lebewesen usw.

Popper (1974, 260) schreibt: "Scientists, whatever their philosophical attitude towards holism, *have* to welcome reductionism as a *method: they have to be either naive or else more or less critical reductionists; indeed, somewhat desparate critical reductionists."* ein *kritischer* Reduktionismus sei also angebracht — womit Popper jedoch auch schon auf die Grenzen der Reduktion, des Reduktionismus, hindeutet: "Hardly any major reduction in science has ever been *completly* successful: there is almost always an unresolved residue left by even the most successful attempts at reduction."

An dieser Stelle sollte man sich aber vergegenwärtigen, daß mit „Reduktion"/„Reduktionismus" doch Verschiedenes gemeint sein kann, daß gleichsam verschiedene Niveaus der Reduktion/des Reduktionismus unterschieden werden müssen, deren Bedeutung auch unterschiedlich zu bewerten ist.

2. Methodische, erkenntnistheoretische, ontologische Reduktion

Grundsätzlich sind drei verschiedene Typen von Reduktion in den Naturwissenschaften, insbesondere in der Biologie, auseinanderzuhalten (siehe hierzu AYALA 1974, HOYNINGEN-HUENE und WUKETITS 1989, HOYNINGEN-HUENE 1985, SATTLER 1986, WUKETITS 1983, 1987, 1989). Reduktion/Reduktionismus findet sich demnach auf einer pragmatischen, einer erkenntnistheoretischen und einer naturphilosophischen Ebene.

1. Pragmatisch, methodisch bedeutet Reduktion/Reduktionismus soviel wie Analyse. Der *methodische Reduktionismus* versucht, durch das Zerlegen von Systemen (in der Biologie: Organismen) in ihre Einzelteile zu allgemeinen Aussagen über das Lebendige zu gelangen. Konkret heißt das, daß man sich auf eine Analyse von molekularen Strukturen konzentriert, daß man also auf der Ebene der — wenn man so sagen darf — „kleinsten Teilchen" die für alles Lebendige charakteristischen, elementaren Zustände und Prozesse findet. Aber auch „oberhalb der Ebene kleinster Teilchen" leitet den Biologen ein methodischer Reduktionismus, überall dort, wo Systeme, also Organismen, zerlegt, zergliedert werden, um ihren Aufbau und ihre Funktionen zu erkennen. Es bedarf wohl keiner besonderen Erwähnung, daß dieses Zerlegen unentbehrlich war und ist; wie angedeutet, hätte man ja nie etwas z.B. über die Prinzipien der Vererbung erfahren, wäre man nicht sozusagen tief in den Organismus eingedrungen. Aber selbst der gewaltige Fundus an Wissen in der klassischen Anatomie wäre nie möglich geworden, hätte man nicht einzelne Lebewesen in ihre Bestandteile, also Knochen, Muskeln usw. und — später — Zellen zerlegt. So ist der Reduktionismus als analytische Methode in der Biologie unverzichtbar.

2. Der *erkenntnistheoretische Reduktionismus* bedeutet die Überzeugung, daß einzelne Erklärungen, Erklärungssysteme bzw. Theorien auf andere, umfassendere Erklärungen/Theorien zurückgeführt werden können. Hier handelt es sich also um eine Theorienreduktion, die aber zugleich eine Erweiterung bedeutet. Wird eine Theorie, T_2, auf eine andere Theorie, T_1, reduziert, dann heißt dies, daß in T_2 enthaltene Begriffe und Gesetze auf durch T_1 ausgedrückte Begriffe und Gesetze zurückführbar sind (siehe hierzu z.B. auch KANITSCHEIDER 1981, MOHR 1977). Die Theorienreduktion impliziert das Bestreben um eine einheitliche Wissenschaftssprache, zumindest innerhalb eines definierten Wissenschaftsbereiches, der einen bestimmten Ausschnitt aus der realen Welt zum Gegenstand hat. Als Beispiel für eine Theorienreduktion in der Biologie wird oft die Geschichte der Genetik genannt, in deren Verlauf die klassische Genetik MENDELs zunehmend durch die molekulare Genetik ersetzt worden sei. Wie erfolgreich diese

Reduktion war, d.h. ob nun tatsächlich alle Begriffe und Gesetze der klassischen Genetik in die molekulargenetische Terminologie „übersetzt“ worden sind oder überhaupt „übersetzbar“ sind, wird zwar kritisch diskutiert (z.B. bei HULL 1974). Doch kann man meines Erachtens zumindest sagen, daß durch die Präzisierung des Gen-Begriffes als grundlegender Erbeinheit eine wesentlich breitere Plattform — also ein breiteres Erklärungssystem — in der Genetik geschaffen wurde. Damit wurde in der Genetik das Theorien- und Erklärungssystem auf eine andere Ebene reduziert, auf eine elementare. Nicht, daß MENDELs Gesetze ungültig geworden wären; aber die Molekulargenetik vermag ein breiteres Spektrum von Phänomenen zu erklären. Schließlich ist durch die Entzifferung des genetischen Codes und durch die Feststellung, daß dieser in der Organismenwelt universell ist, wie nie zuvor die *Einheit des Lebendigen* herausgestellt worden. In gewissem Sinne kann die erkenntnistheoretische Reduktion als Gradmesser für „wissenschaftlichen Fortschritt“ herangezogen werden. Denn diese Reduktion bedeutet ja nicht weniger, als daß immer mehr Einzelphänomene sich unter ein umfassender werdendes Erklärungs-/Theoriensystem subsumieren lassen und sich bestehende Einzelerklärungen/-theorien als Spezialfälle dieses Systems erweisen. So sind viele Phänomene im Bereich des Lebendigen erst durch ein umfassendes *Evolutionskonzept* erklärbar. Der Evolutionsgedanke schafft eine denkbar breite Plattform für die gesamte Biologie, deren einzelne Spezialfächer darauf bezogen werden können.

3. Schließlich drückt der *ontologische Reduktionismus* die Überzeugung aus, daß sich ein System restlos aus seinen Einzelteilen erklären läßt und grundsätzlich nichts anderes ist als in diesen Einzelteilen festgelegte Eigenschaften. Fraglos birgt diese Überzeugung die Gefahr, daß, wie RIEDL (1985) bemerkt, die *Qualitäten* des Ganzen zerstört und dessen Gesetzmäßigkeiten (*Systemgesetzlichkeiten*) geleugnet werden. Oder, wie LORENZ (1978, 17) sagt: „Das ‚nichts anderes als‘ ... des ontologischen Reduktionismus ... beweist Blindheit für zwei höchst wesentliche Gegebenheiten: Erstens für die Komplexität und die verschiedenen Integrationsebenen organischer Strukturen, und zweitens für jene Wertempfindungen, die jeder normale Mensch den niedrigeren und den höheren Ergebnissen des organischen Werdens entgegenbringt.“ Will man vom wertenden Gesichtspunkt absehen, dann bleibt am ontologischen Reduktionismus auf jeden Fall zu kritisieren, daß dabei fälschlicherweise aus dem Umstand, daß natürlich jedes Ganze aus Teilen besteht, geschlossen wird, daß es dann auch nichts anderes als die Summe der Eigenschaften der Teile sein könne. Dieser Fehlschluß ist leicht deutlich zu machen. Selbstverständlich zweifelt heute kein Biologe daran, daß ein Organismus in seiner Konstruktion und Funktionsweise auf physikalisch-chemischen

Gesetzen beruht, daß diese Gesetze also für die Biologie ihre Gültigkeit haben. Daraus aber kann nicht geschlossen werden, daß für einen Organismus nun *nur* diese Gesetze gelten und daß der Organismus nicht über weitere, systemspezifische Gesetzlichkeiten verfügt.

Es kann also geschlossen werden (WUKETITS 1989):

— Der methodische Reduktionismus ist als Forschungsstrategie wichtig und eigentlich unvermeidlich;
— der erkenntnistheoretische Reduktionismus ist anzustreben im Sinne des Auffindens immer umfassenderer Gesetzmäßigkeiten;
— der ontologische Reduktionismus ist abzulehnen, weil er eine krasse Vereinfachung komplexer Systeme bedeutet.

Schließlich soll hier noch, eher am Rande, die von POPPER (1974) als *philosophischer Reduktionismus* bezeichnete Position erwähnt werden. Dabei geht es um die Überzeugung, daß jedes reale Objekt auf seine „Essenz" zurückgeführt werden kann, allen Objekten also eine Ideenwelt (etwa im Sinne von PLATO) zugrunde liegt. Dieser Reduktionismus ist jedoch für die Naturwissenschaften nicht nur nutzlos, sondern auch unhaltbar und spielt daher in der heutigen Reduktionismus-Debatte kaum eine Rolle.

3. Grenzen der Reduktion

Entsprechend der Dreiteilung des Reduktionismus sollen nun kurz die Grenzen der Reduktion in den Biowissenschaften besprochen werden.

1. Die Grenzen des methodischen Reduktionismus sind vielleicht weniger als „Grenzen" im engeren Sinn, sondern vielmehr als Fronten zu bezeichnen. Das liegt an dem jeweils dem Biologen zur Verfügung stehenden Methodenapparat. Den alten Anatomen standen noch keine Mikroskope zur Verfügung — daher konnte die Reduktion nicht sehr weit getrieben werden, jedenfalls nicht weiter, als das Auge reicht. Mit der Fortentwicklung der Vergrößerungstechnik von der Lupe über das Lichtmikroskop bis zum Elektronenmikroskop (vgl. OESER 1988) konnte aber die Reduktion immer weiter geführt werden; es wurden immer weitere Objektebenen erschlossen bis zum subzellulären bzw. molekularen Niveau. Mit anderen Worten: Die Fronten der Reduktion haben sich immer weiter nach vorn geschoben, d.h. immer tiefer in den Organismus. Es ist nicht auszumachen, ob dabei eine Grenze endgültig erreicht werden wird.

2. Die Grenzen der erkenntnistheoretischen Reduktion werden einsichtig, wenn man sich als Beispiel etwa folgende einfache Aussage aus der Biologie vergegenwärtigt: „Eine Katze fängt eine

Maus." Diese Aussage bringt zum Ausdruck, daß ein bestimmtes lebendes System, ein Individuum der Spezies *Felis domestica*, zu einem bestimmten Zeitpunkt ihre Beute, ein anderes lebendes System, ein Individuum der Spezies *Mus musculus* (falls es sich also um eine Hausmaus handelt) fängt. Die Betonung ist hier auf die Ausdrücke „Individuum" und „lebendes System" gelegt. Wollte man nämlich diese Aussage auf das umfassendere Niveau der Molekularbiologie zurückführen bzw. in die Sprache der Molekularbiologie übersetzen, dann ginge das nicht ohne Bedeutungsverlust. Natürlich weiß jeder Biologe, daß sowohl der fangenden Katze als auch der erbeuteten Maus bestimmte Moleküle zugrunde liegen; aber wir meinen mit dieser Aussage eben nicht, daß sich hier irgendwelche Moleküle bzw. Molekülgruppen bewegen, sondern zwei *Lebewesen.* Das Fangen einer Maus durch eine Katze gewinnt erst auf organismischem Niveau seine Bedeutung. Also sind selbst innerhalb der Biologie der erkenntnistheoretischen Reduktion Grenzen gesetzt. Eine Aussage aus der Verhaltensforschung ergibt, in die Sprache der Molekularbiologie übersetzt, keinen Sinn; auch wenn der Verhaltensforscher weiß, daß das beobachtete Verhalten, sei es Beutefangverhalten, Balzverhalten oder was auch immer, eine molekulare Basis hat, möchte er über den *ganzen Organismus* etwas aussagen und nicht über dessen Moleküle. Und das Verhalten insgesamt ist ja stets eine *Systemeigenschaft*, d.h. die Eigenschaft eines lebenden Systems als Ganzheit und nicht die Eigenschaft bloß der Moleküle. Daher mag es auch einsichtig sein, warum das Gesamtgebiet der Biologie nicht auf Physik und Chemie (erkenntnistheoretisch) reduziert werden kann. Gewiß ließe sich das Beutefangverhalten einer Katze auch unter dem Aspekt physikalisch-chemischer Gesetze beschreiben, aber solche Gesetze würden nicht der Katze als ganzem Organismus gerecht werden, sondern nur bestimmten Prinzipien, die die Randbedingungen des Verhaltens der Katze darstellen. Die Biologie verfügt über eine Reihe von Konzepten, die eben der Spezifität des Lebendigen Rechnung tragen, dem Umstand, daß alles Lebendige ein bestimmtes Komplexitätsniveau beschreibt. Für dieses Niveau gelten zwar die Gesetze der Chemie und Physik, aber es kommen noch weitere Gesetzlichkeiten hinzu. So ist der Biologe etwa mit der Frage *wozu?* konfrontiert, einer spezifischen Frageweise, die zumal in der Physik praktisch keine Rolle spielt (vgl. z.B. LORENZ 1978, SIMPSON 1963, WUKETITS 1983). Eine sinnvolle Beantwortung dieser Frage ist jeweils nur möglich, wenn die Funktionen des Gesamtsystems berücksichtigt werden, also etwa einer Katze: Die spitzen, einziehbaren Krallen der Katze dienen dem Beutefang, sind also nur aus diesem Systemverhalten heraus zu erklären, welches wiederum systemerhaltenden Charakter hat. So sehr also eine erkenntnistheoretische Reduktion angestrebt werden soll — im Sinne eines umfassenderen Erklärungs- und Begriffssystems —, so ergeben sich dabei doch auch Grenzen, nämlich wenn ein *allgemeines* Erklärungsschema den Besonderheiten eines *speziellen* Systems nicht gerecht wird. Physik und Chemie definieren zwar die *notwendigen* Bedingungen für die Existenz lebender Systeme, vermögen aber die Vielfalt des Lebendigen — in all seinen strukturellen und funktionellen Besonderheiten — nicht *hinreichend* zu erklären.

3. Daraus ergeben sich auch die Grenzen für den ontologischen Reduktionismus oder, besser gesagt, dessen prinzipielle Unzulänglichkeiten. Es gibt, wie WEISS (1970) richtig bemerkt, gewiß kein Phänomen des Lebendigen, das nicht molekular ist, d.h. das keine molekulare Grundlage hat, aber keine Eigenschaft eines lebenden Systems ist *nur* molekular (abgesehen von den Eigenschaften der molekularen Systeme selbst). Nehmen wir ein anderes Beispiel. Will man das Gruppenverhalten eines Paviantrupps beschreiben, dann wird man — um eben das Verhalten des Systems, hier: der *Gruppe* — zu verstehen, nicht jedes einzelne Individuum für sich betrachten dürfen. Die Gruppe besteht zwar selbstredend aus Individuen, aus einzelnen Pavianen, aber sie erklärt sich erst aus der spezifischen Wechselwirkung zwischen ihren Mitgliedern. Eine Pavian*gruppe* ist also ontologisch nicht auf einzelne Paviane reduzierbar, da verschiedene Verhaltensweisen auch der Individuen erst aus der Gesamtstruktur der Gruppe erklärbar sind.

Ganz allgemein kann man sagen, daß die Grenzen der Reduktion, des Reduktionismus, sich aus der Komplexität von Systemen — in der Biologie: von Lebewesen und deren spezifischen Leistungen — ergeben. Der Biologe wird die Reduktion, insbesondere die methodische, begrüßen und forcieren, sich aber zugleich vergegenwärtigen müssen, daß er im Bereich des Lebendigen verschiedene Komplexitätsniveaus vor sich hat, die sich nicht restlos aufeinander zurückführen lassen.

4. Reduktionismus, Holismus, Systemtheorie

Ein Verständnis lebender Systeme wird ganz entscheidend davon abhängen, ob wir das Zusammenwirken der verschiedenen Ebenen in ihrer hierarchischen Organisation erfassen. Der methodische Reduktionismus öffnet uns den Blick sozusagen nach unten, doch bleibt zu bedenken, daß jedes einzelne Subsystem nur dann wirklich verständlich wird, wenn wir auch die Struktur seiner jeweiligen Obersysteme kennen (vgl. RIEDL 1985). Daher ist die Forderung berechtigt, neben der *analytischen* die *synthetische* Betrachtungsweise in den Biowissenschaften zu forcieren, der Reduktion also die „Komposition“ zur Seite zu stellen (SIMPSON 1963).

Um das *Ganze* in den Vordergrund zu stellen, wurde in der theoretischen Biologie bzw. Biophilosophie im 20. Jahrhundert der *Holismus* aus der Taufe gehoben (SMUTS 1938), der jedoch vielfach zu einem metaphysischen Gedankengebäude entartet ist, welches das Ganze von seinen Teilen abhebt. Einem solchen metaphysischen Holismus gegenüber steht der *systemtheoretische Holismus* (Übersicht bei WUKETITS 1983, 1985), jene Position, die den *Wechselwirkungen* zwischen Teil(en) und Ganzheit(en) Rechnung trägt.

Die biologische Systemtheorie, deren Entwicklung untrennbar mit den Leistungen von LUDWIG V. BERTALANFFY und PAUL A. WEISS verbunden ist und von ersterem zu einer *allgemeinen Systemtheorie* verbreitert wurde (BERTALANFFY 1973), bietet einen Begriff vom Lebendigen, der sowohl den Reduktionismus als auch den metaphysischen Holismus als Grundüberzeugungen bzw. naturphilosophische Prämissen überwindet. (Siehe hierzu auch nachfolgenden Beitrag von RIEDL.) Was uns Menschen selbst betrifft, ersetzt die systemtheoretische Betrachtungsweise jenen krassen Automatenstandpunkt, wonach der Mensch nichts anderes als eine Maschine sei, als auch jede metaphysische Verklärung unserer Existenz, die an der Tatsache vorbeigeht, daß wir in die Dynamik der Natur sozusagen eingeflochten sind (vgl. auch WUKETITS 1988). Damit erweist sich die Systemtheorie als eine umfassende naturphilosophische Betrachtungsweise — vielleicht weniger als eine „Theorie“ im engeren Sinne —, als ein Ansatz jedenfalls, der komplexen Phänomenen, wie sie insbesondere im Bereich des Lebendigen vorliegen, gerecht werden kann.

Der systemtheoretische Ansatz geht davon aus, daß
- zwischen allen Elementen eines lebenden Systems (oder auch eines Systems in anderen Bereichen der realen Welt) komplexe Wechselwirkungen bestehen;
- Teil und Ganzheit jeweils untrennbar miteinander verknüpft sind;
- die Teile sozusagen den Inhalt eines jeweiligen Ganzen bilden und im Hinblick auf das Ganze zweckmäßig organisiert sind;
- die Zweckmäßigkeit der Teile also nur über das Gesamtsystem zu bestimmen ist.

Damit ist zugleich abermals auf die Grenzen der Reduktion in den Naturwissenschaften, insbesondere in der Biologie, hingewiesen. Jedoch steht der Systemansatz nicht im Widerspruch, zumal zur methodischen Reduktion: Diese bleibt legitim, als eine Forschungsstrategie; aber ihr bleibt stets, wie gesagt, die „Komposition“, die Synthese, zur Seite zu stellen. Wie anders sollte denn auch ein Biologe beispielsweise die Funktion eines Organs, sagen wir einer Säugetierniere, verstehen? Er muß, wenn er das Organ zerlegt, analysiert, bis zur molekularen Ebene „hinunter“ untersucht, sich stets vergegenwärtigen, daß es sich um das — freilich auch für sich genommen sehr komplexe — Element einer übergeordneten Ganzheit handelt. Die Komplexität dieses Organs wiederum wird zu verstehen sein aus seinen Funktionsbedingungen, die jedoch ihrerseits nur unter Rückbezug der Funktionsbedingungen des Gesamtorganismus begreifbar werden.

Hier zeigt sich also, daß die Biologie als Wissenschaft selbst ein kompliziertes System ist, ein System, das aus der Synthese verschiedener Methoden, verschiedener Denkweisen, besteht. Nur im Miteinander dieser Denkweisen bringt uns die Biologie Schritt für Schritt weiter in unserem Bemühen, die Prinzipien des Lebendigen zu begreifen. Der „Blick aufs Ganze" bleibt, wird er nicht durch die Analyse, die (methodische) Reduktion ergänzt, im Metaphysischen verhaftet und hat geringen Erkenntniswert; der „Blick auf die Teile" wiederum zeigt uns, wenn ihm nicht die Einsicht vorausgeht, daß jeder Teil nur Teil von etwas Ganzem sein kann, ein perspektivisch verkürztes Bild vom Lebendigen. In diesem Sinne meint Weiss (1970, 20 f): „Der Reduktionist bewegt sich vom Gipfel abwärts und gewinnt dabei immer mehr Information über Fragmente, verliert aber zugleich Information über die größeren Ordnungen, die er hinter sich läßt; der Holist bewegt sich in der Gegenrichtung, von unten nach oben, und versucht den verlorenen Informationsgehalt durch Rekonstruktion wiederzugewinnen — erkennt aber schon zu Beginn seines Aufstieges, daß keine Information zum Vorschein kommt, wenn er sie nicht von Anfang an schon besitzt. Die Wahl zwischen diesen beiden Vorgangsweisen beruht teils auf persönlicher Vorliebe, aber hauptsächlich auf historischer Tradition und erinnert einen an zwei Beobachter, die ein und denselben Gegenstand durch entgegengesetzte Enden eines Fernrohres betrachten."

Es geht nicht darum, persönliche Vorlieben aufzugeben — die Wissenschaft lebt ja geradezu von unterschiedlichen Temperamenten! —, auch kann es nicht darum gehen, historische Traditionen einzuebnen; die „Kunst" besteht hier darin, beides miteinander zu verbinden: Analyse und Synthese, Reduktion und Komposition, Teil und Ganzheit, Element und System. Im vorliegenden Beitrag ging es mir aber primär darum, auf die Grenzen der Reduktion hinzuweisen.

5. Anhang: Zum Konzept des Fließgleichgewichtes

In der biologischen Systemtheorie spielt vor allem ein Konzept eine große Rolle, das vielfach zur Charakterisierung lebender Systeme herangezogen worden ist: das Konzept des Fließgleichgewichtes (auch dynamisches Gleichgewicht oder *steady state*). Dieses soll hier zumindest als Anhang kurz vorgestellt werden.

Grundsätzlich beruht dieses Konzept auf der Einsicht, daß Organismen als *offene Systeme* Stoffe bzw. Energie ihrer Umgebung zu entnehmen und in körpereigene Energie zu verwandeln vermögen; zugleich aber befindet sich ein Organismus — eben weil er mit seiner Umgebung in ständigem Kontakt steht und in dieser stets ein dynamisches System darstellt — niemals wirklich im Gleichgewichtszustand; daher spricht man von *Fließgleichgewicht.* PENZLIN (1986, 26) betont: „Das Leben ist in erster Linie Prozeß, Dynamik, die sich in und an Strukturen abspielt, die selbst nur in ihrer Dynamik Bestand haben. Leben existiert nur in der Einheit von Bewegung und Ruhe, von Prozeß und Struktur, von Veränderlichkeit und Konstanz."

Das Konzept des Fließgleichgewichts wurde vor allem in den Schriften von BERTALANFFY entwickelt (einschlägig dazu ist BERTALANFFY et al. 1977). Die dahinter liegende Idee ist im Grunde leicht transparent zu machen. Sie basiert auf der Beobachtung, daß jeder lebende Organismus seinen Zustand im Wechsel seiner Bestandteile aufrecht erhält. Tatsächlich erscheint uns ein Lebewesen als ziemlich konstant (sieht man von längerfristigen Wachstums- und Alterungsprozessen ab, die sein Erscheinungsbild tatsächlich verändern), doch gleichzeitig spielen sich in jedem Organismus verschiedenste Prozesse ab, d.h. ein Organismus befindet sich sozusagen immer in Bewegung, er ist ein ständig Energie verzehrendes und umsetzendes System. Zwei notwendige Bedingungen für dieses Fließgleichgewicht sind anzugeben (vgl. BENDMANN 1967):

— Da im Fließgleichgewicht der Entropiebetrag relativ klein ist und konstant bleibt, muß eine ständige Zufuhr von Energie erfolgen. Das System ist nur im *Nichtgleichgewichtszustand* funktionsfähig, der also nur durch ständige Energiezufuhr gewährleistet ist.

— Die eingeführte Energie könnte sich nun augenblicklich ausgleichen (wodurch der thermodynamische Gleichgewichtszustand gegeben wäre), so daß eine Abstimmung der Teilprozesse in Richtung auf relativ langsame Reaktionsgeschwindigkeiten notwendig ist.

Biochemisch gesehen sind es nun die komplizierten Kohlenstoffverbindungen, die sich als Objekte erweisen, welche beide Bedingungen erfüllen: chemisch träge, aber energiereiche Objekte.

Der Zusammengang dieser Aspekte mit dem Problem des Reduktionismus ist insbesondere dann einsichtig, wenn man die alte Streitfrage, ob die Biologie auf die Physik reduzierbar ist, wieder aufgreift. Lange Zeit hindurch schien ja zwischen der Physik einerseits und der Biologie andererseits geradezu ein Widerspruch gegeben zu sein. Teilweise beruhte dieser Eindruck auch auf einer falschen Vorstellung von Physik, die es nur mit Systemen zu tun haben soll, die einem Maximum an Entropie zustreben. Aber die klassische Thermodynamik, als „Gleichgewichtsthermodynamik", wird heute nicht mehr als ein die Physik dominierendes Paradigma betrachtet. Vielmehr zeigen beispielsweise die Arbeiten von PRIGOGINE (vgl. PRIGOGINE und STENGERS 1981), daß der *Ungleichgewichtsthermodynamik* ein größerer Bereich der realen Welt unterliegt. (Zur Diskussion dieses Konzeptes im Zusammenhang mit biophilosophischen Fragestellungen siehe WUKETITS 1985.) Dies bedeutet nun nicht, daß die Biologie doch letztlich auf die Physik reduziert werden kann. Aber die Physik hat ihre Ausgangsbasis erweitert, so daß sie nicht mehr im Widerspruch zu organischen, lebenden Systemen (zur Biologie) erscheint.

Literatur

AYALA, F.J., 1974: Introduction. In: F.J. Ayala und T. Dobzhansky (eds.): Studies in the Philosophy of Biology. Macmillan, London: VII—XIV.

BENDMANN, A., 1967: L.v. Bertalanffys organismische Auffassung des Lebens in ihren philosophischen Konsequenzen. Fischer, Jena.

BERTALANFFY, L.v., 1973: General System Theory. Foundations, Development, Applications. Penguin Books, Harmondsworth.

BERTALANFFY, L.v., W. BEIER und R. LAUE, 1977: Biophysik des Fließgleichgewichts. Vieweg, Braunschweig.

HOYNINGEN-HUENE, P., 1985: Zu Problemen des Reduktionismus der Biologie. Philos. Nat. *22*: 271—286.

HOYNINGEN-HUENE, P. and F.M. WUKETITS (eds.), 1989: Reductionism and Systems Theory in the Life Sciences. Some Problems and Perspectives. Kluwer, Boston—Dordrecht.

HULL, D., 1974: Philosophy of Biological Science. Prentice-Hall, Englewood Cliffs.

JACOBS, J., 1986: Teleology and Reduction in Biology. Biol. & Philos. *1*: 389—399.

KANITSCHEIDER, B., 1981: Wissenschaftstheorie der Naturwissenschaft. De Gruyter, Berlin—New York.

LORENZ, K., 1978: Vergleichende Verhaltensforschung. Grundlagen der Ethologie. Springer, Wien—New York.

MEDAWAR, P.B. und J.S. MEDAWAR, 1986: Von Aristoteles bis Zufall. Ein philosophisches Wörterbuch der Biologie. Piper, München—Zürich.

MOHR, H., 1977: Lectures on Structure and Significance of Science. Springer, Berlin—Heidelberg—New York.

OESER, E., 1988: Das Abenteuer der kollektiven Vernunft. Evolution und Involution der Wissenschaft. Parey, Berlin—Hamburg.

Penzlin, H., 1986: Die Erscheinung des Lebendigen in unserer Welt. Sitzungsber. d. Sächsischen Akad. d. Wiss. (Leipzig), Mathemat.-naturwiss. Kl. *119* (2): 1—91

Popper, K.R., 1974: Scientific Reduction and the Essential Incompleteness of all Science. In: F.J. Ayala und T. Dobzhansky (eds.): Studies in the Philosophy of Biology. Macmillan, London: 259—283.

Prigogine, I. und I. Stengers, 1981: Dialog mit der Natur. Neue Wege naturwissenschaftlichen Denkens. Piper, München—Zürich.

Riedl, R., 1985: Die Spaltung des Weltbildes. Biologische Grundlagen des Erklärens und Verstehens. Parey, Berlin—Hamburg.

Sattler, R., 1986: Biophilosophy. Analytic and Holistic Perspectives. Springer, Berlin—Heidelberg—New York.

Simpson, G.G., 1963: This View of Life. The World of an Evolutionist. Harcourt, Brace and World, New York.

Smuts, J.C., 1938: Die holistische Welt. Metzner, Berlin.

Weiss, P.A., 1970: Das lebende System: Ein Beispiel für den Schichten-Determinismus. In: A. Koestler und J.R. Smythies (Hrsg.): Das neue Menschenbild. Die Revolutionierung der Wissenschaften vom Leben. Molden, Wien—München—Zürich: 13—59.

Wuketits, F.M., 1987: Synthetic and Analytical Thinking. Z. Anal. Chem. *326:* 320—323.

Wuketits, F.M., 1985: Zustand und Bewußtsein. Leben als biophilosophische Synthese. Hoffman und Campe, Hamburg.

Wuketits, F.M., 1987: Synthetic and Analytical Thinking. Z. Anal. Chem. *326*: 320—323.

Wuketits, F.M., 1988: Systemtheorie und Menschenbild. In: L. Reiter et al. (Hrsg.): Von der Familientherapie zur systemischen Perspektive. Springer, Berlin—Heidelberg—New York: 285—298.

Wuketits, F.M., 1989: Limits to Reductionism in Biology. Rivista di Biologia *82:* 39—50.

Die Überlegungen des vorangegangenen Beitrags werden nun von einem etwas anderen Standpunkt aus beleuchtet. Die Skepsis gegenüber dem Reduktionismus ist ausgeprägter, die Systemzusammenhänge und Wechselbezüge werden stärker betont. Dazu wird ein Schichtenmodell zwischen verschiedenen Systemebenen herangezogen. Das einfache Ursachendenken wird abgelehnt und stattdessen auf die vier Ursachenformen bei ARISTOTELES *zurückgegriffen.*

RUPERT RIEDL *(geb. 1925) ist Professor für Zoologie an der Universität Wien. Er studierte in Wien Medizin, Anthropologie und Biologie. Seine Interessenschwerpunkte verlagerten sich von der vergleichenden Anatomie über die funktionellen Ursachen von Strukturen zur Ökologie (Meeresbiologie) und später zur Evolutionstheorie. Die Beschäftigung mit systemtheoretischen Fragen ist mit dem Besuch von Vorlesungen verknüpft, die* LUDWIG VON BERTALANFFY *im Wien der vierziger Jahre hielt.*

Systemtheorie und Reduktionismus

RUPERT RIEDL

Nachdem uns PAUL WEISS (in Wien) satte zwei Stunden lang mit seiner Sicht der Systemtheorie in Atem gehalten hatte, fragte ihn sein alter Freund KONRAD LORENZ: "Paul, what is a system?" Und PAUL WEISS, mit einer wegwerfenden Handbewegung, antwortete sofort: "Everything that deserves a name". Was also: auch Löffel und Schuhbänder? (Zu den Autoren vergl. WEISS 1971 sowie LORENZ 1971).

Nachdem CHARLES WADDINGTON in einer hinreißenden Darstellung wohl uns alle von der Komplexität der Landschaft epigenetischer Wechselwirkungen überzeugt hatte (vgl. z.B. WADDINGTON 1957), eröffnete der einladende Genetiker (in Chapel Hill/NC) die Diskussion mit der Bemerkung: "I can't help, I am a reductionist." Was kann das bedeuten?

Nachdem ich getrachtet hatte, mein Auditorium (in St. Gallen/Schweiz) davon zu überzeugen, daß man Kybernetik nur als einen Teil der Systemtheorie verstehen könne (RIEDL 1984), sagte HEINZ VON FOERSTER (vgl. VON FOERSTER 1981): "Rupert, it might interest you: in the States it's the other way round." Eine kontinentale Verschiebung?

1. Kybernetik versus Systemtheorie

Meinen Standpunkt findet man aber schon in den späten Schriften meines (frühen) Lehrers VON BERTALANFFY. „Kybernetische Systeme", stellt er (1970a, 120) fest, „. . . sind geschlossen in Hinblick auf den Austausch von Materie mit der Umgebung; sie sind ‚offen' nur für Information. Damit fehlt dem kybernetischen Modell ein wesentliches Charakteristikum lebender Systeme . . . mit Konsequenzen für Wachstum, Entwicklung und Differenzierung". Die kybernetischen Systeme sind nicht „selbstorganisierend" und als Modell (S. 121) keine Grundlage einer neuen „Naturphilosophie". „Kurz", heißt es (1970a, 77), „kybernetische Systeme sind zwar eine sehr wichtige, aber doch nur eine spezielle Gruppe von ‚allgemeinen Systemen'." Man vergleiche auch die übrigen Beiträge in dem von KOESTLER und SMYTHIES (1970) herausgegebenen Symposienband und die dort abgedruckte, vielfach aufschlußreiche Diskussion.

Also: „System" und „Systembetrachtung" („systems approach") sind seit den 50er Jahren Modeworte. Wenn es um Forschungsmittel oder Veröffentlichung geht, muß man sie verwenden. „Reduktionismus“ dagegen ist entweder als Ehrentitel oder als Zurechtweisung zu verstehen; je nachdem, wer die Bezeichnung verwendet. „Systemtheorie“ und „Kybernetik“ waren eine Art geistesgeschichtlicher Zwillingsgeburt; aber LUDWIG VON BERTALANFFY und NORBERT WIENER waren in diesem Sinne keine eineiigen Zwillinge (WIENER 1963, BERTALANFFY, zuletzt in RIEDL, 1970a, 1970b, 1984).

2. Worüber geredet werden kann

Zum inhaltslosen Modewort ist es gekommen, weil man keine Minimalbestimmung dessen angeben möchte, was den Titel „System“ tragen darf. Zwar ist stets von Teilen und Wechselabhängigkeiten die Rede, von Aufbau- und Erhaltungsbedingungen. Dann aber sind in solchen Grenzen tatsächlich auch Schuhbänder und Löffel Systeme, weil selbst deren Aufbau- und Erhaltungsbedingungen von Länge und Reißfestigkeit, beziehungsweise Griff und Schöpffläche wechselbedingt sein werden.

Also ist es geraten, diese Niederungen zu verlassen und wenigstens anzudeuten, was an den heutigen Erkenntnisgrenzen über Systeme gewußt werden kann.

1. *Die Strukturen* komplexer Systeme besitzen qualitative Gestalt- oder Formeigenschaften von hierarchischer Bauweise. Form kann immer wieder Form einer Form sein, sagt C.F.V. WEIZSÄCKER (1971), und das gilt von der Soziologie einer Stadt tatsächlich bis zur Stereochemie. Qualitativ sind sie für unsere Begrifflichkeit in dem Sinne, als wir, von den physikalischen bis zu den kulturellen Eigenschaften, diese schichtweise mit unterschiedlichen Termen zu beschreiben gezwungen sind; weil es zumeist nicht gelingt, das Auftauchen der neuen Eigenschaften, der sogenannten Emergenzen, auf die ihrer Konstituenten zurückzuführen. Man sagt: sie wären in diesen auch in Spuren nicht enthalten. Z.B. das Bewußtsein in einer Nervenzelle oder Reizleitung in einem Molekül. Tatsächlich führt die Kombinierbarkeit von Bauteilen zu so enormen Zahlen von Möglichkeiten, daß in Unkenntnis der durchlaufenen Auswahlbedingungen die Trefferchance jeder Prognose null wird.

Hierarchisch sind die Bauformen von der Materie bis zu den Institutionen der Zivilisation in der Art, daß stets mehrere äquivalente Subteile zur Synthese eines Bauteiles der neuen Schichte beitragen; wobei die Schichten einander in Form und Funktion berühren, aber nicht überschneiden. Diese Struktur- und Funktionsäquivalenzen kann man als Redundanz beschreiben; und diese nimmt mit der Schichthöhe ab. Organismen mit zwölf bis 20 hierarchischen Schichten haben Redundanzen bis zu 17 Größenordnungen (10^{17}). Im ganzen reichen diese von 10^{80} identischen Quanten im Kosmos bis zu den fast einmaligen Kulturen (RIEDL 1975, 1980).

Den Erfolg, die Erhaltungsbedingung der Redundanz, kann man in den Biosystemen auf „billige", mit geringerem Risiko erreichbare Ordnung zurückführen. Redundanzabbau beruht auf dem Risiko der Innovation und heißt Differenzierung. Einen allgemeinen Begründungsversuch hat SIMON (1965) mathematisch aus den Termen Komplexität, Konkurrenz und stochastischer Störung entwickelt, und KOESTLER (1970) hat ihn in die Uhrmacherparabel übersetzt. Eine physikalische Begründung des hierarchischen Baues im Komplexen des Anorganischen, wie schon im differenzierten Schneekristall, scheint aber noch nicht gelungen zu sein (vgl. SEXL 1982) oder bildet sich erst im mathematischen Modell ab (vgl. z.B. NITTMANN und STANLEY 1986).

2. *Die Entstehungsbedingungen* sind mit der Erforschung der Evolutions- und Selbstorganisationsprozesse zahlreicher sichtbar geworden (Schlüsselliteratur in RIEDL 1984). So haben zunächst alle komplexen Systeme Geschichte; liefen über nicht vorhersehbare Bifurkationen, Selektions- oder Auswahlbedingungen sowohl nach der Disposition von Materialien in einer vor-selektiven als auch nach den Milieubedingungen in nach-selektiver Weise; und zwar im Ganzen der uns bekannten Welt zwischen den Bauteilen der Quarks und den Gravitationsfeldern im Kosmos.

Als Vorbedingungen gelten Variationen, stochastische Störungen im Milieu, Fluktuation in den Systemen und Konkurrenz zwischen diesen, z.B. um Energie. Als erste Erhaltungsbedingungen kann man Homöostase, Selbstreparatur oder Rückschwingen ins Gleichgewicht nennen, sowie Innovation, durch Erhaltung des schöpferischen, physikalischen Zufalls. Zur folgenden Evolution der Evolutionsbedingungen gehört die Optimierung von Reproduktion und Gedächtnis als das Prinzip der Mehrung und Erhaltung des Erfolgreichen sowie Differenzierung über eine Steuerung der Raten jener Innovationen (RIEDL 1984).

3. *Die Wechselbedingungen* zwischen den Systemschichten sowie zwischen dem jeweils herausgegriffenen Gesamtsystem und seinem Milieu sind es nun, die in unserem Thema Aufmerksamkeit verdienen. Denn an ihnen scheiden sich die Geister am deutlichsten.

Zunächst kann ich zeigen, daß nicht nur die Untersysteme auf ihr jeweiliges Obersystem wirken, sondern auch jedes Obersystem auf seine Untersysteme: allerdings in einer sehr verschiedenen Weise. Als die Wirkung des Milieus auf ein System ist uns dies vertraut. Daß dasselbe aber zwischen allen Schichten gilt, wird leicht übersehen. Denn jedes Obersystem kann als Milieu seiner Untersysteme verstanden werden.

Derselbe, wesentliche Zusammenhang ist mit der Feststellung ausgedrückt, daß alle Differenzierungen als Einschübe entstehen, als neue Schichtglieder zwischen den schon vor ihnen existierenden Ober- und Untersystemen. Hinsichtlich der notwendigen Präexistenz von Materialien scheint uns diese Feststellung trivial, hinsichtlich stets präexistenter Milieus dagegen verwirrend.

Aber selbstredend waren Obersysteme wie die Differenzierung des Gravitations-Feldes des Kosmos vor den Galaxien, waren Urmeer und Atmosphäre vor den Organismen, wie diese vor ihren Organen, und die Kommunikation der Primaten-Populationen vor den Wortsprachen und Schriften. Ebenso wie die Untersysteme: Wie die Materie vor den Galaxien, war die Differenzierung künftiger Biomoleküle vor den Organismen, die der Zellen vor den Organen, sowie Kehlkopf und Greifhand vor Sprache und Schrift (Riedl 1978/79; vergl. Abb. 1).

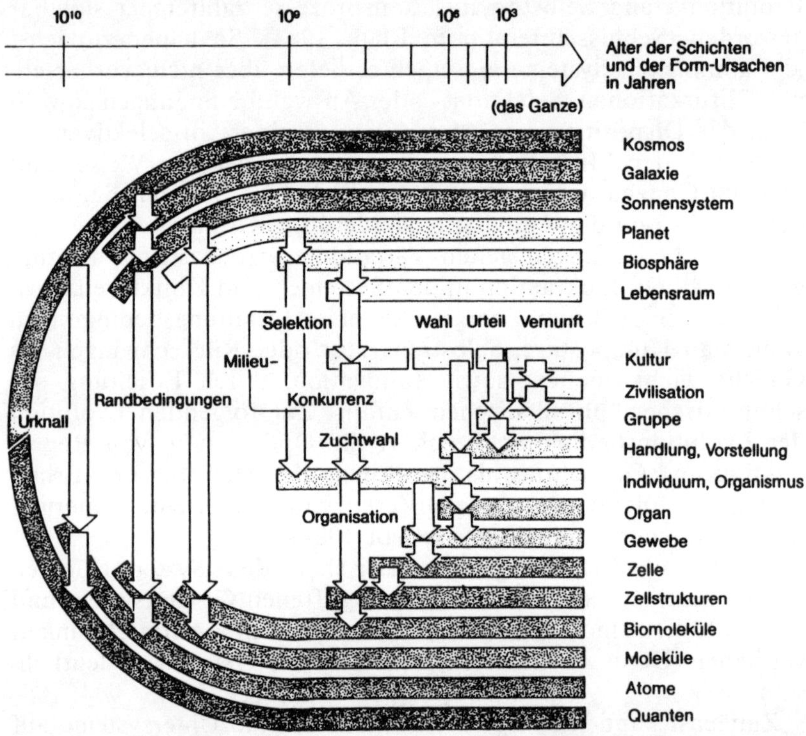

Abb. 1: Die evolutive Entstehung von Differenzierung durch Einschübe zwischen jeweils vorgegebenen Ober- und Untersystemen. Hervorgehoben sind die selektiven Wirkungen aus den Obersystemen (aus Riedl 1985).

Zum Verständnis jeglichen Systems, welchen Schichtkomplexes auch immer, bedarf es folglich zweier notwendiger Seiten zur zureichenden Erklärung. Aus den Untersystemen verstehen wir, was nach unserer Begrifflichkeit etwas wie Eigenschaften, die Gesetze der Materialien und (energetischen) Antriebe verstehbar macht, die Prädisposition der Erhaltungsmöglichkeit, aus den Obersystemen dagegen etwas wie die Herkunft, die Gesetze der Form-, Lage- oder Vorkommensmöglichkeiten der Systemerhaltung nach deren Selektionsbedingungen; damit auch den Zweck oder Sinn. Weil unser Zweckbegriff mit jenen Systemen korreliert, welche (vermeintlich oder de facto) erfolgreich zu den Erhaltungsbedingungen ihres Obersystems beitragen.

Man erkennt darin die vier Ursachenformen, die schon ARISTOTELES differenziert und die man am Beispiel des Hausbaues expliziert. Und zwar in einer Symmetrie (RIEDL 1978/79, 1980), indem die Antriebe und Materialien (*causa efficiens* und *causa materialis*) aus den Untersystemen, die Form- und Zweckbedingungen (*causa formalis* und *causa finalis*) aus den Obersystemen wirken. Gleichzeitig in einer zweiten Symmetrie, indem die *causa efficiens* und *causa finalis* in jeweils kaum veränderter Begreifbarkeit durch alle Schichten hindurchreichen, die *causa materialis* und *causa formalis* uns nach den Emergenzbedingungen aber Schicht für Schicht als verschieden begreifbar und daher mit verschiedenen Termen beschrieben werden.

Dabei wird übersehen, daß sich in diesen Verschiedenheiten einheitliche Prinzipien verbergen, die wir eben Vorausdispositionen und nachfolgende Auswahl, oder Vor- und Nach-Selektion von Erhaltungsbedingungen, nennen können. Auch hinsichtlich der *causa finalis* zeigt die neuere ARISTOTELES-Forschung (KULLMANN 1979, 1982), daß nicht an Teleologie, sondern, ganz im Sinne der Naturwissenschaft heute, an Teleonomie gedacht war; d.h. an die durch wiederholten Ablauf bewährten Programme; wie ein Hühnerei zum Küken oder ein Gedanke zu einem Brief wird.

Dabei lassen sich beide Erklärungs-Seiten, die wir zum Verständnis eines Systems benötigen, schichtweise auf übergeordnete Gesetzlichkeiten zurückführen; man kann auch sagen: mehrere Gesetze der einen Schicht sind jeweils einem Gesetz der Folgeschichte subsumierbar oder auf dieses reduzierbar. In Richtung einer Erklärung aus den Untersystemen ist dies das bekannte HEMPEL-OPPENHEIM- oder Subsumptionschema (HEMPEL und OPPENHEIM 1948). Entscheidend für unsere Frage aber ist es, zu verstehen (RIEDL 1985), daß es de facto symmetrisch in beide Richtungen angewendet werden muß.

Auf diese Weise treten auch noch Erkenntnis-, Erklärungs- und Entstehungsweg der komplexen Dinge dieser Welt in eine Beziehung, anorganische und organische Naturdinge wie Artefakte in

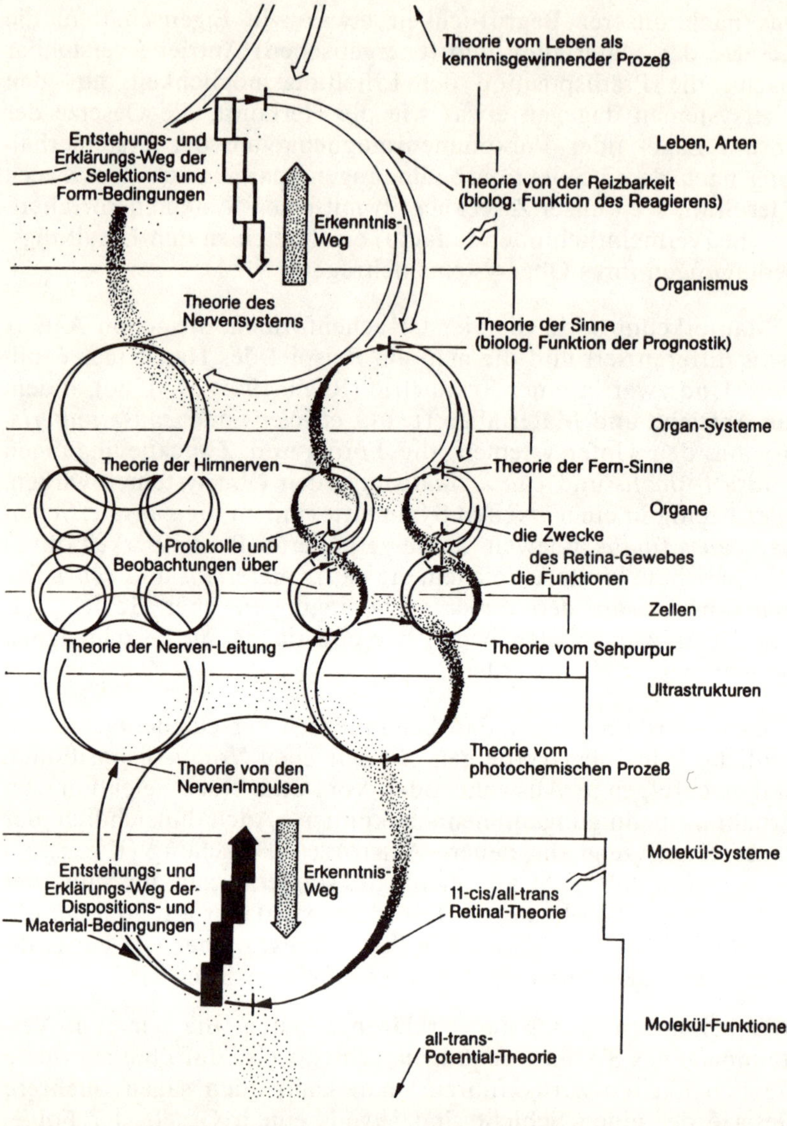

Abb. 2a: Die Symmetrie der Erkenntniswege am Beispiel des Verstehens der Zweck- und Funktionsbedingungen unseres Auges. Man beachte die Gegenläufigkeit der Entstehungs- und Erkenntniswege (nach den Schichten der Komplexität und den Kreisläufen der Theorienbildung; aus Riedl 1985).

gleicher Weise (Abb. 2). Die Erkenntniswege gehen in der Regel von den Schichten mittlerer Dimension aus, wie sie unserer Wahrnehmung räumlich und zeitlich naheliegen: Strukturen der Landschaft etwa, der Organismen wie der Kultur.

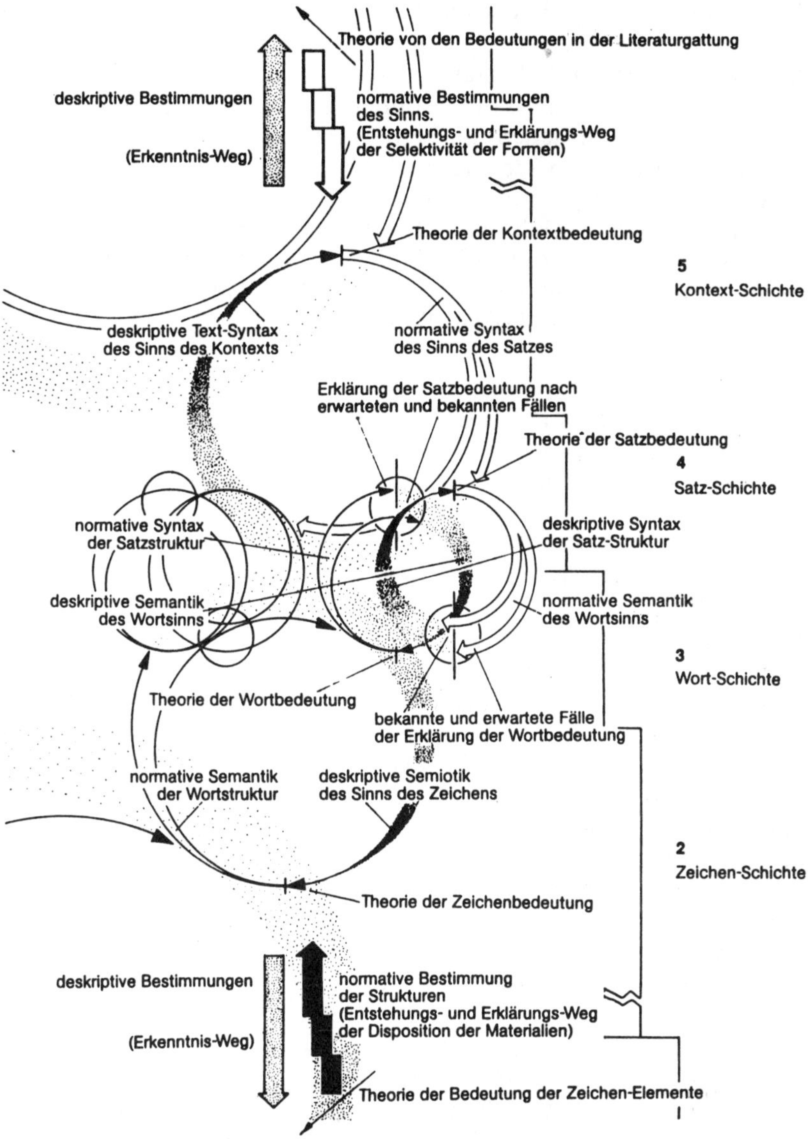

Abb. 2b: Die Symmetrie der Erkenntniswege am Beispiel der Entzifferung von Inhalt und Aufbau einer Schrift. Man beachte wieder die Gegenläufigkeit der Entstehungs- und Erkenntniswege (vergl. Abb. 2a; die Einzelheiten und vergleichbaren Wissenschaften in Riedl 1985).

Erst schrittweise dehnt sich die Erkenntnis der Zusammenhänge gegen die Ober- und Unterschichten aus, bis wir, im Gegenlauf nun, die Strukturen der Erde aus Tektonik und Materie-Eigenschaften, Organismen aus Evolutions- und Reproduktionsgesetzen, Artefakte aus dem Weltbild einer Kultur wie aus den Fähigkeiten und Bedürfnissen ihrer Individuen erklären. So laufen Erkenntnis- und Erklärungswege einander entgegen; die Entstehungswege aber den Erklärungswegen parallel. Denn, wie wir schon feststellten, waren die Bedingungen der Geophysik und der Kristallisation vor jenen unserer Gebirge, Milieuselektion und DNA-Replikation vor den Tieren, sowie das Christentum und der Steinmetz vor den gotischen Domen (Riedl 1985).

In diesem Sinne rekapituliert die Differenzierung unserer Erklärungen, die wir zu Gesetzen formulieren, von den Außenschichten in die Vielfalt der inneren Schichten, eben die Differenzierung und das Werden der Komplexität dieser Welt.

3. Worüber geredet werden soll

Was den Begriff des Reduktionismus betrifft, so empfiehlt es sich, für die empirischen Wissenschaften zunächst drei seiner Formen zu unterscheiden. Die Diskussion des Reduktions-Begriffes in der Philosophie (z.B. Husserl 1950 und Carnap 1961) berührt uns weniger. Es geht dort um die „Ausweisung“ von Begriffen durch Rückführung auf Gegebenes.

Uns beschäftigt erstens ein erkenntnistheoretischer Reduktionismus im Sinne der Rückführung oder Subsumption von Gesetzen der einen Schichte auf bzw. unter ein allgemeineres Gesetz einer Folgeschichte: Etwa mit den Fragen, inwieweit ein allgemeineres Gesetz aus den Gesetzen einer Subschichte hervorgeht (Hempel und Oppenheim 1948), und in welcher Weise ein solches wiederum auf jene zurückwirkt (Oeser 1976).

Zweitens ist ein pragmatischer (methodischer) Reduktionismus von Interesse, mit der Ansicht, ein System könne aus seinen Bauteilen verstanden, notwendig aus diesen erklärt, das heißt, auf diese zurückgeführt werden. Die Anwendung ist als die szientistische Methode bekannt und ihre analytischen Erfolge haben unsere Welt verändert. Hier beginnt unsere Kritik.

Drittens kann man von einem ontologischen Reduktionismus sprechen, in welchem sich aus dem pragmatischen Reduktionismus die Meinung entwickelt, daß das auch alles wäre. Damit wird behauptet, daß die Reduktion auf die Subsysteme nicht nur eine notwendige, sondern die zureichende Erklärung enthielte. Dies stellt den Hauptgegenstand meiner Kritik dar.

Freilich wird er erkenntnistheoretisch nicht sauber formuliert, daher sehr verschiedenartig und implizit auch nur in verschieden weicher Form vertreten. Der ontologische Reduktionismus hat eher die Funktion einer unausgesprochenen Rechtfertigung dessen, was man als den „main stream“ jener Fächer bezeichnet, die sich selbst „die exakten Wissenschaften“ nennen. Er ist eine Art

Pathos. Wirklich hart wird er erst im Selektionsbereich der Gutachter und Förderungsmittel. Darin aber ist er sehr wirksam.

Eine konstruktive Kritik tut darum gut, mit einem Vergleich der wissenschaftstheoretischen Ansätze der Positionen zu beginnen. Und ich stelle entsprechend ein Dutzend von Disziplinen nebeneinander, die sich alle um das Verständnis komplexer Systeme bemühen (Tab. 1), in einer ersten Gliederung nach ihrer vorwiegenden Herkunft.

Entwicklung aus:	Biowiss.	Anorg. Wiss.	Technik (Mathem.)
Theorie d. Ansatzes:	Holist.	Präsyst.	Redukt.Mechanizist.
Geschichtlichkeit:	Histor.	Zeitlich	Ahistorisch
Milieubedingung:	Obersyst.offen	Ensemble	Ohne Obersyst. geschlossen
Strukturkonzept:	Hierarchisch	Wechselseitig	Zweidimensional
Ursachenformen:	2-4 Ursachen	≥1, ≤ 2 Ursachen	1 Ursache

	Biowiss.						Anorg. Wiss.						Technik (Mathem.)					
Systemtheorie	+	+	+	+	+	+												
Selbstorganisation	+	?	+	?						?	?	?						
Autopoiese	+	+	+	?	?							?						
Konstruktivismus	+	+	+	+	?	?						?						
Negentropie	?		?	+			+	+	+	+	?	?						
Symmetriebrechung			?	?			+	+	?	+	?	?						?
Bifurkation				?			+	+	+	?	+	?						
Spiel-, Entscheid.-Th.							?	+	+	+	+	?	?	?				
Katastrophen-Th.							+	+	+	+	?		?					?
Synergetik				?			+	+	+	+	+	?						+
Biokybernetik	?							?		+	?	?	+	+	+			?
Kybernetik												?	+	+	+	?	+	+
Informations-Th.													+	+	+	+	+	?

Tabelle 1: Versuch einer Gegenüberstellung von einem Dutzend Theorien, die an der Aufschließung komplexer Phänomene beteiligt sind. Jeweils nach dem Konzept des Ansatzes und der Betrachtung von Geschichtlichkeit, Milieu, Struktur und Ursachen; geordnet nach ihrer Entwicklung aus den Biowissenschaften, den anorganischen Wissenschaften oder aus Technik und Mathematik (Original).

Die Verschiedenheit der Ansätze in den Biowissenschaften, in den anorganischen Wissenschaften oder in Technik und Mathematik läßt die Positionen nach etwa fünf Gesichtspunkten unterscheiden, welche die Reduktionismen betreffen. Geht man von der Perspektive aus, mit der hier die Systemtheorie vorgestellt wurde, so ergibt sich in einer ersten Näherung folgende Differenzierung.

1. Der holistische Ansatz mit der Redensart: „das Ganze ist mehr als die Summe der Teile", ist durch die Symmetrie der wahrgenommenen Entstehungs- und Erhaltungsbedingungen nach vier, oder doch zwei symmetrischen Ursachen gekennzeichnet.

Unter dem „präsystemischen" Ansatz der Anorganiker ist diese Ursachenentscheidung eher unbestimmt (wie in Schrödingers Negentropie-Konzept und in der Synergetik; vgl. Tab. 1). Zwar gilt im Paradigma die Erwartung, das Wesentliche auf Quantengesetze und die *causa efficiens* reduzieren zu können, wie in der Chemie, aber in der Bio-, Geo- und Astrochemie beispielsweise sind die Selektionswirkungen der Obersysteme so offensichtlich, daß man sie als Randbedingungen (eben an den Rand gestellt) jedenfalls gelten läßt.

Ausgeprägter ist der reduktionistisch-mechanistische Ansatz in den technisch-mathematischen Disziplinen, was umso merkwürdiger ist, als man, etwa in der Kybernetik, vom Regler und vom Stellglied redet (z.B. SACHSSE 1971), selbst in der biologischen Kybernetik (HASSENSTEIN 1973), und sich eigentlich fragen müßte, unter welchen Bedingungen derlei wohl zustandekommt, und daß Regelung mit Selektion zu tun hat und einen Zweck haben muß. Und man erkennt, wie weit Systemtheorie und Kybernetik schon im Ansatz verschieden sein können.

2. Ganz entsprechend ist der biologische Ansatz historisch, in dem Sinne, daß keine Struktur oder Funktion ohne deren nicht wiederholbare Geschichte ganz zu verstehen ist.

Demgegenüber waren die Erwartungen der Anorganiker zu lange Zeit nicht historisch, sondern nur zeitlich. Sie beachteten die Bedeutung von Abläufen, hielten diese aber bis vor kurzer Zeit in aller Regel für identisch wiederholbar. Mit Synergetik, Katastrophen- und Chaostheorie (siehe Beitrag KRATKY in diesem Band) beginnt sich dies zu ändern.

Die technisch-mathematischen Ansätze können in demselben Sinne sogar ahistorisch sein, da es gleichgültig erscheint, wo man im Wechselzusammenhang der Vorgänge mit der Betrachtung beginnt. Wobei gerade in der Informationstheorie (vergl. ZEMANEK 1959 oder PETERS 1967) die Frage naheläge, unter welchen Bedingungen in dieser Welt Sender und Empfänger entstehen, oder Information überhaupt.

3. Endlich liegen Unterschiede in der Betrachtung der Strukturzusammenhänge vor. Der biologische Ansatz sieht einen hierarchischen Schichtenbau vor, der nach oben sogar offen sein kann, indem stets noch weitere Obersysteme als die zugänglichen als möglich wirkend nicht ausgeschlossen werden können. Damit werden Emergenzen neuer Qualitäten bedeutsam: das Werden von Leben aus Unbelebtem und von Bewußtsein aus dem Nichtbewußten; mit der Möglichkeit der Transzendenz (des Hinübersteigens) in neue Emergenzen und der Kritik unserer eigenen Erkenntnisfähigkeit. Im anorganischen Ansatz werden Obersysteme zu Randbedingungen und anstelle hierarchischer Wirkgefüge werden eher Wechselseitigkeiten in gleicher Ebene (Kollektiv-Phänomene), wie in der Katastrophentheorie und besonders in der Synergetik betrachtet; etwa, was HAKEN (1978) so anschaulich „das Parlament der Moleküle" nennt.

Und im technisch-mathematischen Ansatz ist das Bild gewissermaßen von einer zweidimensionalen Diagrammatik, denn das Obersystem liegt gewöhnlich außerhalb der Fragestellung, Emergenzen werden nicht einbezogen.

Gewiß ist diese kurze Darstellung korrektur- und ergänzungsbedürftig, und nur als Anregung zum Gespräch gedacht; schon deshalb, weil ein solcher Vergleich, soweit mir bekannt ist, noch nicht versucht wurde. Im ganzen mag aber zutreffen, daß der Reduktionismus auf die Unterscheidung der Ursachenformen, die Zweiseitigkeit zureichender Erklärung, verzichtet, damit die Hierarchie der Strukturen unterschätzt und die Emergenz und Historizität alles Gewordenen; im wesentlichsten die Wirkungen und das Vorausgegebensein der Obersysteme.

4. Worüber geredet werden muß

Zunächst muß man sich fragen, ob, und wenn, was verloren geht, wenn im Paradigma des pragmatischen, methodischen Reduktionismus auf jene zusätzlichen Perspektiven der Systemtheorie verzichtet wird. Im weiteren interessiert, ob man diese Perspektiven lediglich nicht kennt, für wissenschaftlich nicht behandelbar, oder überhaupt im Sinne eines lupenreinen ontologischen Reduktionismus für unnötige Erfindungen hält. Und zuletzt sei untersucht, welcher Bezug zu unserer gegenwärtigen Kultur besteht.

Was verlorengeht, sieht auf den ersten Blick harmlos aus. Sagt man, die Einsicht in Zweck und Herkunft, Zuordnung und Geschichtlichkeit geht verloren, so kann das die meisten Chemiker beispielsweise nicht beeindrucken. Sie können dies für jene, eben unexakten Fragen der Biologen und Kulturwissenschaftler halten. Folgen wir darum besser einem besonders klaren Plädoyer für den Reduktionismus, jenem von Peter und Jean Medawar (1986): „Die Gesetze der Eigenschaften und Leistungen lebender Organismen", heißt es dort (S. 266), „sind und können nichts anderes sein, als die Gesetze der Leistungen lebender Zellen...", denn, heißt es weiter, „Organismen besitzen keine anderen Eigenschaften als jene, die von Eigenschaften individueller Zellen herstammen und sich in diese auflösen lassen. Das Prinzip der Reduzierbarkeit ließe sich selbstverständlich auch eine oder zwei Stufen tiefer in der Hierarchie anwenden, denn Zellen lassen sich in Moleküle auflösen... schließlich können auch Moleküle in Atome aufgelöst werden, aus denen sie bestehen, und diese wiederum ohne Zweifel in Elementarteilchen."

Hinsichtlich der Eigenschaften und Leistungen ist dies gewiß der Weg zur zureichenden Erklärung, für den ganzen Organismus kann er es nicht sein, denn wir verstünden daraus nicht einmal, warum Fische Flossen besitzen, und nicht Pfoten oder Hufe. Dies gilt auch sogleich für alle Artefakte. Beispielsweise die Eigenschaften und Leistungen eines Backsteindomes auf seine Ziegeln zu reduzieren und weiter auf die Quanten der Silikat-Bindungen, kann den Dom nicht verstehbar machen.

Aber nicht nur die Zweck- und Formursache, auch die Materialursache fällt weg. Denn weder könnte man verstehen, warum dem Delphin die effizientere Kieme fehlt oder dem gotischen Dom die effizientere Eisenbeton-Konstruktion. Tatsächlich bleibt nur die Betrachtung der energetischen Effizienz, eben die *causa efficiens*, auf welche sich die lupenreinen Physiologen auch zurückziehen (Wainwright hat dies 1988, 678, so liebenswürdig kritisiert). Aber auch dies gelingt nur unter Weglassung, dort der Kieme, da des Eisenbetons; im exakten Sinne beschränkt man sich also auf die Erforschung eines unverstehbaren Zufallsproduktes. Freilich blieb dies versierten Reduktionisten auch nicht verborgen.

„Vielleicht", sagen zu diesem Thema P. und J. Medawar (1986, 267), „läßt sich der Reduktionismus sogar am einfachsten dahin zusammenfassen, daß man sich vorstellt, ein bestimmter Frosch sei nur eine Realisation innerhalb der Welt möglicher Frösche, von denen jeder hätte real werden können...;" und ebenso wird die gesamte Welt „als nur eine aus einem ganzen Bereich möglicher Welten angesehen — nicht unbedingt als die beste."

Das Desinteresse an der Frage, warum der Delphin die Kieme nicht mehr haben kann und jener Dombaumeister noch keinen armierten Beton, ist nur eine Konsequenz der Theorie; sie für unlösbar zu halten, eine Paradoxie das Paradigmas. Wesentlich ist daher jenes Werturteil, vor dem sich das alles entfaltet. Ich komme darauf zurück.

Neben dieser Geschichts-Paradoxie beruht eine zweite, die Emergenz-Paradoxie, auf derselben Konsequenz des Ausschlusses der Obersystemwirkungen, wie dies das Paradigma wieder vorschreibt.

„In der Biologie", räumen nun P. und J. Medawar (1986, 265) ein, „lassen sich nur sehr wenige Eigenschaften zusammengesetzter Systeme als bloß additive Funktionen der Eigenschaften von Teilen darstellen, und diejenigen, die sich so darstellen lassen, sind nicht sonderlich interessant." Richtig; wesentlich sind die Emergenzen. Dasselbe gilt aber auch für die Emergenz der chemischen aus den Quanteneigenschaften, wie die der Kultur aus den biologischen Eigenschaften. Schließt man aber Kollektiv- oder Ensemble-Phänomene wie Obersystemwirkungen aus, so muß man konsequenterweise (P.und J. Medawar 1986, 270) zum Begriff der Emergenz behaupten, „daß der keinen Erklärungswert besitzt: er markiert das Ende eines Gedankengangs, nicht den Anfang eines neuen.“ Somit hätte gerade das Interessanteste komplexer Systeme keinen Erklärungswert?

Damit kommen wir zur zweiten Frage. Denn wenn so offensichtlich mitvollziehbare Vorgänge, wie die Formenentwicklung in der Evolution, der Materie, der Organismen, wie die der Baukunst, als Zufälligkeiten ohne Erklärungswert deklassiert werden, so läßt sich dies nur aus einer dem Paradigma selbst übergeordneten Annahme oder Ideologie verstehen; nämlich aus einer speziellen Definition von Wissenschaft.

Allgemein gilt eine Aussage dann als wissenschaftlich, wenn sich eine Prognose fortgesetzt und widerspruchsfrei bestätigt. Eine solche Prognose über eine Klasse von Fällen wird, wie wir sahen, gewöhnlich aus der Koinzidenz von Termen (wir sagen: aus einem Gesetz) einer Nachbarschichte formuliert.

Nach dem Paradigma des Reduktionismus, so scheint es, müßten nun die Prognosen aus den Termen von Obersystemen als unwissenschaftlich ausgeschlossen werden. Tatsächlich ist dies gar nicht, oder nur in einem ganz bestimmten Sinne der Fall.

Die Eigenschaften beispielsweise von Licht auf unserer Erde lassen sich freilich über die Theorien der Kern-Fusion und weiter der Kernreaktionen auf die Kern- und Quantenkräfte, also auf Eigenschaften von Untersystemen, zurückführen. Für eine Erklärung der Herkunft des Lichtes aber bedarf es, aufsteigend in die Obersysteme, der Theorie der stationären Stern-Zustände, der Galaxienbildung, der Kosmos-Strukturen und der Allgemeinen Relativitätstheorie, bis zu einer Quantentheorie der Gravitation (die noch unvollendet ist). Nicht anders sind die Eigenschaften des Wassers auf dieser Erde hinunter auf die SCHRÖDINGERgleichung zurückzuführen, die Existenz seiner Mengen aber nur hinaufzu über die Theorien der Atmosphären, der Planeten und Sonnensysteme, wieder zur Theorie des Gesamtkosmos (RIEDL 1985, Abb. 31 und 32, S. 165—174).

Man schließt also für eine zureichende Erklärung die Erhaltungsbedingungen durch die nachselektierenden Obersysteme (die Milieubedingungen) gegenüber den vorselektiven aus den Untersystemen gar nicht aus. Es war lediglich nicht von Interesse, daß hier die Außenbedingungen den Binnenbedingungen der Systemerhaltung gegenüberstehen.

Auch die Unmöglichkeit experimenteller Wiederholbarkeit, wie die Theorien der Geschichte der Sonnen und der Galaxien zeigen, scheidet nicht die Geister. Und Geschichtlichkeit, im Sinne der Nichtrekonstruierbarkeit von Ausgangsbedingungen, der Nichtwiederholbarkeit von Zuständen, wie sie etwa die Anzahl der Planeten der Sonne erklären sollte, wird nicht minder hingenommen.

Diese Konzilianz scheint aber dort zu enden, wo die Bedingungen der Obersysteme nicht sogleich wieder auf physikalische Größen reduzierbar werden, sondern zunächst selbst in komplexe, historisch zu verstehende Milieubedingungen einmünden.

Es ist ja nicht zu bezweifeln, daß z.B. auch die Entstehung unseres Auges hinunter bis zu den Quantenbedingungen auf unserer Erde, hinauf bis zur Geschichte der Sonnen, zu erklären ist. Dazwischen aber schieben sich hinunterzu die Theorien vom Sehpurpur und den photochemischen Prozessen bis zur sogenannten „all-trans-Potential-Theorie"; hinaufzu aber nicht minder die Theorien von den Fernsinnen, den Sinnen und der Reizbarkeit, bis zur Theorie des Lebens als kenntnisgewinnender Prozeß (Lorenz 1973, Riedl 1985, Abb. 36, S. 179—181).

Der Unterschied dieser Theorien-Reihen liegt nun weder in deren Geschichtlichkeit, noch im Gewißheitsgrad. Denn der Vorteil des Kenntnisgewinnes durch Fernsinne kann als ebenso gewiß gelten, wie der der photochemischen Funktion des Sehpurpurs; und beides sind historisch zu verstehende Produkte. Der Unterschied liegt lediglich darin, daß sich die Leistung auf Bedingungen der Zusammensetzung von Bauteilen der Untersysteme und der (Quanten-)Kräfte reduzieren läßt, die Herkunft jedoch auf Bedingungen des Zusammenwirkens, der Selektion von Form (Funktion) und Zweck (des lebenserhaltenden Kenntnisgewinns unter dem Druck von Konkurrenz).

Die Argumentation drehte sich nun im Kreis. Obersystemwirkungen schieden aus, weil sie nicht die Eigenschaften und Leistungen bestimmen; will man aber diese bestimmen, so scheiden die Obersysteme aus. Solcherart Zirkularität wäre zu simpel, um nicht durchschaut worden zu sein. Wir müssen darum noch einen Hintergrund beleuchten, um dieses Übergewicht des Interesses gerade an Eigenschaften und Leistungen zu verstehen. Es geht um den Unterschied der „Machbarkeit", der Möglichkeit für den Menschen, innerhalb der ihm gegebenen Kräfte, Räume und Zeiten eingreifen zu können. Und die Welt, wie wir hörten, nicht unbedingt die beste, soll wohl verbessert werden.

Eigenschaften und Leistungen schließen sich nun durch Analysen auf, und die Vorselektion von Materialien und Kräften können wir in weiten Grenzen selbst vornehmen; dies heißt Experiment, Eingriff oder Manipulation. Daraus werden die Binnenbedingungen der Systemerhaltung erkennbar. Die nachselektiv verbleibenden Funktionen und Zwecke dagegen ließen sich nur durch eine Synthese der Außenbedingungen der Systemerhaltung, der Obersysteme also, wiederbilden; und diese wiederherzustellen können wir in ebensolchen weiten Grenzen eben nicht. Nicht einmal alle möglichen Disponibilitäten der Materialien vermöchten wir aufzuschließen.

Zu Recht sagen P. und J. Medawar (1986, 267): „Wenn man die reduzierende Analyse betrachtet, wird klar, daß sie unter allen denkbaren Verfahren, die Welt zu begreifen, dasjenige ist, mit dessen Hilfe sich am ehesten erkennen läßt, wie diese Welt nötigenfalls verändert werden könnte." Dies ist des Pudels Kern. Und da unsere Welt, gerade aus dieser Perspektive, wie erinnerlich, nicht eine der besten sei, will man sie auch verändern.

Dieses ist nun auch die Wende, an welcher die Erfolge des pragmatischen in die Gefahren des ontologischen Reduktionismus übergehen. Der analytischen Reduktion, stellen P. und J. MEDAWAR (1986, 264) fest: „verdanken wir Wissenschaft und Technik". Aber eben jene, die uns in Gefahr bringen, weil sie die äußeren Erhaltungsbedingungen mißachten.

Die Industrialisierung bedachte die Gesellschaft nicht, die Kunstdüngung nicht die Belastbarkeit der Böden, die Wachstumsgesellschaft nicht die der Wälder und Meere; die Monokulturen und Pestizide bedrohen die Erhaltungsbedingungen der Arten und Biozönosen, der Energiedurchsatz die der Atmosphäre und die Eingriffe in den Atom- und den Zellkern wiederum die Erhaltungsbedingungen unserer Gesellschaft. Wir unterschätzen das historisch Gewordene und mißachten das Unwiederbringliche.

Die Machbarkeits-Ideologie ist ein Kind der Aufklärung und ein Enkel einer Physik der „einsam reisenden Teilchen". Heute wissen wir, daß sich keine Bedingung auf einsamer Reise befinden kann; und wir werden zur Kenntnis nehmen müssen, daß unsere Eingriffe immer nur Zwischensysteme verändern; stets aber im Stufenbau der Obersysteme solche zu erwarten sein werden, die unserem Zugriff unerreichbar bleiben.

Der pragmatische Reduktionismus hat uns angeleitet, uns zu überschätzen, der ontologische, ernstgenommen, würde uns zerstören, nicht ernstgenommen ist er leeres Pathos. Darum war und bleibt wohl weiterhin über beide zu reden.

Literatur

BERTALANFFY, L.v., 1970a: ... aber vom Menschen wissen wir nichts. Robots, Men and Minds. Econ, Düsseldorf—Wien.

BERTALANFFY, L.v, 1970b: Gesetz oder Zufall: Systemtheorie und Selektion. In: A. Koestler und J. Smythies (Hrsg.): Das neue Menschenbild. Molden, Wien—München—Zürich: 71—95.

CARNAP, R., 1961: Der logische Aufbau der Welt. Meiner, Hamburg.

FOERSTER, H.v., 1981: Observing Systems. Intersystems Publ., Seaside Cal.

HAKEN, H., ^{2}1978: Synergetics. An Introduction. Nonequilibrium phase transition in physics, chemistry and biology. Springer, Berlin.

HASSENSTEIN, B., 1973: Biologische Kybernetik. Quelle u. Meyer, Heidelberg.

HEMPEL, C. and P. OPPENHEIM, 1948: Studies in the logic of explanation. Philosophy of Science *15*: 135—175.

HUSSERL, E., 1950: Ideen zu einer reinen Phänomenologie und phänomenologischen Philosophie. Husserliana Band III, Den Haag.

KOESTLER, A. und J. SMYTHIES (Hrsg.), 1970: Das neue Menschenbild. Die Revolutionierung der Wissenschaft vom Leben. Ein Symposion. Molden, Wien—München—Zürich.

KOESTLER, A., 1970: Jenseits von Atomismus und Holismus — der Begriff des Holons. In: A. Koestler und J. Smythies (Hrsg.): Das neue Menschenbild. Die Revolution der Wissenschaft vom Leben. Molden, Wien—München—Zürich.

KULLMANN, W., 1979: Die Teleologie in der aristotelischen Biologie. Aristoteles als Zoologe, Embryologe und Genetiker. Sitzungsber. Heidelberger Akad. d. Wiss. Philos-histor. Klasse, 2. Abhandlung: 1—72.

KULLMANN, W., 1982: Wesen und Bedeutung der „Zweckursache" bei Aristoteles. Berichte zur Wissenschaftsgeschichte *5*: 25—39.

LORENZ, K., 1971: Knowledge, belief and freedom. In: P. Weiss (Ed.): Hierarchically organized systems in theory and practice. Hafner, New York: 231—262.

LORENZ, K., 1973: Die Rückseite des Spiegels. Versuch einer Naturgeschichte menschlichen Erkennens. Piper, München—Zürich.

MEDAWAR, P. und J. MEDAWAR, 1986: Von Aristoteles bis Zufall. Ein philosophisches Wörterbuch der Biologie. Piper, München—Zürich.

NITTMANN, J. and H. STANLEY, 1986: Tip splitting without interfacial tension 2nd tendritic growth patterns arising from molecular anisotropy. Nature *321*: 663—668.

OESER, E., 1976: Wissenschaft und Information. 3 Bände. Oldenbourg, Wien—München.

PETERS, J., 1967: Einführung in die allgemeine Informationstheorie. Springer, Berlin—Heidelberg—New York.

RIEDL, R., 1975: Die Ordnung des Lebendigen. Systembedingungen der Evolution. Parey, Hamburg—Berlin.

RIEDL, R., 1978/79: Über die Biologie des Ursachendenkens; ein evolutionistischer, systemtheoretischer Versuch. In: Mannheimer Forum. Boehringer, Mannheim: 9—70.

RIEDL, R., 1980: Biologie der Erkenntnis. Die stammesgeschichtlichen Grundlagen der Vernunft. Parey, Berlin—Hamburg.

RIEDL, R., 1984: Self-Organization: Some theoretical cross-connections. In: H. Ulrich and G. Probst (Eds.): Self-Organization and Management of Social Systems. Berlin—Heidelberg—New York—Tokyo: 42—59.

RIEDL, R., 1985: Die Spaltung des Weltbildes. Biologische Grundlagen des Erklärens und Verstehens. Parey, Berlin—Hamburg.

SACHSSE, H., 1971: Einführung in die Kybernetik. Vieweg, Braunschweig.

SCHRÖDINGER, E., 1957: Was ist Leben? Leo Lehnen, München.

SEXL, R.U., 1982: Was die Welt zusammenhält. Physik auf der Suche nach dem Bauplan der Natur. Deutsche Verlagsanstalt, Stuttgart.

SIMON, H., 1965: The architecture of complexity. General Systems *10*: 63—76.

WADDINGTON, C., 1957: The strategy of the genes. Allen and Unwin, London.

WAINWRIGHT, S., 1988: Form and function in organisms. Amer. Zool. *28*: 671—680.

WEISS, P., 1971: Within the gates of science and beyond. Science in its cultural commitments. Hafner, New York.

WEIZSÄCKER, C.F.v., 1971: Die Einheit der Natur. Hanser, München.

WIENER, N., 1963: Kybernetik. Econ, Düsseldorf.

ZEMANEK, H., 1959: Elementare Informationstheorie. Oldenbourg, Wien—München.

Gegen Ende des ersten Buchteils wird auf die Position des Holismus als Gegenpol zum Reduktionismus genauer eingegangen. Es werden vor allem soziale Systeme betrachtet — mit dem Verhältnis von Individuum und Gesellschaft als zentralem Punkt. Dazu wird unter anderem die Spiel- und Entscheidungstheorie herangezogen. Nach dem Eingehen auf kulturelle Fragen kommen Chaosphänomene in Natur und Gesellschaft zur Sprache, zum Beispiel in bezug auf Nutzen und Risiko.

Werner Leinfellner (geb. 1921) war (u.a.) 1967—1985 Professor für Philosophie an der Universität von Nebraska, Lincoln, USA und Gastprofessor an der Technischen Universität Wien. Er studierte Chemie, Physik und Philosophie in Wien und ging nach dem Studienabschluß bald nach Amerika. Er hat sieben deutsche, drei englische philosophische Bücher und 110 Artikel geschrieben und ist Herausgeber der Zeitschrift „Theory and Decision" (26 Jahrgänge) und der Buchreihe „Theory and Decision Library" (80 Bände). Er verbindet philosophische mit sozialwissenschaftlichen und ökonomischen Fragestellungen. Daraus ergibt sich auch sein Zugang zum Buchthema.

Holismus, Reduktionismus und die Theorie dynamischer Systeme

WERNER LEINFELLNER

1. Der Aufstieg des Holismus und der Abstieg des Reduktionismus und deren Konsequenzen für die Systemtheorie

Seit geraumer Zeit ist der Antireduktionismus im Vormarsch. Anlaß dazu gaben neuere Erkenntnisse der holistischen Systemtheorie dynamisch sich verändernder Systeme, die Abkehr vom aristotelischen Substanzdenken und Essentialismus, die Aufweichung der klassischen zu statistischer Kausalität, des Determinismus zum Indeterminismus und schließlich das Auftreten chaotischer Zustände in der zeitlichen Entwicklung von komplexen Systemen. Dem Abstieg des Reduktionismus, ausgelöst durch den Verlust des Atomismus in der Physik, folgte der Aufstieg des Holismus in der Biologie und Soziologie. Traditionelle Holisten und Ganzheitsanhänger, wie DRIESCH, WERTHEIMER, KÖHLER und DURKHEIM begannen den Trend, Systeme ganzheitlich zu sehen, dann folgten Ganzheitstheoretiker, wie BERTALANFFY (allerdings noch mit einem Schuß Neovitalismus), und schließlich heute die modernen Systemtheoretiker, wie MILLER in der Biologie; ACKOFF, RAPOPORT, SIMON in der Ökonomie; PARSONS in den Sozialwissenschaften, unterstützt von den Kopenhagener Physikern wie BOHR, HEISENBERG, PAULI, PRIGOGINE und schließlich BELL. WATKINS, LASZLO, PHILIPS, RADNITZKY, RUSE, DAY und LEINFELLNER (1988a) untermauerten diesen Trend wissenschaftstheoretisch.

In Folge dieser Entwicklung wurde es klar, daß die Hauptmethode des Reduktionismus, komplexe Systeme auf ihre Teile oder Atome zu reduzieren und das System ausschließlich aus dem Verhalten seiner Teile zu erklären, nicht mehr möglich war. Diese Reduktionsmethodologie, wie sie von HEMPEL, OPPENHEIM, NAGEL, KEMENY vor dreißig Jahren vorgeschlagen wurde, war zwar ein kühner, konsequenter Versuch, der aber zum Scheitern verurteilt war. Was übrig blieb, war die Erkenntnis, daß es robuste, ähnliche Kernstrukturen verwandter Theorien gibt, wie z.B. zwischen klassischer und statistischer Thermodynamik (DAY 1985), etc.

Während sich die meisten Arbeiten (FEYERABEND, SKLAR, SCHAFFNER, CAUSEY, NICKLES, WIMSATT, DAY) mit dem Problem des Reduktionismus in den Naturwissenschaften beschäftigten, soll sich diese Arbeit mit sozialen und dynamischen Systemen und ihren neuartigen Eigenschaften beschäftigen. Reduktionismus ist, wenn man überhaupt den Namen noch verwenden kann, nach WIMSATT nur mehr Analyse der strukturellen Ähnlichkeit verwandter Theorien. Kurz: Man ist heute so weit, daß man die Idee, man könne eine Theorie auf eine andere „reduzieren", aufgegeben hat und sich fragen muß, wie PRIMAS (1988) es formulierte, ob es überhaupt noch sinnvoll ist, von empirischen Teilen ganzheitlicher Systeme zu sprechen. Die Frage, ob die Eigenschaften holistischer, ganzheitlicher Systeme auf die ihrer Teile reduziert werden können, und die Funktion des ganzen Systems von den Teilen her erklärt werden kann, ist zu Gunsten eines Synergismus entschieden worden. Synergismus heißt, daß die Interdependenz und die Interrelationen aller Teile innerhalb der komplexen Systeme ihre ganzheitlichen Eigenschaften erzeugen. Diese Eigenschaften besitzen sie aber nicht als Atome, außerhalb des Systems, sondern gewinnen sie erst durch ihr Zusammenspiel im System. Das ist es wohl, was ARISTOTELES meinte, als er sagte: Das Ganze ist mehr als die Summe seiner Teile. Ganzheitliche Eigenschaften sind also eine Funktion der Komplexität der Systeme.

Traditionelle und moderne Holisten haben immer kritisiert, was WATKINS (1959) *„methodological individualism"* nannte. Statt der Suche nach letzten Bestandteilen sollte man heute vielmehr die hierarchische Struktur von komplexen Systemen erforschen und die traditionelle Reduktionsthese, samt der Hoffnung, aus den Urbestandteilen die komplexen Systeme der Welt zusammenbauen zu können, wegen der Kohärenz und der gegenseitigen, kausalen Verflochtenheit hierarchisch aufgebauter Systeme, aufgeben.

Als man in der Physik schließlich bei den Quarks und den HIGGschen Partikeln anlangte, in der Biologie bei den Genen, in den Sozialwissenschaften bei den Individuen, fand man plötzlich, daß diese Grundbestandteile allein nichts über die Systeme, die sie heute aufbauen und deren Teile sie sind, aussagen können, denn auf sie wirken die oberen, hierarchischen Schichten, im Sinne einer partiellen kausalen Einwirkung: Oben —> Unten genau so ein wie sie auf die oberen Schichten: Unten —> Oben. Es sind die im Laufe der kosmischen Evolution aus den Urbestandteilen entstandenen Systeme, wie Atomkerne, Atome, Moleküle, die mit ihren Teilsystemen unauflösbare Kooperationen, und in belebten Molekülen sogar Symbiosen eingegangen sind. Diese multiplen Beziehungen und Funktionen der Teile untereinander, der Systeme mit anderen Systemen und mit ihrer Umgebung spannen die komplexen Strukturen der heute existierenden Systeme auf. Wer glaubt schon daran, daß die Eigenschaften der 7.10^{28} u-Quarks und die der 6.10^{28} d-Quarks eines 75 kg schweren menschlichen Körpers die biologischen Eigenschaften unseres Körpers voll und ganz erklären können? Ähnlicherweise kann man nicht mehr aus den Eigenschaften der Einzelindividuen, nach ARROW (siehe Kapitel 4), die menschliche Gesellschaft aufbauen. Wohl aber kann man die alte Frage aufwerfen, was denn eigentlich dazukommt, was „mehr" als die Summe der isolierten Teile ausmacht, und wie und warum das Ganze durch seine hierarchische Komplexität seine Teilsysteme beeinflußt.

Der traditionelle, philosophische Holismus und die Ganzheitsphilosophie hat sich daher heute gewandelt und ist ganz in der Systemtheorie, wie dies in den klassischen Werken von E. und W. LEINFELLNER (1978), MILLER (1971, 1972), COUGER (1974) und SUTHERLAND (1975) behandelt worden ist, aufgegangen. Dazu kommt, daß sich heute die Systemtheorie von einer statischen zu einer dynamisch-prozessualen gewandelt hat. Die wichtigsten Ergebnisse der Ganzheitstheorien und der älteren statischen Systemtheorie waren:

1. Das Ganze (das holistische System) ist mehr als die Summe der Teile.
2. Die Funktion der Teile kann nicht isoliert vom ganzen System verstanden werden.
3. Das System bestimmt die Teile und die Teile das System, keinesfalls aber bestimmen die Teile ausschließlich das ganze System.
4. Systeme sind relativ von ihrer Umgebung unterscheidbar.
5. HALDANE (1926) und GEORGESCU-ROEGEN (1971) erkannten zusätzlich, daß die komplexen, biologischen und sozialen Systeme evolutionär sind, ihre Geschichte haben und dynamischer Natur sind, d.h. sich in der Zeit entwickeln, was HULL (1988) in seinem letzten Buch auch für die Wissenschaft annimmt.

Die heutige Erforschung dynamischer, sich in der Zeit entwikkelnder Systeme begann die Prinzipien der Evolution (wie z.B. Selektion und Adaption) und die gegenseitige Abhängigkeit biologischer Systeme von ihrer Umgebung als Faktoren der zeitlichen Evolution von Systemen miteinzubeziehen (HALDANE 1926). Dies führte zur generellen Ansicht, daß dynamische Systeme nur relativ statisch bzw. stabil sind. Sie bleiben eine Zeit lang stabil, wobei diese Zeitspanne für soziale Systeme Jahre oder für biologische Systeme, wie Arten, Jahrzehntausende dauern kann, ja nach PRIGOGINE verharren sie niemals vollkommen im Gleichgewicht. Schließlich und endlich schlossen sich die Molekularbiologie, die Populations-Genetik, die modernen Evolutionstheorien (EIGEN und SCHUSTER 1979, MAYNARD-SMITH 1982) zur Theorie der dynamischen differentiellen Spiele zusammen, eine Theorie, die man heute als den theoretischen Überbau, die Theorie aller evolutionären Prozesse, ansehen kann (LEINFELLNER 1984, 1988b). Damit wurden die theoretischen Hilfsmittel geschaffen, die gestatteten, auch die zeitlichen Abläufe als Trajektorien dynamischer Systeme mathematisch und statistisch zu erfassen.

Damit kamen drei weitere Ergebnisse der Erforschung von dynamischen ganzheitlichen Systemen hinzu:

6. Die zeitliche, evolutionäre Entwicklung ganzheitlicher Systeme kann in zeitabhängigen Differentialgleichungen vom HALDANE-FISCHER- oder EIGEN-SCHUSTER-Typ (LEINFELLNER 1984) theoretisch erfaßt werden.

7. Diese Systeme sind immer offen, d.h. tauschen Energie und Materie mit ihrer Umgebung aus.

8. Sie sind relativ ordnungsbewahrend und relativ, oder im Falle lebendiger Systeme, evolutionär-stabil und hierarchisch strukturiert. Lebendige Systeme behalten ihre evolutionär-stabile Struktur durch Vererbung über Generationen hinweg bei, was man eben mit „evolutionär stabil“ elegant ausdrücken kann. Nach PRIGOGINE und ONSAGER verfallen dynamische sowie evolutionäre Systeme nicht dem toten Punkt eines statischen Gleichgewichts. Diese Ergebnisse lassen sich kurz zusammenfassen:

9. Höhere, hierarchisch komplexe Systeme wiederholen in reicherer Form in den höheren Stufen die nicht-BOOLEsche Struktur der niederen Stufen, wie PLOTKIN und BAERs Gesetz es vorschreiben, z.B. wie im dynamischen System der Kultur (siehe Kapitel 6).

10. Die Evolution der dynamischen Systeme beruht auf der Evolution ihrer hierarchischen Subsysteme (Stufen), die zu immer reicherer Komplexität und ansteigender Interaktion innerhalb und außerhalb der ganzheitlichen Systeme führt.

Schließlich führte BELLs Theorem (LEINFELLNER 1980) einen gänzlich neuartigen, interessanten und globalen Holismus ein. BELLs Theorem, eine Konsequenz der Quantenmechanik, postuliert einen Panholismus, der über den lokalen, traditionellen Holismus von Einzelsystemen weit hinausgeht. Er hebt die Isolation von Einzelsystemen auf und gestattet, dynamische Systeme mit allen anderen Systemen durch eine nicht lokale, statistische Kausalbeziehung zu immer größeren Supersystemen zu verbinden. Damit tritt dieser Panholismus in schärfsten Gegensatz zur Idee des Reduktionismus. Letzterer war eben zu sehr am Weltbild der klassischen Naturwissenschaften orientiert, die vorgaben, die Welt zu verstehen, wenn man nur einmal ihre Teile versteht. Versteht man aber die Quantentheorie und das BELL-Theorem wirklich, dann beziehen sie sich auf eine ungeteilte, ganzheitliche Wirklichkeit aller Systeme im Kosmos. Sie haben keine traditionellen Teile mehr, weil diese lokal im System und die Systeme global untereinander verbunden sind. Wir erhalten als letztes Ergebnis:

11. BELLs Theorem führt einen Panholismus ein, der eine durchgehende, statistisch-kausale d.h. schwach deterministische Interaktion zwischen allen Systemen annimmt und unserer Welt einen ganzheitlichen, diesmal wissenschaftlichen Holismus von noch nicht voll erkannten Konsequenzen aufprägt.

2. Individuen in der Gemeinschaft und die Irreduzibilität der Sozietäten auf die Individuen

In dem nun folgenden Teil sollen die im vorherigen Kapitel allgemein besprochenen Ergebnisse durch spezielle empirische Modelle erläutert werden.

Die zentrale Frage des klassischen Holismus, die schon von ARISTOTELES aufgeworfen, aber bis heute noch nicht beantwortet worden ist, lautet wie bekannt: Wie kann das Ganze mehr sein als die Summe der Teile? Widerspricht dies nicht den Gesetzen der Addition? Wie dies doch möglich ist, soll in diesem Kapitel erklärt werden.

Die heutige Spiel- und Entscheidungstheorie sieht die menschliche Gesellschaft als einen Prozeß fortwährender Entscheidungen an, deren Zweck es ist, optimale Lösungen von kulturellen, sozialen, politischen und ökonomischen Konflikten zu finden. Dieser Prozeß zwingt die Einzelindividuen und die Gruppen, alle jeweils auftauchenden sozialen Konflikte und vor allem den Urkonflikt mit ihrer Umgebung so zu lösen, daß ihre Stabilität, Sicherheit und ihr Überleben optimal garantiert ist. Die Modelle der Entscheidungs- und Spieltheorie sind aber nur Nachkonstruktionen dieser Konfliktlösungen und sollen uns helfen, unsere individuellen Konfliktlösungen (M_1) wie auch Gruppenentscheidungen (M_2) optimal zu finden.

Es ist nun ein Unterschied, ob das Individuum allein oder in der Gruppe, Familie, z.B. mit Freunden, Konflikte löst. Entscheidet sich jedes Individuum allein, sozusagen als Atom, separiert für sich selbst, dann versucht es, im Wettbewerb mit den anderen seinen eigenen Nutzen u zu maximieren: $u(i) > 0$. Wenn jedes einzelne Individuum dies tut, gerät es unweigerlich in Konflikt mit anderen. Es fährt aber in langer Hinsicht am besten, wenn es mit seinen Gegnern einen Kompromiß, gemäß den jeweiligen sozialen Spielregeln, schließt, was in der Entscheidungstheorie heißt, eine Minimax-Lösung zu finden. Für jeden gibt es dann eine optimale Lösung, die zwar nicht die beste ist, aber unter den Umständen die stabilste oder optimale.

Wie entscheidet es sich aber nun, wenn es Teil oder Mitglied einer Gruppe ist, einer Familie angehört oder unter Freunden ist, also in einem sozialen Szenario? Als Mitglied einer Gruppe steht es unter dem Einfluß der Gemeinschaft, kämpft nicht mehr gegen die Mitglieder der Gruppe, sondern kooperiert (K) mit ihnen, wobei der Wert von v(K), $v(K) = v[u(i) \cup u(j)]$ die Vereinigung, $\cup$, und nicht mehr die Addition, +, der individuellen Nutzen ist, was ungefähr ausdrückt: „Vereint sind wir stärker". Dies läßt sich nun theoretisch mathematisch genau als das Superadditivitäts-Prinzip, ein eminent soziales Super-Gesetz, formulieren. Die Superadditivität als plötzlich auftretender Attraktor überlagert die Addition der Einzel-Nutzen außerhalb der Vereinigung:

$$v(K) = v[u(i) \cup u(j)] > u(i) + u(j)$$

d.h. der durch die Vereinigung entstandene Gruppennutzen v ist größer als die Summe der separaten, individuellen Einzelnutzen, sonst gäbe es keinerlei Horden-, Familien- oder Gruppenbildung in den Sozietäten.

Superadditivität drückt daher mathematisch aus, daß der Nutzen (Vorteil), den ein Individuum durch die Gruppe, Familie, Freundschaft erhält, mehr ist als jeder allein, ohne die Gruppe, erhalten kann. Mathematisch führt sie eine superadditive Wahrscheinlichkeitsstruktur und eine nichtlineare Struktur in das Modell M_2 ein, während M_1 nur eine klassische Wahrscheinlichkeitsstruktur und einen ebensolchen Wertraum besitzt. Die Superadditivität bestimmt daher genau das „Mehr", das ARISTOTELES, von dem ja das Diktum: „Das Ganze ist mehr als die Summe der Teile" stammt, so oft erwähnt. Es ist klar, daß man die Superadditivität nicht auf bloße Additivität reduzieren kann, denn, tut man dies, dann erhält man ja:

$$u(i) + u(j) = v[u(i) \cup u(j)]$$

und der Anreiz einer Gruppenbildung, die Wirkung des Ganzen, der Gruppe, der Gemeinschaft, verschwindet und keine Gruppe wird sich dann bilden. Wie leicht zu zeigen ist, findet man kein Individuum, das unter oben formulierter Gleichheits-Bedingung der Summe der Einzelnutzen (links vom Gleichheitszeichen) und dem Gruppennutzen (rechts vom Gleichheitszeichen) eine Kooperation eingehen würde. Superadditivität zeigt also, wieviel mehr Verdienst, Schutz, Vorteil, Freude, nach SCHLICK, es in einer Gemeinschaft durch Kooperation erhalten kann als alleine. Das heißt also, die Gruppe bietet durch ihre Komplexität jedem Individuum eine Ursache und einen Anreiz, sie zu bilden, was eine „Oben —> Unten"- und keine „Unten —> Oben"-Ursache ist. Superadditivität erklärt nicht nur die Bildung von Mini-Sozietäten, Horden, sondern auch von großen Gesellschaften. EIGEN und SCHUSTER verwendeten sie sogar, um die Symbiosen von DNA-Molekülen und Proteinen in Hyperzyklen (EIGEN und SCHUSTER 1979), AXELROD (1984) und LEINFELLNER (1986a), um die Evolution von Kooperation, kurz den Zusammenschluß von biologischen Systemen zu immer komplexeren biologischen Sozietäten zu erklären. Dies hat auch die Konzeption der biologischen Evolution geändert. Diese besteht heute nicht mehr ausschließlich aus dem DARWINschen Kampf ums Überleben, sondern zum größten Teil aus Kooperation, bzw. aus aufeinanderfolgenden Phasen von Kompetition und Kooperation (LEINFELLNER 1984, 1986a).

3. Ist gesellschaftliches auf individuelles Wahlverhalten reduzierbar? ARROWs Paradox der Demokratie.

Wir sind alle fest davon überzeugt, daß wir, die Einzelindividuen, sozusagen die „Atome" unserer Gesellschaft sind und daß unsere demokratischen, kollektiven Entscheidungen von unserem Willen und der Stimme der einzelnen Wähler abhängen. Das entspricht unserem kausalen Schema: Die Individuen (Unten) bestimmen die kollektiven Entscheidungen (Oben) oder die Kausalwirkung geht von Unten —> Oben. ARROWs Theorie des kollektiven Wahlverhaltens versuchte, diesen Atomismus theoretisch zu rechtfertigen und ein Unten —> Oben-Modell der Gesellschaft bzw. des kollektiven Wahlverhaltens aufzubauen. Danach sollte aus den individuellen Präferenzen P_i (z.B. bei Wahlen den Kandidaten A dem Kandidaten B vorzuziehen) die kollektive, gemeinsame Präferenz P sich aufbauen lassen. Umgekehrt, die kollektive demokratische Entscheidung oder Präferenz (P) müßte sich auf die individuellen Entscheidungen oder Präferenzen (P_i) von Einzelindividuen ($i = 1,2,\ldots n$) reduzieren lassen. Dies versuchte ARROW, wie er es mir selbst 1967 und 1980 erklärte, mit seinem Modell der kollektiven Entscheidungstheorie zu beweisen, gelangte aber überraschenderweise zu völlig anderen Ergebnissen.

In seinem bekannten Buch stellte ARROW (1975), Nobelpreisträger für Ökonomie, in einem ersten Schritt eine theoretische Nachkonstruktion auf, wie Präferenzen der Einzelindividuen (z.B. wenn ein Wähler i den Kandidaten A den Kandidaten B und C vorzieht, $P_i(A,B,C)$) auf die kollektive Präferenz P(A,B,C) einwirken. Das heißt, ausgedrückt durch den Willen des Wählers, die Präferenzordnung (IO) der Individuen (P_i), sollte die kollektive Präferenzordnung (KO) in einer Unten —> Oben-Einwirkung formen. Dazu muß jeder Wähler seine Präferenzen ordnen, z.B. drei Kandidaten A,B,C genau in eine von ihm gewünschte Rangordnung bringen, z.B. $B > C > A$, wenn seine Präferenz $P_i(B,C,A)$ ist. Seine rational vertretbare, individuelle Rangordnung (IO) ist damit konnex und transitiv, oder IO ist für alle rational unter der Bedingung: IO_{df} = [konnex (P_i) und transitiv (P_i)]. Genau denselben Bedingungen muß dann die kollektive Rangordnung (OK) gehorchen. Dann spiegeln sich sozusagen die Rangordnungen oder Präferenzen der Individuen in der kollektiven Rangordnung getreu wieder, was man im Modell isomorphe Abbildung nennt.

Zu der kollektiven Präferenzordnung KO kommt noch ein Axiom hinzu, das die individuellen Präferenzen P_i in die kollektiven P einordnet oder repräsentiert, das kollektive Auswahlaxiom KA(OI,KO), z.B. die Majoritätsregel. Die ersteren ordnen daher die Präferenzen, und das letztere bildet die individuellen in den kollektiven Präferenzen ab. Das entspricht genau dem Schema, daß die Individuen den Willen der Gesellschaft formen. Zu diesen kollektiven Ordnungsaxiomen fügte nun Arrow unsere, seit der französischen Revolution in allen Präambeln der Verfassungen geltenden Ideale der freien Demokratie: Freiheit, Gleichheit, Brüderlichkeit als mathematische Bedingungen. Arrow versuchte damit als erster, diese einem axiomatisierten Modell kollektiver Entscheidungen aufzuerlegen. Seine Theorie sollte also das demokratische Wahlverhalten, wie man von den Einzelindividuen und ihren Entscheidungen zu denen der ganzen Gesellschaft kommen könnte, erklären. Seine Definitionen des Ideals freier demokratischer Willensbildung lautet zunächst abgekürzt als Konjunktion: U&P&I&D. U führt die Freiheit erstens, als Freiheit der Wahl für jedes Individuum, ein. Z.B. sind alle sechs logisch möglichen Reihungen der drei Kandidaten A,B,C erlaubt und zweitens als Freiheit von diktatorischem Zwang. P, das Pareto-Prinzip, vertritt die Brüderlichkeit, d.h. die zwangslose Übereinstimmung von individuellen und kollektiven Präferenzen, ohne daß dabei jemand Schaden erleidet. I schließlich garantiert die Unabhängigkeit von irrelevanten Alternativen, z.B. bei der Wahl eines Kandidaten sollen nur wesentliche Kriterien, nicht aber unwesentliche, wie Haarfarbe etc. in Betracht gezogen werden. Daneben ließ Arrow natürlich die Maximierung des individuellen und des Gruppennutzens zu.

Als seine axiomatisierte kollektive Entscheidungstheorie, die kollektive Konflikte lösen sollte, fertig war, erhielt er das zwar deduktiv richtige, aber paradoxe Resultat:

$$[\,(U\&P\&I\&D)\ \&\ Kon(P)\ \&\ Trans(P)\ \&\ KA(OI,KO)\,] \rightarrow \text{non } D$$

Dieses Resultat ist als Arrows Unmöglichkeitstheorem in die Geschichte eingegangen und besagt, daß, ähnlich wie bei Gödels Unmöglichkeitstheorem, selbst bei deduktiv korrekter Ableitung die Einführung von demokratischen Prinzipien zu einem Widerspruch: „D → non D" führt. Einfach gesprochen: In jeder diktatorfreien (utopischen) Gesellschaft bilden sich Diktatoren. Natürlich sind diese nicht unbedingt politische oder militärische Machthaber, sondern Diktator heißt hier einfach, daß mein Präferenzverhalten $P_i(A,B)$ nicht immer frei ist, sondern vom Präferenzverhalten $P_j(A,B)$ eines anderen Individuums abhängt. Nun kann man diktatorischen Einfluß als eine serielle, kybernetisch wirkende Beeinflussung ansehen: $P_j(A,B) \rightarrow P_i(A,B) \rightarrow P_k(A,B)$ usf., wie z.B. Überredungen, Demagogie, Medienbeeinflussung, ja sogar die Mode (siehe Kapitel 6).

Es ist hier nicht möglich, auf die Flut von Veröffentlichungen über ARROWs Unmöglichkeits-Theorem, wie z.B. von SEN u.a., einzugehen; hier sollen nur einige, für uns wichtige Konsequenzen angeführt werden. (a) Am einfachsten wäre es, wenn die kollektive Entscheidungstheorie inkonsistent, d.h. widersprüchlich wäre und man sie pauschal verwerfen könnte, etwas, was bisher, ähnlich wie im Falle GÖDELs, nicht möglich war. (b) Unsere demokratische Gesellschaft kann nicht widerspruchsfrei oder linear-BOOLEsch theoretisiert werden. (c) Unsere demokratische Gesellschaft verändert aufgrund ihrer Komplexität die Individuen, ruft in ihnen neue Eigenschaften hervor, die die Individuen vorher nicht besaßen. (d) Da ARROW kollektive Entscheidungen als serielle Entscheidungen mit kybernetischer Rückwirkung ansieht (SCHWARTZ 1986), kann sein Resultat, wie im Kapitel 6 erörtert werden wird, als chaotische Phase innerhalb demokratischer Gesellschaften interpretiert werden. (e) Interessant ist, daß sozialutopische Bedingungen, wie z.B. extreme, innere Gleichmachung oder Konformität der Individuen durch Erziehung, kulturelle Vererbung etc., wie bei BLACK erörtert (SEN 1970, 166—167) oder bei SKALA, ARROWs Paradox verschwinden lassen.

Summa summarum: daher können kollektive Entscheidungen nicht auf individuelle reduziert werden, die unteilbare Ganzheit sozialer Systeme spielt eine entscheidendere Rolle als die Individuen.

4. Das dynamisch-hierarchische System der Kultur. Steuern die Gene die Kultur (Unten —> Oben) oder die Kultur die Gene (Oben —> Unten)?

Im Gegensatz zu traditionellen Ansichten ist das Bild, das wir heute von unserer Kultur haben, ein dynamisch evolutionäres. Vergangene, oft generationenlange Erfahrungen beeinflussen entscheidend die Kulturentwicklung und es ist klar, daß die Kulturentwicklung ein dynamisches System mit Rückkoppelung ist. Dynamische Rückkopplung gilt auch schon für einfachere, biologisch-dynamische Systeme, wie CECHs *Tetrahymena*-DNS. Das Problem der Reduktion von genetischer Evolution auf die chemisch-physikalische findet sich bei LEINFELLNER (1988a, 55—79) eingehend behandelt.

Wenn man unsere Kultur heute nicht mehr als ein statisches, sondern als ein dynamisches, sich selbst organisierendes System ansieht, dann muß man es aus seiner Geschichte verstehen und begründen. D.h. es muß ein „Gedächtnis" (POPPERs dritte Welt) seiner vergangenen Erfahrungen bei der Lösung von Konflikten besitzen, ein Prozeß, der mit Rückkoppelung, wie z.B. bei Lernprozessen arbeitet, wie es auch von Wuketits (1984, 99 ff) dargestellt worden ist.

Kultur tradiert eben ihre Erfahrung und wendet optimale Erfahrungen wieder an, bleibt invariant stehen, wenn es vorteilhaft ist, oder geht zugrunde. Sie löst Konflikte unter Unsicherheit (innere und externe Zufallsereignisse der Umgebung) und unter Risiko (z.B. Vermeidung von Schaden, Verlusten und Leiden). Lumsden und Wilson (1981) sehen die Evolution der Kultur daher als Selbstorganisation von Artefakten und Mentefakten durch den Menschen, die evolutionär, durch Lernprozesse erworben und durch Tradierung „vererbt“ werden können. Tradition wird eine Art nicht-biologischer Vererbung durch Pflege, Weitergabe und Lernen über Generationen hinweg. Kulturelle Evolution produziert, ebenso wie die biologische, relativ stabile Verhaltensformen, relativ stabile Bräuche, wie Heiratsbräuche, Inzest-Tabus, Riten, Sitten, Institutionen, wie Familie, Horden, Gruppen, Wirtschaftsformen, wie Märkte und Mentefakte, wie Begriffe und Ideologien. Sie alle machen die Artefakte und Mentefakte unserer Kultur aus. Kulturelle Evolution, wie die biologische, verändert sich stetig, wird aber durch kulturelle Selektion und Adaption der kulturell vererbten Artifakta, Mentifakta, Verhaltensweisen, Institutionen, sowohl innerhalb als auch zwischen den Generationen kybernetisch gesteuert. Sie kann daher statistisch theoretisch erfaßt werden, ähnlich wie in der Populationsgenetik und in der dynamischen, differentiellen Spieltheorie, deren Oberbau heute die Theorie evolutionärer Prozesse ist. In dieser Theorie ist die Evolution der Kultur Veränderung der Häufigkeiten von Artifakta, Verhaltensweisen und Mentifakta im Verlaufe der Zeit innerhalb einer bestimmten Population, Gruppe und Erkenntnis, unter welchen Bedingungen diese relativ oder evolutionär stabil sind. Es ist daher nicht verwunderlich, daß Lumsden und Wilson Arti- und Mentifakta wegen ihrer relativen Stabilität, ihren zufallsbedingten Änderungen, ihrer kulturellen Selektion und Adaption Kulturgene nannten. Sie sind relativ stabil und ihre Häufigkeit innerhalb einer Population kann sich genau so ändern oder relativ stabil bleiben wie die der Gene. Man weiß ja, daß z.B. manchmal Bräuche kurzlebig, manchmal langlebig sind. Ihre Dauer wird durch ihre Stabilität und diese durch ihre überlebensoptimierenden Eigenschaften bestimmt. So werden optimale kulturelle Gewohnheiten häufiger verwendet und ihr Gebrauch steigt im Laufe der Zeit in der Population an. Kulturgene haben also dieselben „evolutionären“ Eigenschaften wie biologische Gene.

Damit ist Lumsden und Wilson u.a. der Nachweis gelungen, daß die kulturelle Evolution nach denselben evolutionären Prinzipien fortschreitet wie die biologische Evolution. Beide sind dynamische, sich selbst organisierende Systeme mit biologischer Rückkoppelung. Sie funktionieren aber auf verschiedenen hierarchischen Ebenen. In beiden werden gemachte, gute und schlechte Erfahrungen kodiert und gespeichert und die optimalen Erfahrungen weiter verwendet. Die biologische Evolution ist ja auch nur eine Veränderung der Häufigkeit von Genen innerhalb einer Population und Ausbildung relativ oder evolutionär stabiler Genotypen (Gene), denen Phänotypen entsprechen, und ändert sich von Generation zu Generation, wobei diejenigen Gene, die die Stabilität und das Überleben optimieren, an Häufigkeit in der Population zunehmen.

Heute ist es möglich, wie der Autor anderswo zeigte (LEINFELLNER 1984), die Evolution der Kultur und die der Gene als Spezialfälle einer einzigen mathematischen Supertheorie evolutionärer Prozesse anzusehen. So z.B. kann die Populationsgenetik in die Theorie der dynamischen differentiellen Spiele, die sich dadurch zu einer Theorie evolutionärer Prozesse entwickelte, inkorporiert werden (LEINFELLNER 1986b). Diese Theorie stellt evolutionäre, kompetitive und kooperative Prozesse durch dynamische, zeitabhängige nicht-lineare Gleichungssysteme dar, die optimale, approximative oder zyklische Lösungen serieller Konflikte unter Unsicherheit und Risiko als zeitliche Trajektorien zu berechnen gestatten. Optimal heißt immer „bezüglich des Überlebens, der Stabilität der Arten" (SCHUSTER 1981 et al., MAYNARD-SMITH 1982, LEINFELLNER 1984). Es spielt in dieser Theorie keine Rolle, ob evolutionäre Systeme Gene oder Kulturgene sind, beide entwickeln sich in der Zeit, unter Unsicherheit oder Interaktion mit Zufallsereignissen des externen (Umgebungs-)Systems und mit dem internen Zufall (im evolvierenden System), beide haben die Tendenz, stabile Systeme zu bilden. In beiden Fällen wird die Evolution durch Optimierung einer Größe oder eines Attraktors, wie Risiko, d.h. die Vermeidung von Schaden, Optimierung der Stabilität des Überlebens, gesteuert. Auch die Selektion durch Außen- und Innenweltfaktoren und durch Adaption (Anpassung) kann in die umfassendere Supertheorie als Bewältigung von Unsicherheit und Risiko integriert werden.

Dazu ist es notwendig, etwas näher auf die biologischen Grundlagen der Koevolutionstheorie von Genen und Kultur einzugehen. LUMSDEN und WILSON faßten diese zwei evolutionären Systeme, die Gen- und Kulturevolution, zu einem einzigen, zweistufigen, synergetischen evolutionären Prozeß zusammen. Diesen Prozeß einer wechselseitigen Interaktion nannten sie Koevolution. Er beginnt, phylogenetisch wie ontogenetisch, mit der Kodifizierung der optimalen Interaktion zwischen den Genen und der Umgebung und trug in erster Linie zur Entwicklung unserer relativ stabilen anatomischen, physiologischen, kognitiven Sinnesorgane bei, den „Brillen" POPPERs oder dem „Weltbildapparat" LORENZ' und RIEDLs, durch die wir die Welt sehen und erkennen. Dadurch werden unsere primären Präferenzen genetisch vorprogrammiert und kodifiziert, die wesentlich zur Evolution von sozialen Verhaltensmustern bei Konfliktlösungen beitragen, kurz, zu Regeln führen, — wie z.B. Heiratssitten, soziales Verhalten usw., die bestimmen, wie wir uns sozial verhalten und soziale Konflikte lösen.

Wirken Attraktoren, wie Optimierung der Stabilität der Gene und der Gesellschaft, dann setzt eine selbstgesteuerte Interaktion zwischen den hierarchisch geordneten Stufen oder Teilsystemen: Gene und Kultur ein, die Koevolution der Kultur. Betrachten wir zunächst die Einwirkung des Basissystems der Gene auf das System der Kultur oder, kurz gesagt, die Einwirkung von „Unten nach Oben" (Unten —> Oben). Rein biologisch beginnt die Koevolution mit der Transkription von RNS zu DNS und setzt sich im epigenetischen Aufbau des Organismus, ebenfalls reguliert durch die Gene weiter fort. In zweiter Linie folgt dadurch die Beeinflussung der kulturbestimmenden, kognitiven, psychisch-emotionalen und mentalen Fähigkeiten der Menschen. Derart regulieren teilweise, nach LUMSDEN und WILSON, mittels der in den Genen kodifizierten, „epigenetischen" Regeln diese die Evolution im Sinne von (Unten —> Oben), zwischen genetischer (Unten) und kultureller Evolution (Oben). Sie sind, im Sinne von LUMSDEN und WILSON, genetisch im Ursprung, also Unten —> Oben-Einwirkungen, und in den Genen kodifiziert. Sie regeln so z.B. die Proteinsynthese, den Metabolismus, den Aufbau der Sinnesorgane, die Funktion des Gehirns und, nach ECCLES, dadurch die Funktion der Sprache und der Lernprozesse, und schließlich die Entstehung von Artefakten und Mentefakten, d.h. die kulturelle Evolution in der schon erwähnten, auf Feedback beruhenden Interaktion. Von den Genen auf die Kultur wirken die primären epigenetischen Regeln (Unten —> Oben), auch durch Filterung der Sinneseindrücke in den Sinnesorganen und dadurch auch der Wahrnehmung, und steuern dadurch partiell die Erkenntnis. Die sekundären, epigenetischen Regeln wirken auf die höheren Gedächtnisfunktionen und die Sprache, die emotionalen Präferenzen, das Konfliktlösen und Entscheiden und damit auf das kulturelle Verhalten der Einzelindividuen.

Es ist unmöglich, in diesem Artikel auf die genaue nicht-BOOLEsche, nicht-lineare Struktur der Koevolutionstheorie einzugehen. Zum besseren Verständnis soll aber auf einige Voraussetzungen der Koevolutionstheorie eingegangen werden. Wichtig ist hier, daß man die Revolution der Genetik in den fünfziger Jahren versteht. Sie setzte ein, als man plötzlich die Baupläne und Instruktionen, nach denen unser Körper funktioniert, in den Chromosomen unserer Zellen fand, und zu lesen begann, was verschlüsselt in den Genen, wie in Programmen der Computer, niedergeschrieben war.

Es sind Informationen und Instruktionen, die nicht nur den Ablauf unseres individuell-körperlichen, sondern auch des sozialen Lebens beeinflussen und regulieren. Erfahrungen, genug, um 120 Bände der Encyclopaedia Britannica zu füllen, sind hier, in einer Art überindividuellen Gedächtnisses für künftige Generationen gespeichert und damit vererbbar. In zehn Jahren, nach Abschluß des Genom-Mega-Projekts in den USA, das runde 36 Milliarden Schilling kosten wird, um die Sequenzen der 50.000—100.000 Gene des menschlichen Genoms zu erforschen, werden wir die „genetische Bibliothek" besser lesen können. Soviel aber steht schon jetzt fest, daß in der „Bibliothek unserer Gene" Instruktionen, wie die eben erwähnten, primären und sekundären epigenetischen Regeln, enthalten sind, die nicht nur für die Steuerung des Metabolismus, die Konstruktion und Funktion unseres Gehirns und der Sinneserfahrung und ebenso des Sexualverhaltens verantwortlich sind, sondern auch auf unser soziales und kulturelles Verhalten, wie Inzest-Tabu, Werben, Familienverhalten und sogar auf das Flirten in einem statistisch-kausalen Sinne einwirken können. Gene sind daher nicht nur für den DARWINschen Kampf ums Überleben da, sondern steuern den interneuronalen Kodifizierungsprozeß und beeinflussen dadurch die Art, wie wir wahrnehmen und sogar, wie wir sprachliche Bedeutungen festlegen. Sie filtern unsere Wahrnehmungen und unser Erkennen und funktionieren wie „Brillen", durch die wir die Welt sehen, erkennen und ästhetisch bewerten. Für die soziobiologische Kulturauffassung ist es wichtig, daß Gene die Art und Weise, wie wir fühlen, sehen, uns sozial verhalten und sogar, wie wir denken, beeinflussen und regeln können.

Die Koevolutions-Theorie nimmt an, daß unsere Gene hierarchisch geordnet sind. In der Sprache der Soziobiologie wird unser kulturelles Verhalten, zu dem auch die Mode gehört, seit MONOD durch eine besondere, den biologischen Genen übergeordnete Art von regulatorischen „Supergenen" gesteuert. Die Frage ist nun, woher kamen diese Supergene? Hier haben Soziologen, wie C.W. LUMSDEN und E.O. WILSON in ihrem Buch „Genes Mind and Culture" eine erstaunliche Antwort gefunden. Primitive Kulturen existierten schon lange vor unserer Hochkultur in ca. 10.000 Tierarten, und Regelung des Inzest-Tabus und des Familienverhaltens sind bereits in den Genen dieser Tierarten vorhanden. WILSON und LUMSDENs Koevolutionstheorie der Gene und der Kultur enthält aber noch die kühne, zusätzliche Hypothese: Ist einmal die Kultur durch Supergene evolutionär ins Leben gerufen, dann setzt sie sich koevolutionär weiter fort, die Koevolution besteht erstens in der „kulturellen Vererbung" oder Weitergabe durch Lernen und Nachahmen und in Hochkulturen durch sprachliche Überlieferung. Zweitens in einer genetischen und kulturellen Selektion, d.h. kulturell-sozialen Beeinflussung des genetischen Materials. Diese funktioniert folgendermaßen: Werden nämlich Kulturgewohnheiten über Generationen und Jahrhunderte gepflegt und tradiert, und sind sie optimal für die soziale Stabilität, Sicherheit und das Überleben, dann werden sie in die Gene eingespeichert und dadurch auch genetisch vererbbar. Die eigentliche Kultur entwickelt sich dann auf zwei Geleisen, nach zwei Fahrplänen, die untereinander durch Rückkoppelung koordiniert sind, so daß eine die andere verbessern kann, leider aber nicht immer muß. Sind so Verhaltensmuster und kulturelle Gewohnheiten einmal in den Genen gespeichert, d.h. durch Oben —> Unten-Verursachung, dann wirken sie wiederum regulierend auf den weiteren Verlauf der Kulturgewohnheiten von (Unten —> Oben), in einer Art von Feedback, ein. Man erhält so eine gegenseitige, kooperative Steuerung der Koevolution, in der weder die Gene noch die Kultur dominieren.

Urgeschichtlich gesehen, haben vor Jahrmillionen „Supergene" die Evolution unseres Großhirns ausgelöst und uns Prometheus' Fähigkeit, in die Zukunft zu blicken (woraus sich später die Wissenschaften entwickelten) und einen freien Willen gegeben. Da paradoxerweise beide es uns ermöglichen, auch gegen unsere biologischen Gene, gegen unsere Natur, zu „sündigen", haben manche dies sogar mit der Erbsünde verglichen. Supergene haben uns also von der Diktatur der bloß biologischen Gene befreit und seit der „Befreiung aus der Sklaverei" folgt unsere Kultur zwei parallelen Programmen, einem genetischen und einem, uns durch die Sprache bewußt gewordenen Programm. Kurz, unsere Kultur wird von zwei Häusern, dem Ober- und Unterhaus, regiert. Das eine ist tief in den Genen, bisher vor unserem Zugriff geschützt, aufbewahrt, das andere wirkt in Sozietäten durch Gewohnheiten, Sitten, Normen und Gesetze auf unsere Kulturentwicklung.

Supergene sind aber keine stupiden Diktatoren. Sie belohnen optimale, d.h. lebenserhaltende, soziale und kulturelle Handlungen und Verhaltensmuster — nicht zu vergessen Sex — mit uns angenehmen Lustgefühlen und Vergnügen und hindern uns durch Unlustgefühle und Schmerz, nicht optimalen zu folgen. Ja, nach der SCHLICKschen Ethik und nach Lorenz hindern sie uns sogar, asozial oder unethisch zu handeln. Natürlich können sie wegen unseres freien Willens uns nur geneigt machen, aber nicht zwingen, etwas zu tun.

Die Evolution unserer Kultur und der Gene ist also eine Koevolution, eine Art Regelkreis von „Gen-gesteuerter-Kulturentwicklung und Kultur-gesteuerter-Genentwicklung", was wir symbolisch mit gegenseitiger Steuerung: Oben <—> Unten kennzeichnen können. Dazu kommt, daß die Koevolution der Kultur heute in den Modellen der Spiel- und Entscheidungstheorie dynamisch, als eine Serie optimaler Lösungen von ständig auftauchenden Konflikten von individuellem, sozialem, wirtschaftlichem, politischem und kulturellem Charakter, unter Unsicherheit und Risiko verstanden werden kann. Diese Theorie der Kultur kann also Konfliktlösungen, z.B. auch die sehr banale, welche Mode man wählen soll, durch das Zusammenspiel von genetischen (den Genen) und kulturellen Faktoren (auch Kulturgene genannt) erklären (LEINFELLNER 1988b). Konfliktlösungen können kompetitiv oder kooperativ sein; kompetitiv heißt, der eine gewinnt, was der andere verliert, kurz, ein Partner bekommt zeitweilig die Oberhand. Wie nach FREUDs und JUNGs gegenseitiger Einwirkung unseres Unbewußten auf unser Bewußtsein können uns hier genetische Zuwendungen überwältigen, vice versa. Die neue Interdisziplin, die Theorie dynamischer differentieller Spiele, deren mathematische Methoden der Autor (1984) behandelt hat, liefert uns die mathematischen Modelle, die erklären, wie solche kulturellen Konflikte optimal und relativ stabil zu lösen sind.

Stabil heißen Konfliktlösungen, die sich geradlinig an eine bestimmte Lösung annähern. Z. B. so steigt das Inzest-Tabu in allen Gesellschaften stetig an. Stabil sind aber auch Konfliktlösungen mit zyklisch-periodischem Verlauf. Wenn genetische und kulturelle Faktoren (Gene und Kulturgene) sich abwechselnd gegenseitig schwächen oder verstärken und vice versa, entstehen periodische Zyklen, die analog wie Pendelbewegungen hin und her schwingen. Wirtschaftliche Zyklen (Krisen), die in den USA Business-cycles heißen, sind solche zyklischen Auf- und Abbewegungen, Arbeitslosigkeit, Vollbeschäftigung detto. Auch das sexuelle Verhalten der Gesellschaft ist zyklisch, lange Zeitperioden ist es prüde und viktorianisch und dann wieder sexuell freier, gegensätzliche Kunststile wechseln einander ab, usw.

Faßt man dies zusammen, dann ergibt sich, daß die Koevolutionstheorie

1. eine statistische Theorie ist und auf statistischer gegenseitiger kausaler Einwirkung (Oben <—> Unten) funktioniert (LEINFELLNER 1988b).
2. Statistische oder weiche Kausalität hat den Vorteil, daß, je größer die Komplexität eines (Teil-)Systems, hier der Kultur (Oben), desto größer ist die statistisch-kausale Einwirkung der Kultur (Oben —> Unten) auf das weniger komplexe (Teil-)System, hier die Gene (Unten).
3. Totale Reduktion der Kultur auf die Gene, im Sinne von Oben —> Unten, wie totale Determiniertheit der Kultur durch die Gene (Unten —> Oben) sind so gut wie ausgeschlossen.
4. Aus allem diesem geht hervor, daß die Koevolution eine gegenseitige, synergetische Einwirkung beider Teilsysteme (Kultur <—> Gene) aufeinander ist, die eine kompetitive Variante nach DAWKINS (DAWKINS 1976, 13,14; 1986) und eine koopera-

tive Variante (Lösung) im Sinne AXELRODs (1984) und LEINFELLNERs (1986a) bzw. zyklische Abfolge beider Perioden zuläßt.

5. Als Nebenprodukt ergibt sich, daß wegen der gegenseitigen Abhängigkeit der genetischen und kulturellen Evolution genetische Manipulationen und die Gentechnik nur als partielle, therapeutische Hilfsmittel, um gesündere Lebensbedingungen zu schaffen, verwendet werden können. Wegen Punkt 3. und 4. wird der Schwerpunkt auf kulturelle Einwirkungen (z.B. Hebung ethischen Standards) im Sinne von Oben —> Unten-Einwirkung erfolgversprechender sein.

5. Chaotische Phasen in der Entwicklung von komplexen, dynamischen Systemen, Chaos contra Evolution.

Die Erforschung komplexer, dynamischer, sich in der Zeit entwickelnder oft chaotischen Systeme ist heute erst am Anfang und ist nicht mehr z.B. durch die klassische Theorie der Evolution erklärbar. Seit ungefähr zehn Jahren beschäftigt sich eine völlig neue Interdisziplin mit den chaotischen, aperiodisch-zeitlichen Abläufen von solchen komplexen, dynamischen Systemen mit Feedback. Die bis heute vorliegenden Ergebnisse deuten darauf hin, daß sie revolutionäre Auswirkung auf unser heutiges Naturverständnis und das Verständnis des evolutionären Verhaltens komplexer, dynamischer Systeme haben. Charakteristisch für die Entwicklung und Evolution dieser Systeme ist, daß sie plötzlich von periodischen, regelmäßigen Zuständen in intermediäre oder dauernde chaotische Phasen hineinschlittern. Chaos meint aber hier nicht totale Zufälligkeit, notwendigen Zusammenbruch und Unordnung — wenn es so etwas überhaupt gibt —, sondern das merkwürdige Phänomen „Chaos als höhere Ordnung", oder „Chaos in der Ordnung", das innerhalb von zeitlichen Entwicklungen und auch der Evolution von dynamischen Systemen auftritt. Beunruhigend ist dabei die Tatsache, daß diese Zustände auch in der zeitlichen Entwicklung von komplexen, bis dato geordneten Systemen plötzlich aufscheinen und nicht von der Umgebung (von außen), wie in der Evolution, verursacht sind. Wenn also periodische Abläufe, wie z.B. der Herzschlag, plötzlich zu flimmern beginnen, wenn deterministische, d.h. berechenbare und voraussagbare Prozesse plötzlich indeterministisch, d.h. nur beschränkt voraussagbar und berechenbar werden, spricht man von chaotischen Phasen.

Diese treten interessanterweise nur in komplexen, zeitlich sich entwickelnden Systemen mit Rückkoppelung auf, in dynamischen Systemen also, die ihre Weiterentwicklung selbst beeinflussen und organisieren können. Wir sind so gewöhnt, evolutionäre Selbstorganisation als Ansteigen von Ordnung anzusehen, daß man das Auftreten von chaotischen Phasen bisher einfach als Ausnahme oder als Akkumulierung von zufälligen Abweichungen und Fehlern gerne übersah oder übersehen wollte. Im Gegensatz zur biologischen, externen Selektion treten hier eine neue Art von inneren, von außen unabhängigen selektiven Chaos-Faktoren hervor, die lange Zeit unentdeckt und versteckt bleiben, dann aber plötzlich aktiviert werden und oft verhängnisvolle chaotische Phasen verursachen können.

Heute weiß man, daß chaotische Prozesse charakteristisch für dynamische, hierarchische Systeme von nicht-BOOLEscher und nicht-linearer Struktur sind. Man weiß aber erst jetzt, daß diese den größten Teil des Natur- und Gesellschaftsgeschehens ausmachen. Es ist daher einsichtig, daß die klassischen Wissenschaften mit ihren klassischen Naturgesetzen diese Art von Chaos und chaotischen Phasen nicht in den Griff bekommen konnten. Ja, die traditionelle Wissenschaft wollte sie nicht einmal bis jetzt richtig zur Kenntnis nehmen, obwohl wir von Wirtschaftskrisen, Nationalitätenhaß, Diskriminierungen, chaotisch emotionellen Zuständen, von Verbrechen, die uns plötzlich, aus heiterem Himmel, treffen, weit mehr geplagt werden als von den Störungen der Systeme von außen. Die Sachlage ist auch nicht damit abgetan, chaotische Zustände als katastrophale Ausnahmen zu betrachten. Forscher wie M. FEIGENBAUM, E. LORENZ, B. MANDELBROT, R. THOM begannen seit 1970, und M. ALLAIS schon seit 1952, solche komplexe dynamische Systementwicklungen genauer zu untersuchen, z.B. das Wetter mittels Computer-Voraussagen. Chaotische Systeme, wie z.B. das Wetter, sind Prototypen eines dynamischen, komplexen Systems, deren Verhalten paradoxerweise mehr dem Rauch einer Zigarette und den Turbulenzen in Strömungen als den naturgesetzlichen Abläufen unserer klassischen statischen Systeme ähneln.

Solche dynamischen Systeme können plötzlich durch wildeste, chaotische Wirbel und Zustände hindurchgehen, ja in diesen auch verharren. Warum, so lautet die Grundfrage? Jeder, der einmal den regelmäßig fallenden Tropfen eines Wasserhahnes zuhörte, wird beobachten, daß das System des fließenden Wassers innerhalb von Röhren — ohne äußeren Grund, d.h. ohne Änderung des Wasserdurchflusses — plötzlich chaotisch wird, die Tropfen irregulär fallen, unter Umständen wieder regulär werden, usf. Herzflimmern im System des Körpers, chaotischer Wetterwechsel im weltweiten Wettersystem, Börsenstürze, Wirtschaftskrisen, Risikoverhalten in dynamischen ökonomischen Systemen, epileptische Anfälle im Nervensystem, etc. gehören dazu. Ja, sogar unsere Logik, die immer als ein System ewig gleichbleibender Wahrheiten angesehen wurde, machte, als sie von GÖDEL rekursiv und selbstreflexiv, also kybernetisch, nachkonstruiert wurde, keine Ausnahme. Sie zeigt plötzlich, nach HOFSTADTER, chaotische Phasen, die die

Logiker bisher immer als Ausnahmen oder Paradoxien angesehen hatten. Wir haben schon im Kapitel 4 dargestellt, daß axiomatisierte Systeme, wenn sie selbstbezüglich sind, wie z.B. ARROWs Theorie (Kapitel 4), plötzlich innere Widersprüche, chaotische Phasen, aufzeigen. Bei diesen ist es charakteristisch, daß die chaotischen Zustände nicht von äußeren Störungen, sondern von inneren Faktoren verursacht sind. Wo sind nun diese Faktoren, die auf einmal störend auftreten können?

Es zeigte sich bald, daß die Theorie des Chaos, so kompliziert mathematisch sie auch ist, doch nicht so chaotisch aussieht, wie es ihr Name ausdrückt. Hinter den chaotischen Phasen entdeckte man nämlich eine neue Art von „indeterministischer Ordnung" höchstkomplizierter Form, die eine neue, bisher unbekannte Art von Determinismus, oft auch als schwacher Determinismus bezeichnet, aufweist. Nach neueren Ergebnissen der Chaos-Theorie besitzen höchstkomplizierte Systeme bestimmte, für uns — die wir an klassische, statische und BOOLEsche Ordnung gewöhnt sind — chaotisch anmutende Spielräume für z.B. Individuen des Systems, die man nur bis jetzt übersehen hatte. Bricht z.B. in einer Versammlung ein Feuer aus, dann ruft dies oft chaotische Paniken hervor. Alle drängen zum Ausgang, da aber jedes Individuum einen bestimmten, individuellen Freiheitsspielraum besitzt, ist es frei, auf welchem Wege immer, den Raum zu verlassen, und niemand kann voraussagen, wohin sich der einzelne flüchten wird, z.B. ob er aus dem Fenster sich stürzen oder durch eine Tür den Raum fluchtartig verlassen wird. In diesem Fall wirkt das Verhalten aller chaotisch und ist indeterministisch und nicht mehr eindeutig voraussagbar. Die Chaos-Theorie als auch, nach NASH, die n-Personen-Spieltheorie, entdeckte aber in diesem Chaos eine bisher verborgene, komplexe Ordnung, die darin besteht, daß es für jeden eine optimale Lösung, einen Anziehungspunkt oder Attraktor gibt, nämlich, so schnell wie möglich aus der Gefahrenzone zu flüchten, sich zu retten. Die Individuen verhalten sich so wie Zufallsereignisse, ihr individuelles Verhalten kann dann auch nicht mehr vorausgesagt werden, wohl aber das des Kollektivs.

Nach der Chaos-Theorie können dynamische, komplexe Systeme, die normalerweise deterministisch und regulär ablaufen, leicht in derartige chaotische Phasen geraten. In komplizierten, demokratischen Gesellschaftssystemen tauchen so die eben angeführten Attraktoren in Freiheitsspielräumen auf, denen eine höhere Art von komplexer Ordnung zugrunde liegt, die uns bisher „theoretisch" entgangen sind und deren zeitlicher Ablauf schwer mathematisch zu erfassen ist. Dies bietet auch eine neuartige Erklärung chaotischer Phasen wie der ARROWschen Paradoxie im Kapitel 4 und liefert ein neues Argument für die Irreduzibilität kollektiven, gesellschaftlichen auf individuelles Verhalten.

Aufgabe der Chaos-Theorie ist es nun, die verborgenen, uns „fremden“ Chaos-Faktoren, z.B. die oben genannten Attraktoren, aufzufinden, theoretisch auszudrücken und herauszufinden, wann diese in Aktion treten. Eine bewährte Forschungsstrategie der Chaos-Theorie ist es, die Stärke der Chaos-Faktoren durch mathematische Parameter auszudrücken. Wird ein gewisser kritischer Schwellenwert der Chaos-Parameter überschritten, so signalisieren sie damit den Beginn chaotischer Phasen. Chaos-Parameter geben also an, wann die einfache klassische Ordnung deterministischer Systeme zusammenbricht, die, wie wir alle wissen, nur von Naturgesetzen bestimmt sind. Beim Überschreiten des kritischen Schwellenwertes werden die deterministischen Abläufe und auch die Naturgesetze von plötzlich aktivierten Attraktoren überlagert und modifiziert. Attraktoren, wie zeitabhängige Maximierungs- oder Optimierungsbedingungen (siehe obiges Beispiel), wurden ja schon von EIGEN und SCHUSTER in ihrer Fixpunktanalyse (1979, 32 ff) zur Charakterisierung von evolutionären Prozessen verwendet. Man kann daher annehmen, daß der Übergang von Ordnung zu Chaos durch bisher verborgene Chaos-Faktoren, z.B. Attraktoren, aktiviert wird und dies sich durch Überschreiten des kritischen Schwellenwertes der Parameter anzeigt. Mathematisch gesehen sind Attraktoren die dynamische, serielle Verallgemeinerung von Sattelpunkten oder Fixpunkten (Trajektorien) für (Teil-)-Systeme, Individuen etc.

Wie kann man aber nun die Chaos-Parameter erfassen und mathematisch formulieren? Es gibt ein einfaches mathematisches Iterationsmodell, das zeigt, wie verborgene Parameter als Indikatoren für den Beginn chaotischer Phasen aufzufinden seien. Dazu wird der zeitliche Ablauf von Systemen durch Iteration von Zustandsfunktionen dargestellt, d.h. mathematisch abgebildet. Iteration repräsentiert sozusagen die kybernetische Selbstregulierung oder den Einfluß vergangener Zustände eines sich entwickelnden Systems auf die gegenwärtigen. Iterationen können nun durch Dynamisierung von Zustandsfunktionen leicht mathematisch dargestellt werden. Wenn wir eine Funktion dynamisieren, d.h. iterieren: $f(x), f(f(x)), \ldots$, gehen wir von der Funktion zu einem Funktional über. Wir beginnen mit x und geben im nächsten Schritt den Output von f (dem empirisch der Zustand des Systems zum Zeitpunkt t^1 entspricht) wieder als neuen Input ein und erhalten den Zustand des Systems zum Zeitpunkt t^2, wobei $t^1 < t^2$ ist, usf. Iterieren ist also eine mathematische Repräsentation dieser seriellen Entwicklung. Wir wollen nun diese Dynamik, wie sich jeder selbst überzeugen kann, d.h. ihren dynamischen Verlauf, in einem sehr vereinfachten mathematischen Modell beschreiben. Iterieren wir z.B. eine monotone Funktion, wie z.B. x^2, dann ist dies harmlos, denn: $(((x^2)^2)^2), \ldots,^2$ resultiert: x^{2n}. Bei nichtmonotonen Funktionen können wir aber beobachten, daß die Iterierung einen Höhepunkt z.B. bei einem bestimmten Wert erreicht und dann abfällt. Die Parabelgleichung $y = 4\mu x(1 - x)^2$, bei der μ den Wert 1 nicht überschreiten soll, ist die elementarste Gleichung dieser Art. Wenn wir Input-Werte von x zwischen 0 und 1 benützen, wird der Output zwischen 0 und μ liegen, also normiert sein. Verfahren wir wie oben und dynamisieren oder iterieren wir unsere Gleichung, dann kommt es zuerst zu regulären Lösungen und bei einem kritischen Wert von μ zu den erwarteten, chaotischen Phasen. In Übereinstimmung mit dem bereits Gesagten ist es die Ansicht des Autors, daß das reguläre, bzw. das chaotische Verhalten des Ablaufes nun nur mehr vom inneren Wert von μ abhängt. Unter 0.89248617967.., wie sich jeder überzeugen kann, ist die Kurve regulär, aber über diesem Schwellenwert setzen dann plötzlich chaotische Sequenzen von xf(x)f(f(x)),... ein, ganz unabhängig vom Anfangswert von x. Wir haben damit in dieser Simulation einen Chaos-Parameter gefunden und sehen zugleich an diesem Beispiel, daß das Chaos nicht von äußeren Störungen, sondern von inneren, im System bis zum kritischen Schwellenwert verborgenen Faktoren, herrühren kann. Dieses Szenario zeigt, wie periodische Systeme in aperiodische, chaotische übergehen können und ist ein theoretisches Erklärungs-Modell für verborgene Chaos-Parameter, die in unserem Fall beim kritischen Schwellenwert von 0.89248617967... plötzlich auftauchen und aktiv werden. Chaos ist also durch einen oder durch mehrere interne, im System schon vorhandene Faktoren ausgelöst. Damit ergibt sich die Möglichkeit, die hier angeführten Beispiele von paradoxem und chaotisch erscheinendem Verhalten von Individuen in Gesellschaften oder gegenüber dem Risiko gänzlich neu zu erklären.

6. Anhang: Risiko- und Chaosfaktoren in der Nutzen- und Entscheidungstheorie

E. Lorenz, E. Fermi, S. Ulam, J. Yorke u.a. und J. Gleick (1987, 66) betrachten heute, im Gegensatz zu den herrschenden Lehrmeinungen, die nicht-linearen, komplexen Modelle von dynamischen Systemen mit Feedback als den Normalfall, die linearen, klassischen Systeme als platonistische oder essentielle Vereinfachungen der ersteren. Konfliktlösungstheorien unter Unsicherheit und Risiko, die beschreiben, wie wir zeitlich aufeinanderfolgende Konflikte unter Unsicherheit und Risiko optimal lösen, sind genau solche nicht-lineare Theorien. Sie erklären, wie wir aus unseren vorhergehenden Erfahrungen, trotz Unsicherheit und Risiko, lernen können, um künftige Konflikte optimal zu lösen. In diesen Theorien ist das Risiko ein typisch interner, psychischer Feedback-

Faktor, der bei bestimmten Schwellenwerten in Aktion tritt und daher unter Umständen chaotische Zustände, wie schon erwähnt, verursachen kann.

Ist kein Risiko vorhanden und der Risikofaktor null, dann kann man Konflikte unter Unsicherheit mit der linearen NEUMANN-MORGENSTERNschen Nutzentheorie (NM) bzw. Nutzenfunktion lösen und erhält auch bei Wiederholungen, *ceteris paribus* (was hier heißt, daß die Umstände gleich bleiben), relativ stabile, reguläre und invariante, optimale Lösungen, z.B. durch Maximierung des erwarteten Nutzens (siehe die mittlere symmetrische Verteilungskurve der Abbildung).

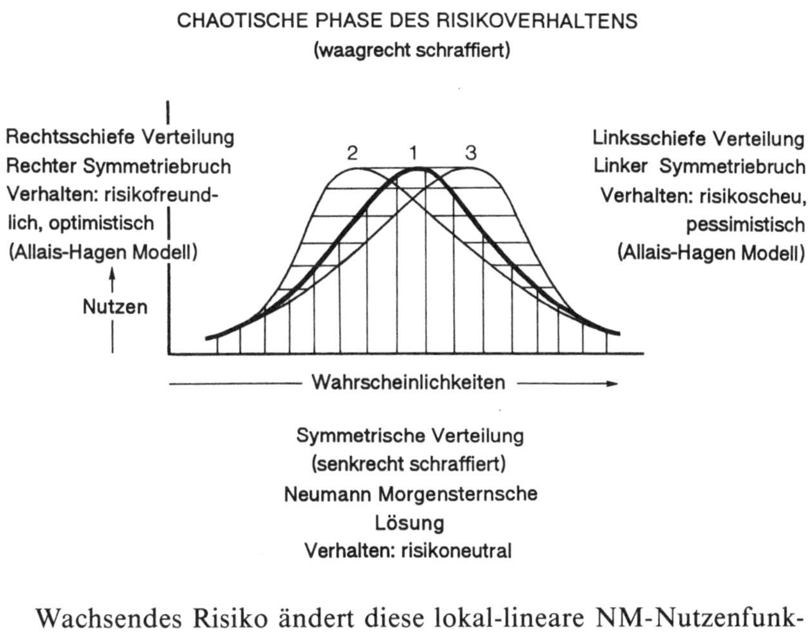

Wachsendes Risiko ändert diese lokal-lineare NM-Nutzenfunktion zu nicht-linearen Nutzenfunktionalen. Entscheidend ist es nun, den Schwellenwert des Risikofaktors, der hier als Chaos-Parameter fungieren kann, zu finden. Der Chaos erzeugende Effekt besteht hier im Schwanken des Risikos zwischen Risikoscheu und Risikofreundlichkeit (in der Abbildung zwischen der rechtsschiefen und der linksschiefen Verteilungskurve). Das heißt, daß die Schiefe die Abweichung von der NEUMANN-MORGENSTERNschen Normalverteilung des Nutzens (auf der Abbildung die mittlere, stark ausgezogene Kurve) einmal nach links, dann wieder nach rechts, theoretisch mathematisch erfassen kann. In diesem waagrecht schraffierten Bereich treten auch die Paradoxien, wie die ALLAISsche, das BERGEN-Paradoxon und viele andere auf. Wie die Abbildung zeigt, erhalten wir damit den typischen Fall eines

„deterministischen oder weichen Chaos". Das waagrecht schraffierte Gebiet ist zwar durch seine Grenzen determiniert, aber innerhalb derselben ist das Einzelverhalten nur kollektiv, im Durchschnitts- oder Gruppenverhalten erfaßbar. Das Verhalten der Individuen ist innerhalb des waagrecht schraffierten Gebietes offen und deterministisch nicht voraussagbar. Die Abweichungen können mathematisch erfaßt werden. Optimale Lösungen von Konflikten hängen nun nicht nur von der Nutzenfunktion f, der NM-Verteilung, sondern von der Standard-Abweichung und dem dritten Moment, der Schiefen, ab, wobei der kritisch-chaotische Bereich mathematisch genau bestimmt werden kann. Auch ganz kleine Änderungen des Chaos-Parameters können das geordnete, lineare Nutzenverhalten des Systems, via Rückkoppelung in eine nichtlineare, chaotische Phase (z.B. in das ALLAIS- und BERGEN-Paradoxon) überführen, bei der die NM-Nutzenfunktion ein nichtlineares Funktional wird. Der hier entscheidende Chaos-Parameter bei risikohaften Konflikten ist das Verhältnis zwischen dem zweiten und dritten Moment der NM-erwarteten Nutzenverteilung (die Schiefe der normalen NM-Nutzenverteilung). Diese repräsentiert den typisch inneren Risikofaktor und bleibt bei Konflikten unter Unsicherheit und ohne Risiko einfach verborgen, tritt aber z.B. beim Katastrophenrisiko und im ALLAIS- und ähnlichen Paradoxien modifizierend hervor (ALLAIS und HAGEN 1979, 27—149, 271—303; LEINFELLNER).

D.h. nach HAGEN (1988, 219) wird ein Risiko-neutrales Individuum sich wie ein NM-Maximierer verhalten, also der Maximierung des ersten Moments oder der NM-Nutzenverteilung der Normalverteilung bei der Erwartung seines Nutzens folgen. Da Risiko ein innerer, psychologischer Faktor ist, der durch Rückkoppelung bei seriellen Lernprozessen sich ändert und dadurch auch die Lösungen ständig verändern kann, kommt es zu einer Modifizierung der NM-Lösungen. Z.B. wenn das Individuum herausbekommen will, was risikoscheu und risikofreundlich für seine Konfliktlösungen bedeuten, werden die Lösungen über die risikofreundlichen und risikofeindlichen Phasen (in der Abbildung auf der waagrecht schraffierten Schmetterlingsfläche streuen). Dieser Bereich weist Paradoxien und intermediäre chaotische Phasen auf, die zu Paradoxien und chaotischen Phasen im Risikoverhalten führen können und große Auswirkungen für die Mikro- und Makroökonomie haben und letztlich auf ALLAIS' inneren, psychologischen Faktoren, die unsere Wirtschaft so oft krisenhaft beeinflussen, beruhen.

Die Nutzentheorie unter Unsicherheit und Risiko in der Formulierung von ALLAIS, HAGEN, MACHINA ist eine nicht-lineare, mathematische Theorie, die zeitabhängige Differentialgleichungen (Nutzenfunktionale) besitzt, und ähnlich wie THOMs Katastrophentheorie und die Bifurkationstheorie plötzliche Übergänge von geordneten, linearen Systemen in ungeordnete, chaotische aufzeigt. Die Chaos-Parameter können durch die geometrischen und arithmetrischen Eigenschaften der TAYLORschen Reihenentwicklung, wie THOM annahm, aufgefunden werden (POSTON und STEWART 1978, 7).

Für dynamisch sich entwickelnde, serielle Konfliktlösungen unter Unsicherheit und Risiko mit Feedback (loops) sind die internen, kritischen Chaosfaktoren eine Art LIAPUNOV-Exponenten, die ähnlich wie in den fraktalen Dimensionen oder in den Symmetriebrechungen (GENZ 1987, 33, 68, 382—417; WIGNER 1949, WEINBERG 1977, FRITZSCH 1983) charakteristisch für die Übergänge: Ordnung 1 —> Chaos 1, Chaos 1 —> Ordnung 2, Ordnung 2 —> Chaos 2 sind.

Literatur

ALLAIS, M. and O. HAGEN (Eds.), 1979: Expected Utility Hypotheses and the Allais Paradox. Reidel, Boston—Dordrecht.

ARROW, K.J., 1975: Social Choice and Individual Values. Yale University Press: 100.

AXELROD, R., 1984: The Evolution of Cooperation. Basic Books, New York: 73—105.

COUGER, J.D. and R.W. KNAPP (Eds.), 1974: System Analysis Techniques. J. Wiley, New York.

DAWKINS, R., 1976: The Selfish Gene. Oxford University Press, New York.

DAWKINS, R., 1986: The Blind Watchmaker, Longman. Scientific and Technical, Essex.

DAY, M.A., 1985: Adams on the Theoretical Reduction. In: Erkenntnis *23*: 161—184.

EIGEN, M. and P. SCHUSTER, 1979: The Hypercycle. A Principle of Natural Self-Organization. Springer, Heidelberg—New York.

FRITZSCH, H., 1983: Vom Urknall zum Zerfall. München.

GENZ, H., 1987: Symmetrie-Baupläne der Natur. Piper, München.

GEORGESCU-ROEGEN, N., 1971: The Entropy Law and the Economic Process. Cambridge, England: 184, 204.

GLEICK, J., 1987: Chaos. Donelley & Sons, Harrisonburg.

HAGEN, O., 1988: Expected Utility Theory and Ordinalism. In: B. Munier (Ed.): Risk, Decision and Rationality. Reidel, Boston—Dordrecht.

HAKEN, H., 1978: Synergetics. An Introduction. Berlin—Heidelberg.

HAKEN, H. and A. WUNDERLIN, 1989: Synergetics-Process of Self Organization in Complex Systems. In: M.E. Carvallo (Ed.): Nature, Cognition and System I. Kluwer, Dordrecht: 279—291.

HALDANE, J.S., 1926: The Science. University Press, Chicago: 74—75.

HOFSTADTER, D., 1985: Metamagical Games. Basic Books, New York: 364 f.

HULL, D., 1988: An Evolutionary Account of the Social and Conceptual Development of Science. University Press, Chicago.

LEINFELLNER, W., 1986a: The Prisoners Dilemma and its Evolutionary Iteration. In A. Diekmann, P. Mitter (Eds.) Paradoxical Effects of Social Behavior, Essays in Honor of Anatol Rapoport. Physika Verlag Heidelberg: 135—149.

LEINFELLNER, W., 1986b: Foundations of the Theory of Evolution or the Merging of Different Models to a New Theory of Evolution. In Weingartner, P. e. al.: Foundations of Biology, Hölder Pichler Tempski, Wien: 5—32.

LEINFELLNER, W., 1981: Kausalität in den Sozialwissenschaften. In: G. Posch (Hrsg.): Kausalität, neue Texte. Reclam, Stuttgart: 221—259.

LEINFELLNER, W., 1984: Evolutionary Causality. Theory of Games and the Evolution of Intelligence. In: F.M. Wuketits (Ed.): Concepts and Approaches in Evolutionary Epistemology. Reidel, Boston: 260—262.

LEINFELLNER, W., 1988a: The Change of the Concept of Reduction in Biology and in the Social Sciences. In: G. Radnitzky (Ed.): Centripedal Forces in the Sciences. Paragon Press, New York: 55—79.

LEINFELLNER, W., 1988b: Nature is the real Designer. Austria Today *2*, Wien: 39—43.

LEINFELLNER, W., 1989: La théorie des Probalités et l'analyse des séries temporelles. In: Hommage à M. Allais. Prix Nobel d'Economie 1988. Annales des Mines, Paris, juin 1989: 34—38.

LEINFELLNER, W. und E., 1978: Ontologie, Systemtheorie und Semantik. Duncker und Humblot, Berlin.

LUMSDEN, J.CH. and O. WILSON, 1981: Genes, Mind and Culture. Cambridge University Press, Cambridge.

MACKAY, A.F., 1980: Arrow's Theorem. Yale University Press: 103—111.

MAYNARD-SMITH, J., 1982: Evolution and the Theory of Games. Alden Press, Oxford.

MILLER, J.G., 1971: The Nature of Living Systems. In: Behavioral Science. Volume 16, Nr. 4: 277—302.

MILLER, J.G., 1972: Living Systems: Organizations. In: ibidem, Volume 17, Nr. 1: 1—182.

PATZAK, G., 1982: Systemtechnik-Planung innovativer Systeme. Springer, Berlin.

POSTON, T. and I. STEWART, 1978: Catastrophe Theory and its Applications. Pitman, San Francisco.

PRIMAS, H., 1988: Can we Reduce Chemistry to Physics? In: G. Radnitzky (Ed.): Centripetal Forces in the Sciences. Paragon, New York: 119—133.

SCHUSTER, P. et al., 1981: Self Regulation of Behavior in Animal Societies. Biol. Cybernetics *40*: 1—25.

SCHWARTZ, TH, 1986: The Logic of Collective Choice. Columbia University Press, New York: 191—223.

SEN, A.K., 1970: Collective Choice and Social Welfare. Holden Day, London: 52—55.

SKALA, H., 1978: Arrows Impossibility Theorem: Some Aspects. In: W. Leinfellner (Ed.): Decision Theory and Social Ethics. Reidel, Boston: 213—227.

SUTHERLAND, J.W., 1975: Systems Analysis, Administration and Architecture. Reinhold, New York.

WATKINS, J.W.N., 1959: Historical Explanation in the Social Sciences. In: P. Gardiner (Ed.): Theories of History, Glencoe: 503—514.

WEINBERG, S., 1977: Die ersten Drei Minuten. Piper, München.

WIGNER, E.P., 1964: Symmetry and Conservation Laws. In: Proceedings of the National Academy of Science *51*, Nr. 5.

WUKETITS, F.M., 1984: Evolution, Erkenntnis, Ethik. Wissenschaftl. Buchgesellsch., Darmstadt.

Teil II: Bausteine zu einer Theorie komplexer Systeme

Systeme, egal welcher Art, sind definiert durch ihre Strukturen, bestehen aus Elementen und deren Beziehungen zueinander. Die Fragestellung für die Theorie ist demzufolge eine zweifache: zum einen die Entstehung dieser Strukturen, zum anderen deren Erhaltungsbedingungen aufzuklären. In den letzten Jahrzehnten haben sich mehrere Forschungsgebiete entwickelt, die darangehen, diesen Anspruch einzulösen: z. B. die Kybernetik, die Informationstheorie und die Katastrophentheorie, deren Allgemeinheit jeweils darin besteht, daß sie auf die verschiedensten Systeme angewendet werden können, vor allem auf biologische und technische. Im Zusammenhang mit der Weiterentwicklung obiger Theorien steht die Frage, wie Zustandsänderungen, die vom Ungeordneten zum Geordneten führen, zu verstehen sind. Die Begriffe, die dieses neue Bild prägen, sind Bifurkation, Symmetriebrechung, Chaos und Irreversibilität. Eine andere neue Entwicklung ist die Autopoiese, die z. B. die Autonomie von Systemen betont. Das gemeinsame und historisch vorgegebene Ziel ist dasselbe geblieben: die postulierte „Einheit der Natur“ in einer einheitlichen Theorie zu erfassen.

Den ersten Baustein zu einer Theorie komplexer Systeme stellt die Kybernetik dar. Die Rückkopplung spielt dabei eine zentrale Rolle. In Biologie und Medizin fand die Kybernetik als „Biokybernetik" rasch Anerkennung. Der Unterschied zur Artificial Intelligence wird wie folgt erläutert, wobei letztere als reduktionistisch anzusehen ist. Neue Ansätze, wie die neuronalen Netzwerke, könnten hier eine Brücke schlagen und die Artificial Intelligence zu einer systemischen Denkweise führen.

Gerold Porenta (geb. 1958) wurde 1985 zum Dr. med. univ. an der Universität Wien und 1988 zum Dr. techn. an der Technischen Universität Wien promoviert. Weitere Ausbildung bzw. Studien in Akupunktur, Sinologie und Philosophie. Derzeit sowohl am Institut für Medizinische Kybernetik und Artificial Intelligence der Universität Wien als auch an der Kardiologischen Universitätsklinik tätig. Zu seinen vielen Interessengebieten zählt die Kybernetik im allgemeinen und ihre Anwendung in der Medizin im besonderen.

Kybernetik und Biokybernetik

GEROLD PORENTA

1. Begriffsbestimmung

Ziel dieses Kapitels ist die Präsentation ausgewählter Aspekte der Kybernetik, die Denkanstöße zum Thema Reduktionismus zu geben vermögen. Es werden in überblicksartiger Weise und in losem Zusammenhang verschiedene Themen der Kybernetik und Biokybernetik erläutert, die im Rahmen des vorliegenden Bandes von Interesse sind. Die angebotene Information soll weder eine vollständige Zusammenstellung der Methoden und Ergebnisse der Kybernetik sein, noch sollen die ausgewählten Aspekte gründlich oder erschöpfend behandelt werden.

Die folgenden Ausführungen enthalten eine kurze Charakterisierung der Kybernetik als Wissenschaft sowie ihrer Verbindungen zu anderen eng verwandten Disziplinen.

Kybernetik wurde 1948 als eigenständige Disziplin von NORBERT WIENER in seinem Buch „Cybernetics“ explizit definiert. In der Folge wurde eine rasch wachsende Zahl von wissenschaftlichen Arbeiten veröffentlicht, die sich mit kybernetischen Fragestellungen beschäftigten. Somit war ein Forum für Beiträge aus vielen anderen Wissenschaftsdisziplinen geschaffen worden, die vormals vielfach ohne gegenseitigen Bezug in ihrem jeweiligen Gebiet ein Außenseiterdasein geführt hatten.

Im Lauf der Entwicklung von Kybernetik als selbstständigem Arbeitsgebiet wurden viele recht unterschiedliche Definitionen von Kybernetik und ihren Methoden und Zielen gegeben. Der Grund der Vielfalt ist der oft recht allgemeine Charakter von kybernetischen Denkansätzen, die unabhängig von Form und Realisierung die funktionellen Komponenten von Vorgängen beschreiben. Als Anwendungsgebiet der Kybernetik ergibt sich folgedessen eine breite Palette von geisteswissenschaftlichen und naturwissenschaftlichen Fächern.

Aus der Vielfalt der Definitionen läßt sich keine eindeutig überlegene Definition herausheben. Über die Etymologie und die ursprüngliche Definition von NORBERT WIENER kann eine ausreichende Abgrenzung des Arbeitsfeldes durchgeführt werden.

— Kybernetik leitet sich etymologisch aus dem Griechischen ab. Kybernetes bezeichnet den Steuermann eines Schiffes, der sein Schiff unabhängig von willkürlichen und nicht vorhersehbaren Störgrößen sicher an das vorbestimmte Ziel bringt.

— NORBERT WIENER definiert Kybernetik im Titel seines Buches „Cybernetics or Control and Communication in the Animal and the Machine“.

Die Kybernetik unternimmt folglich unter anderem den Versuch, mathematisch-technische Methoden zur Betrachtung von Fragestellungen aus Medizin und Biologie heranzuziehen. Damit werden Gebiete in Beziehung gebracht, die üblicherweise als diametral und komplementär betrachtet werden. Die Erkenntnis, daß biologische und technische Systeme mit derselben Methodik in bezug auf ihre Funktion untersucht werden können, war eine neue Einsicht, die mithalf, Kybernetik als eigene Wissenschaft zu etablieren.

Retrospektiv können auch viele regelungstechnische Arbeiten als kybernetische Arbeiten bezeichnet werden, insbesondere dann, wenn biologisch-medizinische Themen behandelt wurden. Als Musterbeispiel einer kybernetischen Maschine wird immer wieder der Fliehkraftregler der Dampfmaschine von JAMES WATT angeführt, der, basierend auf dem Prinzip der negativen Rückkoppelung, die Regelung der Drehzahl entsprechend einer vorgegebenen Führungsgröße vornimmt. In dem 1932 erschienenen Buch von WALTER CANNON „The Wisdom of the Body“ werden physiologische Vorgänge unter kybernetischen Gesichtspunkten behandelt, wobei wichtige Konzepte, wie etwa die Bedeutung des Fließgleichgewichts für lebende Systeme, besonders betont werden.

Weitere Impulse bezog die Kybernetik aus der Neurophysiologie. Die Entdeckung der zellulären Bausteine des Zentralnervensystems, der Neuronen, und ihre Charakterisierung als einfache Schaltelemente eröffneten am Anfang dieses Jahrhunderts völlig neue Perspektiven. Die Aussicht, manche Gehirnfunktionen durch Modellierung mittels einer großen Anzahl sehr einfacher Schaltelemente nachzubilden, beschäftigt seither viele Kybernetiker in ihren Forschungsprojekten.

ROSS ASHBY, einer der bedeutendsten Kybernetiker, nannte eines seiner Bücher „Design for a Brain“. In diesem Titel spiegeln sich die Ambitionen wider, die am Beginn kybernetischer Forschung bestanden. Aus heutiger Sicht muß allerdings, unter Kenntnis der weiteren Entwicklung, festgestellt werden, daß der Versuch fehlgeschlagen ist, komplexe Hirnfunktionen durch Zusammenschaltung einer großer Zahl einfacher Einzelelemente zu simulieren.

Kybernetik entstand also als eigene Disziplin im Brennpunkt sehr unterschiedlicher Gebiete, die besonders in der ersten Hälfte dieses Jahrhunderts in rascher Folge neuartige und unerwartete Ergebnisse erbracht hatten. Die Modellierung von Vorgängen im

Zentralnervensystem durch Simulationen auf neuartigen Computersystemen bildete von Anfang an einen Schwerpunkt in der kybernetischen Forschung.

2. Grundlegende Konzepte

Manche Themen finden sich immer wieder in kybernetischen Abhandlungen. Eine kleine Auswahl ist im folgenden nach subjektiven Gesichtspunkten zusammengestellt und kurz erläutert. Eine breite Palette der Anwendungen von kybernetischen Konzepten in unterschiedlichen Bereichen ist in TRAPPL (1983) enthalten.

Der Teil und das Ganze. Viele kybernetische Modelle bedienen sich der reduktionistischen Methode. Das gesamte Objekt der Modellierung wird dabei so weit in einzelne Teile untergliedert, daß jeder einzelne Teil durch die gewählte Methode (z.B. Differentialgleichungen) beschrieben werden kann. Das Verhalten des Gesamtsystems wird durch Simulation der zusammengesetzten Teilsysteme beschrieben. Beispielsweise wird eine elektronische Schaltung als System von einzelnen elektronischen Bauelementen (Widerstände, Transistoren, Kondensatoren etc.) betrachtet. Jedes dieser Einzelelemente hat eine Gleichung assoziiert, die den Zusammenhang von Strom und Spannung an diesem Element beschreibt. Das elektrische Verhalten der gesamten Schaltung kann aus den zusammengesetzten Einzelgleichungen berechnet werden. Für elektronische Schaltungen hat sich diese Vorgangsweise vielfach bewährt.

Eine kybernetisch orientierte Betrachtung einer elektronischen Schaltung bezieht sich nicht auf die exakte Berechnung von Stromstärken und Spannungen an elektrischen Bauelementen, sondern konzentriert sich auf besondere Eigenschaften des Gesamtsystems. Ein einfaches Beispiel dafür bringt B. HASSENSTEIN in seinem Buchbeitrag „Kybernetik und Biologische Forschung". Er betrachtet dabei das Verhalten eines Schwingkreises, der aus einer Spule und einem Kondensator besteht. Schließt man einen geladenen Kondensator und eine Spule in einem Kreis zusammen, so entsteht eine periodische Schwingung. Dieses Verhalten zeigt aber weder ein Kondensator noch eine Spule für sich allein. Im Gesamtsystem manifestiert sich daher ein Verhalten, für das sich in den Komponenten selbst kein Hinweis entdecken läßt.

Das zugehörige mathematische Modell zum Verhalten von Strom und Spannung an einer Spule und an einem Kondensator führt jeweils zu einer Differentialgleichung erster Ordnung. Ohne äußere Anregung ergibt sich für jeden der zwei Bauteile eine exponentiell abklingende Funktion. Das Modell des Schwingkreises ist eine Differentialgleichung zweiter Ordnung mit einer gänzlich anderen Schar von Lösungskurven, die den Fall der periodischen Schwingung beinhaltet.

Negative Rückkoppelung. Das Prinzip der negativen Rückkoppelung stammt aus der Regelungstechnik. Es findet in vielen Situationen, sowohl in der Technik als auch in der Biologie, Anwendung, bei denen eine gewisse Regelgröße (z.B. Herzfrequenz, Wasserstand, Temperatur) innerhalb eines vorgegebenen Intervalls zu liegen kommen soll. Der aktuelle Wert der Regelgröße wird dabei mit einem vorgegebenen Sollwert verglichen und die Differenz als Anhaltspunkt für eine Änderung der Regelgröße verwendet. Ist diese Differenz negativ, so wird die Regelgröße durch einen Regler angehoben, ist sie positiv, so wird die Regelgröße entsprechend vermindert.

Typische und oftmals zitierte Beispiele für Regelungen mit negativer Rückkoppelung sind die Heizung mit Thermostat zur Erhaltung einer konstanten Raumtemperatur und die WC-Spülung, wo nach einer Entleerung des Wasserbehälters der Wassernachstrom entsprechend dem Wasserspiegel reguliert wird. Auch der oben erwähnte Fliehkraftregler der Dampfmaschine funktioniert nach dem Prinzip der negativen Rückkoppelung.

In der Medizin finden sich viele Beispiele von Regelkreisen, die dasselbe Prinzip zur Aufrechterhaltung eines Gleichgewichtszustandes verwenden.

Ursache — Wirkung. Das Prinzip von Ursache und Wirkung begleitet die meisten Menschen aus dem abendländischen Kulturkreis vom Kindergarten bis zum Pensionsalter und durchdringt große Bereiche unseres Lebens. Viele wissenschaftliche Untersuchungen haben als ihr zentrales Anliegen die Aufdeckung von noch unbekannten Ursachen für beobachtete Wirkungen.

In der Medizin wurde traditionsgemäß nach den Ursachen der Krankheiten geforscht, wobei immer vorausgesetzt wurde, daß jede Krankheit genau eine Ursache hat. In den letzten Jahrzehnten scheint sich dieses streng kausale Prinzip von Ursache und Wirkung bei der Erforschung der Entstehung vieler Krankheiten zu verlieren. Immer häufiger wird der Begriff „multifaktoriell" gebraucht. Große Multicenterstudien zeigen in aufwendigen statistischen Methoden Risikofaktoren auf, eine Darstellung von kausalen Verknüpfungen der Pathogenese gelingt nicht oder nur bruchstückhaft.

In einer groben Vereinfachung könnte man diesen Prozeß vergleichen mit dem Übergang von der deterministischen NEWTONschen Mechanik zur statistischen Thermodynamik BOLTZMANNs. Eine neue Sichtweise zur Pathogenese der Krankheiten scheint sich in der Medizin anzubahnen.

Offensichtlich bringt dieser neue Zugang zu medizinischer Forschung auch Probleme in der klinischen und patientenorientierten

Medizin mit sich. Die mit Wahrscheinlichkeiten behafteten Risikofaktoren können in ihren Auswirkungen nur selten vom Patienten in der vollen Tragweite erkannt werden. Mit klaren Aussagen nach dem Ursache-Wirkungsprinzip läßt sich wesentlich leichter argumentieren als mit Risikofaktoren und deren wahrscheinlichen Auswirkungen.

Neben der reduktionistischen Methode ist auch das Paradigma der kausalen Verkettung von Ursache und Wirkung offenbar fest in uns verankert. Die Kybernetik kann nun auch einen Beitrag zur differenzierteren Betrachtung des Ursache-Wirkungsgefüges leisten. Sie beschäftigt sich vielfach mit vernetzten Strukturen, die eine Identifikation von Ursache und Wirkung nicht mehr gestatten. Ein System, das aus vielen miteinander durch negative Rückkoppelung verbundenen Teilen besteht, kann nicht mehr in den Rahmen von Ursache und Wirkung gestellt werden. Zur Steuerung und Beeinflussung von solchen Systemen sind alternative Algorithmen notwendig.

Durch den Einsatz von modernen Rechenanlagen wird es möglich, komplexe vernetzte Systeme zu simulieren und ihr Verhalten zu untersuchen. Als Demonstrationsversion wurde für einen Personal-Computer von Bachmann und Färbinger ein kybernetisches Planspiel, „Das Netz", entwickelt. Dieses Programm gestattet es, unterschiedliche Strategien zur Beeinflussung eines kleinen Modells eines Staatssystems zu untersuchen. Vernetzte Strukturen, die sich einer linearen Aufgliederung in kausale Ketten widersetzen, wurden oftmals als ein Kerngebiet kybernetischer Forschung betrachtet.

No free lunch. Ein im Amerikanischen oft gebrauchtes Sprichwort lautet: There is no free lunch. Meistens werden damit Situationen charakterisiert, in denen für gewisse erwünschte Vorteile (etwa ein Essen) auch zur selben Zeit entsprechende Nachteile oder besser ungewollte Folgen in Kauf genommen werden müssen (etwa eine adäquate finanzielle Gegenleistung für ein Essen). Diese Überlegungen gelten natürlich im besonderen für vernetzte Strukturen.

Soll ein Teilbereich eines Systemes in einen gewissen Zustand gebracht werden, so resultieren daraus auch Konsequenzen für den Komplementärteil des Systems. In vielen Fällen ergeben sich für diesen Komplementärteil negative Effekte.

In der Medizin ergibt sich diese Situation bei den meisten medikamentösen Therapien. Beinahe alle Medikamente beeinflussen den Körper nicht nur im Hinblick auf das gewünschte Organsystem, sondern üben auch Wirkungen auf viele andere Systeme aus. Diese nicht beabsichtigten Wirkungen werden mit dem Begriff Nebenwirkung bezeichnet, um anzudeuten, daß diese Effekte leider neben den gewünschten Haupteffekten bestehen. Bei der Auswahl eines Medikamentes müssen daher die zu erwartenden Vorteile eines Medikamentes gegen die zu befürchtenden Nachteile genau abgewogen werden.

Allgemein betrachtet ist daher bei Optimierungsaufgaben in vernetzten Strukturen ein vorsichtiges Vorgehen anzuraten. Beispiele für zu forsches Agieren zu falscher Zeit zeigen sich immer wieder, besonders bei Ökosystemen. Delikat eingestellte biologische Gleichgewichte können durch grobes Eingreifen, meist motiviert durch wirtschaftliche Interessen, zerstört werden. Einer Phase des scheinbaren Erfolges folgt dann oft zu spät eine Phase der Einsicht über die irreversiblen Auswirkungen.

3. Biokybernetik

Unter Biokybernetik wird häufig, in Ausdehnung der ursprünglichen Definition von Norbert Wiener, jener Teil der Kybernetik bezeichnet, der sich ganz allgemein mit Biosystemen beschäftigt, die nicht nur der Tierwelt entnommen sein müssen. Gerade in der Biologie und in der Medizin fand die Kybernetik sehr rasch Anerkennung, da bei der Erforschung lebender Organismen die Komplexität der Vorgänge deutlich erkennbar ist und adäquate Modellierungsstrategien meist nur unter großen Schwierigkeiten und mit starken Vereinfachungen gefunden werden können.

Aus den vielen Themen biokybernetischer Forschung sollen im folgenden die Kompartmenttheorie und die Simulation von Vorgängen in Nervenzellen herausgegriffen und kurz kommentiert werden.

Kompartmenttheorie. Die Kompartmenttheorie basiert auf dem Massenerhaltungsgesetz und wird häufig zur Simulation des Zeitverlaufs ausgewählter Zustandsgrößen eingesetzt. Ein Kompartmentmodell besteht aus einzelnen, durch ein einheitliches kinetisches Verhalten gekennzeichneten Kompartimenten (abgegrenzten Subsystemen), die untereinander zu einem Massenaustausch befähigt sind. Das zugeordnete mathematische Modell ist ein System von linearen oder nichtlinearen Differentialgleichungen erster Ordnung.

Anwendungen der Kompartmenttheorie finden sich in unterschiedlichster Form vor allem in der Pharmakokinetik, der Lehre von Resorption, Verteilung und Elimination von Pharmaka. Einfache Modelle mit zwei bis drei Kompartimenten erlauben, eine Berechnung des Konzentrationsverlaufs wichtiger Medikamente in Blut und Interzellulärraum durchzuführen. Durch geeignete Wahl der Systemparameter (Ausscheidungsrate, Kompartmentvolumina usw.) können klinisch relevante Fallstudien simuliert werden, um beispielsweise für Patienten mit Einschränkungen der Leber- oder Nierenfunktion optimale Dosierungsstrategien festzulegen.

Auch der Ablauf einer Narkose mit einem Inhalationsnarkotikum läßt sich mit einem Kompartmentmodell simulieren, wobei Lunge, Blut, Gehirn, Fett usw. als eigene Kompartimente modelliert werden. Die Verteilung des Narkosemittels zwischen den einzelnen Kompartimenten wird gemäß den Gesetzen von Diffusion und Konvektion in entsprechenden Gleichungen modelliert. Bei der Simulation der Einleitungsphase der Narkose kann dann untersucht werden, wie die Anflutungszeit bis zu einer ausreichenden Narkosemittelkonzentration im Gehirn von unterschiedlichen Parametern bestimmt wird. Damit können grobe Abschätzungen für den Einfluß von Herzzeitvolumen, Atemminutenvolumen usw. gewonnen werden.

Ebenso läßt sich der Effekt der Umverteilung nachvollziehen, wobei es wegen der unterschiedlichen Kinetik in den verschiedenen Kompartimenten auch nach Absetzen des Narkosemittels für kurze Zeit noch zu einem Ansteigen der Konzentration im Gehirn kommt. Das Kompartmentmodell kann dabei zu einem Verständnis eines auf den ersten Blick unklaren Geschehens im Narkoseablauf und damit auch zu einer besseren Versorgung von Patienten beitragen. Überdies lassen sich verschiedene Narkosestrategien im Hinblick auf optimales Zeitverhalten untersuchen.

An Hand des Narkosemodells kann auch sehr anschaulich der Effekt der Unvollständigkeit von Modellen demonstriert werden. Simuliert man die Endphase einer Narkose, so kann das Abklingverhalten der Narkosemittelkonzentration im Gehirn verfolgt werden. Damit kann der Zeitabschnitt vom Abschalten des Narkosemittels bis zum Aufwachen des Patienten abgeschätzt werden. Wird in dieser Phase das Atemminutenvolumen durch Hyperventilation gesteigert, so wird vermehrt Narkosemittel abgeatmet und die Zeit bis zum Aufwachen verkürzt.

Die Beatmung eines Patienten nach diesem Schema erzeugt allerdings ein Problem, das aus dem Modell selbst nicht abgeschätzt werden kann. Parallel zur gesteigerten Elimination von Narkosemittel durch Hyperventilation kommt es auch zu einem gesteigerten Abatmen von Kohlendioxyd und folglich auch zu einer Verschiebung des Säure-Basen-Haushaltes des Patienten. So könnte am Ende der Narkose ein Patient noch in eine prekäre Situation gebracht werden, wenn diesem Phänomen nicht Rechnung getragen wird. Eine Verkürzung der Abatmungsphase des Narkosemittels durch Hyperventilation hat daher auch nachteilige Effekte, es gilt wiederum das Prinzip „No free lunch".

Bei einer Modellstudie, die ausschließlich auf ein Kompartmentsystem des Narkosemittels ausgerichtet ist, bleiben also einige für die Praxis entscheidende Aspekte unberücksichtigt. Die Interpretation von Modellsimulationen ist dementsprechend immer mit Vorsicht vorzunehmen.

Neuronenmodelle. Die verschiedenen funktionellen Ebenen des menschlichen Gehirns sind Untersuchungsgegenstand vieler unterschiedlicher Wissenschaftszweige. In der Kybernetik lag der Zugang von Anfang an bei der Simulation des Verhaltens von künstlich spezifizierten Nervenzellverbänden, die meist als neuronale Netzwerke bezeichnet wurden. Ausgangspunkt für diese Methode war von neurophysiologischer Seite die Erforschung der funktionellen und zytologischen Eigenheiten von Neuronen und von technischer Seite die Entwicklung digitaler Rechenanlagen.

Der ursprüngliche Ansatz beruht auf der Annahme, daß die Leistung des Gehirns durch die Eigenschaften von Neuronen vollständig bestimmt wird. In der Mitte dieses Jahrhunderts begannen einige Versuche, das Verhalten von neuronalen Netzen mit Simulationsstudien oder mit analytischen Methoden zu beschreiben. Von McCulloch und Pitts stammt eine der grundlegenden und oft zitierten Arbeiten. Eine Zusammenstellung von weiteren Meilensteinen auf diesem Gebiet findet sich in dem von G. Palm und A. Aertsen editierten Buch „Brain Theory".

Feinere und genauere Modelle entstanden nach den berühmten Arbeiten von Hodgkin und Huxley, die für ihre Beschreibung des Ablaufs von Aktionspotentialen den Nobelpreis verliehen bekamen. Ihr ursprünglich 1952 publiziertes Modell enthält fünf nichtlineare Differentialgleichungen erster Ordnung, die das Zusammenspiel von Membranspannung und Ionenströmen an Tintenfischneuronen beschreiben. Mit diesem Modell lassen sich das Alles-oder-Nichts-Gesetz bei der Aktivierung von Neuronen, absolute und relative Refraktärzeiten und temporale Summation in Computersimulationen nachvollziehen.

Obwohl nun seit mehr als 30 Jahren ein adäquates Modell des Verhaltens einer singulären Nervenzelle vorliegt, ist es bis heute noch nicht gelungen, ein größeres Netzwerk derartiger Neuronen detailliert in seiner Funktion zu charakterisieren und in der Folge zu simulieren. Die außerordentlich hohe Rate von interneuronalen Verbindungen, wobei ein Neuron im Durchschnitt mit 2000 anderen Neuronen verbunden ist, steht einem erfolgreichen Simulationsversuch entgegen. Die Entwicklung eines isomorphen Modells von ausgewählten Hirngebieten scheint nach wie vor wenig aussichtsreich zu sein.

Durch große Fortschritte auf dem Gebiet der molekularen Neurochemie ist das Zusammenspiel zwischen neurochemischen Prozessen und den Ionenströmen an den Verbindungsstellen von Neuronen, den Synapsen, als Grundlage für mathematische Modelle genommen worden. In diesen Modellen steht nun nicht der Versuch im Vordergrund, durch Quantität zu qualitativen Aussagen zu kommen, sondern es wird versucht, durch die genaue kinetische Beschreibung von synaptischen Prozessen, sowohl im Normalzustand als auch in pathologischen Zuständen, ein Bild des sehr komplexen Übertragungsvorganges zwischen zwei Neuronen zu gewinnen.

Die Theorie neuronaler Netze hat in den letzten Jahren mit etwas veränderten Voraussetzungen und Methoden einen starken Aufschwung erfahren, sodaß dieses Kerngebiet der Kybernetik heute wieder mit viel Energie und Aufwand beforscht wird. Im übernächsten Abschnitt soll kurz auf diese neuen Aspekte eingegangen werden.

4. Artificial Intelligence: die „neue" Kybernetik?

Im folgenden werden einige Berührungspunkte zwischen Kybernetik und Artificial Intelligence dargestellt. Für eine umfassendere Darstellung des Gebietes der Artificial Intelligence sei auf die entsprechende Fachliteratur verwiesen (z.B. Retti et al. 1986, Barr und Feigenbaum 1980, 1981, Cohen und Feigenbaum 1982).

Zum Verhältnis von Kybernetik und Artificial Intelligence lassen sich im Extremfall zwei konträre Standpunkte formulieren, für die auch jeweils Argumente gefunden werden können: Kybernetik und Artificial Intelligence haben nichts/alles gemeinsam. Beide Ansichten stützen sich auf verschiedene Definitionen beider Begriffe und sollen hier nicht weiter verfolgt werden. Im folgenden wird die Ansicht vertreten, daß Kybernetik und Artificial Intelligence viele Gemeinsamkeiten, sowohl in ihrer Thematik als auch in der Art ihrer Entwicklung, teilen.

Wie für die Kybernetik gibt es auch für Artificial Intelligence keine unumstrittene und eindeutige Definition der Zielsetzung und Methodik. „To make computers smart" ist eine kurze und prägnante Charakterisierung für viele Projekte, die unter der Bezeichnung Artificial Intelligence geführt werden.

Sowohl Kybernetik als auch Artificial Intelligence haben eine starke Bindung zur Informatik und zur Hirnforschung mit allen ihren unterschiedlichen Facetten. Eine erste und sehr unscharfe Differenzierung zwischen Kybernetik und Artificial Intelligence kann an Hand der bekanntesten Forschungsergebnisse und Projekte erfolgen. So wurden unter dem Namen Kybernetik vielfach Modelle von neuronalen Schaltkreisen behandelt, während sich Artificial Intelligence zu einem Großteil mit symbolischer Datenverarbeitung beschäftigt. Diese grobe Unterscheidung in Kybernetik als *bottom-up*-Ansatz und Artificial Intelligence als *top-down*-Strategie für ein identes Forschungsobjekt, das mit dem Begriff

„Hirnleistungen" umrissen werden kann, ist allerdings sehr undifferenziert.

Eine weitere Gemeinsamkeit, die Kybernetik und Artificial Intelligence teilen, liegt in der auffallend engen Assoziation beider mit militärischen Aufgabenstellungen. Kybernetiker entwickelten die ersten computergesteuerten Waffen gegen Flugobjekte und trugen mit der Entschlüsselung von militärischen Geheimcodes zum Ausgang wichtiger militärischer Einsätze bei. Viele Forschungsprojekte der Artificial Intelligence wurden und werden aus dem Militärbudget finanziert. Die militärisch interessanten Projekte von Kybernetik und Artificial Intelligence können mit dem Oberbegriff „Intelligenzverstärker" bezeichnet werden.

Mittlerweile ist aber auch das industrielle Interesse an den Ergebnissen der AI so weit gewachsen, daß Forschung auch von Firmen finanziert und durchgeführt wird. Diesen Sprung in die Wirtschaft und Industrie hat die Kybernetik nicht in diesem Ausmaß erlebt, womit ein wesentlicher Grund für das allgemein etwas verebbte Interesse an Kybernetik gegeben ist.

Gerade der wirtschaftliche Mißerfolg kybernetischen Gedankengutes mit einigen wenigen Ausnahmen (z.B. STAFFORD BEER) gibt Anlaß dazu, über die Bedeutung von Kybernetik und Artificial Intelligence provokant eine etwas überspitzte These zu formulieren: Kybernetik mit nichtreduktionistischer Ausrichtung wird von der reduktionistisch orientierten AI verdrängt, da diese den traditionellen Denkstrukturen besser gerecht wird und kein Umdenken voraussetzt.

Jene Teilgebiete der AI, die sich im besonderen als geeignet für kommerzielle Nutzung erwiesen haben — Expertensysteme, natürlichsprachige Systeme — stehen in der Tradition der Prinzipien der reduktionistischen Methode. Regelbasierte Expertensysteme, die kommerzielle Anwendung erfahren haben, versuchen beispielsweise, das Wissen von Experten in Form von Wenn-Dann-Regeln zu kodieren. Durch adäquate Anwendung von entsprechenden Regeln wird, ausgehend von einer Menge an Daten, im Zuge einer langen Schlußkette ein Endresultat erreicht. Im wesentlichen wird mit diesem Vorgehen eine lineare Denkweise zu simulieren versucht, wobei das Paradigma einer kausalen Kette von Ursache (Prämissen) und Wirkung (Konklusion) direkt in Form von Regeln kodiert ist.

Artificial Intelligence sollte daher nicht als neue Kybernetik bezeichnet werden, sondern als in Methodik und Zielsetzung eigenständiges Gebiet. Viele ihrer Ansätze und Techniken stammen aber aus dem Bereich der kybernetischen Forschung.

5. Konnektionismus und Parallelität

Innerhalb der Artificial Intelligence kam es in den letzten Jahren durch eine Gruppe von Wissenschaftlern, die sich mit alternativen Modellen zur Wissensrepräsentation und Wissensverarbeitung beschäftigte, zu einem Wiederaufleben des Interesses an neuronalen Netzen. Es wurde eine neue Forschungsinitiative gegründet, die im Englischen mit Begriffen wie *neural computing, connectionism, parallel distributed processing* oder *subsymbolic AI* bezeichnet wird. Eine Einführung in dieses Gebiet gibt das zweibändige Standardwerk von RUMELHART und McCLELLAND (1986).

Im Mittelpunkt des subsymbolischen Paradigmas steht eine bessere Modellierung assoziativer Prozesse und die Betonung von Selbstorganisation und Lernen. Anleihen bezieht dieser Zugang vom Aufbau des Zentralnervensystems, in dem viele gleichartige einfache Elemente im Zusammenschluß großartige Leistungen vollbringen, ohne daß eine Aufschlüsselung des Beitrages jedes einzelnen Neurons möglich wäre. Dieser Zugang der AI versucht aber nicht, reale Neuronengruppen in ihrem Verhalten zu simulieren.

Ein neuronales Netzwerk besteht aus einer Menge von meist gleichartig strukturierten Prozessorelementen, die ein einfaches Input-Output-Verhalten aufweisen und netzartig miteinander verbunden sind. Einige dieser Elemente werden explizit als Eingabe- und Ausgabeeinheiten designiert, und ihr Aktivierungszustand wird mit vorgegebenen Mustern korreliert. Eine Programmierung dieses Netzwerks besteht in der Erstellung einer geeigneten Dimensionierung der Matrix von Prozessorverbindungen, sodaß bei Präsentation eines Eingabemusters an den Eingabeelementen durch Fortpflanzung der Aktivierung das geforderte Muster an den Ausgabeeinheiten entsteht. Die Berechnung der Elemente dieser Verbindungsmatrix erfolgt meist in einem Iterationsverfahren durch verschiedene Algorithmen, die oft als Lernalgorithmen bezeichnet werden.

Neuronale Netzwerke unterliegen ihrer Struktur nach nicht den Beschränkungen einer VON NEUMANN-Maschine und eignen sich ausgezeichnet für eine Implementation auf parallelen Rechnerarchitekturen. Im Gegensatz zu traditionellen Computerprogrammen, die aus einer linearen Sequenz von einzelnen Programmbefehlen mit einer definierten Bedeutung bestehen, kann für ein einzelnes Element des neuronalen Netzwerks eine einfache funktionelle Abgrenzung seines Beitrags zur Gesamtfunktion nicht mehr leicht gegeben werden. Aus diesen beiden Eigenheiten neuronaler Netze erklärt sich die englische Bezeichnung „*Parallel Distributed Processing*“.

Das weit verbreitete symbolische Paradigma der AI benützt vornehmlich reduktionistische Methoden und hat damit Erfolge in vielen Anwendungen vorzuweisen (z.B. Expertensystemen). Subsymbolische Ansätze in der AI beinhalten nichtreduktionistische Verfahren und stehen somit in enger Beziehung zu kybernetischen Denkansätzen. Ihre Auswirkungen und Erfolge können erst in einigen Jahren verläßlich beurteilt werden.

Literatur

ASHBY, R., 1952: Design for a Brain. Chapman & Hall Ltd., London.

BACHMANN, D. und P. FÄRBINGER, 1986: Das Netz — ein Kybernetisches Planspiel. Telos, Salzburg.

BARR, A. and E.A. FEIGENBAUM (eds.), 1980, 1981: The Handbook of Artificial Intelligence, Volumes 1 und 2. William Kaufmann, Los Altos.

BEER, St., [2]1981: Brain of the Firm. John Wiley & Sons, New York.

CANNON, W., 1932: The Wisdom of the Body. W.W. Norton & Co., New York.

COHEN, P.R. and E.A. FEIGENBAUM (eds.), 1982: The Handbook of Artificial Intelligence, Volume 3. William Kaufmann, Los Altos.

HASSENSTEIN, B., 1966: Kybernetik und Biologische Forschung. In: Handbuch der Biologie 1: 631—719. Athenaion, Frankfurt.

HODGKIN, A.L. and A.F. HUXLEY, 1952: A Quantitative Description of Membrane Current and its Application to Conduction and Excitation in Nerve. J. Physiol *117*: 500—544.

MCCLELLAND, J.L., D.E. RUMELHART and the PDP RESEARCH GROUP, 1986: Parallel Distributed Processing. Explorations in the Microstructure of Cognition, Volume 2: Psychological and Biological Models. MIT Press, Cambridge, Mass.

MCCULLOCH, W.S. and W. PITTS, 1943: A Logical Calculus of the Ideas Immanent in Nervous Activity. Bull. Math. Biophys. *5*: 115.

PALM,G. and A. AERTSEN (eds.), 1986: Brain Theory. Springer, Heidelberg.

RETTI, J. (ed.), [2]1986: Artificial Intelligence: Eine Einführung. Teubner, Stuttgart.

RUMELHART, D.E., J.L. MCCLELLAND and the PDP RESEARCH GROUP, 1986: Parallel Distributed Processing. Explorations in the Microstructure of Cognition, Volume 1: Foundations. MIT Press, Cambridge, Mass.

TRAPPL, R. (ed.), 1983: Cybernetics: Theory and Applications. Hemisphere, New York.

WIENER, N., [2]1961: Cybernetics or Control and Communication in the Animal and the Machine. MIT Press, Cambridge, Mass.

Etwa gleichzeitig mit der Kybernetik wurde die Informationstheorie entwickelt. Diese wird im folgenden Beitrag — ausgehend vom Standpunkt der Wissenschaftstheorie — behandelt, wobei die Beziehung zu verwandten Theorien hergestellt wird. Es zeigt sich, daß sowohl der Begriff der Information als auch derjenige der Informationstheorie nicht unproblematisch ist. Vor allem gibt es heute gar nicht eine einheitliche Informationstheorie, sondern eine Reihe von Ansätzen, die diesen Namen tragen oder unter ihn subsumiert werden können.

Erhard Oeser *(geb. 1938) ist Professor für Wissenschaftstheorie an der Universität Wien. Er studierte Philosophie und Wissenschaftstheorie in München und Wien und war an der Universität in Freiburg im Breisgau als Lehrbeauftragter für Erkenntnistheorie tätig. Er hat sich unter anderem mit dem Informationsbegriff und der Informationstheorie eingehend auseinandergesetzt und etliche Artikel und Bücher darüber geschrieben.*

Der Informationsbegriff und die technologische Wende der Wissenschaftstheorie

ERHARD OESER

Seit ihrer Entstehung als selbständige, systematisierte Theorie hat die Wissenschaftstheorie mehrere Richtungsänderungen hinter sich gebracht, die gerade deswegen notwendig waren, weil Wissenschaft ein vieldimensionales, komplexes Phänomen ist, das nicht in nur einer Sichtweise adäquat behandelt werden kann.

Das zeigt sich gleich an jener ersten Wende, der die Wissenschaftstheorie ihren eigentlichen Ursprung als systematisierte Disziplin verdankt. Denn diese erste Wende war nicht schon eine Wende der Wissenschaftstheorie, sondern eine Wende der Philosophie, aus der erst Wissenschaftstheorie als reine Formalwissenschaft entstanden ist. Diese Wende der Philosophie, weg von jedem Inhalt und ausschließlich auf formal-sprachliche Strukturen gerichtet, bezeichnet man als *linguistic turn*. Für die Wissenschaftstheorie bedeutete diese linguistische Wende der Philosophie jedoch eine letzten Endes nicht akzeptierbare Restriktion, die in dem Augenblick deutlich wurde, als sich die begründungsphilosophischen Ansprüche, die sich auf die Errichtung eines absolut widerspruchsfreien Universalsystems unseres Wissens bezogen, als nicht einlösbar erwiesen. Denn die schwächere, liberalisierte Form einer sprachlogischen Rekonstruktion der Wissenschaft als Aussagensystem hat, wie auch QUINE einsehen mußte, „alle Vorteile verloren, die die stärkere Form noch besessen hat" (QUINE 1971). Deshalb begann auch die sprachanalytische Wissenschaftstheorie, nach mehreren Richtungsänderungen, notgedrungen ihre eigenen Restriktionen aufzuheben. Diese Richtungsänderungen, die sich zum Teil auch vermengt haben, sind folgende:

1. *Die historische Wende*, die eigentlich nur eine Rückwende zur vorwiegend historisch ausgerichteten Wissenschaftstheorie des 19. Jahrhunderts war, z.B. WILLIAM WHEWELL, aber auch MACH und später BOLTZMANN, die beide ihre wissenschaftstheoretischen Überlegungen am Beispiel der Entwicklungsgeschichte der Mechanik illustriert haben (vgl. OESER 1979).

Die *neue*, damit erreichte erweiterte Zielsetzung der Wissenschaftstheorie ist nicht auf bloße historische Beschreibung ausgerichtet, sondern besteht darin, eine Entwicklungstheorie der wissenschaftlichen Erkenntnis zu liefern. Sie verbindet sich dadurch auf fruchtbare Weise mit der Historiographie der Wissenschaften, insbesondere der Geschichte der Naturwissenschaften und der

Geschichte der Philosophie, sowie in weiterer Folge mit der systematischen Disziplin der Geschichtsphilosophie. Denn die Geschichte der Naturwissenschaften ist ein wesentlicher Teil der Geschichte der Menschheit. Ja, ich wage zu behaupten: Seit der Neuzeit ist sie der zentrale Motor der Entwicklungsdynamik der Sozial- und Wirtschaftsgeschichte, zumindest aber seit der sog. industriellen Revolution.

2. *Die soziologische Wende der Wissenschaftstheorie*. Sie erweitert die Betrachtungsweise der Wissenschaft als bloß kognitives Phänomen oder logisches Aussagensystem zu einem sozialen System und analysiert die Forschergemeinschaften in Institutionen. Von den Wissenschaftstheoretikern wird diese soziologische Wende bis heute mit berechtigtem Mißtrauen angesehen, wenn die externen Bedingungen zu den vorrangigen gemacht und die internen Strukturen logisch-erkenntnistheoretischer Art vernachlässigt werden. Trotzdem war die soziologische Wende notwendig, weil sie nicht nur ein realistischeres Bild der faktischen Wissenschaft lieferte, sondern auch in weiterer Folge zu den tiefer liegenden sozialphilosophischen Problemen des Verhältnisses von Individuum, Forschergemeinschaft und Gesellschaft geführt hat.

3. *Die naturalistische Wende der Wissenschaftstheorie*. Sie wurde schon von QUINE propagiert. Gerechtfertigt wird sie durch folgende Argumentation: Wenn Wissenschaft überhaupt als Produkt menschlicher Tätigkeit im sozialen Kontext gesehen wird und damit die empirisch-soziologische Betrachtungsweise einen metatheoretischen Charakter bekommt, dann gilt das Prinzip der Rückanwendung empirisch-wissenschaftlicher Methoden auf das Phänomen Wissenschaft für jeden Bereich empirischer Wissenschaft. Dann gibt es nicht nur eine Soziologie oder Psychologie des Wissens, sondern auch eine Neurobiologie der Erkenntnis (OESER und SEITELBERGER 1988), die die materiellen empirischen Bedingungen untersucht und bis in die Evolution der Lebewesen zurückreicht. Die Erweiterungsmöglichkeit, die die zunächst nur formalistische Wissenschaftstheorie dadurch erhält, läßt sich durch folgenden Vergleich ausdrücken: Wie die traditionelle Logik durch ihre Verbindung mit der Mathematik neue Dimensionen gewonnen und ihre jahrhundertelange Stagnation überwunden hat, so wird auch die Erkenntnistheorie durch ihre Verbindung mit den biologischen Disziplinen neuen Auftrieb erhalten. Die Formalisierung und Kalkülisierung der traditionellen Logik war ebenso eine Bedingung des Fortschritts der Philosophie und Wissenschaftstheorie, wie es die Naturalisierung der Erkenntnistheorie heute ist (OESER 1987).

Aber auch hier handelt es sich wiederum um Rückgriffe auf ältere Konzepte, wie sie von den Vorläufern des Wiener Kreises, MACH und BOLTZMANN, als evolutionäre Wissenschaftstheorie entwickelt worden sind, d.h. also längst vor der evolutionären

Erkenntnistheorie der Biologen. Allerdings gibt es auch in diesem Vergleich einen wesentlichen Unterschied: Während die Mathematisierung oder Kalkülisierung der traditionellen Logik grenzenlos ist, sodaß auch die alte Streitfrage, welches das übergeordnete System ist — die Mathematik oder die Logik — , ganz im Sinne von LEIBNIZ' *Characteristica universalis* gleichgültig wird, ist das Verhältnis zwischen empirischen Untersuchungen des empirischen Erkenntnissubjektes und der metaempirischen oder transzendentalen Theorie des nicht-empirischen Erkenntnissubjektes ein anderes. Denn keine der empirischen Analysen erreicht das, was KANT das transzendentale Subjekt der Erkenntnis als „Bedingung der Möglichkeit der Erfahrung" genannt hat. Das heißt: Es ist trotz aller Naturalisierung des Erkenntnissubjektes möglich, ja sogar notwendig, in einem nichtsoziologischen, nichtpsychologischen, nichtbiologischen Sinn von Bewußtsein zu reden, das nicht ein Teil, sondern die „Grenze der Welt" (WITTGENSTEIN) ist. Um nun das Verhältnis von naturalisierter Erkenntnistheorie und nicht ersetzbarer transzendentaler, metaempirischer Erkenntnislogik und ihr aufeinander Angewiesensein kurz zu erklären, genügt daher folgende Behauptung: Das nichtempirische Bewußtsein ist zwar unentbehrlich, bleibt aber, wie schon KANT wußte, in sich leer, ohne jede Anweisung zur Realisierung im konkreten realen wissenschaftlichen Erkenntnisprozeß mit allen seinen Erfolgen wie auch Fehlern und Irrtümern. Will man in der Wissenschaft zu pragmatischen Handlungsanweisungen kommen, so geht das nur über die empirische Analyse des realen Funktionierens der Wissenschaft, die nicht von logischen Subjekten, sondern von wirklichen Menschen betrieben wird. Denn die Natur antwortet nur dem, der ausdrücklich zugibt, ein Teil von ihr zu sein.

4. *Die technologische Wende der Wissenschaftstheorie.* Während sich der Wiener Kreis im Sinne von CARNAPs Wissenschaftslogik auf logische Syntax und Semantik der Wissenschaftssprache beschränkt hat, erweitert sich nun die Wissenschaftstheorie als Methodologie zu einer Technologie des wissenschaftlichen Fortschritts und in weiterer Folge zu einer praktischen Anwendungsdisziplin, die die normative Terminologie und Wissenstechnik umfaßt. Auch diese technologische Wende der Wissenschaftstheorie zur Wissenstechnik ist eigentlich eine Rückwende zu den klassischen Konzepten der Methodologie als

ars inveniendi und
ars iudicandi,

wie sie von den Stoikern und CICERO aus der Aristotelischen Topik und Syllogistik abgeleitet worden ist und als umfassendes Programm über gewisse Anfänge im Mittelalter bei RAIMUNDUS LULLUS und in der Neuzeit von LEIBNIZ bis zu BOLZANOs Wissenschaftslehre reicht, der die *ars inveniendi* mit der Heuristik oder „Erfindungskunst" gleichsetzt. Eine Idee, die neben der *ars iudicandi* als bloßer formaler Beweistheorie oder *ars demonstrandi* immer wieder unter dem Titel der heuristischen Induktion behandelt wurde und erst durch den deduktivistischen Falsifikationalismus Poppers zu Unrecht aus der Wissenschaftstheorie beseitigt worden ist (Oeser 1976). Für diese technologische Wende der Wissenschaftstheorie ist jedoch der Informationsbegriff unentbehrlich.

1. Die Unentbehrlichkeit des Informationsbegriffs

Noch vor wenigen Jahren wäre die Behauptung von der Unentbehrlichkeit des Informationsbegriffs in den modernen Wissenschaften unseres Jahrhunderts als eine Trivialität angesehen worden. War man sich doch trotz unterschiedlichen Gebrauchs dieses Begriffes darüber einig, jenen Grundbegriff erfaßt zu haben, der den gesamten Bereich der Wissenschaften, angefangen von der Physik und Technik über die Biologie, Medizin, Psychologie und Sprachwissenschaft auf transdisziplinäre Weise wie eine Brücke umspannt. Wobei zu beachten ist, daß mit der Einführung des Imformationsbegriffes in die Technik und Physik die Idee verbunden war, der naturwissenschaftlichen Methode einen neuen Bereich erobert zu haben: „Information ist Information, weder Materie noch Energie" heißt es bei Norbert Wiener, der damit zwar nicht sagt, was „Information" ist, aber auf jeden Fall dem physikalischen Denken einen weiteren Grundbegriff hinzufügt. In der Technik spricht man von einer „transklassischen Maschine", die sich im Unterschied zur klassischen Maschine, die bedient und gesteuert werden muß, als „Automat" durch interne Informationsverarbeitung selbst steuert. Damit glaubte man zugleich einen Zugang zu den Phänomenen des Lebens gefunden zu haben, der sich von den älteren Entwürfen der Biologie dadurch unterscheidet, daß er die Existenz eines logischen Systems von Grundbegriffen voraussetzt, mit dem man ganz allgemein komplexes Verhalten von Organismen beschreiben kann. „Begriffe dieses Systems sind etwa: Programm, Information, Steuerung, Regelung, Führungsgröße, Sollwert und Sollwertsverstellung, Rückkoppelung usw. Weiterhin gehören hierzu Regeln für eine Sprache, die Informationen mit hinreichender Genauigkeit und Spezifität übermittelt, sowie Regeln für den Aufbau nervöser und biochemischer Netzwerke" (Wieser 1972, 26 f).

Die Computer-Analogie wurde bekanntlich auch auf die Neurobiologie ausgedehnt. Insbesondere in der Pathologie hatte man dafür sehr gute Gründe: Denn eine Störung in der Funktion des zentralen Nervensystems hat einen anderen Charakter als die Störung etwa der Funktion der Leber, die durch bestimmte physikalisch-chemische Vorgänge und Produkte definierbar ist. Die spezifische Gehirnfunktion läßt sich, im Unterschied zu den Funktionen anderer Körperorgane, als „Infomationsverarbeitung" verstehen (vgl. OESER und SEITELBERGER 1988). Integrationsversuche zwischen diesen Wissensgebieten in bezug auf die einheitliche Verwendung des Informationsbegriffes gibt es zwar immer wieder (OESER in FOLBERTH und HACKL 1986), aber sie zeigen viel mehr die differenzierte Problematik als schon die Lösung.

Das gilt nicht nur für alle Fachwissenschaften, in denen heute der Informationsbegriff verwendet wird, sondern auch für die Wissenschaftstheorie. Mit dieser Behauptung wird aber gleichzeitig auch die sonst in der Wissenschaftstheorie übliche Trennung von Objekttheorie und Metatheorie aufgehoben oder zumindest relativiert. Und zwar gerade im Hinblick auf die allgemeinen transdisziplinären Strukturtheorien, wie Informationstheorie, Kybernetik, Systemtheorie und Spieltheorie, die zwar aus einem bestimmten Wissensbereich entstanden (aus der Nachrichten- und Regelungstechnik, aus der Biologie, den Wirtschaftswissenschaften ...), aber auch sogleich in andere Disziplinen übertragen worden sind. Denn man kann natürlich auch diese Disziplinen und die darin enthaltenen Grundbegriffe, wie z.B. Information, System, Prozeß usw. wissenschaftstheoretisch „analysieren" und „rekonstruieren", aber es ist m.E. durchaus möglich, auch die Wissenschaftstheorie selbst in informationstheoretischen, systemtheoretischen oder kybernetischen Modellen darzustellen (OESER 1976).

Zumindest andeutungsweise ist diese Idee auch bei den Philosophen des *linguistic turn* aufgetreten: z.B. beim WITTGENSTEIN des Tractatus oder bei HEMPEL, der den bekannten Vergleich zwischen Wissenschaftssprache und räumlichen Netzstrukturen geliefert hat; während die alten Philosophen seit PLATON Analogiemodelle der Erkenntnis gerade bei der Darstellung des Kreislaufes von Induktion und Deduktion benützt und den Analyse-Synthese-Kreislauf von Auffindung und Beweis von den Mathematikern übernommen haben (z.B. DESCARTES). Von den Physikern ganz zu schweigen, die seit GALILEI und NEWTON, über MACH und BOLTZMANN bis zu EINSTEIN, das komplexe Phänomen Wissenschaft nie bloß als Aussagensystem, sondern als ein dynamisches Informationssystem gesehen haben. Und längst vor der Entstehung der Kybernetik und Systemtheorie von der wissenschaftlichen Theorie als einem System mit rückwirkender Verfestigung gesprochen haben (VOLKMANN, OSTWALD, vgl. OESER 1976).

Deshalb haben alle diese modernen Strukturdisziplinen, obwohl sie selbst aus einem einzelnen Fachgebiet stammen, nicht nur transdisziplinären, sondern auch metadisziplinären Charakter und können in der Wissenschaftstheorie selbst ohne Zirkelverdacht angewendet werden. Insofern die Grundbegriffe dieser Strukturdisziplinen bereits Eingang in die gegenwärtigen Grundlagentheorien der Naturwissenschaft gefunden haben, wird auch dort der klassische Unterschied von Objekt- und Metatheorie aufgehoben. Das gilt besonders für die Verwendung des Informationsbegriffes in der Thermodynamik und Quantentheorie, und zwar in dem expliziten Sinn, daß der Beobachter oder Experimentator nicht säuberlich vom beobachteten System getrennt werden kann, sondern im Ergebnis, d.h. im Erkenntnisprodukt selbst, involviert ist. Das ist auch die Perspektive, von der aus man den Informationsbegriff in seinen verschiedenen Bedeutungen betrachten kann. Wobei zusätzlich auch die Unentbehrlichkeit des Informationsbegriffes behauptet wird. Diese Behauptung ist jedoch keineswegs trivial oder allgemein akzeptiert, sondern widerspricht sogar dem Standardkonzept der sprachanalytischen Wissenschaftstheorie als angewandter Logik. Die Einführung des Informationsbegriffes in die Wissenschaftstheorie bedeutet daher tatsächlich eine Wende, die eine Rückwende zur klassischen Philosophie einerseits und eine Abwendung vom *linguistic turn* darstellt.

Rückwende deswegen, weil der Informationsbegriff ein gemeinsamer Grundbegriff der traditionellen Erkenntnistheorie seit Aristoteles ist, wie bereits C.F. v. Weizsäcker bemerkt hat, wenn er sagt: „Was man damit entdeckt hat, ist an neuem Ort eine alte Wahrheit. Es ist das platonische Eidos, die aristotelische Form, so eingekleidet, daß auch ein Mensch des 20. Jahrhunderts etwas von ihnen ahnen lernt" (C.F. v. Weizsäcker 1971, 51). Genauer gesagt, ist diese Einkleidung des Aristotelischen in den modernen Informationsbegriff eine totale Umwandlung. Bloß dem Namen nach ist der Informationsbegriff bereits bei Cicero und später bei den an Aristoteles orientierten Scholastikern aufgetaucht, die *Eidos* bzw. den Prozeß des Erfassens des *Eidos* als innere Struktur des Gegenstandes durch den Erkennenden als den Prozeß des „Informierens" bezeichnet haben. Von einer grundlegenden Umwandlung dieses bis in die Neuzeit (Descartes) gebräuchlichen erkenntnistheoretischen Informationsbegriffes, der übrigens seit der Antike immer von der militärtechnischen Bedeutung als Nachricht oder Kundschaft begleitet worden ist, muß man heute jedoch deswegen sprechen, weil der moderne Informationsbegriff im Rahmen der Technik und Physik zugleich mit seiner Quantifizierung eine neue Bedeutung erhalten hat, die mit derjenigen der klassischen Erkenntnistheorie nicht mehr übereinstimmt.

Was also jetzt dem modernen, wissenschaftlich-technischen Informationsbegriff gegenübergestellt werden soll, ist nicht der gewöhnliche undefinierte Alltagsbegriff von Information als „Kenntnis über Sachverhalte und Vorgänge", sondern der Informationsbegriff als genuiner Grundbegriff der Erkenntnistheorie, wobei von der Vorstellung ausgegangen wird, daß Begriffe ihren scharfen Sinn erst im Rahmen einer Theorie erhalten.

Damit ist die Behauptung verbunden, daß diese, wenngleich durch technische und physikalische Theorien veränderte erkenntnistheoretische Grundbedeutung des Informationsbegriffes eine nicht-eliminierbare Funktion in einer Theorie der komplexen Systeme besitzt, die Biologie und Humanwissenschaften mit einschließt. Das ist heute deswegen keine Selbstverständlichkeit, weil es gerade eine bestimmte Form einer Theorie komplexer Systeme gibt, wie die Autopoiesetheorie von MATURANA und VARELA, die im Sinne einer bestimmten erkenntnistheoretischen Grundposition, die als „radikaler Konstruktivismus" bezeichnet wird, den Informationsbegriff als reduktionistischen Begriff aus der Biologie (bzw. Neurobiologie) und den Humanwissenschaften verbannen will. Eine solche Ansicht ist jedoch nichts anderes als eine „Reduktion nach oben", die die Phänomene der Ganzheit oder Autonomie, in Verbindung mit dem Begriff der „Geschlossenheit" des Systems, überstrapaziert. Mit dieser Kritik soll nicht die „Ganzheitsbetrachtung" oder systemisch-holistische Betrachtung ausgeklammert oder eliminiert, sondern nur auf die *Systemrelativität von Information* reduziert werden.

In diesem Sinne gibt es so etwas wie ein „geschlossenes System", d.h. abgeschlossen gegen Zufuhr oder Abfuhr von Informationen. Aber dieses geschlossene System ist das Universum, das auch als Ganzes energetisch abgeschlossen ist. Äquivalent zum Energieerhaltungssatz könnte man dann auch über ein Informationserhaltungsgesetz (s. OESER 1987) spekulieren. Ebenso über die Verteilung oder Zerstreuung oder Verdichtung von Information im Universum. Die Systemrelativität von Information besagt nun im konkreten Sinn, daß es Information sozusagen als fertige Information nicht irgendwo im Universum gibt, sondern immer nur bezogen, relativ, auf einen bestimmten Teil des Universums, das selbst wieder ein Ganzes, ein System, bildet, das man in bestimmter Hinsicht als mehr oder weniger „offen" bezeichnen kann. Information ist jedenfalls immer nur das, was im System eine Veränderung hervorrufen kann. Information ist als Information nur vom System her definierbar. Es gibt in diesem Sinne keine fertige Information, die in ein System hineinkommt, sondern die Information als solche wird im System selbst hergestellt auf Grund von Bedingungen und Ereignissen, die in der erreichbaren Umgebung des Systems liegen, d.h. mit dem System verkoppelt sind.

Dieser Systemrelativität der Information entspricht auf der logisch-gedanklichen Ebene die Theorienrelativität des wissenschaftlichen Informationsbegriffs.

Auch der alltagssprachliche Informationsbegriff ist relativiert auf den Wissensstand des konkreten individuellen Erkenntnissubjektes und der von ihm benutzten Alltagssprache. Im folgenden geht es jedoch um den wissenschaftlichen Informationsbegriff als Grundbegriff einer wissenschaftlichen Theorie der Information. Eine solche Theorie ist die sog. SHANNONsche Informationstheorie.

Diese SHANNONsche Informationstheorie ist jedoch bestenfalls nur ein Teil der Informationstheorie, so wie sie im physikalisch-technischen Bereich aufgetreten ist und den vorher nur qualitativen Begriff von Information auf die Ebene der metrisch-quantitativen Begriffsbildung gehoben hat. Diese allgemeine Informationstheorie besteht aus drei getrennt entwickelten Teil- oder Untertheorien, von denen man noch nicht behaupten kann, daß sie bereits zu einer Gesamttheorie — und sei es nur im technisch-physikalischen Bereich — integriert worden sind:

— *Theorie der Repräsentation*,
entwickelt im Bereich der Beobachtungsapparate.
Beispiel: optische Apparate wie Fernrohr, Mikroskop
Vertreter: D.M. MACKAY (1950)

— *Theorie der Kommunikation*,
entwickelt im Bereich der Nachrichtenübertragung.
Beispiel: Telephonnetz
Vertreter: C.E. SHANNON und W. WEAVER (1949)

— *Theorie der Transformation* oder Verarbeitung von Informationen,
entwickelt im Bereich der Computerscience.
Beispiel: Rechenmaschine
Vertreter: A. TURING (1956)
Verallgemeinerung zur algorithmischen Informationstheorie: A.A. MARKOV, A.N. KOLMOGOROV, G.J. CHAITIN

---

2. Kommunikationstheorie und Repräsentationstheorie

„Die Informationstheorie ist nicht die Theorie der Information, und gerade Fachleute angrenzender Gebiete sind scharenweise von dem unpassenden Namen getäuscht worden“ (ZEMANEK 1986).

Der Urheber dieser sog. „Informationstheorie“, CLAUDE E. SHANNON, war selbst daran unschuldig. Denn er hatte von allem Anfang an seine Theorie, die eine mathematische Theorie der Nachrichtenübertragung war, korrekterweise als eine Theorie der Kommunikation bezeichnet und selbst erfolglos gegen den Namenwechsel Warnungen und Bedenken geäußert: Nicht nur sind ab den

50er Jahren alle weiteren Nachfolgewerke auf diesem Gebiet (auch das von ZEMANEK) unter dem Begriff „Informationstheorie" erschienen, sondern auch die deutsche Übersetzung von SHANNONs grundlegendem Werk, das von WARREN WEAVER eingeleitet und erläutert worden ist, heißt: „Mathematische Grundlagen der Informationstheorie" (1976).

Der Begriff „Information" kommt zwar in dieser Theorie vor, wird aber in einem besonderen Sinn verwendet, der nicht mit dem gewöhnlichen Gebrauch verwechselt werden darf. „Insbesondere", sagt WEAVER, „darf Information nicht der Bedeutung gleichgesetzt werden". Oder mit den Worten SANNONs selbst ausgedrückt: „Die semantischen Aspekte der Kommunikation sind unabhängig von den technischen Aspekten" (SHANNON und WEAVER 1976, 18). Damit sind zwei Problembereiche und zwei Kompetenzbereiche getrennt. Die SHANNONsche Informationstheorie hat es nur mit dem technischen Problem der Genauigkeit der Übertragung von Informationen zu tun und nicht mit der Information selbst. Diese Genauigkeit kann — und das ist die große Leistung der mathematischen Theorie SHANNONs — berechnet werden, und zwar unabhängig vom Inhalt oder der Bedeutung der zu übermittelnden Nachricht, allein auf Grund eines Modells des Kommunikationssystems und der dazugehörigen mathematischen Formel. Die technischen und formalen Einzelheiten sind bekannt bzw. lassen sich nachlesen. Entscheidend für die Formulierung des Informationsbegriffs in diesem Bereich ist, daß sich der Informationsbegriff nicht wie beim Alltagsgebrauch (Information = Kenntnis über Sachverhalte und Vorgänge) auf einzelne Nachrichten anwenden läßt, sondern auf die Situation als Ganzes. Und das ist auch das Ziel der Nachrichtentechnik, bei der es praktisch nur darum geht, daß die beim Übertragungsprozeß durch Störung verlorengegangene Information ein bestimmtes Maß nicht überschreiten darf. Sonst ist die Übertragung nicht mehr korrekt. Das ist sowohl ein Problem der geeigneten Kodierung als auch ein Problem der Auswahlmöglichkeit von Zeichen eines vorher festgelegten Zeichenvorrats und daher letzten Endes ein Problem der Wahrscheinlichkeitsrechnung. Die Abgrenzung dieses SHANNONschen Informationsbegriffes, der nicht mit „Bedeutung" oder „Kenntnis" gleichzusetzen ist, von der sog. semantischen Information ist daher zunächst nicht hilfreich, sondern eher verwirrend, weil damit in eine andere Terminologie und in ein anderes Wissensgebiet ausgewichen wird: und zwar in die allgemeine Zeichenlehre oder Semiotik, mit ihrer Unterteilung in Syntaktik, Semantik, Pragmatik. Die semiotische Explikation des Informationsbegriffes führt dann zu der irreführenden, weil negativen Charakterisierung des SHANNONschen Informationsbegriffes als eines bloß „syntaktischen Informationsbegriffes", bei dem es nur um die Beziehung der Zeichen untereinander, nicht aber um ihre Bedeutung geht, während die eigentliche Grundidee der Quantifizierbarkeit des Informationsübertragungsprozesses und seine Berechenbarkeit mit Hilfe der mathematischen Wahrscheinlichkeitstheorie nicht zum Ausdruck kommt.

Das terminologische Chaos wird noch größer, wenn man den Versuch CARNAPs und BAR-HILLELs betrachtet, den semantischen Informationsbegriff zur Grundlage einer Theorie der semantischen Information zu machen. Denn, weit davon entfernt, daß es sich in dieser Theorie der semantischen Information um die inhaltliche Bedeutung der Information handelt, geht es hier im Sinne einer „reinen" Semantik, die die Pragmatik ausschließt, nur um die formale logische Wahrscheinlichkeit, die auf Grund der induktiven Logik der partiellen logischen Implikation aufgestellt wird. Ein Versuch, der jedenfalls in dieser Form als gescheitert gelten muß, da er zunächst von dem einen Autor, BAR-HILLEL, selbst explizit aufgegeben worden ist und vom anderen, CARNAP, indirekt, durch die Transformation der induktiven Logik in die personalistische Entscheidungstheorie, wieder verlassen wurde.

Eine solche Alternative, wie die ursprüngliche Version einer rein semantischen Information vorzustellen ist, hatten übrigens sicher SHANNON und WEAVER nicht vor Augen, als sie vom semantischen Aspekt der Information gesprochen haben. Viel fruchtbarer und der Vorstellung einer allgemeinen Informationstheorie besser entsprechend scheint mir auch heute noch der bereits frühzeitig (1950) publizierte Vorschlag von DONALD M. MACKAY zu sein, den Informationsbegriff in seiner alltäglichen Bedeutung undefiniert beizubehalten und ihn genauer durch die Explikation der verschiedenen Begriffe des Informationsgehaltes (information-content) zu differenzieren. Damit ergibt sich nun folgendes Bild (aus OESER, 1976, Bd. 2, 36):

„Information" als undefinierter Begriff der Alltagssprache
= Kenntnis über Sachverhalte und Vorgänge

---

statistisch-selektiver Informationsgehalt (Hartley, Shannon, Wiener) = Maß für statistische Wahrscheinlichkeit	semantischer Informationsgehalt (Bar-Hillel, Carnap) = Maß für logische Wahrscheinlichkeit

---

deskriptiver Informationsgehalt
(MacKay)

metrischer | struktureller

Der deskriptive Informationsgehalt beruht auf der korrekten Idee, daß der SHANNONschen Kommunikationstheorie die eigentliche Informationstheorie vorgeordnet werden muß. Diese Theorie ist nicht eine Theorie der Übertragung, sondern eine Theorie der Gewinnung oder Entstehung von Information. Sie ist eine Theorie der Repräsentation, die der Theorie der Kommunikation deswegen vorgeordnet ist, weil Kommunikation nichts anderes ist als die Aktivität des Empfängers, Repräsentationen (die der Absender bereits hat) nachzubilden. Das Verhältnis zur SHANNONschen Kommunikationstheorie hat MACKAY selbst mit folgenden Worten ausgedrückt und damit zugleich eine grundlegende Definition des Informationsbegriffes aufgestellt: „Mit der Theorie der Information meinen wir allgemein die Theorie der Prozesse, durch welche Repräsentationen entstehen, zusammen mit der Theorie jener abstrakten Merkmale, die einer Repräsentation und demjenigen, was sie repräsentiert, gemeinsam sind. Die *Information* ist dasjenige, was wesentlich war, um das Herstellen einer Repräsentation zu rechtfertigen" (MACKAY, 1969).

Auch diese „allgemeine Informationstheorie", wie sie MACKAY bezeichnet, ist eine quantifizierbare Theorie, weil sie es mit dem Problem zu tun hat, Veränderungen im Wissen zu *messen*; nach dem bekannten Motto exakter Wissenschaft, alles zu messen, was meßbar ist. Deswegen lautet der Titel der ersten Arbeit MACKAYs zu diesem Thema: „Quantal Aspects of Scientific Information" (1950). Der wesentliche Unterschied zwischen beiden Systemen, den all diejenigen übersehen haben, die nicht Repräsentation von Kommunikation unterscheiden, besteht darin, daß bei dem einen System, dem SHANNONschen Kommunikationssystem, die eine Instanz ein Sender ist, während beim anderen diese Instanz kein Sender ist. D.h. sie ist keine kooperative Quelle: Es werden keine Signale ausgesendet, um damit fertige Informationen (= Repräsentationen) zu übertragen. Von der Quelle kann man vorher, *a priori*, überhaupt nichts sagen, sondern erst *a posteriori*, nach Abschluß der Repräsentation, die im Informationsprozeß erzeugt wird. Und dann auch nur in bedingter Weise. „Der Beobachtungsprozeß", heißt es bei MACKAY, „hat das Auftauchen einer Repräsentation im Repräsentationsraum zur Folge". Das Repräsentationsmodell besteht daher nicht aus zwei fixen Instanzen, von denen eine Signale aussendet und die andere passiv empfängt, sondern aus einer fixen, d.h. strukturierten Instanz, dem Beobachter, und einer Vielheit von möglichen Quellen, die den möglichen Repräsentationsraum aufspannen, wobei die Grenzen dieses Repräsentationsraumes *a priori* durch die Struktur des Beobachters bzw. seines Beobachtungsapparates bestimmt ist.

Das Repräsentationsmodell sieht daher in seiner einfachsten Form so wie WITTGENSTEINs Modell des Gesichtsfeldes aus, das selbst das transzendentale, oder wie er sagt, „metaphysische" Subjekt in seiner *apriorischen* Struktur als Bedingung der Möglichkeit der Erfahrung darstellen soll (WITTGENSTEIN 1963 , 91).

Eine solche Theorie ist eine Theorie der semantisch-pragmatischen Information, und zwar auf der Ebene quantitativ-metrischer Begriffsbildung, entwickelt auf Grundlage der Theorie der physikalischen Beobachtungs- und Meßapparate. Am einfachsten läßt sich diese Theorie am Beispiel von optischen Beobachtungsapparaten darstellen, wie etwa einem Fernrohr, das eine bestimmte Struktur (Lichtstärke, Brennweite, Spiegel oder Linsen usw.) auf Grund seiner (vom Menschen) bestimmten Konstruktion hat, die *a priori* bekannt ist und andererseits die Beobachtungsmöglichkeiten festlegt. Diese Beobachtungsmöglichkeit und somit der Informationsgewinn über die uns vorher unbekannten Dinge und Ereignisse können an Umfang und Genauigkeit immer mehr verbessert werden, wobei, das war die explizite Vorstellung der NEWTONschen Physik, die Genauigkeit und der Umfang unserer Erkenntnisse grenzenlos gesteigert werden kann, bis man schließlich, wie der LAPLACEsche Geist, alles weiß. Unwissenheit und Unsicherheit sind dann nur subjektive Größen, ein Mangel an Information, der nur vom Individuum abhängt. Im deterministischen Weltbild ist die Verwendung des Informationsbegriffes nur eine *façon de parler*, die keine besonderen physikalischen Konsequenzen hat. Der Ursprung der Informationstheorie als einer *Theorie der Prozesse, durch welche Repräsentationen entstehen*, liegt auch gar nicht im Bereich der sog. klassischen deterministischen Physik, bzw. der klassischen Mechanik, sondern, wie die Verbindung zum Entropiebegriff zeigt, im Bereich der Thermodynamik, in der die klassische Vorstellung von der Grenzenlosigkeit der Genauigkeit der physikalischen Beobachtung und Messung fragwürdig wird und zugleich auch die Vorstellung aufgegeben wird, man könne überhaupt unbegrenzt Informationen gewinnen, ohne dafür einen Preis zu bezahlen. Die Verbindung zwischen Informationsbegriff und Entropiebegriff kann man auf zwei Arten verstehen: entweder als bloß formale Strukturähnlichkeit zwischen zwei mathematischen Formeln (von BOLTZMANN bzw. SHANNON) oder als direkte Beziehung zwischen „Entropie" und „Information". Für letztere Möglichkeit soll sich BOLTZMANN selbst nach SHANNON/WEAVER ausgesprochen haben. Entropie bezieht sich dabei auf „fehlende Information", und zwar insoweit, als sie die Anzahl von Alternativen betrifft, die für ein physikalisches System noch offen bleiben, nachdem alle makroskopisch beobachtbare, das System betreffende Information aufgezeichnet ist.

Diesen Weg sind vor SHANNON zunächst SZILARD (1929) und JOHN VON NEUMANN (1956) gegangen und unmittelbar nach SHANNON LEON BRILLOUIN. Während MACKAY ganz offensichtlich den Entropiebegriff nur als formale Analogie in der Theorie SHANNONs gelten ließ, hat BRILLOUIN bekanntlich eine inhaltliche Beziehung gesehen, die jedoch das Vorzeichen der SHANNONschen Entropie verändert. BRILLOUIN hat vom „Negentropieprinzip der Information" gesprochen, das in seiner einfachsten Formulierung folgendermaßen lautet: „Die Information stellt einen negativen Beitrag zur Entropie dar." Später hat man in Anlehnung an BRILLOUIN Information mit Wissen und Entropie mit Nichtwissen gleichgesetzt, was — bei der formalen Gleichheit von Information und Entropie — zu einem vermeintlichen Widerspruch geführt hat. Dieser Widerspruch ist jedoch kein sachlicher, sondern bloß ein begrifflicher oder terminologischer. Er läßt sich beseitigen, wenn man zwischen *aktueller* und *potentieller* Information, also zwischen Information, die man hat und Information, die man erst gewinnen wird, wenn man das nächste Signal beobachtet, unterscheidet. Die SHANNONsche Entropie als Erwartungswert für den Neuigkeitsgehalt einer Nachricht ist demnach als potentielle Information zu interpretieren und somit tatsächlich, auch dem Vorzeichen nach, gleich der BOLTZMANNschen Entropie.

Es ist ein charakteristisches Merkmal der SHANNONschen Informationstheorie, daß sie sich immer auf ein Ensemble von möglichen Ereignissen bezieht und die Unsicherkeiten analysiert, mit denen das Eintreffen dieser Ereignisse belastet ist.

Das aber bedeutet, daß in diesem Ansatz der Informationstheorie und somit in diesem davon abhängigen Informationbegriff niemals ein „Verständnis" der Nachricht eingebaut werden kann, weil nicht einmal ein Maß für den Informationsgehalt einzelner Symbolsequenzen definierbar ist.

3. Algorithmische Informationstheorie und Netztheorie

Als Alternative zur SHANNONschen Informationstheorie wurde in letzter Zeit die sog. algorithmische Informationstheorie entwickelt. Einen Zugang zu einer solchen Theorie, die ein individuelles Informationsmaß für Symbolfolgen erlaubt, erhält man dadurch, daß man versucht, dem Begriff der zufälligen Folgen eine mehr konstruktive Fassung zu geben. Das hat bereits TURING in den 60er Jahren getan, indem er die Theorie der Berechenbarkeit mit der Theorie universeller Rechenmaschinen verknüpft hat. Dieser Ansatz wurde dann vor allem von G.J. CHAITIN fortgesetzt und von B.O. KÜPPERS auf die Theorie der Entstehung biologischer Information übertragen.

Die allgemeine Bedeutung dieses Ansatzes besteht darin, daß damit ein bloß intuitiv gefaßtes erkenntnistheoretisches Prinzip, das Ökonomieprinzip von E. MACH, eine schärfere Darstellung bekommt. Denn die Idee der algorithmischen Informationstheorie ist, daß kürzere Programme die wahrscheinlicheren sind. Ebenso verfährt man, wenn man von Gesetzen und Theorien sagt, daß sie richtig sind, weil sie die einfachste Erklärung für die Gesamtheit aller beobachtbaren Phänomene liefern.

Diese Feststellung ist jedoch mehr als eine Analogie. Sie ergibt sich vielmehr aus der Strukturidentität von formallogischen bzw. zahlentheoretischen Bestimmungen der Entscheidbarkeit und Berechenbarkeit mit dem Begriff der maschinellen Berechenbarkeit, der abstrakt aus den Durchführungsbestimmungen eines determinierten mechanischen Ablaufs gewonnen wird (TURING).

In diesem Sinne ist dann auch eine axiomatisch-deduktive Theorie als ein in diskreten, sequentiellen Schritten in Form eines Programms für eine Inferenzmaschine darstellbares logisches Aussagensystem zu betrachten, aus denen sich einzelne Aussagen als Lösungen z.B. für Erklärungen oder Voraussagen ableiten lassen.

Wenngleich durch TURINGs abstrakten Begriff der mechanischen Berechenbarkeit klar geworden ist, daß alle logischen Operationen im Sinne algorithmischer Lösungsverfahren von einer deterministischen Lösungsmaschine ausgeführt werden können, ist damit noch nicht das Phänomen Wissenschaft informationstheoretisch-technologisch völlig erfaßt. Denn Wissenschaft ist ein komplexes und zugleich dynamisches System, in dem es nicht nur determinierte Lösungsprozeduren, sondern auch nicht voraussehbare Veränderungen gibt. Das heißt, es gibt neben den Theorienstrukturen auch eine Theoriendynamik und ebenso eine Begriffsdynamik, die die Veränderung der Elemente unseres Wissens betrifft. Darüber hinaus aber gibt es in der Wissenschaftspraxis unübersehbar auch Konflikte, Stagnationen und Konfusionen. Ja man kann sogar sagen, daß diese in der Realität häufig überwiegen. Man braucht daher bei der Regelung und Organisation von Informationsprozessen eine „formale Pragmatik", die auch die Abweichungen und Regelverletzungen mit einbezieht.

Eine solche formalpragmatische Theorie der Information ist die Allgemeine Netztheorie von C.A. PETRI (1962, 1967). Sie ist gegenüber der algorithmischen Informationstheorie, die bloß den Ausschnitt stets wiederholbarer deduktiver Lösungsprozeduren in Form von algorithmischen Programmen darstellt, die fundamentalere Ebene. Während man in der Programmierung nach der algorithmischen Informationstheorie immer von einem gewünschten Ergebnis ausgeht und einen durch Instruktionen vorschreibbaren Lösungsweg sucht, ohne sich für dessen innere Struktur zu interessieren, geht man in der Netztheorie anders, nämlich vorwiegend deskriptiv, vor: Man beschreibt die kausalen und zeitlichen Abhängigkeiten und stellt die Möglichkeit des Verhaltens dar. Grundbegriff der Netztheorie ist die „Nebenläufigkeit" (VOSS,

GENRICH und ROZENBERG 1987). D.h. es wird genau beschrieben, was sequentiell abhängig voneinander ist und was nicht, was also daneben herläuft oder parallel geschehen kann. Die Beschreibung der Abhängigkeiten geschieht durch Aufweis von lokalen Beziehungen zu einer beschränkten Anzahl von Nachbarelementen. Diese Abhängigkeiten selbst sind dann immer kombinatorischer, also nicht-infinitesimaler, nicht-stochastischer Art.

Dagegen kommt es beim Konzept der Programmierung von Automaten nicht auf die Verbindung von nebenläufigen Aktionen an, wenn diese überhaupt zugelassen sind. Wenn sie aber zugelassen sind, dann eher in dem Sinn, daß man Nichtdeterminiertheit im Detailverhalten akzeptiert, wenn nur global gesehen oder am Schluß alles determiniert ist. Das war die Grundauffassung von JOHN VON NEUMANN. Gegenüber diesem klassischen Konzept, in dem einzelne Fehlfunktionen durch das im Prinzip richtige Funktionieren des Gesamtsystems austariert werden, ist die Allgemeine Netztheorie PETRIs eine Theorie der lokalen und zeitliche Beziehungen, die ein Gesamtsystem mit relativistischer Raum-Zeit-Struktur voraussetzen, das uns in seiner Komplexität und Größe immer unbekannt bleiben wird. Genau das aber trifft auch auf unsere Kenntnis des Gesamtsystems unseres Wissens zu, das zwar von einzelnen menschlichen Individuen produziert worden ist, aber von niemandem mehr zu überschauen ist — trotzdem aber von jedem durch lokales, zeitlich beschränktes Operieren nach präzisen Regeln als Netzausschnitt beherrschbar ist.

Faßt man nun alle diese Konzepte von Informationstheorie zusammen und versucht, sie im Rahmen der eingangs geschilderten technologischen Wende der Wissenschaftstheorie auf den realen wissenschaftlichen Erkenntnisprozeß anzuwenden, so zeigt sich, daß sie alle notwendig sind und erst zusammen die hinreichende Bedingung zur Analyse und Rekonstruktion des Informationssystems der Wissenschaft darstellen:

— Die *Theorie der Repräsentation* spannt den Repräsentationsraum für alle individuell möglichen konkreten Informationen auf, der sich ständig ausdehnen läßt.
— Die *Theorie der Kommunikation* garantiert durch den geregelten Übertragungsprozeß die Allgemeinheit des Wissens, unter dem nach BRILLOUIN jedes Stück Information verstanden werden muß, das jedem menschlichen Wesen auf Erden zugänglich ist und nur einmal gezählt wird, wie groß auch immer die Anzahl der Menschen, die sie kennen, sein mag.
— Die *Theorie der Transformation* oder algorithmischen Verarbeitung der Information, garantiert ein effektives Problemlösungsverfahren in endlich vielen sequentiellen Schritten.
— Die *Allgemeine Netztheorie*, hebt nicht nur die Beschränkung auf algorithmische Strukturen sequentieller Art auf, sondern

auch die Beschränkung auf maschinelle Träger der Informationsübertragung und Verarbeitung, weil sie *ex definitione* „der Beschreibung, Analyse und Synthese von Systemen und Prozessen in der realen Welt“ (PETRI) überhaupt dient.

Auf Grund dieser informationstheoretischen Strukturdisziplinen läßt sich dann auf der Ebene der wissenschaftlichen Information ein systemtheoretisches Funktionsmodell in Form eines Informationskreislaufes aufbauen, das alle diese Aspekte der Repräsentation, Kommunikation und algorithmischen Verarbeitung umfaßt. Dieser Informationskreislauf beginnt mit bestimmten Daten oder Meßgrößen, die jedoch ihre Bedeutung erst durch ihre Interpretation im Rahmen einer Theorie bekommen. Denn auch hier gilt, daß Information nur ist, was verstanden wird, nicht das nackte Ereignis selbst, das beobachtet und gemessen werden kann. Nur dann, wenn die Daten eines Einzelereignisses mit Hilfe einer Theorie als Bestandteil von Strukturen erkannt werden, können sie als relevante Informationen betrachtet werden, die eine Theorie entweder bestätigen oder falsifizieren. In einem Modell läßt sich dieser Rückkoppelungsmechanismus von Theorie und empirischer Erfahrung als ein Prozeß der Verdichtung und Auflösung von Informationen darstellen: Begriffsbildungen durch Abstraktion liefern die relevanten Informationen, die induktiv zu Hypothesen verdichtet werden, aus denen dann wiederum einzelne Prognosen

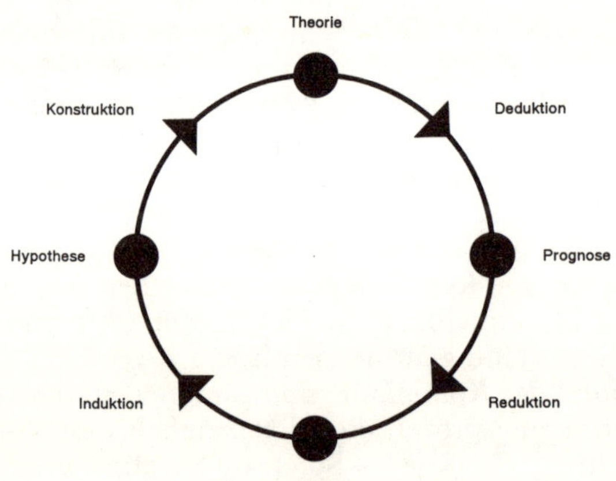

Abb.1: *Der epistemogenetische (= wissenschaftsproduzierende) Kreislauf* funktioniert nach dem Prinzip der rückwirkenden Verfestigung: Hat sich ein beliebiger Informationsprozeß Eingang in ein systematisiertes Wissensgebiet verschafft, dann ist er systemgebunden, d.h. er ist auf dieser Ebene bestimmten internen methodologischen Regeln seiner Weiterverarbeitung unterworfen, die jedoch nichts anderes sind als Modifikationen unserer angeborenen Erkenntnismechanismen (nach: OESER 1976).

über zukünftige Ereignisse deduktiv abgeleitet werden, und nach Eintreten des Ereignisses reduktiv mit den durch Beobachtung gewonnenen Informationen verglichen werden können.

Eine wissenschaftliche Theorie funktioniert so lange, wie sie den ständig wiederholbaren Erkenntnisprozeß leiten kann, durch den ihr Informationsgehalt erhöht wird. Der Informationsgehalt ist auch das entscheidende Kriterium bei der Bewertung von Theorien. Grob ausgedrückt, ist eine Theorie umso informativer, je überflüssiger die von ihr erklärten Sätze werden. Theorienbildung bedeutet daher, ganz entsprechend dem klassischen Ökonomieprinzip von MACH, Redundanzverminderung. Positiv ausgedrückt heißt das, daß eine Theorie umso besser ist, je größer ihre Erklärungskraft und Prognosefähigkeit ist. Theorien sind daher abstrakte Abkürzungen der empirischen Erfahrung oder Kompaktalgorithmen zur Erzeugung von empirischen Erfahrungen im Sinne der algorithmischen Informationstheorie (B.O. KÜPPERS 1983). Denn das Ordnungsprinzip des Algorithmus ist gerade die Rückkoppelung einer Funktion mit sich selbst, um sich auf diese Weise durch Iteration der Lösung zu nähern. In diesem Sinne läßt sich auch die Theoriendynamik, in der die Information das grundlegende strukturbildende Element bildet, als ein spiralenförmiger Selbstkorrektur- und Selbsterweiterungsprozeß darstellen, in dem man sich schrittweise, durch Wiederholung eines Verfahrens, einem unbekannten Ziel nähert, ohne es jemals wirklich zu erreichen.

Literatur

BRILLOUIN, L., 1962: Science and Information Theory. New York—London.

CHAITIN, G., 1966: On the length of programs for computing finite binary sequences. Journal of the Association for Computing Machinery *13*: 547 ff.

KOLMOGOROV, A.N., 1965: Drei Zugänge zur Definition des Begriffes „Informationsgehalt“ (russ.). Probl. Peredeci Inform. *1*: 3—11.

KÜPPERS, B.O., 1983: Zufall oder Planmäßigkeit. Erkenntnistheoretische Aspekte der biologischen Informationsverarbeitung. Biol. i. u. Z. *13*(4).

MACKAY, D.M., 1950: Quantal Aspects of Scientific Information. Philosophical Magazine *41*.

MACKAY, D.M., 1969: Information, Mechanism and Meaning. MIT, Cambridge Mass.—London.

NEUMANN, J.v., 1956: The General and Logical Theory of Automata. In: J.R. Newman (Hrsg.): The World of Mathematics. Vol. 4. New York.

Oeser, E., 1976: Wissenschaft und Information. 3 Bde. Oldenbourg, Wien.

Oeser, E., 1979: Wissenschaftstheorie als Rekonstruktion der Wissenschaftsgeschichte. 2 Bde. Oldenbourg, Wien.

Oeser, E., 1985: Der Informationsbegriff in der Philosophie und in der Wissenschaftstheorie. In: O.G. Folberth und C. Hackl (Hrsg.): Der Informationsbegriff in Technik und Wissenschaft, Oldenbourg, München—Wien.

Oeser, E., 1987: Psychozoikum. Parey, Berlin—Hamburg.

Oeser, E. und F. Seitelberger, 1988: Gehirn, Bewußtsein und Erkenntnis. Wissenschaftl. Buchgesellsch., Darmstadt.

Petri, C.A., 1962: Kommunikation mit Automaten. Rheinisch-Westphälisches Institut für Instrumentale Mathematik an der Universität Bonn, Schrift Nr. *2.*

Petri, C.A., 1967: Grundsätzliches zur Beschreibung diskreter Prozesse. In: W. Händler, E. Peschl und H. Unger (Hrsg.): 3. Colloquium über Automatentheorie. Basel—Stuttgart.

Quine, W.v.O., 1971: Epistemology naturalized. In: Akten des XIV. Internationalen Kongresses f. Philosophie. Band VI. Wien: 96 ff.

Shannon, C.E., and W. Weaver, 1949: The Mathematical Theory of Communication. Urbana Ill. Dt. Übersetzung 1976: Mathematische Grundlagen der Informationstheorie. Oldenbourg, München—Wien.

Szilard, L., 1929: Über die Entropieverminderung in einem thermodynamischen System bei Eingriffen intelligenter Wesen. Zs. f. Physik *53.*

Turing, A.M.,1956: Can a Machine Think? In: J.R. Newman (Hrsg.): The World of Mathematics. Vol. 4. New York.

Voss,K., H.J. Genrich and G. Rozenberg (eds.), 1987: Concurrency and Nets. Advances in Petri Nets. Springer, Berlin—Heidelberg—New York—London—Paris—Tokio.

Weizsäcker, C.F.v., 1971: Die Einheit der Natur. Hanser, Hamburg.

Wieser, W., 1972: Genom und Gehirn. dtv, München.

Wittgenstein, L., 1963: Tractatus logico-philosophicus. Logisch-philosophische Abhandlung. Suhrkamp, Frankfurt a. M.

Zemanek, H., 1986: Information und Ingenieurwissenschaft. In: O.G Folberth und C. Hackl (Hrsg.): Der Informationsbegriff in Technik und Wissenschaft. Oldenbourg, München—Wien.

Der dritte Baustein ist die Katastrophentheorie, die qualitative Veränderungen im Systemverhalten bei kleinen Veränderungen von Systemparametern beschreibt. Dabei wird nicht die volle Dynamik betrachtet, sondern nur der Übergang von einem stationären Zustand auf einen anderen. Dadurch kommt man ohne Differentialgleichungen aus. Bifurkation und Symmetriebrechung spielen eine große Rolle. Anhand einiger anschaulicher Beispiele werden diese Begriffe und die Katastrophentheorie als Ganzes nähergebracht.

Hans Troger (geb. 1943) ist Professor für Mechanik an der Technischen Universität Wien. Er ist unter anderem Mitglied des Editorial Board der Zeitschrift „Dynamics and Stability of Systems" und Mitherausgeber der Zeitschrift „Acta Mechanica". Als Fachmann für Katastrophentheorie wurde er gebeten, auch im Seminar „Theorie der Naturwissenschaft" darüber zu referieren.

Die Katastrophentheorie und ihre Anwendung

HANS TROGER

1. Verhalten dynamischer Systeme

Zur Beschreibung des Verhaltens komplizierter dynamischer Systeme benötigt man, grob gesprochen, zwei Klassen von Größen. Einmal Variable, die den Zustand des Systems in einem geeignet gewählten Referenzsystem festlegen. Diese Variablen sind zeitabhängig, und ihre Evolution wird durch entsprechende Gesetzmäßigkeiten festgelegt. Ihre Anzahl kann, wie später noch ausgeführt wird, endlich oder unendlich sein. Zweitens benötigt man noch Parameter. Diese sind Größen, die unabhängig von der zeitlichen Evolution der Variablen verändert oder auch konstant gehalten werden können und für verschiedene Werte zwei Systeme voneinander unterscheiden.

Ein einfaches Beispiel ist ein Planetensystem. Hier sind die Variablen die Koordinaten der einzelnen Himmelskörper im 3-dimensionalen Raum, während als Parameter beispielsweise die Planetenmassen angesehen werden können. Die Bewegung dieses Systems wird durch die entsprechenden physikalischen Gesetze beschrieben. Es ist bekannt (ARNOLD 1978), daß ein Planetensystem für vorgegebene Massen der Planeten im allgemeinen eine fastperiodische Bewegung (eine Definition des Begriffes fastperiodisch wird etwas später gegeben) ausführt. Man kann sich nun die Frage stellen, ob dieser Bewegungszustand eine qualitative Veränderung erleidet, falls die Masse eines oder mehrerer Planeten ein wenig verändert wird. Es ist nämlich vorstellbar, daß durch eine Änderung der Massenverteilung im Planetensystem (etwa durch Verringerung der Masse eines Planeten) sich eine Bewegung ergibt, daß ein Planet aus dem System ausbricht oder mit einem anderen Planeten kollidiert und somit keine für alle Zeit fastperiodische Bewegung erhalten bleibt.

Damit ist ein grundsätzliches Problem in der Analyse dynamischer Systeme aufgeworfen. Nämlich die Frage nach dem Verhalten von Systemlösungen unter kleinen Veränderungen des Systems (d.h. unter kleinen Veränderungen von Systemparametern). Von besonderer Bedeutung für jedes dynamische System sind seine asymptotisch stabilen Bewegungszustände, denn diese sind jene Systemzustände, die tatsächlich beobachtet werden. Diese Zustände werden als Attraktoren bezeichnet. Sie haben die Eigenschaft, daß in einem bestimmten Bereich des Phasenraumes (dies ist der abstrakte Raum, der von den Systemvariablen und deren zeitlichen Ableitungen (Geschwindigkeiten) aufgespannt wird) alle Systemzustände asymptotisch in den Attraktor übergehen. Man nennt diesen Bereich des Phasenraumes das Einzugsgebiet des Attraktors. Bemerkenswert ist nun, daß es nur wenige qualitativ verschiedene Attraktoren gibt. So erscheint es vernünftig, diese zunächst zu klassifizieren:

1. Der einfachste Attraktor ist der zeitunabhängige oder stationäre Systemzustand, den man oft auch als Systemgleichgewichtslage oder Systemruhelage bezeichnet. Dieser Zustand ist durchaus auch auf ein in Bewegung befindliches System anwendbar, denn die geradlinige Bewegung eines Fahrzeuges mit konstanter Geschwindigkeit entspricht beispielsweise einer Systemgleichgewichtslage.
2. Der zweite, nächsteinfache Bewegungszustand ist die periodische Bewegung. Diese kann von einer oder mehreren Frequenzen abhängen. Bei einer Frequenz spricht man von einem Grenzzyklus. Treten mehrere Frequenzen auf, wie zum Beispiel in einem Planetensystem (den verschiedenen Umlaufzeiten der einzelnen Planeten auf ihren Bahnen entsprechen verschiedene Frequenzen), dann müssen diese zueinander in einem rationalen (ganzzahligen) Verhältnis stehen, um eine periodische Bewegung zu ergeben.
3. Ist das Frequenzverhältnis nicht rational, so liegt eine fastperiodische Bewegung vor, wie sie für das eingangs angeführte Beispiel des Planetensystems in typischer Weise auftritt. In diesem Fall und dem mit rationalem Frequenzverhältnis ergibt sich bei mehreren Frequenzen als Attraktor anstelle des Grenzzyklus eine Kurve auf einem mehrdimensionalen Torus („Schwimmreifen").
4. Neben diesen drei Typen von Attraktoren gibt es noch sogenannte „Seltsame oder Chaotische Attraktoren", denen sich ebenfalls alle Bewegungen in ihren Einzugsgebieten asymptotisch nähern. Der Bewegungszustand auf einem Seltsamen Attraktor ist weder periodisch noch fastperiodisch und, obwohl aus einem streng deterministischen Prozeß folgend, eigentlich nur durch Zufallsgrößen beschreibbar. Solche Seltsamen Attraktoren sind auch dadurch charakterisiert, daß sie geometrische Strukturen sind, deren Dimension nicht ganzzahlig, sondern fraktal (Schuster 1988) ist.

Die Verzweigungs- oder Bifurkationstheorie (Guckenheimer und Holmes 1983, Arnold 1988) behandelt die eingangs gestellte Frage nach dem qualitativen Verhalten von solchen Attraktoren bei kleinen Veränderungen der Systemparameter. Diese Frage ist gleichwertig der Frage nach dem Verlust der Stabilität eines Attraktors, die in mehrere Einzelfragen aufgeteilt werden kann:

1. Existieren Parameterwerte, für die ein Attraktor sein Verhalten qualitativ ändert, d.h. instabil wird?
2. Wenn ja, wie bestimmt man diese Parameterwerte?
3. In welchen Zustand geht das System nach Stabilitätsverlust des ursprünglichen Attraktors über?
4. Welchen Einfluß haben kleine andere Änderungen des Systems auf das Eintreten des Stabilitätsverlustes?
5. Ist es möglich, alle verschiedenen Fälle eines Stabilitätsverlustes zu klassifizieren?

Zur besseren Verständlichkeit sollen die angeführten Fragen an einem Beispiel, nämlich dem eines Hundes zwischen Angriff und Flucht (ZEEMAN 1976), das später nochmals betrachtet werden wird, erläutert werden. Wir nahmen an, daß das System durch den Hund und eine bestimmte Umgebungssituation definiert ist und eine Gleichgewichtslage besitzt, die durch ein friedliches Tier auf einem Platz beschrieben wird. Es kann angenommen werden, daß sich dieser Zustand ändern wird, falls sich eine dem Tier fremde Person mit einem Stock nähert. Auch das Erscheinen eines anderen Hundes könnte einen ähnlichen Einfluß ausüben. Die Bestimmung des entsprechenden kritischen Parameterwertes (d.h. zum Beispiel, wie nahe an das Tier herangegangen werden darf) hängt von der Systembeschreibung ab und kann aus einer linearisierten Stabilitätsuntersuchung ermittelt werden. Dies wird später noch ausführlicher diskutiert werden. Die Bedeutung der dritten Frage könnte für dieses Beispiel darin liegen, ob das Tier nach Stabilitätsverlust des Ruhezustandes attackieren oder fliehen wird. Zu ihrer Beantwortung benötigt man ein nicht lineares Systemmodell. Die vierte Frage ist von fundamentaler Bedeutung, denn ihre Beantwortung erlaubt erst eine Aussage über die praktische Verwendbarkeit eines gewählten Modelles. Sie bedeutet für das gegenständliche Beispiel, ob der Ersatz eines männlichen Schäferhundes durch einen weiblichen das ganze Problem qualitativ ändert oder nicht. Im ersten Fall wäre das Modell ungeeignet, entsprechende Aussagen zu machen, während im zweiten Fall ein sogenanntes robustes oder strukturstabiles Systemmodell vorliegt. Die fünfte Frage ist so zu verstehen, daß, abhängig von der mathematischen Formulierung des Problems gezeigt werden kann, daß nur eine sehr kleine Anzahl qualitativ verschiedener Fälle des Verhaltens des Tieres auftreten (die unter bestimmten Voraussetzungen, wie noch erklärt werden wird, der berühmten Liste der *Katastrophen* entnommen werden können).

Die Beantwortung der angesprochenen Fragen hängt wesentlich von der Systembeschreibung ab. Im allgemeinen wird man zur Beschreibung eines dynamischen Systems Differentialgleichungen verwenden müssen. Für viele Prozesse (auch dynamische) ist aber aus der Erfahrung bekannt, daß nach Stabilitätsverlust einer Gleichgewichtslage (eines stationären Zustandes) ein Übergang in eine neue Gleichgewichtslage erfolgt. Falls der (dynamische) Übergang von einer Gleichgewichtslage in eine andere Gleichgewichtslage sehr rasch erfolgt, so daß im wesentlichen immer nur Gleichgewichtslagen beobachtet werden, kann man eine einfachere Systembeschreibung verwenden, die nur mehr die Systemgleichgewichtslagen beinhaltet, nicht mehr jedoch die Dynamik des Überganges von einer Lage in eine andere. Mathematisch gesprochen erhält man nun anstelle von Differentialgleichungen eine bedeutend einfachere Systembeschreibung durch Abbildungen von Funktionen. Für diese Klasse von Systemen stellt die Katastrophentheorie die geeignete Methode zur Beantwortung der aufgeworfenen Fragen dar. Es muß aber nochmals ausdrücklich darauf hingewiesen werden, daß damit Phänomene von vorneherein ausgeschlossen werden, für die nach Stabilitätsverlust einer Gleichgewichtslage ein oszillierendes Verhalten auftritt, wie dies in biologischen und physikalischen Systemen häufig der Fall ist. Beispiele sind Zyklen in Populationen (Goel et al. 1971) oder das Auftreten von Flatterbewegungen eines vorerst ruhig am Boden liegenden Gartenschlauches bei stetiger Erhöhung der Durchflußgeschwindigkeit bis zu einem kritischen Wert.

2. Systembeschreibung und Reduktionsprozeß

Um die Bewegung eines in einer Ebene schwingenden starren Pendels eindeutig zu beschreiben, benötigt man nur eine Größe, zum Beispiel den Winkel, als Funktion der Zeit t, der die Lage des Pendels gegen eine Referenzrichtung festlegt. Man sagt auch, das Pendel besitzt einen Freiheitsgrad. Koppelt man n ebene Pendel aneinander, benötigt man n Winkel zur eindeutigen Beschreibung dieses Systems, das dann endlich viele (n) Freiheitsgrade besitzt. Betrachtet man die Schwingung einer elastischen Saite, so ist die Situation komplizierter, denn die Lage eines materiellen Punktes der Saite hängt nun nicht nur von der Zeit t, sondern auch von der Position s des Punktes auf der Saite ab. Somit ist nicht schwierig einzusehen, daß hier ein System mit unendlich vielen Freiheitsgraden vorliegt. Dies ist auch der Fall, den wir nun näher betrachten müssen, da er für ein realistisch modelliertes System fast immer auftritt.

Dazu wollen wir ein Modellproblem betrachten, das grundlegend für die Erklärung der Entstehung von Strukturen nach symmetriebrechenden Verzweigungen ist. Es ist dies das Problem der Konvektionsinstabilität in einer horizontalen, von unten erwärmten Flüssigkeitsschicht (Bergé und Pomeau 1980, Schuster 1988). Es wird vorausgesetzt, daß die Flüssigkeit, die ein kontinuierliches System mit unendlich vielen Freiheitsgraden darstellt, viskos (reibungsbehaftet) ist. Wird die Flüssigkeitsschicht von unten erwärmt, so entsteht ein Auftrieb in der Schicht, denn die leichteren Flüssigkeitsteile befinden sich an der Unterseite und die schwereren an der Oberseite. Diesem Auftrieb wirkt die innere Reibung in der Flüssigkeit zufolge deren Viskosität entgegen. Solange die Temperaturdifferenz zwischen Ober- und Unterseite der Schicht nicht zu groß ist, überwiegt der Effekt der inneren Reibung, und die Flüssigkeit verharrt weiterhin in Ruhe. Dies ist der Zustand der Wärmeleitung. Für die Temperaturverteilung in der Flüssigkeit ergibt sich ein linearer Verlauf zwischen den Werten an der Ober- und Unterseite. Dieser Zustand ist die Gleichgewichtslage, deren Verhalten bei Erhöhung der Temperaturdifferenz nun studiert werden soll.

Mittels einer linearisierten Stabilitätsuntersuchung ist es nun möglich, jenen kritischen Wert der Temperaturdifferenz zu berechnen, für den der bewegungslose Zustand der Flüssigkeitsschicht instabil wird. Eine linearisierte Stabilitätsuntersuchung wird so durchgeführt, daß für stetig vergrößerte, aber bei jeder Berechnung konstant gehaltene Werte der Temperaturdifferenz der betrachtete Zustand einer infinitesimal kleinen Störung unterworfen wird und man überprüft, ob diese Störung abklingt oder wächst. Im ersteren Fall liegt ein stabiler Systemzustand vor, während er im zweiten Fall instabil ist. Die Untersuchung heißt deshalb linearisiert, da nur infinitesimal kleine Bewegungen betrachtet werden und diese durch linearisierte Bewegungsgleichungen beschrieben werden können, die mathematisch leichter lösbar sind.

Wird der kritische Parameterwert erreicht, für den die Störung in der Flüssigkeit nicht mehr abklingt, sondern anwächst, dann liegt ein Stabilitätsverlust des Ruhezustandes vor, und es setzt eine Konvektionsbewegung in der Flüssigkeitsschicht ein. Man möchte nun meinen, daß nach Eintreten der Instabilität in einer solchen Schicht eine große Anzahl verschiedener Strömungsformen, insbesondere solche ohne erkennbare Struktur, auftreten würden. Bemerkenswerterweise zeigen aber sowohl Experimente wie auch theoretische Untersuchungen, daß nur ganz wenige geordnete Konvektionsmuster auftreten, die im wesentlichen von den Randbedingungen an der Ober- bzw. Unterseite der Schicht abhängen (siehe Abb. 1). So ergibt sich beispielsweise für eine Schicht mit einer festen Unterseite und einer freien Oberseite (z.B. Öl in einer Pfanne, die am Herd erwärmt wird) eine Strömung, die sich aus einem regelmäßigen Muster von Sechseckzellen (wenn man von oben auf die Pfanne blickt, sieht man ein bienenwabenartiges

Muster) zusammensetzt. Betrachtet man hingegen eine sowohl an der Oberseite wie an der Unterseite freie Schicht (z.B. eine Wolkenschicht), dann ergibt sich als Strömungsform eine walzenförmige Struktur (Abb. 2). Eine wesentliche Folgerung aus diesen beiden Beispielen ist, daß, obwohl ein System mit unendlich vielen Freiheitsgraden vorliegt, nach Eintritt der Instabilität aus den vielen Bewegungsmöglichkeiten nur mehr ein oder einige wenige Bewegungszustände möglich sind. Zum besseren Verständnis des Systemverhaltens bei weiterer Erhöhung der Temperaturdifferenz betrachten wir nun nur mehr den einfacheren Fall der walzenförmigen Lösung von Abb. 2. Diese Lösung stellt eine stationäre Lösung oder Gleichgewichtslage dar, denn die Winkelgeschwindigkeit der sich entweder nach rechts oder links drehenden Walzen ist für einen festgehaltenen Parameterwert (d.h. Wert der Temperaturdifferenz ΔT) konstant.

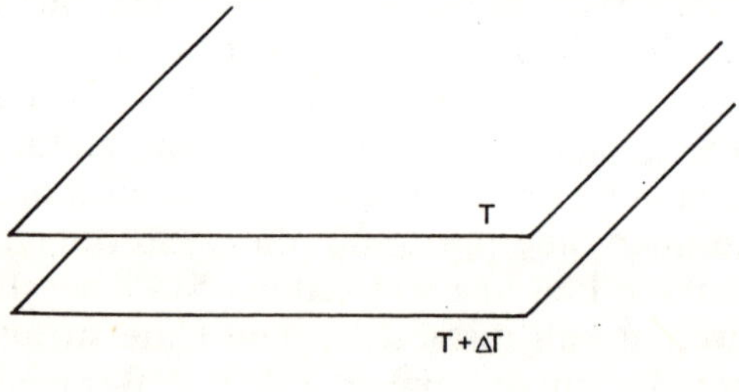

Abb. 1: Teil einer unendlich ausgedehnten Flüssigkeitsschicht, die an der Unterseite um ΔT erwärmt wird.

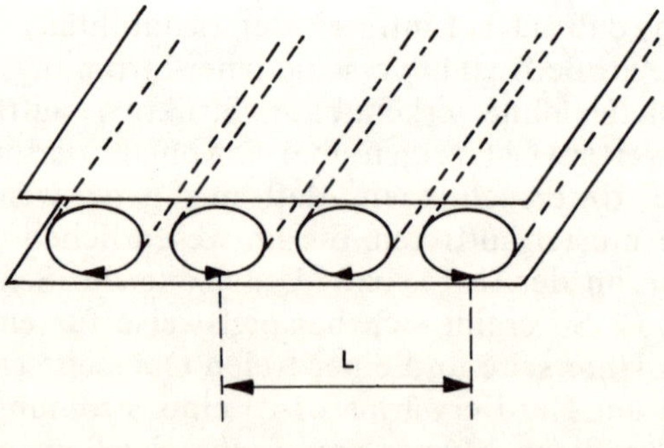

Abb. 2: Konvektionswalzen für den Fall einer freien Ober- und Unterseite.

Weiters zeigt sich, daß die Drehgeschwindigkeit mit steigender Temperaturdifferenz zunimmt. Dies allerdings nur bis zu einem weiteren kritischen Wert der Temperaturdifferenz, für den die Lösung der sich mit konstanter Geschwindigkeit drehenden Walzen dann wiederum ihre Stabilität verliert. Mit diesem Stabilitätsverlust ist jedoch nicht der Übergang zu einer anderen stationären Lösung verbunden, sondern es tritt ein periodischer Bewegungszustand auf. Diese periodische Bewegung besteht darin, daß der Drehung der Walzen eine Oszillation überlagert wird. Bei weiterer Erhöhung der Temperaturdifferenz wird auch diese periodische Lösung instabil und durch eine fastperiodische Schwingung der Walzen ersetzt, die dann schließlich ebenfalls instabil wird und in eine chaotische Bewegung übergeht, die durch einen Seltsamen Attraktor (unter bestimmten Vereinfachungen erhält man den sogenannten LORENZ-Attraktor (GUCKENHEIMER und HOLMES 1983)) beschrieben wird. Für die weiteren Überlegungen ziehen wir aus dem ersten Stabilitätsverlust, d.h. dem Übergang von der in Ruhe befindlichen Flüssigkeit zur walzenförmigen Konvektionsströmung die folgenden wichtigen Schlußfolgerungen:

1. Nach Eintritt des Stabilitätsverlustes stellt sich eine Bewegung ein, die eindeutig durch ein niedrig-dimensionales System (einen oder wenige aktive oder kritische Bewegungsmoden, d.h. die Konvektionswalze) beschrieben werden kann.

2. Eine, innerhalb bestimmter Grenzen, weitere Vergrößerung des Verzweigungsparameters ändert nicht die Form des Bewegungsmodus (der walzenförmigen Strömung), sondern nur dessen Amplitude (d.h. für die Konvektionswalze deren Drehgeschwindigkeit). Somit läßt sich, wenn durch die Walzenform die räumliche Struktur nach der Verzweigung gegeben ist, der zeitliche Bewegungsablauf in diesem Beispiel eindeutig durch eine einzige skalare Größe, nämlich durch die Geschwindigkeit der Drehung der Walze beschreiben.

3. Im allgemeinen wird für diese Variable eine nichtlineare Beziehung erhalten werden. Abb. 3 liefert das Ergebnis dieser nichtlinearen Gleichung, das als Verzweigungsdiagramm bezeichnet wird. Es stellt die Geschwindigkeit der Drehung der Walzen in Abhängigkeit von der Temperaturdifferenz dar. Für $\Delta T < \Delta T_c$ ist die Drehgeschwindigkeit Null. Wird die kritische Temperaturdifferenz ΔT_c erreicht, so setzt die Konvektionsströmung ein. Entweder mit positiver oder negativer Geschwindigkeit (Drehrichtung). Welche Drehrichtung nun tatsächlich auftritt, kann in einem perfekten System nicht entschieden werden und hängt von im System immer vorhandenen Imperfektionen ab.

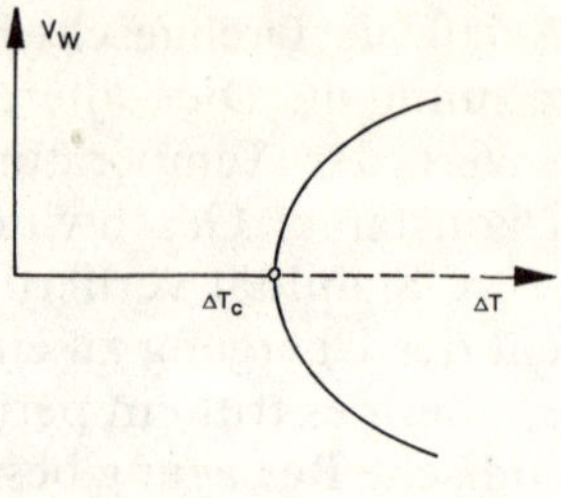

Abb. 3: Verzweigungsdiagramm der Drehgeschwindigkeit der Walzen v_w in Abhängigkeit von der Temperaturdifferenz.

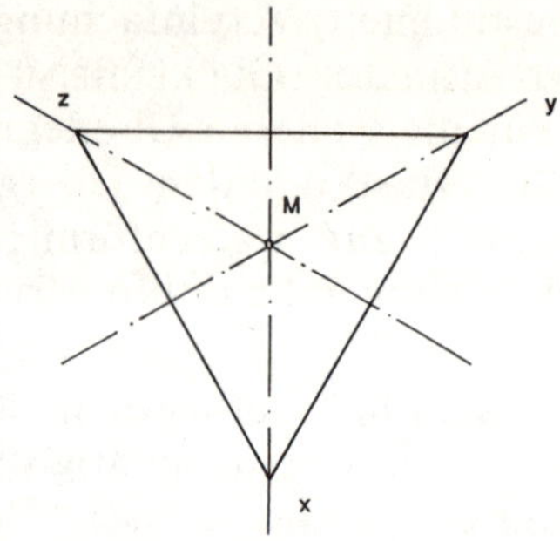

Abb. 4: Gleichseitiges Dreieck, das durch Drehung um M um 120°, 240° und 360° und durch Spiegelung um die Achsen x,y,z in sich übergeführt wird.

Die bisher aufgeworfenen Fragen können nun mittels der Methoden der Katastrophentheorie beantwortet werden, wenn die Voraussetzung, daß nach Stabilitätsverlust der betrachteten Lösung wieder eine Gleichgewichtslage auftritt, erfüllt ist. Der beschriebene Reduktionsprozeß vom unendlich dimensionalen System zu einem niedrig dimensionalen System, das durch die kritischen Moden gegeben ist, wird in der Mathematik durch die Zentrumsmannigfaltigkeitstheorie (GUCKENHEIMER und HOLMES 1983) sauber begründet.

Am Ende dieses Kapitels wollen wir noch kurz den Begriff der Symmetriebrechung am Beispiel der erhitzten Flüssigkeitsschicht erklären. Dazu ist es notwendig, kurz zu erläutern, was unter einem symmetrischen System verstanden werden soll. Ein System mit bestimmten Symmetrieeigenschaften besitzt die Eigenschaft, daß es für Verschiebungen, Drehungen und Spiegelungen eine Gestalt aufweist, die von der Ausgangslage nicht unterscheidbar ist, obwohl natürlich materielle Punkte des Systems ihre Position verändert haben. So besitzt beispielsweise ein gleichseitiges Dreieck (Abb. 4) bezüglich Bewegungen in der Dreiecksebene sechs verschiedene Symmetrien. Dies sind die drei Drehungen um die Winkel von 120°, 240° und 360° um den Punkt *M* sowie die drei Spiegelungen um die Winkelhalbierenden *x,y,z.*

Kehren wir nun zum Konvektionsproblem zurück. Die in Ruhe befindliche Flüssigkeitsschicht von Abb. 1 ist offensichtlich, unter der Voraussetzung, daß die Schicht unendlich ausgedehnt ist, invariant: (a) unter Verschiebungen in der Ebene der Schicht in beliebigen Richtungen, (b) unter Verdrehungen um einen beliebigen Winkel um eine beliebige Achse vertikal zur Schicht und (c) unter Spiegelungen bezüglich beliebig liegender Ebenen, die vertikal auf die Flüssigkeitsschicht stehen. Somit liegt ein Zustand maximaler Symmetrie vor.

Betrachten wir nun beispielsweise das Konvektionsproblem mit freier Oberseite, so stellt sich, wie schon erwähnt, nach Stabilitätsverlust des Grundzustandes ein sechseckförmiges Strömungsmuster ein, das geringere Symmetrien als der Ausgangszustand besitzt. Verschiebungen dürfen nun nur noch in bestimmte Richtungen und auch nur um fixierte Längen (Sechseckperiode) erfolgen. Drehungen können nur um solche Winkel erfolgen, die ein Sechseck wieder in sich selbst überführen. Auch bezüglich der Spiegelungen ergeben sich wesentliche Einschränkungen. Ebenso verhält es sich auch mit dem walzenförmigen Konvektionsmuster. Die Translationssymmetrie ist nur mehr in Richtung der Walzenachsen vollständig, während in Richtung senkrecht zu den Walzenachsen nur mehr eine Verschiebung um eine Länge *L* das System invariant läßt. Die ursprünglich große Symmetrie des Problems ist verloren gegangen, und nach der Verzweigung des Ausgangszustandes besitzt das System eine wesentlich geringere Symmetrie. In anderen Worten ausgedrückt sagt man, daß die ursprüngliche Symmetrie gebrochen wurde.

3. Katastrophentheorie

Die Katastrophentheorie befaßt sich nun mit dem Verhalten der Amplituden der kritischen oder aktiven Moden unter kleinen Änderungen von Parametern. Die Bestimmung dieser kritischen oder aktiven Moden ist nur für jene Probleme systematisch durchführbar, bei denen sich die Systemuntersuchung auf Systeme mit kleinem *aspect ratio* (Schuster 1988, 225) und auf Parametervariationen in einer lokalen Umgebung des Verzweigungspunktes beschränkt, denn nur dann liefert das linearisierte Problem eindeutig die kritischen Moden. Oft ist es jedoch möglich, bereits eine Formulierung des Systemverhaltens nur im entsprechenden kritischen Modus anzugeben, so daß in einem solchen Fall der Reduktionsvorgang entfällt.

Wir wollen dies an einem bereits vorhin angesprochenen, aus der Literatur (ZEEMAN 1976) wohlbekannten Beispiel aus der Biologie erläutern. Es handelt sich dabei um das Verhalten eines Hundes zwischen Angriff und Flucht. Die wesentliche Frage, die bei Beginn einer solchen Untersuchung zu beantworten ist, ist jene nach der geeigneten mathematischen Beschreibung des Problems. Von ZEEMAN wurde dazu eine Wahrscheinlichkeitsfunktion gewählt. Es erscheint nicht sinnvoll, die erstklassige Beschreibung des Verhaltens des Tieres, wie sie ZEEMAN gibt, hier zu wiederholen. Es sei nur festgehalten, daß als Resultat der dort gewählten Beschreibung das Verhalten des Tieres durch ein Polynom dritten Grades der Form

$$x^3 + ax + b = 0 \tag{1}$$

beschrieben werden kann. Den drei möglichen Lösungen von Gleichung (1) entsprechen drei verschiedene Zustände des Hundes, nämlich einmal der neutrale Zustand, dann der Zustand des Angriffes und schließlich jener der Flucht. Die Konstanten a und b sind die mathematischen Parameter, bei deren Veränderung sich die Lösungen qualitativ ändern können. Der Zusammenhang dieser mathematischen Parameter mit den biologischen Größen wird von ZEEMAN angegeben. Dieses Polynom dritten Grades ist aber auch genau jene Gleichung, die die Lösungen in Abb. 3 für $b = 0$ liefert, denn dann erhalten wir die Lösungen $x = 0$ und $x = \pm\sqrt{-\mathrm{a}}$, wobei der Parameterwert a proportional zur Temperaturdifferenz $\triangle T_c - \triangle \mathrm{T}$ ist. Das heißt also, daß nur für $\triangle T > \triangle T_c$ eine nichttriviale Lösung existiert, denn nur dann ist a negativ und daher die Wurzel eine reelle Zahl.

Die Frage, die sich nun stellt, ist, ob das Auftreten des Polynoms dritten Grades zufällig ist oder ob hier mehr dahinter steckt. Um eine wohlbegründete Antwort geben zu können, müßten jetzt einige mathematische Konzepte der Singularitätentheorie entwickelt werden (ARNOLD 1988, GILMORE 1981, POSTON und STEWART 1978). Wir begnügen uns jedoch mit einer Plausibilitätsüberlegung. Sie zerfällt in zwei Teile. Im ersten Teil erklären wir, warum hier ein Polynom, das heißt die einfachste nichtlineare Funktion, bereits die vollständige lokale Beschreibung liefert. Dies folgt aus der Tatsache, daß jede differenzierbare Funktion in eine Potenzreihe entwickelt werden kann und ihre lokalen Eigenschaften dann durch die niedrigsten nichtlinearen Terme in dieser Potenzreihe beschrieben werden. Dies ergibt dann in unserem Beispiel das Polynom dritten Grades. Auch hier muß der mathematisch interessierte Leser auf die bereits vorher angeführte Literatur, insbesondere den Begriff der Determiniertheit, verwiesen werden, mittels dessen es möglich ist, exakt festzustellen, bis zu welcher Ordnung

Terme im Polynom berücksichtigt werden müssen. Im zweiten Teil der Antwort auf die obige Frage gehen wir darauf ein, warum gerade jenes spezielle Polynom dritten Grades in Gleichung (1) auftritt. Dazu betrachten wir die Funktion

$$V = \frac{1}{3}x^3 , \qquad (2)$$

die wir als Potential betrachten, aus dem durch Ableitung und Nullsetzen die stationären Punkte oder, anders ausgedrückt, die Systemgleichgewichtslagen ermittelt werden. Dies liefert $V' = x^2 = 0$, woraus unmittelbar die Gleichgewichtslage in $x = 0$ folgt. Bildet man die zweite Ableitung $V'' = 2x$, so stellt man fest, daß diese für $x = 0$ ebenfalls noch verschwindet und daher eine Singularität höherer Ordnung vorliegt. In Abb. 5 betrachten wir nun den Graphen der Funktion $V = \frac{1}{3}x^3$. Es zeigt sich, daß alle qualitativ möglichen Änderungen des Graphen in Abb. 5 dadurch erhalten werden können, daß zur Funktion V der lineare Term ax addiert wird. Dies liefert die Gleichung

$$W = \frac{1}{3}x^3 + ax , \qquad (3)$$

deren Graphen in Abb. 6 für positive und negative Werte von a dargestellt sind. Man überzeugt sich leicht, daß durch W tatsächlich alle qualitativen Möglichkeiten, die Funktionen dritten Grades besitzen, geliefert werden.

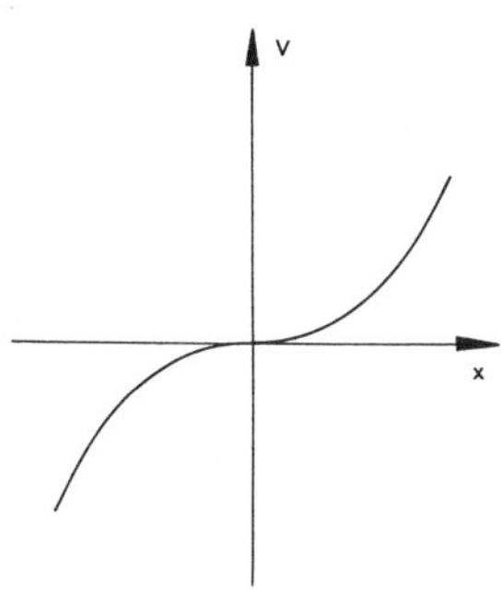

Abb: 5: Die Funktion entsprechend Gleichung (2).

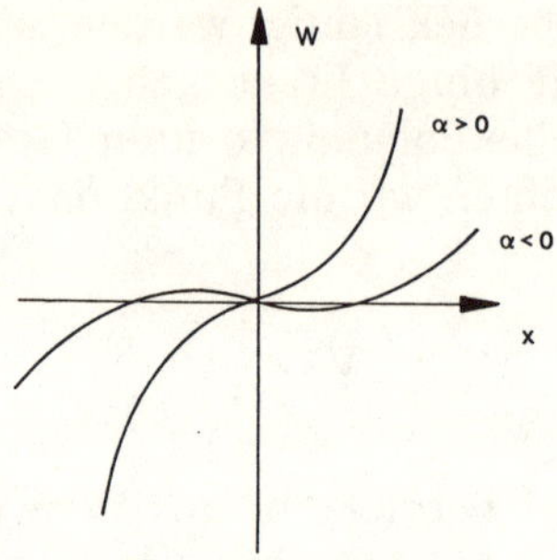

Abb. 6: Die Funktion für a > 0 und a < 0 entsprechend Gleichung (3).

W heißt daher auch universelle Entfaltung von *V*. Die universelle Entfaltung von *V* im obigen Beispiel erforderte eine einparametrige Familie. Wären wir vom Potential $V = \frac{1}{4}x^4$ ausgegangen, hätten wir die zweiparametrige Familie $W = \frac{1}{4}x^4 + \frac{1}{2}ax^2 + bx$ als universelle Entfaltung erhalten, aus der sofort durch Ableitung und Nullsetzen Gleichung (1) folgt.

Man kann sich nun aber auch das umgekehrte Problem stellen und fragen: Wieviele verschiedene Potentiale und ihnen zugehörige universelle Entfaltungen existieren für eine vorgegebene Anzahl von Parametern? Obwohl hier einige mathematische Feinheiten bezüglich des Äquivalenzbegriffes zu erörtern wären (Arnold 1988, Golubitsky und Schaeffer 1979), geben wir die Antwort, die durch die Katastrophentheorie (Gilmore, Poston, Saunders, Zeeman) geliefert wird, daß es für *vier* Parameter genau *sieben* verschiedene Potentiale gibt. Diese sind in der angeführten Literatur, wobei für ein erstes Studium die Arbeit von Zeeman empfohlen wird, ausführlich beschrieben und diskutiert.

Dieses Ergebnis bedeutet nun, daß es nur sehr wenige qualitativ verschiedene Möglichkeiten für das Auftreten eines Stabilitätsverlustes gibt. Die Frage, die sich nun stellt, ist, wie weit in realen Problemen mit dieser Liste der *Katastrophen* das Auslangen gefunden werden kann.

Einmal haben wir gesehen, daß bereits zwei so verschiedene Probleme wie das Verhalten des Hundes und auch des Konvektionsproblems durch Gleichung (1) beschrieben werden. Es gibt allerdings Probleme, für die Gleichung (1) nicht mehr ausreicht. Dies soll mittels eines weiteren Beispiels erläutert werden. Wir betrachten die Beulung einer durch elastische Rippen versteiften Platte (Thompson 1982 und Abb. 7a). Wie leicht einzusehen ist, können zwei verschiedene Versagensweisen auftreten.

1. Ist die Plattendicke im Vergleich zur Steifigkeit der Rippen groß, so wird bei Erreichen der kritischen Belastung die versteifte Platte wie ein Knickstab im EULERmodus versagen (Abb. 7b).
2. Ist die Plattendicke im Vergleich zur Steifigkeit der Rippen klein, so wird an der Stabilitätsgrenze nur ein Beulen der Platte zwischen den Rippen auftreten. Dies wird als lokaler Plattenmodus bezeichnet (Abb. 7c).

Wie THOMPSON zeigt, kann jede der beiden Versagensformen mittels Gleichung (1) beschrieben werden, denn beide Fälle werden durch einen kritischen oder aktiven Modus (Abb. 7b oder 7c) beschrieben.

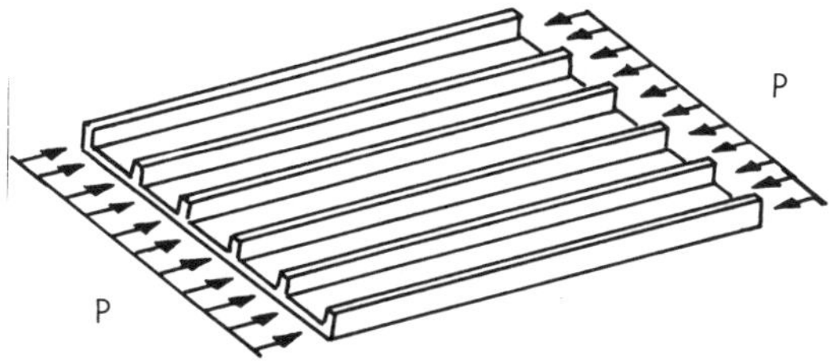

Abb. 7a: Versteiftes Blech zur Erklärung des Versagens eines optimierten Systems mit zwei gleichzeitig auftretenden Moden.

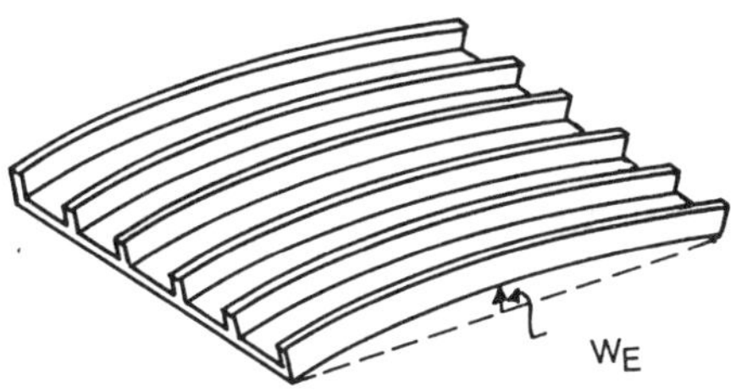

Abb. 7b: Versagen durch Eulerknicken.

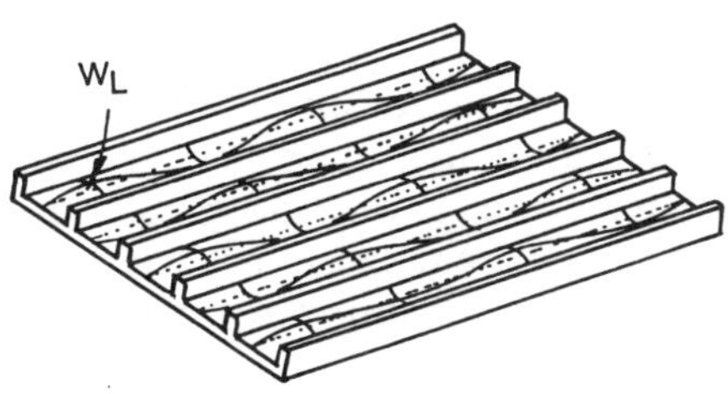

Abb. 7c: Versagen durch lokales Plattenbeulen.

Allerdings stellt eine Konstruktion, in der entweder der EULERmodus oder der lokale Plattenmodus als Versagensfall auftritt, keine optimale Lösung dar. Dazu betrachten wir beispielsweise den Fall des lokalen Plattenmodus. Um eine gewichtsminimale Konstruktion zu erhalten, können die Rippen so lange geschwächt werden, bis der EULERmodus zum selben Belastungswert auftritt wie der lokale Plattenmodus. Es ist klar, daß es sich dabei um eine sehr spezielle Ausführung der Platte handelt. In diesem Fall erhält man nun aber zwei aktive Moden und das Verzweigungsverhalten wird nicht mehr durch Gleichung (1) geliefert, sondern durch zwei nichtlineare Gleichungen in zwei Veränderlichen, die von drei Parametern abhängen. Die zugehörige Katastrophenform wird hyperbolischer Nabel genannt und ist in der Liste der *Katastrophen* noch enthalten.

Aus dem Beispiel können wir wiederum einige wichtige Schlußfolgerungen ziehen:

1. Für ein beliebig entworfenes System wird sich fast immer ein einfacher Stabilitätsverlust ergeben.
2. Die spezielle Parameterkonfiguration, für die sich ein komplizierter, durch Auftreten mehrerer Moden charakterisierter Stabilitätsverlust ergibt, wird normalerweise kaum auftreten. Allerdings wird in optimierten Systemen systematisch versucht, einen solchen Zustand zu erreichen.

Daher können diese mehrfachen Verzweigungssysteme von vorneherein nicht als akademisch bezeichnet werden. Durch die größere Anzahl von Versagensmöglichkeiten sind solche optimierte Systeme auch viel imperfektionsempfindlicher als nichtoptimierte Systeme. Dies bedeutet für das Beispiel der Platte, daß kleine Abweichungen vom Idealzustand der Platte (d.h. zum Beispiel eine im unbelasteten Zustand leicht verbogene Platte) zu einer sehr starken Reduktion der kritischen Belastung, d.h. der Tragfähigkeit, führen (THOMPSON 1982).

Aus den vielen Beispielen für die Imperfektionsempfindlichkeit optimierter Systeme greifen wir jenes eines Schiläufers auf, der seinen Bewegungsablauf auf Kunstschnee optimiert. Wenn er dann auf Naturschnee ein Rennen bestreitet, so stellen die unterschiedlichen Schneeverhältnisse eine imperfekte Situation dar, und es wäre nicht verwunderlich, wenn es zu einem starken Leistungsabfall bezüglich des optimierten Bewegungsablaufes kommen sollte.

Grundsätzlich kann man jedenfalls sagen, daß bei optimierten Systemen besondere Sorgfalt bezüglich veränderter Parameterbedingungen angebracht ist. Die Untersuchung mittels der Katastrophentheorie erlaubt hier eine gute Einschätzung des Verhaltens.

4. Zusammenfassung

Es wurde versucht, die Voraussetzungen für die Anwendung der *Katastrophentheorie* zu beschreiben. Im allgemeinen ist sie bei solchen Systemen anwendbar, deren Beschreibung durch Minimierung oder Maximierung einer Potentialfunktion (siehe Gleichung (2) und (3)) erfolgen kann. In der Theorie der elastischen Strukturen (Thompson 1982) ist dies das elastische Potential. Für biologische Systeme können bestimmte Wahrscheinlichkeitsfunktionen (Zeeman 1976) herangezogen werden, und auch die Evolutionstheorie ist auf einem impliziten Potential aufgebaut, daß nämlich der evolutionäre Erfolg durch die Fähigkeit eines Organismus bestimmt wird, seine Reproduktion in einer gegebenen Umwelt zu maximieren (Woodcock und Davis 1978).

Es wurde weiters aufgezeigt, daß das *lokale* Systemverhalten nach Eintreten einer Verzweigung durch ein aus einem Reduktionsvorgang erhaltenes System, das durch wenige kritische Moden beschrieben werden kann, gegeben ist. Allerdings muß, um die Methoden der *Katastrophentheorie* anwenden zu können, der Systemzustand nach der Verzweigung wiederum eine Gleichgewichtslage sein. Dann erlaubt die Klassifikation der *Katastrophentheorie* eine Beschreibung der verschiedenen Systemzustände und der Festlegung der Parameterwerte, für die der Übergang von einem Zustand in einen anderen erfolgt, ohne jedoch eine Aussage bezüglich der Dynamik des Überganges zu machen.

Literatur

Arnold, V.I., 1978: Mathematical Methods of Classical Mechanics. Springer, New York—Heidelberg.

Arnold, V.I., 1988: Geometrische Methoden in der Theorie der gewöhnlichen Differentialgleichungen. Birkhäuser, Basel.

Berge, P. und Y. Pomeau, 1980: La turbulence. La Recherche *4*: 422—432.

Gilmore, R., 1981: Catastrophe Theory for Scientists and Engineers. J. Wiley and Sons, Chichester.

Goel, N.S., S.C. Maitra and E.W. Montroll, 1971: On the Volterra and Other Nonlinear Models of Interacting Populations. Review of Modern Physics *43*: 231—276.

Golubitsky, M. and D. Schaeffer, 1979: A Theory for Imperfect Bifurcation via Singularity Theorie. Comm. Pure Appl. Math. *32*: 21—98.

GUCKENHEIMER, J. and P. HOLMES, 1983: Nonlinear Oscillations, Dynamical Systems and Bifurcations of Vector Fields. Springer, New York—Heidelberg.

POSTON, T. and I. STEWART, 1978: Catastrophe Theory and its Applications. Pitman, London.

SAUNDERS, P.T., 1986: Katastrophentheorie. Vieweg, Braunschweig—Wiesbaden.

SCHUSTER, H.G., 1988: Deterministic Chaos. An Introduction. VCH-Verlag, Weinheim (FRG).

THOMPSON, J.M.T., 1982: Instabilities and Catastrophes in Science and Engineering. J. Wiley and Sons, Chichester.

WOODCOCK, A. and M. DAVIS, 1978: Catastrophe Theory. Penguin Books, Harmondsworth.

ZEEMAN, C., 1976: Catastrophe Theory. Scientific American *4*: 65—83.

Der folgende Beitrag ist aus den zwei Seminarvorträgen „Symmetriebrechung und Bifurkation“ und „Synergetik und dissipative Systeme“ entstanden, daher auch die große Länge des Beitrags. Infolge der Diskussionen im Seminar hat sich der Schwerpunkt zur (möglichst anschaulichen) Betrachtung der Entropie hin verlagert, die ja eine Beziehung zwischen Teil und Ganzem in der Thermodynamik darstellt. Die Entropie wird unter verschiedenen Blickwinkeln und Interpretationsmöglichkeiten betrachtet, so z.B. als Maß für Ordnung. In dieser Interpretation ist die Irreversibilität (Entropieerzeugung) als Ordnungsverlust zu deuten. Da aber in der Evolution eine Zunahme von Ordnung festzustellen ist, sind einige Zusatzbetrachtungen notwendig. So wird auf die Strukturbildung in thermodynamischen Systemen bei gleichzeitiger Irreversibilität eingegangen.

Karl W. Kratky hat sich schon längere Zeit mit vermeintlichen Paradoxien der Entropie beschäftigt. Wie der Beitrag zeigt, führen diesbezügliche Überlegungen rasch zu grundsätzlichen Fragen, die die systemische Betrachtungsweise betreffen.

Entropie, Irreversibilität und Strukturbildung

KARL W. KRATKY

1. Thermodynamik

Der Systembegriff ist in der Physik wohlbekannt, wobei hier insbesondere an *thermodynamische Systeme* zu denken ist. Die Entwicklung der Thermodynamik setzte etwa mit dem Beginn des 19. Jahrhunderts ein und wurde gegen Ende desselben wesentlich von L. BOLTZMANN und J.W. GIBBS vorangetrieben. Dabei ging es GIBBS vor allem um die Einbettung eines Einzelsystems in ein *Ensemble* von Systemen, während BOLTZMANN sich vorwiegend mit dem *Zeitverhalten* von Systemen beschäftigte. Für beide Wissenschaftler war die statistische bzw. wahrscheinlichkeitstheoretische Betrachtung ausschlaggebend, mit deren Hilfe sie Mittelwerte bzw. Schwankungen um diese Werte ausrechneten. Heute wird die Thermodynamik weitgehend als einheitliche Theorie gesehen. Wie sich in diesem Beitrag aber noch zeigen wird, wirft der Unterschied zwischen Ensembletheorie und dynamischer Betrachtungsweise nach wie vor einige Fragen auf, speziell was *Entropie* und *Irreversibilität* betrifft.

Welchen Standort hat der Begriff des *thermodynamischen Systems* im Rahmen des Buchthemas? BOLTZMANN stützte sich bei seinen Überlegungen vorwiegend auf *verdünnte Gase*, wo es nur zu Zweierstößen kommt. Das System wird also im wesentlichen auf seine *Einzelteile* reduziert. Steigt die Dichte, müssen immer mehr Korrekturen von Mehrfachstößen berücksichtigt werden, bis dieser Ansatz beim Übergang zur Flüssigkeit zusammenbricht. Im *Festkörper* wiederum ist die Sachlage auch relativ einfach, weil dort das *Ganze* dominiert (langreichweitige Gitteranordnung) und sich das Teilchen dem fügen „muß" (im allgemeinen ist nur ein Schwanken um den jeweiligen Gitterplatz zulässig). In diesem Zusammenhang ist es interessant, daß es ein sehr gutes Verständnis der Eigenschaften von Gasen und Festkörpern gibt, während die *Flüssigkeitsphysik* vergleichsweise schlecht entwickelt ist. Das Wechselspiel zwischen Teilen und Ganzem ist eben noch nicht ausreichend erforscht.

Die *klassische Thermodynamik* ist weitgehend eine „Thermostatik", die sich mit Gleichgewichtseigenschaften von makroskopischen Systemen (z.B. von Flüssigkeiten) beschäftigt. Erst die *statistische Physik* stellt die Beziehung zum Mikrokosmos her, der auch im Gleichgewicht seine Dynamik offenbart. Der nächste Schritt hin zum Zeitverhalten makroskopischer Systeme führt zur *irreversiblen Thermodynamik*, die sich im allgemeinen mit Systemen nahe dem Gleichgewicht beschäftigt. Am interessantesten sind aber die Systeme fern vom Gleichgewicht, die erst in den letzten zwei bis drei Jahrzehnten erforscht worden sind. Es hat sich dafür noch kein einheitlicher Begriff durchgesetzt. Die korrekte Bezeichnung wäre „nichtlineare Nichtgleichgewichts-Thermodynamik“. Die folgenden Begriffe haben damit zu tun: *nichtlineare Dynamik*, *dissipative Strukturen*, *Synergetik*, *Selbstorganisation*, *Chaos*. Die Phasenübergänge zwischen verschiedenen Nichtgleichgewichtszuständen sind durch *Symmetriebrechung und Bifurkation* gekennzeichnet. Diese Begriffe werden noch erläutert werden, vgl. auch andere Beiträge in diesem Band (K.W. KRATKY, W. LEINFELLNER, H. TROGER, J. OTT). Der logische Weg von der *Statik* zur *Dynamik*, der weitgehend auch der historische ist, wird von I. PRIGOGINE (1985) ausführlich dargelegt.

Im folgenden wollen wir zu den Grundlagen der Thermodynamik zurückgehen (vgl. z.B. R. BECKER 1966). Dazu betrachten wir als einfaches System ein Gas, das aus N gleichen Molekülen besteht und in einem Behälter (Rand des Systems) eingeschlossen ist. Chemische Prozesse im Gas und Teilchenaustausch mit der Umgebung (z.B. Luft) werden nicht betrachtet. Die Umgebung ist durch einen einheitlichen Druck- bzw. Temperaturwert gekennzeichnet. Der Behälter soll nicht völlig starr sein, sondern eine verschiebbare Wand (Kolben) enthalten, sodaß bei einem Druckunterschied Arbeit geleistet werden kann. Über den Behälter ist außerdem Wärmeleitung möglich, so daß sich die Temperatur des Systems an die Umgebungstemperatur angleichen kann. Das System soll im Vergleich zur Umgebung klein, aber immer noch makroskopisch sein (N sehr groß). Außer den beschriebenen Wechselwirkungen soll es keine weiteren zwischen System und Umgebung geben. Dem eingeschlossenen Gas kann neben der fixen Teilchenzahl N zu jedem Zeitpunkt ein Volumen V, ein Druck P, eine absolute Temperatur T (in Grad Kelvin) und eine (innere) Energie E zugeordnet werden.

Unter den oben beschriebenen Bedingungen wird sich das System auf einen *Gleichgewichtszustand* hinbewegen, in dem es gleichen Druck und gleiche Temperatur hat wie die Umgebung. Die — wesentlich größer angenommene — Umgebung ändert P und T dabei praktisch nicht. Das System selber ist aber wiederum groß genug, damit z.B. das Volumen V nur sehr wenig um die mittlere Lage schwankt. Wenn man den Kolben dort fixiert, ändert das wiederum praktisch nichts gegenüber einem System mit einem beweglichen Kolben, das sich im Gleichgewicht mit der Umgebung befindet. Die Energie E des eingeschlossenen Gases ist die

Summe der kinetischen Energie E_{kin} (Bewegung der Moleküle) und der potentiellen Energie E_{pot}, die sich aus der Wechselwirkung zwischen den Molekülen ergibt. Eine beliebig kleine Energieerhöhung dE kann sich dadurch ergeben, daß eine geringe Wärmemenge δQ zufließt bzw. daß eine geringe Arbeit δA über den Kolben am System verrichtet wird. Das ist beispielsweise durch eine kleine Veränderung von Temperatur bzw. Druck der Umgebung möglich, was zu einer Verschiebung der Gleichgewichtslage des Systems führt:

$$dE = \delta Q + \delta A \,. \tag{1}$$

Das ist eine Formulierung des *ersten Hauptsatzes* der Thermodynamik. Zwei Dinge sind daran bemerkenswert: Erstens läßt sich Wärme in Energie umrechnen bzw. ist — in geeigneten Einheiten — Energie. Zweitens kann man bei einer Energieerhöhung des Systems nicht sagen, aus welcher Kombination von Wärmemenge und Arbeit sie sich ergeben hat. Es läßt sich also zu einem beliebigen Zeitpunkt zwar eine Aussage über die enthaltene Energie, nicht aber über die „enthaltene Wärmemenge" (unabhängig von der Vorgeschichte des Systems) oder die „enthaltene Arbeit" machen. Daher auch die Schreibweise δQ, δA anstatt dQ, dA. Allerdings läßt sich δA, wie man sich überlegen kann, durch $-PdV$ ausdrücken, wobei dV eine kleine Volumsänderung des Systems ist. Somit ergibt sich:

$$dE = \delta Q - PdV \,. \tag{2}$$

Es fragt sich nun, ob man nicht auch δQ anders schreiben kann, wobei als „vertraute" Größe noch die Temperatur zur Verfügung steht. Tatsächlich läßt sich formal zeigen, daß das mittels $\delta Q = TdS$ möglich ist, wobei S *Entropie* genannt wird und zunächst uninterpretiert bleibt:

$$dE = TdS - PdV \,. \tag{3}$$

Im Gleichgewicht läßt sich also die Entropie als Zustandsfunktion (unabhängig von der Vorgeschichte) wie folgt charakterisieren:

$$S = S(E,V,N) \,, \tag{4a}$$

$$dS = \frac{1}{T}dE + \frac{P}{T}dV \,. \tag{4b}$$

Daraus ergeben sich folgende Relationen:

$$V = \text{const}\ (dV = 0): \quad \frac{dS}{dE} = \frac{1}{T}, \tag{5a}$$

$$E = \text{const}\ (dE = 0): \quad \frac{dS}{dV} = \frac{P}{T}. \tag{5b}$$

Das heißt: Es bleibt zunächst unklar, was S ist, aber die *Ableitungen* von S können wir bekannten Größen wie Druck und Temperatur zuschreiben. Damit ist S eigentlich genauso verständlich oder unverständlich, wie es die potentielle Energie ist. Auch diese ist zunächst eine Rechengröße, die erst durch ihre Ableitung einen Bezug zur vorstellbaren Wirklichkeit bekommt:

$$K = -\frac{dE_{pot}}{dx}. \tag{6}$$

Dabei ist K die Kraft in der x-Richtung (z.B. senkrecht nach unten im Fall der Schwerkraft). Ebenso wie bei E_{pot} der Nullpunkt willkürlich gewählt werden kann (ändert ja an der Kraft nichts), so ist auch S nur bis auf eine additive Konstante bestimmt. Der *Energiebegriff* ist uns durch den täglichen Umgang so vertraut, daß wir ihn gut zu verstehen glauben. Beim *Entropiebegriff* ist das nicht der Fall. Im nächsten Kapitel wird daher versucht, zu einem besseren Verständnis der Entropie zu kommen.

2. Entropie in der statistischen Physik

Die Thermodynamik verwendet makroskopische Größen wie Druck oder Temperatur. Speziell BOLTZMANN ging es aber um den Bezug zu den von ihm schon sehr früh angenommenen Molekülen (mikroskopischer Bereich). Diese Brücke schlägt die *statistische Physik*, auch statistische Mechanik oder statistische Thermodynamik genannt. Dabei stellte sich heraus, daß die Temperatur mit der mittleren kinetischen Energie der Moleküle verknüpft ist. Der Druck ergibt sich durch die Stöße der Moleküle an die Wand. Die Energie ist — wie bereits erwähnt — die Summe der kinetischen Energie der Moleküle und der potentialen Energie der Molekülwechselwirkungen. Was ist aber die Entropie? Bevor wir dazu übergehen, muß noch ein anderer Punkt behandelt werden, nämlich die Abhängigkeit von der *Teilchenzahl* N. In der (makroskopischen) Thermodynamik kann man genaugenommen nur von der Masse M eines Gases sprechen, die man erst bei Kenntnis der Molekülmasse m in N = M/m umrechnen kann. N wurde bisher immer als fix angenommen. Um uns von dieser Beschränkung befreien zu können, betrachten wir n gleiche Systeme (jeweils Teilchenzahl N) statt eines einzigen. Die gasgefüllten Behälter können in Kontakt miteinander oder auch nur mit der gemeinsamen Umgebung sein. Nach Einstellen des Gleichgewichts ergibt sich:

$$P_n = P_1, \quad T_n = T_1, \quad V_n = n\,V_1, \quad E_n = n\,E_1 . \tag{7}$$

Der Index „1" bezieht sich dabei auf ein Einzelsystem, der Index „n" auf das Gesamtsystem aus nN Molekülen. P und T bleiben unverändert (*intensive* Größen), V und E verhalten sich entsprechend den Teilchenzahlen (*extensive* Größen). Wie steht es nun um S? Aus Gleichung (4b) ergibt sich, daß S eine extensive Größe sein muß, da das auch für E und V gilt und die Vorfaktoren 1/T bzw. P/T intensive Größen, also unabhängig von N, sind. Das läßt sich auch folgendermaßen ausdrücken:

$$S(E,V,N) = N\,S(E/N,V/N) . \tag{8}$$

S/N als „Entropie pro Teilchen" ist genauso von der Größe des Systems unabhängig wie E/N oder V/N. Strenggenommen gilt das allerdings nur, wenn es sich um ein makroskopisches System handelt. Das haben wir aber ohnehin von Anfang an vorausgesetzt.

Die Grundüberlegung BOLZMANNs zum Verständnis der Entropie bestand nun darin, die Zahl W der *mikroskopischen* Realisierungsmöglichkeiten eines vorgegebenen *Makrozustandes* (E,V,N) zu untersuchen. Was man als makroskopisches System betrachtet, das durch (E,V,N) gekennzeichnet ist, läßt auf mikroskopischer Ebene noch sehr viele (eben W) Möglichkeiten offen, was die mit einer bestimmten Genauigkeit angegebenen Orte und Geschwindigkeiten (Impulse) der Moleküle betrifft. Alle diese verschiedenen Einzelsysteme gehören zum selben „mikrokanonischen Ensemble". In diesem Ensemble ist (E,V,N) fix vorgegeben, d.h. jedes zu diesem Ensemble gehörige System ist von der Umgebung isoliert (abgeschlossen). Geht man von einem (E,V,N)-Ensemble zu einem (E+dE,V+dV,N)-Ensemble über, so erhöht sich gemäß (4b) die Entropie. Der Bezug zu W läßt sich zumindest semiquantitativ herstellen: Energieerhöhung bedeutet, daß die mittlere Geschwindigkeit der Moleküle erhöht wird, sich dabei aber auch die Geschwindigkeitsverteilung verbreitert. Volumserhöhung bedeutet, daß die Moleküle mehr Anordnungsmöglichkeiten bezüglich ihrer Lage haben. Ein Zusammenhang zwischen S und W ist also plausibel. Um die genaue Beziehung zwischen den beiden Größen zu verstehen, konstruieren wir uns wie vorhin ein Gesamtsystem, das aus n gleichartigen (V,N,E)-Systemen besteht. Die Gesamtzahl $W_{(n)}$ der mikroskopischen Realisierungen beträgt

$$W_{(n)} = W^n , \tag{9}$$

da sich die Mikrozustände von je zwei verschiedenen Systemen beliebig kombinieren lassen. Die einzige Möglichkeit, die aus W^n eine extensive Größe macht, ist die Logarithmusbildung:

$$\ln W^n = n \ln W . \tag{10}$$

Somit muß die extensive Entropie S proportional zu $\ln W$ sein, wenn sie mit W etwas zu tun hat. Tatsächlich kann man zeigen, daß das so definierte S den 1. Hauptsatz der Thermodynamik (z.B. in der Form (4b)) erfüllt, wenn man eine bestimmte Proportionalitätskonstante k einsetzt:

$$S = k \ln W . \tag{11}$$

k wird BOLTZMANNkonstante genannt, die Formel (11) findet sich auf seinem Grabmal. In dieser Formel steckt übrigens implizit das BOLTZMANNsche Postulat der *Gleichverteilung*, d.h. die Annahme, daß alle W Möglichkeiten gleich wahrscheinlich sind. Sonst würde man ja nicht bloß die Möglichkeiten *abzählen*, sondern müßte *gewichten*. Für die Wahrscheinlichkeit p_j, einen bestimmten Mikrozustand j zu finden, gilt somit:

$$p_j = 1/W = \text{const}, \quad \sum_{j=1}^{W} p_j = 1 . \tag{12}$$

Die Wahrscheinlichkeiten summieren sich wie üblich zu 1 auf („Normierung"). Beachtet man außerdem, daß

$$\ln x = -\ln(1/x) , \tag{13}$$

so läßt sich S umschreiben in

$$S = -k \sum_{j=1}^{W} p_j \ln p_j = -k < \ln p_j > . \tag{14}$$

Die Entropie ist also proportional zum Mittelwert von $\ln p_j$, gewichtet mit p_j über alle Mikrozustände j. Bei der Gültigkeit von (12) ist das eine unnötig komplizierte Darstellung im Vergleich zu (11). Der Ausdruck (14) ist jedoch die richtige Verallgemeinerung von S für den Fall, daß die p_j *verschiedene* Werte annehmen können. $p_j = 1/W$ ist also ein Spezialfall, der aber durch das BOLTZMANNsche Postulat, das sich auf ein (E,V,N)-Gleichgewichtsensemble bezieht, hervorgehoben wird. Davon abweichende p_j-Werte können als Abweichung vom Gleichgewicht interpretiert werden. Als Beispiel könnte man sich vorstellen, daß man in der Mitte des Behälters eine Wand eingezogen hat und sich alle Teilchen auf einer Seite befinden. Diese Zusatzeinschränkung bedeutet, daß bezüglich (E,V,N) nicht mehr Gleichgewicht herrscht. In diesem einfachen Fall läßt sich das konstruierte mikrokanonische Ensemble als (E,V/2,N)-Gleichgewichtsensemble interpretierten.

Falls nichts extra dazugesagt wird, meint man im allgemeinen das Gleichgewichtsensemble. Die gängige Redeweise „Dieses System ist (nicht) im Gleichgewicht“ ist übrigens strenggenommen falsch, da sich gemäß oben über ein Einzelsystem zunächst nichts sagen läßt. So ist im Gleichgewicht ein bestimmter Mikrozustand, in dem sich z.B. alle N Moleküle nahe dem oberen Rand des Volumens befinden, genauso wahrscheinlich wie jeder andere Zustand. Aber die Gesamtzahl der Zustände, die diese Nebenbedingung („alle Moleküle oben“) erfüllen, ist bei großem N verschwindend klein gegenüber der Gesamtzahl der Zustände, bei denen die Teilchen etwa gleichmäßig über das Volumen verteilt sind (vgl. das Zahlenbeispiel am Ende des 5. Kapitels). Wenn man daher ein System sieht, bei dem sich alle Teilchen oben befinden, sagt man spontan „Dieses System kann nicht im Gleichgewicht sein“. Man sagt System, meint aber eigentlich ein Teilensemble (Ensemble unter zusätzlichen Einschränkungen bzw. Nebenbedingungen), zu dem das beobachtete System gehört. Wenn man sich wirklich auf ein Einzelsystem (Mikrozustand) bezöge, wäre die Situation tatsächlich paradox: Man hat ein thermodynamisches System vor sich, das sich mit Sicherheit in einem der W Mikrozustände befindet. Die Wahrscheinlichkeit, gerade den Zustand zu finden, den man beobachtet, ist aber mit 1/W extrem klein. Die statistische bzw. wahrscheinlichkeitstheoretische Betrachtungsweise hat eben ihre Tücken (vgl. G. Ackermann 1986 für einen kurzen Überblick und L. Krüger et al. 1987 für eine ausführliche Darstellung). Hier liegen auch die Hauptprobleme im Verständnis der statistischen Physik, nicht in der Kompliziertheit mathematischer Formeln.

Noch eine andere begriffliche Schwierigkeit ist zu klären, nämlich die Frage, worin der „Mikrozustandsraum“ (*Phasenraum*) eigentlich besteht. Er ist nicht der übliche dreidimensionale (Orts-)Raum, sondern besteht aus 6N Koordinaten. Die ersten drei Koordinaten geben den Ortsvektor, die nächsten drei den Geschwindigkeitsvektor des ersten Teilchens an. Die nächsten 6 Koordinaten beziehen sich auf das zweite Teilchen usw. Dabei werden rotationssymmetrische Wechselwirkungen angenommen (z.B. atomares Argon als Molekül), sonst würden durch die Drehbewegung weitere Koordinaten dazukommen. Ein bestimmter Zustand, der durch bestimmte Orte und Geschwindigkeiten aller N Teilchen gegeben ist, wird also durch einen Punkt in diesem Phasenraum dargestellt. Interessiert man sich nicht für die genaue Lage dieses Punktes, legt man einen Raster (bestehend z.B. aus Hyperwürfeln im Phasenraum) an und identifiziert alle Punkte im selben Hyperwürfel j mit einem „Mikrozustand" j. Über die Zulässigkeit dieser Vorgangsweise wird im 4. Kapitel noch gesprochen werden. Jedenfalls ergibt sich dadurch im mikrokanonischen Ensemble eine endliche Zahl von Zuständen, die mit (E,V,N) verträglich sind. Sie treten mit der Wahrscheinlichkeit p_j auf. Zuletzt soll noch erwähnt werden, daß die Entropie im Gleichgewicht *maximal* ist:

$$S(p_j = 1/W) \geq S(p_j), \quad \sum_{j=1}^{W} p_j = 1 . \tag{15}$$

Das folgt unmittelbar aus (14) und den mathematischen Eigenschaften des Logarithmus. Je *strukturierter* die Wahrscheinlichkeitsverteilung ist (hohe p_j-Berge, tiefe p_j Täler), desto *kleiner* ist die Entropie des entsprechenden Nichtgleichgewicht-Ensembles.

3. Information, Ordnung und Struktur

Wir wollen nun auf den Zusammenhang von Entropie und *Information* zu sprechen kommen (vgl. die Beiträge von E. OESER und von P. SCHUSTER in diesem Band). Dazu vereinfachen wir die Situation und stellen uns folgendes *Beispiel* vor: In der Portierloge eines Hotels befinden sich in einer 8 × 8-Anordnung die Fächer für die insgesamt 64 Hotelzimmer. In das jeweilige Fach kommt z.B. der Zimmerschlüssel, wenn man ihn abgibt, oder auch die eingetroffene Post. Der Portier A soll nun aber völlig schlampig arbeiten und den Schlüssel „irgendwohin" geben, d.h. $p_j = 1/64$ für alle Fächer j. Kommt man von einem Ausflug zurück und will den Schlüssel wieder abholen, ergibt sich folgende Situation: Der Schlüssel ist „irgendwo" (*Makrozustand*). Es gibt 64 gleich wahrscheinliche Möglichkeiten (*Mikrozustände*), die ihn realisieren (W = 64). Die Unsicherheit kann entweder durch Suchen oder durch eine gezielte Information behoben werden. So eine Information könnte etwa lauten:

$$\text{OOURLL} \; (= 5.\ \text{Fach in der 2. Reihe}) . \tag{16}$$

Dabei steht O für oben, U für unten, L für links und R für rechts. Das erste O legt von den 8 Reihen die obere Hälfte fest (Reihen 1—4), das zweite O davon die obere Hälfte (Reihen 1—2), das U fixiert die 2. Reihe. Genauso verhält es sich dann mit der Folge RLL, die die Fächer (gezählt von links) sukzessive auf 5—8, 5—6, 5 einschränkt. Mit 6 Ja/Nein-Entscheidungen kann man also von $2^6 = 64$ Möglichkeiten eine auswählen. Nimmt man eine solche Entscheidung als Informationseinheit („Bit"), erhält man für die nötige Information I, wenn Portier A Dienst hat:

$$I_A = \mathrm{ld}\, W = \mathrm{ld}\, 2^6 = 6\, \mathrm{ld}\, 2 = 6\,. \tag{17}$$

Der Logarithmus dualis (zur Basis 2) unterscheidet sich nur durch einen konstanten Faktor vom Logarithmus naturalis (ln), der in (11) vorkommt. Bis auf die andere Einheitenwahl entspricht also die *Entropie* S (als Maß der *Unsicherheit* über den Mikrozustand) der *Information* I, die man braucht, um diese Unsicherheit zu beheben. Die logarithmische Beziehung ergibt sich in unserem Beispiel ganz zwanglos, für 64 Fächer braucht man nicht doppelt so viel Information wie für 32 Fächer, sondern eben nur um *ein* Bit mehr.

Nun nehmen wir an, daß manchmal auch der Portier B Dienst hat. Er ist sorgfältiger und legt den Schlüssel „ungefähr" richtig ab, d.h. im richtigen Fach oder in der Nähe ist p_j hoch, sonst klein. Die Verallgemeinerung von (17) lautet dann in Analogie zu (14):

$$I_B = -\sum_{j=1}^{64} p_j\, \mathrm{ld}\, p_j\,. \tag{18}$$

Die Ungleichung (15) wird jetzt auch intuitiv verständlich. Jetzt muß man nicht so lange suchen bzw. braucht weniger Information, wo der Schlüssel wirklich liegt, weil man ja schon ein „Vorwissen" hat. Im (hoffentlich nicht seltenen) Extremfall eines Portiers C, der den Schlüssel immer ins richtige (m-te) Fach legt, fällt die Unsicherheit ganz weg, und man braucht gar keine Information mehr:

$$I_C = 0\,(p_m = 1;\ p_j = 0,\ j \neq m)\,. \tag{19}$$

Der Makrozustand („Zimmerschlüssel liegt in irgendeinem Fach") legt den Mikrozustand („Zimmerschlüssel liegt im m-ten Fach") bereits fest.

Die Beziehung Entropie — Information, die hier an einem speziellen Beispiel erläutert wurde, ist für den Fall von Textanalysen in Kratky (1976, Unterkapitel 4.1) dargestellt, wo auch darauf eingegangen wird, daß das Auftreten von Mikrozuständen (Buchstaben) nicht voneinander unabhängig ist. In der informationstheoretischen Deutung der Entropie wird jetzt übrigens auch Boltzmanns Gleichverteilungspostulat ($p_j = 1/W$) einsichtig. Man weiß ja zunächst (außer der Normierung) nichts über die p_j bei gegebenem (E,V,N). Der Gleichverteilung entspricht aber gerade die maximale Entropie, also das maximale Unwissen. Würde man eine Abweichung von der Gleichverteilung annehmen, würde man S reduzieren, also Information hineinstecken, die man gar nicht hat. Diese Sichtweise wurde von E.T. Jaynes zum „maximum entropy principle" ausgebaut und wurde als „maximum information principle" zu einem Eckpfeiler der *Synergetik*, einer physikalischen Systemtheorie, auf die wir noch zu sprechen kommen werden

(H. HAKEN 1988a). Beim Maximum entropy principle geht es darum, aus bekannten makroskopischen Größen bzw. Relationen die mikroskopische Wahrscheinlichkeit p_j unverfälscht zu schätzen. Es findet vielfache Anwendung, auch außerhalb der Thermodynamik, z.B. bei der Rekonstruktion von nur teilweise erhaltenen Daten (C.R. SMITH und W.T. GRANDY 1985). Auch der Bezug zum induktiven Schließen ist interessant. Wenn wir zum mikrokanonischen Ensemble zurückkehren (E,V,N vorgegeben), so ist nur die Normierung

$$\sum_{j=1}^{W} p_j = 1 \tag{20}$$

als Relation gegeben. Unter dieser Nebenbedingung ist S maximal für Gleichverteilung, vgl. (15):

$$p_j(E) = 1/W(E) = \text{const} : S = \max . \tag{21}$$

Dabei soll die Bezeichnung W(E) daran erinnern, daß die Zahl der Zustände (W) — unter anderem — von E abhängt. Ist das System in einem starren Behälter eingeschlossen (V,N vorgegeben), aber Wärmeaustausch mit der Umgebung möglich, so ist E nicht fix, vielmehr stellt sich eine mittlere Energie $\langle E \rangle$ ein („kanonisches Ensemble"). Entsprechend den Orten und Geschwindigkeiten der Teilchen ist auch die jeweilige Energie E nicht beliebig genau bestimmt, sondern in einem Raster eingeteilt, der eine Durchnumerierung E_i der Energien erlaubt. Die Energie ist jetzt also variabel, dafür gibt es die Zusatzrelation

$$\langle E \rangle = \sum_{i,j} E_i \, p_{ij} \tag{22}$$

neben der üblichen Normierung

$$\sum_{i,j} p_{ij} = 1 . \tag{23}$$

Die Zustände sind jetzt mit zwei Indizes durchnumeriert, vergleichbar mit der waagrechten und senkrechten Fächereinteilung beim Portierbeispiel. Jede Reihe i steht jetzt für eine andere Energie E_i. Innerhalb jeder Reihe herrscht — wie im mikrokanonischen Ensemble — Gleichverteilung. Das Maximum entropy principle ergibt aufgrund der bekannten Größe $\langle E \rangle$ in eleganter Weise die *kanonische* Verteilung:

$$p_{ij} = c \exp(-E_i/kT) , \tag{24a}$$

$$p_i = \sum_j p_{ij} = c \, W(E_i) \exp(-E_i/kT) . \tag{24b}$$

Die Normierungskonstante c ergibt sich aus (23). p_i, die Wahrscheinlichkeit, im kanonischen Ensemble ein System der Energie E_i anzutreffen, ist (bei großem N) das Produkt einer steil ansteigenden Funktion $W(E_i)$ und einer steil abfallenden Funktion $\exp(-E_i/kT)$. Das Produkt hat daher ein scharfes Maximum bei $\langle E \rangle$. Damit hat sich bestätigt, daß bei makroskopischen Systemen die verschiedenen Ensembles praktisch zu denselben Ergebnissen führen.

Bei der Betrachtung des Zusammenhangs Entropie — Information soll zuletzt noch ein Thema angeschnitten werden, das sich auch sonst durch die Wahrscheinlichkeitstheorie und Statistik zieht: die Kontroverse um *subjektive* und *objektive* Wahrscheinlichkeiten (vgl. z.B. HAKEN 1988a, Kap. 1.7, und KRÜGER et al. 1987, Kap. 14). Ist das Unwissen, das der Entropie entspricht, ein objektives oder subjektives Unwissen? Wenn man ein (E,V,N)-Ensemble vor sich hat und sonst nichts weiß, schätzt man daraus p_j = const, erhält also das Gleichgewichtsensemble als unverfälschte Schätzung. Was aber, wenn in Wirklichkeit *Nichtgleichgewicht* herrscht, man sich aber aus Unaufmerksamkeit nicht die dementsprechende Information in Form von Zusatzrelationen beschafft hat? Der Formalismus bleibt gültig, es kommt aber darauf an, wie man ihn benützt und interpretiert. Eine Analogie zur *Quantenmechanik*, die ja auch mit Wahrscheinlichkeiten arbeitet, ist hier nicht zu übersehen. Auch dort ist die Frage der *Interpretation* und die Diskussion um Subjektivität und Objektivität nach wie vor aktuell. Besonders der *Meßprozeß*, der der „Informationsbeschaffung" entspricht, ist ein heikler Punkt (vgl. D. FLAMM 1988). Es wird davon noch die Rede sein.

Der in diesem Kapitel besprochene Zusammenhang zwischen *Entropie* und (fehlender) *Information* wird oft hergestellt, ist allerdings auch nicht ganz unumstritten. Wesentlich heikler ist aber die Gleichsetzung von Entropie und *Unordnung*. Es kommt zunächst einmal darauf an, was man überhaupt unter „Unordnung" versteht. Beim *Portierbeispiel* stimmt der Zusammenhang: Hat der „unordentliche" Portier A Dienst, ist die Entropie bzw. Unsicherheit, wo der Schlüssel liegt, am größten. Weiß man, daß Portier B Dienst hat, sinkt die Entropie entsprechend. Die *Nebenbedingung* „Portier B hat Dienst" verschiebt die objektiven Wahrscheinlichkeiten weg von der Gleichverteilung — in Übereinstimmung mit JAYNES. Hat man nicht bemerkt, daß B (oder gar C) Dienst hat, bleibt die subjektive Entropie hoch.

Bei einem *anderen Beispiel* ist die Zuordnung Entropie — Unordnung hingegen fraglich. Meint eine Mutter, die ein Kinderzimmer als „unordentlich" empfindet, daß der Zustand des Zimmers — im großen wahrgenommen — viele im Detail verschiedene Anordnungen der Gegenstände ermöglicht, jedenfalls mehr als ein ordentlich aufgeräumtes Zimmer? Vielleicht meint sie damit, daß bei großer Unordnung nicht *vorhersehbar* ist, wo einzelne Gegenstände sind. Das würde an sich zur Informationsinterpretation der Entropie passen, doch ist die Vorhersagbarkeit besonders subjektiv — sie sieht vom Kind aus gesehen ganz anders aus. Auch sonst kann man sich mit der Vorhersagbarkeit arg täuschen. So muß ich meine Unterlagen besonders lang suchen, wenn ich meinen Schreibtisch vorher aufgeräumt habe; d.h. eine (oberflächliche Ordnung) hergestellt habe.

Bei der Zuordnung Entropie — Unordnung gibt es aber noch ein anderes Problem, das sich auch schon beim Kinderzimmerbeispiel zeigt: Die Entropie bezieht sich auf ein *Ensemble* von Systemen (Kinderzimmern), die Unordnung meist auf ein System von Elementen (Gegenständen). Während im ersten Fall die Systeme im „Phasenraum" unabhängig voneinander betrachtet werden, sind die Elemente im zweiten Fall z.T. extrem abhängig („Wechselwirkungen der Teilchen"), und die Formeln (14) bzw. (18) können gar nicht angewendet werden. Ja, unter Unordnung wird sogar oft ausdrücklich verstanden, daß die Gegenstände nicht in der richtigen Relation zueinander sind, die gegenseitige Abhängigkeit wird also betont. Ähnlich verhält es sich mit dem Begriff *Struktur*. Geringe Entropie paßt zwar zur hohen Strukturiertheit der Wahrscheinlichkeit p_j, vgl. die Erläuterungen zu (15), und hohe Ordnung paßt zur Strukturiertheit der Gegenstände im Kinderzimmer, doch auch hier bezieht sich ersteres auf ein System im Ensemble, letzteres auf Gegenstände in einem System.

Insgesamt läßt sich also sagen, daß die Umschreibungen bzw. Ersatzbegriffe, die dazu verwendet werden, um den Begriff „Entropie" faßbarer zu machen, das Verständnis teilweise eher erschweren als erleichtern. Die Deutung der Entropie als *Unsicherheit* bzw. als fehlende *Information* trifft den Sachverhalt noch am besten. Die Verbindung mit *Ordnung* bzw. *Struktur* erfordert hingegen große Vorsicht. Warum aber nicht gleich auf die Relationen (11) bzw. (14) zurückgreifen? Sie erlauben einen direkten Zugang zur Entropie als verbindende Größe zwischen *Mikro-* und *Makrozustand*.

4. Mikro-, meso- und makroskopische Betrachtungsebenen

Ein wesentlicher Punkt, der in Beziehung zum Thema des Buches steht, wurde bisher ausgespart: Ist bei der Definition des Mikrozustandes die Wahl des Rasters im Phasenraum entscheidend? Anders formuliert: Ist die *Feinheit der Rastereinteilung* (des „Netzes") wesentlich, gibt es vielleicht sogar einen *natürlichen* Raster? In der Thermodynamik spricht man von „coarse graining" (*Grob-*

körnung), weil man von der in der klassischen Physik prinzipiell möglichen unendlichen Genauigkeit abgeht. Oft wird der Begriff auch nur dann verwendet, wenn der Raster besonders grob ist.

Um die aufgeworfenen Fragen beantworten zu können, wenden wir uns wieder dem *Portierbeispiel* zu. Der „Mikrozustand" ergibt sich dort in natürlicher Weise aus der Fächereinteilung (nötige Information in Bit: I). Doch kann man auch an einer noch genaueren Information I′ interessiert sein — z.B., ob der Schlüssel in der linken oder rechten Hälfte des jeweiligen Faches liegt. Dann muß man jeweils noch ein Zeichen anfügen und erhält insgesamt z.B. als Information OOURLLR, vgl. (16), wenn der Schlüssel in der rechten Hälfte des 5. Faches in der 2. Reihe liegt. Vergleicht man nun eine Fachablage mit 2^m Fächern und eine mit 2^n Fächern, so ergibt sich bei Gleichverteilung:

$$I_m = m, \quad I_m' = m+1\,; \quad I_n = n, \quad I_n' = n+1\,. \tag{25}$$

I′ ist also in jedem Fall um 1 größer als I. Das entspricht einer bloßen *Nullpunktsverschiebung*, die aber gemäß den Überlegungen nach Gleichung (6) für die Thermodynamik irrelevant ist. Es kommt also auf die Feinheit der Einteilung gar nicht an, man muß sie nur einmal wählen und dann dabei bleiben. Bei starken Abweichungen von der Gleichverteilung muß die Einteilung allerdings fein genug sein, um diese Abweichungen noch wahrnehmen zu können. Das soll wieder am Portierbeispiel (für 8 x 8 Fächer) erläutert werden: Das richtige Fach soll, wie in (16), durch OOURLL gekennzeichnet sein. Der Portier B soll nun konkret so arbeiten, daß er den Schlüssel in die richtige (2.) Reihe legt, dort aber in ein beliebiges Fach (mit gleicher Wahrscheinlichkeit). Dann braucht man statt 6 Bit nur 3 Bit, die das Fach in der in Frage kommenden 2. Reihe festlegen. Wenn man aber jetzt schrittweise den Mikrozustand immer gröber definiert, indem man auf das letzte Bit, dann auch noch auf das vorletzte usw. verzichtet, erhält man folgende Bitreihe:

$$I = 3, 2, 1, 0, 0, 0, 0\,. \tag{26}$$

Zunächst ist der Mikrozustand auf ein Einzelfach bezogen, dann wird über zwei, vier bzw. acht Fächer einer Reihe vergröbert, d.h. im letzten Fall über die ganze Reihe. Das entspricht dem ersten Auftreten der Null. Man weiß ja, daß der Portier den Schlüssel in die richtige Reihe gelegt hat, die Angabe der Reihe bringt also keine Zusatzinformation. Dann wird weiter über zwei, vier und schließlich über alle acht Reihen vergröbert. Im letzten Fall ist der „Mikrozustand" gleich dem Makrozustand. I = 0 gilt daher automatisch. Solange die Einteilung fein genug ist, verringert sich I pro

Vergröberungsschritt um 1, vgl. (25), für den Fall der Gleichverteilung, sowie (26) bezüglich der ersten vier Zahlen. Mit jedem Schritt werden zwei benachbarte Wahrscheinlichkeiten zu einer neuen zusammengezogen, sie werden also „geglättet". Das macht in unserem Beispiel so lange nichts aus, als man in derselben Reihe bleibt, wo ja ohnehin alle Wahrscheinlichkeiten gleich sind. Sobald man aber auch über die Reihen mittelt, nimmt I nicht mehr um 1 ab. Man verliert eben zusehends das Wissen, daß der Schlüssel in der 2. Reihe liegt.

Diese Ergebnisse sollen nun auf die *Thermodynamik* übertragen werden, wobei wir uns der Einfachheit halber auf das mikrokanonische Ensemble beschränken. Sobald die Rastereinteilung, die benachbarte Mikrozustände unterscheidet, fein genug ist, kommt es auf die Feinheit der Einteilung *nicht* an. Herrscht (fast) Gleichgewicht, kann der Raster sogar ziemlich grob gewählt werden. Damit ist das Problem gelöst, was z.B. $S = k \ln W$ für einen Sinn haben soll, wenn man in einem klassischen System eine beliebig feine Einteilung bezüglich der Orte und Geschwindigkeiten aller Teilchen machen kann, also W gegen Unendlich geht. Durch die Quantenmechanik ergab sich dann eine zusätzliche Rechtfertigung der Rastereinteilung. Es zeigte sich nämlich, daß es sehr wohl eine natürliche untere Schranke für den Raster gibt, mit dem man Mikrozustände unterscheiden kann, und zwar infolge der *Unschärferelation*, die eine gleichzeitige genaue Angabe von Ort und Geschwindigkeit (genauer: Impuls) unmöglich macht.

In analoger Weise, wie wir uns die Rastereinteilung im 6N-dimensionalen Phasenraum überlegt haben, können wir auch den sechsdimensionalen Einteilchenraum („μ-Raum") bzw. den üblichen dreidimensionalen Ortsraum betrachten. Der μ-Raum ist die Projektion des Phasenraumes auf *ein* Teilchen, wobei die Korrelation zwischen den Teilchen verlorengeht. Aus der Wahrscheinlichkeit p_j wird jetzt die Wahrscheinlichkeit, daß sich ein beliebig herausgegriffenes Teilchen in einem bestimmten Orts- und Geschwindigkeitsbereich aufhält. Weitere Reduktion auf den *Ortsraum* ergibt eine Zelleneinteilung des Volumens V. Je nachdem, wie fein oder grob die Einteilung in einem der betrachteten Räume ist, erfaßt man einen Zustand entweder *mikro-*, *meso-* oder *makroskopisch.* Im Phasenraum gibt es — wie erwähnt — auch den Begriff der *Grobkörnung.* Im folgenden konzentrieren wir uns aber auf den anschaulichen Ortsraum. Im mikrokanonischen Ensemble sind trivialerweise E, V und N fixe makroskopische Größen. Man kann nun V in n kleine Zellen einteilen (jeweiliges Volumen v, $v = V/N$), die aber noch groß genug sein sollen, damit E_j und N_j in den Zellen j nur schwach um ihre Mittelwerte $\langle E_j \rangle$ und $\langle N_j \rangle$ schwanken. Im *Gleichgewichts*ensemble gilt:

$$S_j = S/n = k \ln W_j(<E_j>, v, <N_j>), \tag{27a}$$

$$<E_j> = E/n, \quad <N_j> = N/n. \tag{27b}$$

Alle S_j haben denselben Wert. Die im mikroskopischen Bereich vorherrschenden Schwankungen der relativen Häufigkeiten sind durch die *mesoskopische* Zelleneinteilung so geglättet, daß die Wahrscheinlichkeiten in den gemessenen relativen Häufigkeiten zutagetreten. Zur Gültigkeit von (27a,b) siehe Gleichungen (7) und (8). W_j selber kann übrigens durch einen beliebig feinen Raster im Phasenraum der jeweiligen Zelle j bestimmt werden. Für den *Nichtgleichgewichts*fall bzw. andere Ensembles ergibt die Verallgemeinerung von (27a):

$$S = \sum_{j=1}^{n} S_j, \tag{28a}$$

$$S_j = k \ln W_j(<E_j>, v, <N_j>). \tag{28b}$$

Die Zelleneinteilung im Ortsraum muß grob genug sein, damit in jeder Zelle j genügend viele Teilchen sind und daher (28a) gilt. Sie muß andererseits fein genug sein, damit in den Zellen praktisch Gleichgewicht herrscht und daher (28b) gilt („lokales Gleichgewicht"). Diese beiden Bedingungen können gleichzeitig nur erfüllt sein, wenn das Ensemble insgesamt *nicht zu weit* vom Gleichgewicht entfernt ist. Dann ermöglicht der mesoskopische Zugang eine Rückführung auf die bekannten Ergebnisse des Gleichgewichtsensembles.

Der *mesoskopische* Bereich gewinnt in der wissenschaftlichen Betrachtung immer mehr an Bedeutung. Er steht an einer interessanten Schnittstelle zwischen zwei teilweise völlig konträren Welten: der *Mikrowelt* der Moleküle und der „mit freiem Auge" erkennbaren *Makrowelt.* Da unter „Mikrowelt" nicht die Elementarteilchen, sondern die Moleküle und ihre Wechselwirkung gemeint sind, kann man sich noch halbwegs mit klassischen Vorstellungen, wie z.B. „Molekülstößen" oder „Molekülbahnen", behelfen und muß die Quantenphysik nur zu Korrekturen heranziehen, die z.B. die Bahnen unscharf machen. In der Makrowelt kann man im allgemeinen überhaupt auf die Quantenmechanik „vergessen". Weitere Charakterisierungen der Unterschiede zwischen Mikro- und Makrobereich finden sich in der Tabelle 1. Diese Charakterisierungen sind weder voneinander unabhängig noch ausnahmslos gültig. So haben Fluktuationen etwas mit schneller Dynamik zu tun, und so gibt es z.B. bei Explosionen auch im Makrobereich eine schnelle Dynamik (wenn auch nur kurzzeitig).

MIKROBEREICH	MAKROBEREICH
Quantenphysik	klassische Physik
Teile	Ganzes
Reversibilität	Irreversibilität
Schnelle Dynamik	Statik oder langsame Dynamik
Fluktuationen	Keine Fluktutationen
Zufall	Notwendigkeit
Nicht-Vorhersagbarkeit	Vorhersagbarkeit

Tab 1. Charakterisierung des mikroskopischen und des makroskopischen Bereichs

Die Übergänge bzw. Beziehungen zwischen den beiden Bereichen sind teilweise heftig umstritten, so z.B. der Übergang von der Quanten- zur klassischen Physik, die Beziehung zwischen *Teil* und *Ganzem* (ein zentrales Thema dieses Buches) oder die Entstehung von Irreversibilität (siehe die nächsten Kapitel, vgl. auch KRATKY 1988a). Die anderen Unterschiede lassen sich relativ leicht durch die Mittelwertbildung bzw. das „Gesetz der großen Zahlen" erklären. Ein „ruhendes" Gas besteht im Detail aus sich schnell und regellos bewegenden Teilchen. Die Zufälligkeit der Bewegung ergibt sich dabei einerseits aus der Quantenmechanik, andererseits durch den kleinen Ausschnitt, den man gewählt hat. Die Stöße durch andere Moleküle, die „von außen" kommen und nur kurzzeitig in diesen Bereich eindringen, können nicht vorausgesehen werden. Der Zufall kommt hier also über die Quantenmechanik und den „Rand" herein. Beides wird relativ immer weniger wichtig, je größer der betrachtete Ausschnitt ist. Es hat sich allerdings in den letzten Jahren herausgestellt, daß die Vernachlässigung des Zufalls nicht immer zum korrekten makroskopischen Verhalten führt. Kleine Fluktuationen müssen sich nicht immer im großen wegheben, sie können sich auch aufschaukeln. In diesem Fall ist es dann auch mit der *Vorhersagbarkeit* des Verhaltens von makroskopischen Systemen vorbei. Das entsprechende Phänomen heißt *Chaos* (KRATKY 1988b) und wird im letzten Kapitel behandelt. Dort wird auch anläßlich der Besprechung von *Symmetriebrechung* und *Bifurkation* vom Durchschlagen der Mikro- auf die Makroebene die Rede sein. Wenn es zu so einem Durchschlagen kommt, ist die jeweilige Charakterisierung des Makrobereichs in Tabelle 1 durch die entsprechenden Begriffe aus dem Mikrobereich zu ersetzen.

Zuletzt soll noch die Frage gestellt werden, was die obigen Überlegungen zur Problematik des *Reduktionismus* beitragen. Die statistische Physik und insbesonders die Entropie verbinden Mikro- mit Makrowelt und stellen damit zunächst eine *wechselseitige* Beziehung her. Ausgehend von der makroskopischen Thermodynamik wurde damit aber eine Rückführung des uns vertrauten Bereichs auf den mikroskopischen Bereich *im Prinzip* möglich, was zweifellos eine *reduktionistische* Vorgangsweise darstellt. In der *Praxis* ist die Sachlage freilich auch mit den besten Computern unlösbar, da man viele Größenordnungen überbrücken muß. Außerdem ist man ja an den individuellen Molekülbewegungen meist gar nicht interessiert. Daher hat man die „untere" Ebene so weit wie möglich hinaufgeschoben, bis zum *mesoskopischen* Bereich. Neuere Forschungsergebnisse über *kollektive Phänomene* und *Chaos* haben diese Vorgangsweise untermauert. Man ist beispielsweise daraufgekommen, daß in vielen Fällen das gleiche makroskopische Verhalten — z.B. eben ein bestimmter Übergang zum Chaos — auftritt, wobei die Details der Molekülwechselwirkung keine Rolle spielen. Hingegen kommt es bei kollektiven Bewegungen großer Systemteile im Nichtgleichgewicht oft auf die *Randbedingung* an (z.B. die Form des Gefäßes), die eine makroskopische Bedingung darstellt. Daher setzt man typische Verhaltensweisen gleich auf der mesoskopischen oder gar makroskopischen Ebene an. So etwas gab es auch früher, nur wurde das — meist geringschätzig — *phänomenologische Gleichung* genannt, mit dem Unterton, daß man noch nichts Besseres (Mikroskopisches) habe. Inzwischen hat man das „Bessere" teilweise erforscht, ist aber wieder auf die mesoskopische bzw. makroskopische Ebene zurückgekehrt, freilich ausgehend von einem viel höheren Wissensstand. Bezeichnend dafür sind zwei neuere Physikbücher über komplexes Systemverhalten. Der Untertitel von R. SERRA et al. (1986) lautet „The mesoscopic approach to fluctuation, non linearity and self organization", der Untertitel von H. HAKEN (1988a) gar „A Macroscopic Approach to Complex Systems". Das kann man durchaus als Abkehr vom Reduktionismus ansehen. HAKEN (1988a, 6 und 35) bezeichnet dementsprechend den mikroskopischen Zugang als „analytisch" bzw. „reduktionistisch", den makroskopischen Zugang als „holistisch".

5. Von der Statik zur Dynamik

Bisher haben wir den Ensemblestandpunkt eingenommen und den Vergleich Einzelsystem — Ensemble unter verschiedenen Gesichtspunkten durchgeführt. Von der *Dynamik* von Systemen war aber praktisch noch nicht die Rede. Es ist jedoch naheliegend, ein System im Lauf der Zeit zu betrachten. Es wird dabei eine Folge von Mikrozuständen durchlaufen. Ist (E,V,N) fix und gibt es sonst keinerlei Zusatzbedingung, werden wir erwarten, daß im Mittel über *lange Zeiten* jeder Mikrozustand j gleich oft eingenommen wird ($p_j = 1/W$). Das führt dazu, daß die Überlegungen der „zeitlosen" (Gleichgewichts-)Ensembles auf die Dynamik eines Systems übertragen werden können. Ist Wärmeaustausch mit der Umgebung möglich, so schwankt die innere Energie E um den Zeitmittelwert $<E>_t$. Wir erwarten, daß

$$<E>_t = <E>_s . \qquad (29)$$

Dabei ist $<E>_s$ das bisher mit $<E>$ bezeichnete Ensemble- oder Scharmittel der Energie. Intuitiv gilt ganz prinzipiell die *Gleichheit* von *Zeit-* und *Scharmittel*. Dadurch wird die Konstruktion von Ensembles ja eigentlich erst gerechtfertigt. Leider muß aber gesagt werden, daß dieses Fundament bis heute theoretisch schwach abgesichert ist, wenn sich auch experimentell im allgemeinen keine Probleme damit ergeben, die aus der Ensembletheorie vorausgesagten Ergebnisse zu bestätigen.

Ein erdachtes *Beispiel* soll das Problem veranschaulichen. Ein Jäger aus der Eiszeit kommt darauf, daß er in großen Höhlen fast immer einen Höhlenbären findet. Eines Tages zwängt er sich durch einen engen Eingang und findet dahinter eine riesige Höhle. Doch sooft er auch hinkommt — nie findet er einen Bären. Eine Ausnahme von der allgemein gültigen Regel? Des Rätsels Lösung: Der Bär würde ja gern drinnen sein, nur kommt er durch den engen Eingang nicht hinein, der Jäger aber gerade noch. Der *Weg*, der zu einem Zustand führt, ist also — zumindest in bestimmten Fällen — in die Überlegung einzubeziehen.

In der Thermodynamik müßte man dementsprechend zeigen können, daß folgende Annahme gilt: Das betrachtete System erreicht im Lauf der Zeit alle Mikrozustände. Nur dann können alle p_j auch den richtigen Wert ($p_j > 0$) haben. Die Annahme heißt *Ergodenhypothese*, und es läßt sich zeigen, daß dann tatsächlich Zeit- und Scharmittel übereinstimmen (BECKER 1966, 97—100). Es konnte jedoch nur in ganz einfachen Fällen (z.B. harte Kugeln als Atome) gezeigt werden, daß die Ergodenhypothese (und auch das nur in einer etwas abgeschwächten Form) gilt. Deshalb postuliert man im allgemeinen einfach die Gleichheit von Zeit- und Scharmittel. Aber selbst dann ist noch nicht gesagt, wie lange man warten muß, bis sich das Zeitmittel, das ja eigentlich ein Mittelwert über eine unendlich lange Meßzeit ist, genügend genau eingestellt hat.

Auch dazu ein *Beispiel*: Wenn man Wasser ganz vorsichtig und erschütterungsfrei abkühlt, gefriert es auch knapp unterhalb von 0°C noch nicht, obwohl Eis dort der stabile Zustand wäre (d.h.: die überwiegende Anzahl der Mikrozustände ist „eisartig").

Aber der Durchgang vom flüssigen zum festen Zustand ist so eng, daß es vielleicht Tage dauern würde, bis das Wasser durch eine „Zufallsfluktuation“ gefriert. Erst Schütteln oder weiteres Abkühlen verkürzt diese Wartezeit dramatisch. Die Erfahrung zeigt ganz allgemein, daß makroskopische Systeme praktisch immer ergodisch sind, doch dauert es unter Umständen sehr lang, bis eine bestimmte Gruppe von Mikrozuständen erreicht wird. Die Höhleneingänge sind nicht *zu* eng, können aber mitunter *sehr* eng werden.

Da ein Ensemble aus Systemen gebildet wird und wir soeben die Dynamik von Systemen besprochen haben, läßt sich analog die *Dynamik von Ensembles* einführen: Jedes System des Ensembles wird im Lauf der Zeit verfolgt, woraus sich zu jedem Zeitpunkt das entsprechend weiterentwickelte Ensemble ergibt. Herrscht zu Beginn Gleichgewicht, so bleibt dieses erhalten. Beim mikrokanonischen Ensemble bedeutet das, daß p_j = const für alle Zeiten gilt. Diese „Statik“ entspricht durchaus auch der Intuition. Im Gleichgewicht ändert sich nichts, die Vergangenheit entspricht der Zukunft. Hat man andererseits zu Beginn ein bestimmtes Einzelsystem vor sich, so wird sich zwar der Zustand im Lauf der Zeit ändern, $j = j(t)$, aber immer ein bestimmter Mikrozustand sein:

$$p_{j(t)} = 1\,; \quad p_i = 0\,, i \neq j(t)\,. \tag{30}$$

Den Fall eines Einzelsystems kann man übrigens als ein Ensemble in extremem Nichtgleichgewicht deuten. Gemäß der Definition (14) bleibt in beiden eben betrachteten Fällen die Entropie im Lauf der Zeit konstant, $S = k \ln W$ bzw. $S = 0$. Es läßt sich nun zeigen (Stichworte: LIOUVILLEtheorem, Inkompressibilität des Phasenvolumens), daß für ein beliebiges (E,V,N)-Ensemble, das zu Beginn im Nichtgleichgewicht ist, die Entropie konstant bleibt. Das Ensemble ändert sich zwar im Lauf der Zeit, für die Entropie ist es aber gleichgültig, von welchem j der entsprechende p_j-Beitrag kommt. Das widerspricht aber der Intuition, die eine *Annäherung ans Gleichgewicht* (d.h. Zunahme der Entropie) annimmt.

Um das genauer zu überlegen, stellen wir uns die dynamische Entwicklung eines bestimmten Nichtgleichgewichtsensembles vor. Im Phasenraum soll dabei zum Zeitpunkt t_0 nur in einem kleinen, zusammenhängenden Bereich („Phasenvolumen“) p_j von Null verschieden, dort aber konstant sein. Man kann auch von einem *Teilensemble* des mikrokanonischen Gleichgewichtsensembles sprechen. Im Lauf der Zeit bewegt sich dieses Teilensemble im Phasenraum. Dabei kann das Phasenvolumen im ergodischen Fall sogar seine Form im wesentlichen behalten, d.h.: benachbarte Systeme bleiben benachbart. Von einer Annäherung ans Gleichgewicht kann da aber keine Rede sein. Das Phasenvolumen kann sich freilich auch amöbenartig ausbreiten, dafür nimmt der „Körper" ab, sodaß insgesamt der „Volumsinhalt" gleich bleibt und sich p_j innerhalb des veränderten Phasenvolumens nicht ändert. Nach einiger Zeit wird der Phasenraum von einem „Spinnennetz" durchzogen. In diesem *mischenden* Fall, der über den ergodischen weit hinausgeht, ändert sich die Struktur im Phasenraum also total und kommt intuitiv der Gleichverteilung immer näher (vgl. G.M. ZASLAVSKY 1985, Kap. 1.5). Ist jedoch die Rastereinteilung fein genug, sieht man, daß das Teilensemble noch „genauso weit" vom Gleichgewicht entfernt ist wie zum Zeitpunkt t_o, d.h. die Entropie ist gleich geblieben. Anders ausgedrückt: Die Information über das Teilensemble geht nicht verloren, sie wird nur „feiner verteilt". Sie ist also nicht mehr so offensichtlich und z.T. in Korrelationen zwischen den Teilchenorten und -geschwindigkeiten versteckt.

Wenigstens scheint aber das Feinerwerden des Spinnennetzes die *Zeitrichtung* festzulegen. Aber auch das ist — zumindest auf t_o bezogen — nicht der Fall. Verfolgt man das Teilensemble vom Zeitpunkt t_o aus in die Vergangenheit zurück, verteilt sich das Phasenvolumen auch immer mehr im Phasenraum. Betrachten wir zum besseren Verständnis folgendes *Beispiel*: In einem würfelförmigen Behälter (V = $1dm^3$) befindet sich ein stark verdünntes Heliumgas (N Atome). Das System ist von der Umgebung isoliert. Wir interessieren uns nun für den Aspekt, wieviele Atome sich gerade in der linken bzw. rechten Hälfte des Behälters aufhalten. Am wahrscheinlichsten ist, daß auf beiden Seiten gleich viele Teilchen sind, also eine gleichmäßige Verteilung vorliegt. Am unwahrscheinlichsten ist der Fall, daß sich alle Atome links (bzw. rechts) befinden. Stellt man zu einem bestimmten Zeitpunkt t_o fest, daß tatsächlich alle Atome links sind, wird man annehmen, daß kurze Zeit später wieder eine gleichmäßige Verteilung vorliegt. Die Intuition, daß der Übergang von einer *unwahrscheinlichen* zu einer *wahrscheinlichen* Verteilung zu erwarten ist, läßt allerdings die Frage außer acht, wie es denn bei t_o zu der unwahrscheinlichen Situation überhaupt kommen konnte. Handelt es sich um eine Zufallsfluktuation, so ist auch anzunehmen, daß mit hoher Wahrscheinlichkeit einige Sekunden(bruchteile) *vor* t_o ebenfalls ungefähr gleich viele Atome links wie rechts waren. Somit ist keine Zeitrichtung ausgezeichnet. Sehen wir uns nun aber das Beispiel mit den N Heliumatomen konkret an: Wegen der starken Verdünnung kommt es praktisch nie zu Stößen zwischen den Teilchen. Dann braucht ein Heliumatom bei 0° C ca. 10^{-4} Sekunden, um die Seite zu wechseln. Da die Wahrscheinlichkeit 0.5^N ist, daß alle Atome z.B. links sind, ergibt sich daraus, daß ca. alle $2^N \times 10^{-4}$s dieser Fall eintritt („Wiederkehrzeit"). Das ist bei kleinen Teilchenzahlen zunächst harmlos, erreicht bei N = 72 aber bereits das Alter des Universums! Für den Fall, daß sich links und rechts genau je 36 Teilchen befinden, ist die Wiederkehrzeit übrigens bloß eine Tausendstelsekunde. Gemäß oben ist es also bereits bei N = 72 völlig hoffnungslos, daß durch Zufall alle N Teilchen auf der linken Seite sind. Nimmt man das aber für t_0 an, so muß jemand „von außen" eingegriffen haben. Damit wird die Zeitsymmetrie um t_0 zerstört, die Zukunft von der Vergangenheit getrennt. Vor t_0 herrschte z.B. Gleichgewicht, bei t_0 werden alle Atome auf die linke Seite gebracht (Entropieverminderung), dann wird das System wieder sich selbst überlassen, und es entwickelt sich bei konstanter verminderter Entropie weiter.

Diese „deus ex machina"-Lösung, die das abgeschlossene System kurz öffnet, ist zwar unbefriedigend, bringt die Theorie jedoch näher an die Realität. Das Hauptproblem bleibt aber die Konstanz der Entropie. Es gibt nämlich ein makroskopisches (phänomenologisches) Gesetz, das besagt, daß bei abgeschlossenen Systemen im Nichtgleichgewicht die Entropie zunimmt, bis Gleichgewicht eingetreten ist. Dies mit den Grundlagen der statistischen Physik in Einklang zu bringen, ist ein Problem, mit dem schon BOLTZMANN gerungen hat und das bis heute nicht restlos aufgeklärt ist. Damit werden wir uns in der Folge beschäftigen. Zunächst aber zur makroskopischen Betrachtungsweise.

6. Zweiter Hauptsatz und Irreversibilität

Der erste Hauptsatz der Thermodynamik (1) ist im wesentlichen ein *Energieerhaltungssatz.* Man formuliert ihn oft auch folgendermaßen: Ein Perpetuum mobile (1. Art) ist unmöglich. Trotz der formalen Äquivalenz von Wärme und Arbeit kann aber gemäß dem sog. zweiten Hauptsatz der Thermodynamik Wärme nicht beliebig in Arbeit umgewandelt werden.

Zweiter Hauptsatz, 1. Formulierung: Es läßt sich keine periodisch arbeitende Maschine bauen, die Arbeit nur dadurch erzeugt, daß sie einem Reservoir Wärme entnimmt.

Wärme ist also eine „minderwertige" Form von Energie. Das läßt sich z.B. daran sehen, daß die kinetische Energie einer rollenden Billardkugel aus der gerichteten Energie der Gesamtkugel und der ungerichteten Wärmebewegung der Moleküle in der Kugel besteht (die man meist gar nicht beachtet). Die gerichtete Bewegung geht durch Reibung im Lauf der Zeit in eine Temperaturerhöhung der Kugel bzw. der Umgebung über. Man spricht auch davon, daß Energie *dissipiert* („zerstreut") wird. Hingegen beobachtet man nie, daß sich eine Billardkugel „von selbst" in Bewegung versetzt, indem die Luftmoleküle kurzzeitig vorwiegend von einer Seite kommen und durch den Stoß abgekühlt werden. Würde der zweite Hauptsatz nicht gelten, könnte sich beispielsweise ein

Schiff dadurch fortbewegen, daß es dem Wasser Wärme entzieht. Wir hätten ein *perpetuum mobile 2. Art* vor uns. Auch sonst gäbe es keine Probleme mit der „Energieerzeugung". Wir haben also eigentlich gar kein *Energieproblem*, sondern vielmehr ein *Entropieproblem*, siehe unten.

Noch einige Bemerkungen zum zweiten Hauptsatz in der obigen Formulierung. Die angesprochene hypothetische Maschine ist natürlich *makroskopisch* aufzufassen. Sonst könnte durch Zufallsschwankungen kurzzeitig aus Wärme Arbeit erzeugt werden. Wichtig ist weiter der Ausdruck *periodisch.* Die Wärmekraftmaschine soll in Zyklen arbeiten, also immer wieder in denselben makroskopischen Zustand zurückkehren. Als weitere Überlegung kann man den *zeitumgekehrten* periodischen Prozeß betrachten: Man hat dann eine Maschine vor sich, die aus Arbeit Wärme erzeugt. Das ist infolge der allgegenwärtigen Reibung problemlos zu bewerkstelligen, die Aufheizung der Erdatmosphäre als Reservoir ist dafür ein allzu bekanntes Beispiel. Daraus ergibt sich eine Zeitrichtungsasymmetrie (*Irreversibilität*), vgl. dazu auch das Beispiel mit der Billardkugel. Bannt man das Abbremsen der Kugel bis zum Stillstand auf einen Film und läßt diesen von hinten nach vorne abspielen, erzielt man mit der „aus dem Nichts" bewegten Kugel höchstens Heiterkeitserfolge. Zukunft und Vergangenheit sind in unserer realen Umwelt nun einmal nicht identisch. Alle Arten von *Reibung* sind Ausdruck dieser Unumkehrbarkeit. War es beim Beispiel vom Heliumgas am Ende des vorigen Kapitels um einen Ausgleich im *Ortsraum* gegangen, so geht es bei der Reibung um einen Ausgleich im *Geschwindigkeitsraum.*

Eine — wie sich zeigen läßt, äquivalente — Form des zweiten Hauptsatzes lautet:

Zweiter Hauptsatz, 2. Formulierung: Wärme geht von selbst nur von einem wärmeren auf einen kälteren makroskopischen Körper über, nie umgekehrt.

Das bedeutet, daß sich Temperaturen ausgleichen, d.h. es findet wieder ein Ausgleich im Geschwindigkeitsraum statt. Ein Eisstück löst sich in warmem Wasser schnell auf, umgekehrt kristallisiert nie aus warmem Wasser ein Eisblock spontan aus. In jeder Art von Wärmeübergang zwischen Körpern verschiedener Temperaturen drückt sich also Irreversibilität aus. Man spricht wieder von *Dissipation*, Wärme bei tieferer Temperatur ist gemäß den eben angestellten Überlegungen ja minderwertiger als bei höherer Temperatur.

Im Einklang mit beiden Formulierungen des zweiten Hauptsatzes lassen sich Wärmekraftmaschinen bauen, die abwechselnd an ein Reservoir der höheren Temperatur T_+ und ein Reservoir der tieferen Temperatur T_- angekoppelt werden und zwischendurch von den Reservoirs isoliert sind. Beide Reservoirs sollen sehr groß sein, so daß sich die Temperaturen T_+ und T_- im Lauf der Zeit praktisch nicht ändern. In einem Zyklus wird ein Teil der vom heißeren Reservoir übernommenen Wärmemenge (Q_+) in mechanische Arbeit A verwandelt und der Rest (Q_-) ans kältere Reservoir abgegeben. Da nach einem Zyklus die Maschine wieder im selben Zustand wie vorher ist, folgt aus der Energieerhaltung (1) die Beziehung (31a):

$$A = Q_+ - Q_- , \qquad (31a)$$
$$\eta \equiv A/Q_+ = 1 - (Q_-/Q_+) < 1 . \qquad (31b)$$

Der Wirkungsgrad η ist stets kleiner als 1 (bzw. 100%), entsprechend der 1. Formulierung des zweiten Hauptsatzes. Der Wirkungsgrad wird umso höher sein, je „reversibler" der Prozeß geführt wird. Läuft so eine Maschine sehr langsam („quasistatisch", geringe Reibung) und werden alle Wärmeübergänge fast isotherm geführt, was auch viel Zeit beansprucht (bei Kontakt mit einem Wärmereservoir hat die Maschine jeweils praktisch die Temperatur des Reservoirs), so läßt sich die Irreversibilität drastisch reduzieren. Im Grenzfall hat man überhaupt eine *reversible* Maschine, die durch den maximalen Wirkungsgrad η_{rev} gegeben ist. Dieser Wirkungsgrad läßt sich folgendermaßen berechnen: Am Beginn und am Ende eines Zyklus ist die Maschine im selben (Makro-)Zustand. Dementsprechend ist neben Energie, Druck, Volumen und Temperatur auch die Entropie wieder dieselbe. Während des Zyklus wird vom wärmeren Reservoir Q_+ und somit $S_+ = Q_+/T_+$ an die Maschine abgegeben, vgl. die Hinweise nach (2). Wegen der reversiblen Führung hat die Maschine zu diesem Zeitraum ebenfalls die Temperatur T_+, daher nimmt ihre Entropie auch um S_+ zu. Im Verlauf des Zyklus entnimmt dann das kältere Reservoir Q_- bzw. $S_- = Q_-/T_-$, dementsprechend vermindert sich die Entropie der Maschine um denselben Betrag S_-. Da nach einem Zyklus die Maschine wieder die ursprüngliche Entropie hat, muß insgesamt gelten:

$$(Q_-/T_-) - (Q_+/T_+) = 0 . \qquad (32)$$

Die Entropie der Maschine wie auch der Umgebung hat sich nicht geändert. Aus (31b) und (32) ergibt sich als Wirkungsgrad der reversiblen Maschine

$$\eta_{rev} = 1 - (T_-/T_+) . \qquad (33)$$

Somit haben alle denkbaren reversiblen Wärmekraftmaschinen, die zwischen den Temperaturen T_- und T_+ laufen, denselben Wirkungsgrad, unabhängig von ihrer Konstruktion. „Reversibel" ist durchaus wörtlich zu verstehen. Man kann die Maschine „anders herum“ laufen lassen und als Wärmepumpe einsetzen. Sie arbeitet dabei genauso, wie es ein Film über eine Wärmekraftmaschine zeigt, den man zurücklaufen läßt. Das ist durchaus im Einklang mit beiden Formulierungen des zweiten Hauptsatzes. Bei der reversiblen Wärmekraftmaschine wird die Wärmemenge bei T_+ teilweise in die hochwertigere Arbeit, teilweise in die minderwertigere Wärmemenge bei T_- verwandelt. Gleichen sich die beiden Änderungen der Wertigkeit gerade aus, kann sowohl dieser als auch der zeitumgekehrte Prozeß (Wärmepumpe) ablaufen — wenn auch nur unendlich langsam.

Bei einem irreversiblen Prozeß ist der Wirkungsgrad (η) geringer als bei einem reversiblen (η_{rev}). Aus dem Vergleich von (31b) und (33) ergibt sich dann:

$$(Q_-/T_-) - (Q_+/T_+) > 0\,. \qquad (34)$$

Pro Zyklus erhöht sich die Entropie des kälteren Reservoirs mehr, als sich die des wärmeren Reservoirs vermindert. Da die Maschine nach dem Zyklus wieder dieselbe Entropie hat, ergibt sich für das abgeschlossene Gesamtsystem Maschine + Reservoirs insgesamt eine Entropiezunahme. Das wird also — bis auf den hypothetischen Grenzfall einer reversiblen Maschine — immer der Fall sein. Die linke Seite der Ungleichung (34) entspricht übrigens der Entropie, die die Maschine während eines Zyklus durch Dissipation erzeugt, aber an die Umgebung wiederum vollständig abgibt. Die obigen Überlegungen lassen sich wie folgt verallgemeinern:
Zweiter Hauptsatz, 3. Formulierung: Die Entropie eines abgeschlossenen makroskopischen Systems nimmt infolge irreversibler Prozesse so lange zu, bis sie ihren Gleichgewichtswert erreicht hat. Ein gegen die Umgebung nicht abgeschlossenes System erzeugt einerseits infolge irreversibler Prozesse ebenfalls Entropie, kann aber andererseits eine (u.U. noch größere) Entropiemenge an die Umgebung abführen.

In diesem Kapitel wurden alle Vorgänge makroskopisch/phänomenologisch betrachtet. Es stellte sich heraus, daß man die folgenden Begriffe als synomym auffassen kann: *dissipative, irreversible, entropieerzeugende* und *Nichtgleichgewichts*-Prozesse. Sie bewirken eine Annäherung bzw. asymptotische Erreichung des Gleichgewichts.

Im vorigen Kapitel betrachteten wir die dynamischen Vorgänge (in abgeschlossenen Systemen) mikroskopisch. Dabei zeigte es sich, daß die statistische Entropie (14), die Mikro- und Makrowelt verbindet, nicht zunimmt. Zur Auszeichnung einer Zeitrichtung reichte es gerade noch unter Zuhilfenahme eines Tricks, der auch nicht sehr befriedigen konnte. Auf jeden Fall haben wir ein *Para-*

doxon bezüglich der Entropie vor uns. Im folgenden Kapitel werden wir uns mit den Möglichkeiten zur Auflösung dieses Paradoxons beschäftigen.

7. Entropiezunahme — eine Illusion?

Nehmen wir einmal an, daß die makroskopischen Aussagen des vorigen Kapitels hieb- und stichfest sind, möglicherweise aber etwas mit der statistischen Entropie (14) nicht stimmt. Diese verknüpft Mikro- und Makrowelt, siehe insbesondere das 5. Kapitel. Sehen wir uns zunächst den Mikrobereich an. Die Bewegungsgleichungen der Moleküle sind reversibel. Würde man einen Film im Mikrobereich aufnehmen und ihn zurücklaufen lassen, würde man das nicht erkennen. Man kann nun einwenden, daß ja die klassische Beschreibung (z.B. Molekülbahnen) in der Quantenwelt des Mikrobereichs nichts zu suchen hat. Nur ist die Verlagerung von der klassischen auf die Quantenphysik nicht hilfreich, vgl. G.M. ZASLAVSKY (1985, 44) und I. PRIGOGINE (1985, 225). Dort treten nämlich die gleichen Probleme in anderem Gewand auf. So ist z.B. die SCHRÖDINGERgleichung auch reversibel. Das Problem, wie die Irreversibilität in der Quantenmechanik zustandekommt, ist letztlich auch ungelöst. Der (makroskopische) Meßprozeß, der das System nach außen öffnet und die SCHRÖDINGERgleichung kurzzeitig außer Kraft setzt, ist nach wie vor ein oft diskutiertes Thema (Stichwort: Reduktion des Wellenpaketes). Er stellt letztlich genauso eine „deus ex machina"-Lösung dar wie beim Beispiel zu Ende des 5. Kapitels, als die Irreversibilität beim Heliumgas erklärt werden sollte. Jedenfalls ist auch experimentell gut bestätigt, daß in der Mikrowelt der Quanten Reversibilität herrscht, bis auf einige wenige Elementarteilchenprozesse, die eine sehr schwache Verletzung der Zeitsymmetrie mit sich bringen. Doch führen diese Prozesse nicht zum zweiten Hauptsatz (PRIGOGINE 1985, 228). Deshalb entwickelte PRIGOGINE (1985, Kap. VII ff) einen Ansatz, der über die klassische und die Quantenmechanik hinausgeht (Stichwort: Entropieoperator). Damit würde sich die Paradoxie auflösen, eine geeignet auf der neuen Theorie basierende statistische Entropie würde zunehmen. Da dieser revolutionäre Ansatz aber noch nicht ausgereift ist und daher im allgemeinen nicht akzeptiert wird, wollen wir uns nach anderen Möglichkeiten der Paradoxieauflösung umsehen. Wie erwähnt, ist die Quantenmechanik dabei nicht hilfreich, deshalb beschränken wir uns im folgenden meist auf die leichter vorstellbare klassische Physik.

Bei der Ableitung der statistischen Entropie haben wir den *Phasenraum* betrachtet. Die (reversible) Bewegung aller N Teilchen eines abgeschlossenen Systems entspricht dort der Bewegung eines

Punktes (bzw. 6N dimensionalen Vektors), der das System zu einem bestimmten Zeitpunkt exakt festlegt. Zum Zeitpunkt t_0 soll nun ein Nichtgleichgewichtsensemble durch einen kleinen Bereich im Phasenraum (als „Punkthaufen" von Systemen) charakterisiert sein. Der Bereich zerfasert sich im mischenden Fall im Lauf der Zeit zu einem spinnwebenartigen Gebilde. Wir haben festgestellt, daß die Entropie konstant bleibt, wenn die Rastereinteilung zur p_i-Ermittlung nur fein genug ist. Das ist aber bei den Nichtgleichgewichtsprozessen der springende Punkt: Wenn sich die Spinnweben immer feiner verteilen, erscheint von einem beliebigen, aber fixen Raster aus der Phasenraum ab einem bestimmten Zeitpunkt als gleichmäßig mit Systemen erfüllt, d.h. es scheint Gleichverteilung zu herrschen. Diese „Annäherung ans Gleichgewicht" ist also ein *Artefakt der Grobkörnung* (Rastereinteilung). Die grobgekörnte statistische Entropie nimmt so lange nicht zu, als die Spinnweben noch „dick" im Vergleich zur fixen Rastergröße sind. Ist das nicht mehr der Fall, steigt die Entropie rasch an und nähert sich dem Gleichgewichtswert. Der Übergang findet für einen feinen Raster später statt als für einen groben, doch es gibt ihn genauso. Zur scheinbaren Irreversibilität ein *Beispiel* aus dem normalen Ortsraum (vgl. D. Bohm 1985, 197 f): Man hat zwei konzentrische Zylinder, wobei z.B. der äußere um die gemeinsame Achse gedreht werden kann. Der Raum zwischen den Zylindern sei mit Glyzerin gefüllt. Nun wird ein Tintentropfen aufgebracht. Er bleibt in dem zähen Glyzerin lange Zeit ohne Formänderung. Wird nun der äußere Zylinder immer mehr gedreht, verteilt sich der Tintentropfen schließlich zu einem ringförmigen Gebilde, das für das Auge etwa gleichmäßig mit Farbe erfüllt ist, falls man überhaupt noch etwas sieht. Der endlichen Auflösung des Auges entspricht die Rastereinteilung im Phasenraum. Wird der äußere Zylinder aber in seine Ausgangslage zurückgedreht, erscheint „aus dem Nichts" der Tropfen wieder. Man erkennt also, daß der Prozeß eigentlich reversibel war.

Zurück zu den Spinnweben im Phasenraum. Es kann nun sein, daß sie nicht nur für ein „unscharfes Auge" zu einem gleichmäßigen Gewebe zu verschwimmen scheinen, sondern daß sie das tatsächlich tun, beispielsweise durch kleine *Störungen* von „außen" (wenn das System nicht völlig abgeschlossen ist), oder von „innen" (Quantenfluktuationen), vgl. Bohm (1985, Kap. 4). Beim Ansatz Bohms handelt es sich auch um eine Erweiterung der Quantenmechanik. Kleine Zufallsschwankungen stören bei t_0 nicht, nach langer Zeit (feine Spinnweben) führen sie aber zur Gleichverteilung. Hier tritt also echte Irreversibilität bzw. Entropieerhöhung auf. Dabei spielt der *Zufall* eine wichtige Rolle.

Ergebnisse von Experimenten und Computersimulationen über das Mischen zäher Flüssigkeiten und Irreversibilität kann man in

J.M. OTTINO (1989) finden; der Artikel ist auch wegen seiner eindrucksvollen Farbbilder empfehlenswert. Das Durchmischen entsteht dort durch Dehnen und Falten eines Farbtropfens in einer Flüssigkeit. Das Falten ist das grundsätzlich Neue gegenüber dem BOHMschen Beispiel und läßt chaotische Bereiche entstehen. Befindet sich der Tropfen anfangs in solch einem chaotischen Bereich, zerfasert er schnell, es tritt eine gute Durchmischung auf. Läßt man nun die Dehnungen und Faltungen im Experiment zurücklaufen, entsteht der Tropfen nicht mehr. Das liegt hier daran, daß ein exakter Rückwärtslauf nicht gelingt und kleinste Abweichungen im chaotischen Bereich starke Auswirkungen haben. Damit ist ein Zusammenhang von *Irreversibilität* und *Chaos* gegeben; vgl. auch G.M. ZASLAVSKY (1985, Kap. 1).

Die Annahme von (wenn auch kleinen) Störungen bzw. Zufallsfluktuationen führt somit zur Irreversibilität und Entropiezunahme. Diese Annahme erfordert aber durchwegs Systeme, die in irgendeiner Weise nicht völlig abgeschlossen sind (entgegen der Grundannahme für das Anwachsen der Entropie). Weitere Störeinflüsse oder Näherungen kommen in Betracht: So z.B. im Experiment der Einfluß des Beobachters, in der Computersimulation die Ungenauigkeit des Computers (*Rundungsfehler*), in der Theorie der *Stoßzahlenansatz* BOLTZMANNs, der zum H-Theorem führte. Dabei nahm er an, daß die jeweiligen Stoßpartner in einem verdünnten Gas vor dem Stoß völlig unkorreliert sind (A. WEHRL 1989). Das führt zur Entropieerhöhung, die aber hier ein Artefakt der Näherung ist. So zeigt sich insgesamt, daß sich die „erwünschte" Irreversibilität bzw. Entropiezunahme auf alle möglichen Arten ergibt, nur nicht durch exaktes Rechnen und Überlegen. Auch die „Zufallsfluktuationen", die sich durch die Wechselwirkung mit der Umgebung ergeben, sind *nicht* zufällig, wenn die Umgebung einbezogen und somit ein abgeschlossenes Gesamtsystem betrachtet wird. Teilt man das Gesamtsystem in das ursprüngliche System und die Umgebung, kommt der Zufall durch die Vernachlässigung von Korrelationen herein. Das erinnert an die Quantenmechanik, wo Irreversibilität ebenfalls durch das „Verlorengehen" bzw. „Vergessen" von Korrelationen erzeugt wird.

Somit führt die Frage nach Irreversibilität bzw. Zunahme der statistischen Entropie auf die Frage nach *Korrelationen*, dem *Zufall* und der *Isolierbarkeit von Teilen der Welt*. Ob die Entropiezunahme eine Illusion ist, hängt also mit diesen schwierigen Fragen zusammen. Die Unmöglichkeit, Teile der Welt völlig zu isolieren, führt letztlich zur Frage nach dem „Zeitpfeil" des Universums als Ganzes. Dort wird aber wieder die statistische Betrachtungsweise problematisch. Dieser *kosmologische Zeitpfeil*, der mit der Evolution des Universums verknüpft ist, ist letztlich aber genauso umstritten wie der statistische Zeitpfeil. Daneben gibt es noch andere Zeitpfeile, über deren Zusammenhang ebenfalls diskutiert wird (siehe z.B. T. ROTHMAN 1987 bzw. die einschlägigen Literaturangaben in KRATKY 1988a).

Für die makroskopisch/phänomenologische Entropie hat das alles aber keine Auswirkung. Es ist gleichgültig, ob die feinen Korrelationen tatsächlich existieren oder *doch* verwischt werden. Genauso wie das menschliche Auge zu kleine Details nicht erkennt, kann auch eine makroskopische Dampfmaschine die (möglicherweise existierenden) feinen Korrelationen, die zwischen ihr und der Umgebung herrschen, nicht ausnützen, sondern nur die Druck- und Temperaturunterschiede im großen. Dementsprechend ist auch ein exaktes „Zurücklaufenlassen" der Maschine als Wärmepumpe nicht möglich: Man hat zwar die Maschine als Ganzes im Griff, aber nicht die molekularen Details — genauso wenig wie die der Wärmereservoirs.

Damit ist es aber gerechtfertigt, die statistische Entropie so grobkörnig wie möglich, d.h. *mesoskopisch*, zu definieren. Dann wird bei abgeschlossenen Systemen unmittelbar der Gleichgewichtszustand erreicht bzw. bei (energetisch) offenen Systemen das von der Umgebung aufrechterhaltene Nichtgleichgewicht (siehe das 8. Kapitel). Für eine konsistente Definition der mesoskopischen Entropie darf die Entfernung vom Gleichgewicht allerdings nicht *zu* groß sein, vgl. die Überlegungen zu (28a,b).

Zuletzt möchte ich aber nochmals zum Vorschlag von PRIGOGINE (1985) zurückkehren, die Irreversibilität bzw. Entropiezunahme schon mikroskopisch über einen Entropieoperator einzuführen. Das erinnert an die Quantentheorie ebenso wie PRIGOGINEs Aussage, daß dann Dynamik und Thermodynamik komplementär werden (S. 168). Freilich geht der Ansatz weit über die Quantenmechanik hinaus: Sowohl klassische *Trajektorien* als auch quantenmechanische *Wellenfunktionen* sind *Idealisierungen* und müßten eigentlich aufgegeben werden (S. 167 f, 176). Es kommt zu einer Nichtlokalität der Zeit (S. 251), d.h. einer „Zeitunschärfe". Eine neue Deutung von *Korrelationen, Meßprozeß* und *Zufall* wird ermöglicht (Anhang B—D). Für uns besonders interessant sind die Kernaussagen, daß das *Werden* vor dem *Sein* kommt und daß die (isolierten) *Elementarteilchen* gar nicht elementar, sondern wie die Trajektorien unsere *Konstrukte* sind (S. 208). Der zweite Hauptsatz ist dementsprechend *vor* den Elementarteilchen anzunehmen. Bei deren Konstruktion verwendet man Näherungen, durch die die Irreversibilität verlorengeht. Wenn man aus ihnen die Welt aufbauen will, muß man wieder „Näherungen" einführen, um die immer schon vorhandene Irreversibilität wieder hereinzubringen. Diese kühnen Ideen, die unsere Überlegungen in einem ganz anderen Licht erscheinen lassen, sind aus dem Wunsch entstanden, das Entropieparadoxon lösen zu können. Sie decken sich erstaunlicherweise weitgehend mit den Überlegungen von D. BOHM (1985), der mit den Paradoxien der *Quantenmechanik* unzufrieden war und daher eine Erweiterung dieser Theorie anstrebte. Sein Buch hat bezeichnenderweise den Untertitel „Grundlagen eines dynamischen Holismus". Die *Teile* werden aus dem *Ganzen* hergeleitet (S. 233). Es ist nicht nur alles im Wandel, sondern alles *ist* Fluß (S. 77). Dieses *Holomovement* ist allem vorgeschaltet, die Elementarteilchen „kristallisieren" daraus aus. Er vergleicht das mit der *Strudelbildung* in einem Fluß (S. 30 ff). Von letzterem wird abstrahiert, es bleibt ein scheinbar autonomer Strudel („Teilchen") über. Der Fluß formt aber erst den Strudel, was BOHM mit der *causa formalis* (formgebenden Ursache) des ARISTOTELES vergleicht (S. 36—39). Interessanterweise ergibt sich auch aus seinem Ansatz eine Zeitunschärfe (S. 271 f). Zufall und Meßprozeß werden ebenfalls umgedeutet (S. 128, 146, 273).

PRIGOGINE und BOHM haben offenbar unabhängig voneinander ein antireduktionistisches Programm entworfen, das teilweise auch im Detail übereinstimmt. Entsprechend den großen Umwälzungen, die diese Ideen mit sich bringen, haben sie sich (noch) nicht durchgesetzt. Im Zusammenhang mit dem Thema des jetzigen Buches bzw. dieses Beitrages sind aber diese beiden Ansätze besonders interessant.

8. Symmetriebrechung und Strukturbildung

Die bisherigen Kapitel waren teilweise ziemlich anstrengend. Wir werden jetzt die Früchte ernten und anhand eines einfachen Beispiels wichtige Begriffe wie *Symmetriebrechung* und *Bifurkation*, *dissipative Systeme* und *Synergetik*, *Selbstorganisation* und *Strukturbildung*, *Ordnung* und *Chaos* verstehen können.

Als Beispiel nehmen wir eine Flüssigkeit, die sich in einem quaderförmigen dünnwandigen Behälter befindet. Dessen Oberseite ist mit einem großen Reservoir der Temperatur T_- verbunden, die Unterseite mit einem großen Reservoir der Temperatur T_+. Die Temperaturen sollen sich in den Reservoirs jeweils schnell ausgleichen, sodaß dort auch dann Gleichgewicht herrscht, wenn ein Wärmestrom über die Flüssigkeit vom wärmeren zum kälteren Reservoir fließt. Dementsprechend finden die Nichtgleichgewichtsprozesse nur in der Flüssigkeit statt, die — vermittelt über den Behälter — am oberen Rand die Temperatur T_-, am unteren T_+ hat. Möge nun zunächst $T_+ = T_-$ gelten. Dann herrscht insgesamt Gleichgewicht, und in der Flüssigkeit ist, mesoskopisch betrachtet, die Temperatur überall gleich:

$$T_f(z) = T_- = T_+ , \quad 0 \leq z \leq h . \tag{35}$$

Dabei ist z der senkrechte Abstand vom unteren Rand, $z = h$ entspricht dem oberen Rand der Flüssigkeit f. Sollte zu Beginn die Flüssigkeit nicht ganz im Gleichgewicht gewesen sein, wird sich dieses durch Ausgleichsprozesse schnell — wieder *mesoskopisch* betrachtet — einstellen. Die Entropie im abgeschlossenen Gesamtsystem (inklusive der Reservoirs) erreicht in diesem Fall den Maximalwert und ändert sich dann nicht mehr:

$$S = \max, \quad \dot{S} \equiv dS/dt = 0 . \tag{36}$$

Im folgenden wird die Zeitableitung immer durch einen „Punkt" symbolisiert. Für das Auge ist im Gleichgewicht alles in Ruhe, jede Abweichung davon führt zu ihm zurück. Man sagt auch, daß der Gleichgewichtszustand ein *Attraktor* ist.

Im nächsten Schritt nehmen wir an, daß T_+ ein wenig höher als T_- ist. Infolge der Temperaturdifferenz $\Delta T \equiv T_+ - T_-$ wird Wärmeleitung einsetzen. Der Wärmefluß $\dot{Q}$ von unten nach oben ist proportional zu ΔT, man spricht auch vom *linearen Bereich*, der durch die konstante Wärmeleitfähigkeit κ charakterisiert ist:

$$\dot{Q} = -\kappa \Delta T/h , \tag{37a}$$

$$\dot{S} = \dot{Q}[(1/T_-) - (1/T_+)] = \dot{Q}\, \Delta T/(T_- T_+) . \tag{37b}$$

Die in der Flüssigkeit erzeugte Entropie wird über den Behälter an die Umgebung überwälzt. Für das Auge hat sich gegenüber dem Gleichgewicht nichts geändert, die Flüssigkeit ist makroskopisch weiterhin in Ruhe. Man spricht von einem *stationären Zustand* bzw. *Fließgleichgewicht*. Dabei nehmen wir an, daß die Reservoirs so groß sind, daß sie sich innerhalb der (kurzen) Beobachtungszeit T_- und T_+ durch den Wärmefluß nicht merkbar ändern. War im Gleichgewicht S maximal, so ist nun die *Entropieerzeugung* (pro Zeiteinheit) $\dot{S}$ *minimal* und ändert sich zeitlich nicht:

$$\dot{S} = \min = \text{const} . \tag{38}$$

Die Entropieerzeugung übernimmt als Zustandsfunktion jetzt die Rolle, die die Entropie im Gleichgewicht spielt. Anthropomorph läßt sich (38) so verstehen, daß sich das Gesamtsystem, wenn es schon nicht wie im Gleichgewicht konstante Entropie haben kann, gegen die Entropiezunahme so gut wie möglich wehrt. Statt dem Gleichgewicht ist jetzt das stationäre Nichtgleichgewicht ein Attraktor, wobei das System (bei vorgegebenem T_- bzw. T_+ der Umgebung) durch die Bedingung (38) festgelegt wird. So ergibt sich z.B. daraus das Temperaturprofil zu

$$T_f(z) = T_+ - (z/h)\, \Delta T . \tag{39}$$

Die Temperatur, die nur von der Höhe z abhängt (und nicht von den waagrechten Koordinaten x, y), ist einfach eine *lineare* Funktion von z. Die Flüssigkeit hat zwar die Tendenz, infolge der Aufheizung von unten gegen die Schwerkraft aufzusteigen bzw. infolge der Abkühlung von oben abzusinken. Die innere Reibung verhindert das aber, solange ΔT unterhalb einem kritischen Wert ΔT_c liegt, bei dem die sogenannte *Konvektionsinstabilität* (auch Bénard-Instabilität genannt) auftritt. Bei $\Delta T > \Delta T_c$ erfolgt eine kollektive Bewegung der Flüssigkeit, d.h. es findet Wärmekonvektion statt, vgl. Abb. 2 des vorangegangenen Beitrags von Troger. Bei einer bestimmten Wahl der Quaderdimensionen tritt eine bestimmte Anzahl von Rollen nebeneinander auf. War vorher im Nichtgleichgewicht nur ein *dissipatives System* vorgelegen, so spricht man nun im speziellen von *dissipativen Strukturen*. Die qualitative Änderung bei ΔT_c ist ein Beispiel für einen *Nichtgleichgewichts-Phasenübergang*. Die *Strukturbildung* wird weiter auch mit dem Begriff *Selbstorganisation* umschrieben, da bei einem entsprechenden „Angebot" von ΔT die Rollen „von selbst" auftreten, und zwar reproduzierbar. Benachbarte Rollen drehen sich gegenläufig, die Umdrehungsgeschwindigkeit steigt mit wachsendem ΔT an. Einerseits wird durch die Rollen eine makroskopische Ordnung erzeugt, andererseits wird durch die Konvektion viel effektive Wärme transportiert. Damit ist auch die Entropieerzeugung höher als in (37a). Das heißt, daß die Strukturbildung in der Flüssigkeit mit einer schnelleren Annäherung des Gesamtsystems ans Gleichgewicht verbunden ist.

Die Struktur der Rollen ist keine statische, sondern eine *dynamische* bzw. *Prozeß-Struktur*. Es handelt sich genauso um einen *stationären* Zustand als Attraktor wie im Fall der bloßen Wärmeleitung bei $\Delta T < \Delta T_c$. Rührt man in der Flüssigkeit um, bilden sich nach kurzer Zeit die Rollen wieder aus. Stationär ist der Zustand deshalb, weil in einem beliebigen Raumbereich die Temperatur und Geschwindigkeit der durchströmenden Flüssigkeit nicht von der Zeit abhängt. Die Temperatur ist jetzt freilich auch eine Funktion von x (wenn aufgrund der Behältergeometrie die Achse der Rollen in der y-Richtung liegt), die mittlere Temperatur in Höhe z weicht von der Beziehung (39) ebenfalls ab. Da weder S noch $\dot{S}$ einen Extremwert annehmen, läßt sich rein thermodynamisch die Rollenstruktur nicht mehr bestimmen. Man muß daher die *Dynamik* der Moleküle hernehmen, sie auf die Dynamik mesoskopischer Volumselemente reduzieren und die Beschreibung so weit wie möglich weiter vereinfachen. Im betrachteten Fall führt das zu den drei Lorenz-Gleichungen, die die Entstehung der Rollen gut beschreiben.

Der entscheidende Punkt ist der, daß die thermodynamische Betrachtungsweise nicht hinreichend für das Verständnis der

Strukturbildung ist. Dementsprechend hat sich die „Brüsseler Schule" um Prigogine über die thermodynamische Betrachtung dissipativer Systeme hinaus entwickelt. Den derzeitigen Stand, der Strukturbildung und Selbstorganisation umfaßt, findet man z.B. in A. Babloyantz (1986) oder in G. Nicolis und I. Prigogine (1987). Parallel zur Brüsseler Schule hat H. Haken seine *Synergetik* als eine Theorie von Strukturbildung und Selbstorganisation entwikkelt (synergein = zusammenarbeiten). Dabei geht es um die Reduktion der Variablen auf wenige makroskopische Parameter, durch die z.B. ein Nichtgleichgewichts-Phasenübergang bestimmt wird. Damit werden durch einen *Reduktionsprozeß* die ganzheitlichen Aspekte (z.B. die Rollen in der Flüssigkeit) erfaßt. Statt auf die *Teile* wird auf einen wesentlichen Aspekt des *Ganzen* reduziert. In gewissem Sinn handelt es sich auch hier also um eine Form von Reduktionismus.

Ausgangspunkt für die Synergetik war übrigens der Laser. In letzter Zeit ist bei Haken der Trend festzustellen, auch thermodynamische Betrachtungsweisen (über das Maximum entropy principle) vermehrt einzubauen. Die beiden Schulen haben sich somit einander angenähert. Eine gut verständliche Zusammenfassung des derzeitigen Standes der Synergetik findet sich bei Haken (1985, 1988b, 1988c), wobei Haken in der zweiten Arbeit auch den Bezug zur Brüsseler Schule aus seiner Sicht darstellt. Ein sehr schöner Vergleich der beiden Richtungen findet sich in L. Kuhnert und U. Niedersen (1987, 10 ff).

Doch zurück zu unseren Flüssigkeitsrollen. Ein wesentlicher Punkt wurde bisher ausgespart, nämlich die *Drehrichtung* der Rollen. Wir nehmen an, daß der Behälter durch seine Form zwar die Lage der Rollen festlegt, aber bezüglich einer herausgegriffenen Rolle keine Drehrichtung bevorzugt. Durch die Gegenläufigkeit benachbarter Rollen wird die Drehrichtung *aller* Rollen bestimmt, wenn man die einer einzigen kennt. Konzentriert man sich auf eine bestimmte Rolle, so wird man entsprechend der Symmetrie des Problems bei vielen unabhängigen Experimenten zur Hälfte eine Drehung *gegen*, zur Hälfte *im* Uhrzeigersinn feststellen. Da aus der stationären Lösung für $\Delta T < \Delta T_c$, die trivialerweise die Symmetrie erfüllt, zwei Lösungen für $\Delta T > \Delta T_c$ entstehen, spricht man von *Bifurkation* (Zweiweg-Gabelung). Da jede der beiden Lösungen für sich die Symmetrie verletzt, spricht man außerdem von *Symmetriebrechung*. Es stellt sich nun freilich die Frage, wodurch die Symmetrie gebrochen wird. Das kann beispielsweise durch die Anfangsbedingungen bewirkt werden. Wenn man an dem Ort, an dem die Rolle entstehen wird, im Uhrzeigersinn umrührt, wird sich die Gesamtstruktur dementsprechend ausbilden. Was aber, wenn man von außen das wärmere Reservoir vorsichtig aufheizt, bis ΔT_c überschritten wird? Wodurch wird dann die Symmetrie gebrochen (man spricht dann übrigens von *spontaner* Symmetriebrechung)? Man könnte genauso fragen: Warum herrscht bei uns Rechts- und nicht Linksverkehr? Zwei entgegenkommende Autos möchten möglichst ohne „Reibung" aneinander vorbeikommen. Das geht nur durch „Symmetriebrechung". Da in diesem Fall die spontane Symmetriebrechung (Entscheidung in jedem Einzelfall aufs neue) zu unsicher ist, wird die Symmetriebrechung „von außen" durch das Gesetz bewerkstelligt.

Überlegungen zu Symmetrie und Symmetriebrechung finden sich z.B. im Artikel von H. GENZ (1988) und im Buch von K. MAINZER (1988). Der Artikel ist naturwissenschaftlich, das Buch naturphilosophisch orientiert. Bei GENZ wird das Verhältnis zwischen der Symmetrie der Naturgesetze und der Symmetrie der beobachteten Phänomene problematisiert. Die Anfangsbedingungen und deren (mögliche) Unabhängigkeit von den Naturgesetzen wird auch behandelt (vgl. dazu P. DAVIES 1988). Der Zusammenhang zwischen Symmetrien und Erhaltungssätzen wird erwähnt. Hier läßt sich ergänzen, daß die *Zeitspiegelungssymmetrie* (Reversibilität) mit der Konstanz der *phänomenologischen Entropie* verknüpft ist. Die Probleme, die wir mit der mikroskopisch definierten Entropie hatten, treten bei GENZ allgemein überall dort auf, wo Teile der Welt nicht isolierbar sind. Er schließt deshalb solche Fälle aus — eine klare Trennung zwischen Naturgesetz und Anfangszustand der Welt ist dort unmöglich. Die Überlegungen von GENZ führen uns zu einer weiteren Möglichkeit, uns die Irreversibilität vorzustellen: Die Natur*gesetze* sind an sich reversibel, aber die reversiblen Natur*prozesse* sind so instabil wie die bloße Wärmeleitung bei $\Delta T > \Delta T_c$. Für irgendeine Richtung (Entropiezu- oder -abnahme) mußte sich das Universum — vermutlich als Ganzes — durch spontane Symmetriebrechung „entscheiden".

Wir wollen nun zur Symmetriebrechung bei der Konvektionsinstabilität zurückkehren. In diesem Fall schlägt der Mikro- auf den Makrobereich durch. Ganz kleine Dichtefluktuationen, die gerade „zufällig" herrschen, treiben den makroskopischen Zustand in eine der beiden Rollenbewegungen. Die makroskopisch-deterministische Betrachtungsweise versagt also bei Symmetriebrechung. Bezieht man die Mikrowelt ein, so liegt wiederum gar keine *spontane* Symmetriebrechung vor, sondern eine durch die Anfangsbedingungen bewirkte. Bei Temperaturdifferenzen knapp oberhalb von ΔT_c kann man große Fluktuationen feststellen. Wird ΔT weiter erhöht, stabilisiert sich eine der beiden möglichen Drehbewegungen.

Man könnte also in so einem Behälter ein Bit speichern, indem durch Umrühren von zwei gleich wahrscheinlichen Möglichkeiten eine ausgewählt wird. Erhöht man ΔT weiter, so fangen die Rollen zu wackeln an, bis schließlich bei einer weiteren kritischen

Temperaturdifferenz *Chaos* eintritt. Dabei dreht sich eine herausgegriffene Rolle eine Zeitlang mit oszillierender Geschwindigkeit beispielsweise im Uhrzeigersinn und wechselt dann plötzlich die Drehrichtung, bevor sie wieder, zu einem nicht vorhersehbaren Zeitpunkt, zurückspringt. Man ist verleitet, bei den Umpolungen auf einen Einfluß „von außen" zu schließen, doch läßt sich das Verhalten auf einen internen Mechanismus zurückführen (vgl. die grundsätzlichen Überlegungen von W. LEINFELLNER). Ähnliche Überlegungen ermöglichen ein Verständnis des Magnetfeldes der Erde. Die „Flüssigkeit" ist in diesem Fall das Magma, das ja auch von unten (vom Erdinneren) stark aufgeheizt wird. Die große Temperaturdifferenz führt zu großräumigen kollektiven Bewegungen des Magmas, womit ein (schwankendes) Magnetfeld erzeugt wird, das außerdem noch in unregelmäßigen Abständen umgepolt wird, ohne daß ein Grund ersichtlich wäre. Dieses hochinteressante Gebiet zwischen *Zufall* und *Notwendigkeit* (Stichwort: deterministisches Chaos) kann hier nicht weiter behandelt werden. Hinweise finden sich in meinem ersten Beitrag und in KRATKY (1988b), einen gut verständlichen *Überblick* über die Facetten von Chaos gibt J. GLEICK (1988).

In diesem Beitrag wurde viel gesagt, noch viel mehr mußte unerwähnt bleiben. Daher noch zusätzliche Literaturhinweise, die in bezug auf Allgemeinverständlichkeit ausgewählt wurden: Zu den Ideen PRIGOGINEs (I. PRIGOGINE und I. STENGERS 1981) gibt es eine kritische Bewertung (G. ALTNER 1986). Zur *biologischen Strukturbildung* nehmen z.B. A. GIERER (1986, Kap. V, VI) und H. MEINHARDT (1982) Stellung. Bezüglich der verschiedenen Aspekte der *Selbstorganisation* siehe A. DRESS et al. (1986), KRATKY (1990) und B.-O. KÜPPERS (1987). Das Ziel des vorliegenden Beitrages sollte es aber vor allem sein, einen Einstieg in die nicht so leicht lesbare Literatur zu ermöglichen und die verwirrende Vielfalt von Begriffen in einen größeren Zusammenhang zu stellen.

Literatur

ACKERMANN, G., 1988: Realität, Wahrscheinlichkeit und Statistik. In: E. Oeser und E.M. Bonet (Hrsg.): Das Realismusproblem. Österr. Staatsdruckerei, Wien.

ALTNER, G. (Hrsg.), 1986: Die Welt als offenes System. Fischer, Frankfurt/Main.

BABLOYANTZ, A., 1986: Molecules, Dynamics, and Life. Wiley, New York—Chichester—Brisbane.

BECKER, R., 1966: Theorie der Wärme. Springer, Berlin—Heidelberg—New York.

BOHM, D., 1985: Die implizite Ordnung. Dianus-Trikont, München.

Davies, P., 1988: Law and order in the universe. New Scientist 15 Oct: 58.

Dress, A., H. Hendrichs und G. Küppers (Hrsg.), 1986: Selbstorganisation — die Entstehung von Ordnung in Natur und Gesellschaft. Piper, München—Zürich.

Flamm, D., 1988: Das Realitätsproblem in der Quantenmechanik. In: E. Oeser und E.M. Bonet (Hrsg.): Das Realismusproblem. Österr. Staatsdruckerei, Wien.

Genz, H., 1988: Symmetrie und Symmetriebrechung in den Naturwissenschaften, insbesondere der Physik. Naturwissenschaften *75*: 432.

Gierer, A., 1986: Die Physik, das Leben und die Seele. Piper, München—Zürich.

Gleick, J., 1988: Chaos — die Ordnung des Universums. Droemer-Knaur, München.

Haken, H., 1985: Synergetik — Selbstorganisationsvorgänge in Physik, Chemie und Biologie. Naturwissenschaftliche Rundschau *38*: 171.

Haken, H., 1988a: Information and Self-Organization. Springer, Berlin—Heidelberg—New York.

Haken, H., 1988b: Entwicklungslinien der Synergetik, I. Naturwissenschaften *75*: 163.

Haken, H., 1988c: Entwicklungslinien der Synergetik, II. Naturwissenschaften *75*: 225.

Kratky, K.W., 1976: Computerlinguistik — Auswertung spezieller Texte, Beziehung zur Theorie. 2 Bände. Österr. Studiengesellschaft für Kybernetik, Wien.

Kratky, K.W., 1988a: Neue Konzepte in der Physik — neue Sicht der Realität? In: E. Oeser und E.M. Bonet (Hrsg.): Das Realismusproblem. Österr. Staatsdruckerei, Wien.

Kratky, K.W., 1988b: Chaos, Fraktale und Perkolation. In: E. Oeser und E.M. Bonet (Hrsg.): Das Realismusproblem. Österr. Staatsdruckerei, Wien.

Kratky, K.W., 1990: Der Paradigmenwechsel von der Fremd- zur Selbstorganisation. In: K. W. Kratky und F. Wallner: Grundprinzipien der Selbstorganisation. Wissenschaftl. Buchgesellsch., Darmstadt (im Druck).

Krüger, L., G. Gigerenzer and M.S. Morgan (Eds.), 1987: The Probabilistic Revolution. Vol. 2: Ideas in the Sciences. MIT Press, Cambridge, Mass.

Kuhnert, L. und U. Niedersen (Hrsg.), 1987: Selbstorganisation chemischer Strukturen. Akad. Verlagsgesellschaft, Leipzig.

Küppers, B.-O. (Hrsg.), 1987: Ordnung aus dem Chaos. Piper, München—Zürich.

Mainzer, K., 1988: Symmetrien der Natur. De Gruyter, Berlin—New York.

Meinhardt, H., 1982: Models of Biological Pattern Formation. Acad. Press, London—New York—Paris.

NICOLIS, G. und I. PRIGOGINE, 1987: Die Erforschung des Komplexen. Piper, München—Zürich.

OTTINO, J.M., 1989: Mischen zäher Flüssigkeiten. Spektrum der Wissenschaft. März: 66.

PRIGOGINE, I., 1985: Vom Sein zum Werden. Piper, München—Zürich.

PRIGOGINE, I. und I. STENGERS, 1981: Dialog mit der Natur. Piper, München—Zürich.

ROTHMAN, T., 1987: The Seven Arrows of Time. Discover *8*: 62.

SERRA, R., M. ANDRETTA, M. COMPIANI and G. ZANARINI, 1986: Introduction to the Physics of Complex Systems. Pergamon, Oxford—New York—Beijing.

SMITH, C.R. and W.T. GRANDY (Eds.), 1985: Maximum-Entropy and Bayesian Methods in Inverse Problems. Reidel, Dordrecht—Boston—Lancaster.

WEHRL, A., 1989: Boltzmann versus Maxwell. Vortrag beim „International Symposium on Ludwig Boltzmann", 9.—11. 2. 89, Rom.

ZASLAVSKY, G.M., 1985: Chaos in dynamic systems. Harwood Acad. Publ., Chur—London—Paris—New York.

Der letzte Beitrag des zweiten Buchteils beleuchtet das Verhältnis System — Umgebung mit der Betonung der Autonomie des Systems, wobei das Immunsystem als Beispiel genommen wird. Es wird dabei die Ansicht vertreten, daß das Immun-Netzwerk in erster Linie nicht zur Abwehr von Krankheiten da ist, sondern zur Aufrechterhaltung von Autonomie und Identität. Die Grundideen sind am besten aus der Parabel von Jonny ersichtlich, die am Schluß des Beitrags steht.

FRANCISCO J. VARELA (geb. 1946) ist Professor für Kognitionsforschung und Erkenntnistheorie an der École Polytechnique in Paris. Geboren in Chile, wurde er 1970 an der Harvard University zum Doktor der biologischen Wissenschaften promoviert. Seine Interessenschwerpunkte sind die neurobiologischen und kybernetischen Mechanismen von Kognition und Wahrnehmung. Auch das Immunsystem sieht er unter diesem Gesichtspunkt. Mit HUMBERTO R. MATURANA Begründer der Theorie der Autopoiese, die auch (zum Leidwesen VARELAS) unter dem Namen des Radikalen Konstruktivismus bekannt geworden ist. Diese Theorie betont die Autonomie von Systemen.

Das Immunsystem als autonomer kognitiver Mechanismus

Francisco J. Varela

1. Die unabdingbar kognitive Seite der Immun-Phänomene

Mein Beitrag wird sich nicht mit der allgemeinen biologischen Erkenntnistheorie befassen, an der ich gearbeitet habe, sondern ich möchte eine Möglichkeit aufzeigen, wie es gerade mittels einer solchen Sicht möglich ist, eine biologische Disziplin in neuem Licht zu sehen. Der Bereich, den ich ansprechen möchte, ist jener der immunologischen Phänomene. Das mag zunächst überraschend erscheinen, da es für viele Leute nicht evident ist, daß die Immunität, wenn man versucht, sie auf diese Art und Weise zu sehen, ein zutiefst kognitiver Mechanismus ist. Daher möchte ich die Hauptrichtung der Forschung darstellen, die wir jetzt in Paris verfolgen, bei der wir zwar von einer Erkenntnistheorie ausgehen, sie aber praktisch anwenden.

Die Rolle, die dem Immunsystem üblicherweise zugeschrieben wird, ist der Schutz des „Selbst" vor dem Angriff fremder Infektionen. Die Aufgabe des Immunsystems, so meint man, wäre es, Abwehrstoffe gegen Eindringlinge und Überwachungszellen, die Pathogene killen, zu erzeugen, und so das Selbst vor dem Fremden oder Nicht-Selbst zu bewahren. Der immunologische Diskurs ist, ebenso wie einst die kognitiven Wissenschaften, um einen fixen Mittelpunkt zentriert: hier die (digitale) *Computer*-Metapher, dort eine aus dem *militärischen* Bereich. Das ist einer der Gründe, warum die Immunität, obwohl ein in der Hauptsache eher kognitiver Prozeß, nicht als solcher, sondern als Abwehr-Algorithmus angesehen wurde.

Tatsächlich muß das Immunsystem, auch um einer Abwehrrolle gerecht zu werden, Eigenschaften aufweisen, die man als typisch kognitiv bezeichnen kann. Zunächst einmal muß es irgendeine Form von *Erkennen* molekularer Oberflächen geben: die Formen der eindringenden Antigene, die „Fremdheit", die imstande ist, die körperliche Integrität des Subjekts zu gefährden. Dann eine Art von *Lernen*, um die neuen Antigene zu erkennen und sich gegen sie wehren zu können. Und dann muß es *Gedächtnis* geben, damit es die neue Form, der es einmal begegnete, aufbewahren kann.

Erkennen, Lernen und Gedächtnis sind jene Arten von Prozessen und Mechanismen, die derzeit im Konnektionismus oder Netzwerkmodell für kognitive Mechanismen diskutiert werden. Normalerweise allerdings werden solche Modelle nur für die *neuronalen* Netzwerke, als ihrer biologischen Entsprechung, verwendet; denn natürlich gilt das Gehirn als Schlüssel-Metapher für kognitive Leistungen. Eine der Hauptaufgaben dieses Artikels ist es, zu zeigen, daß das *Immunsystem* ein *kognitives Netzwerk* ist, und zwar nicht nur aufgrund jener Eigenschaften, die es mit dem Gehirn gemeinsam hat, sondern, was viel interessanter ist, weil wir in beiden Fällen ähnliche (oder zumindest vergleichbare) umfassende Eigenschaften biologischer Netzwerke vorfinden, die kognitives Verhalten als emergente Eigenschaft erscheinen lassen. Das gibt dem Immunsystem eine gewichtige Stimme im Kanon der derzeitigen Untersuchungen fundamentaler kognitiver Mechanismen.

Diese Diskussion wäre ohne neue Ergebnisse und Trends in der experimentellen Immunbiologie, die den Netzwerk-Charakter deutlich machen, nicht möglich. Diese Auffassung zieht wichtige Veränderungen für die immunologische Praxis und Anwendung nach sich. Illustrieren läßt sich dies durch die gut gestützte Beobachtung des „prometheischen" Charakters des Immunsystems: Es kann auf Antigene antworten, die es nie gesehen hat, einschließlich jener, die menschliche Artefakte sind, und daher nicht einmal durch irgendeine Form von evolutionärer Anpassung erklärt werden können. Denkt man sich das Immunsystem lediglich als ein genetisch programmiertes Repertoire einzelner Antworten, die nicht miteinander zusammenhängen, müßte man eine spezifische Antwort auf unvorhersehbare Ereignisse finden. Kurz gesagt, das Immunsystem wäre jene Art von universellem Problemlöser, den die künstliche Intelligenzforschung nach Jahren frustrierender Versuche als Unmöglichkeit ad acta gelegt hat. Statt dessen macht die Immunologie auf jene ganz speziellen Prozesse aufmerksam, mit Hilfe derer dieses Netzwerk operiert. Eine zweite Absicht dieses Artikels ist es, zu zeigen, daß dieses Netzwerkmodell ganz selbstverständlich zur Vorstellung eines *autonomen kognitiven Selbst auf der molekularen Ebene als der für immunologisches Geschehen geeigneten Betrachtungweise* führt.

2. Das Auftreten der immunologischen Doppelbindung

Die ersten immunologischen Theorien begegneten diesen kognitiven Aspekten, indem sie sie ignorierten. Die Grundannahme war, daß Antigene jene Instruktion liefern, die es ermöglicht, die entsprechenden Antikörper gegen sie auszubilden. Die Instruktionstheorien waren völlig heteronom (Gegensatz zu autonom, Anm. d. Übers.) ausgerichtet, in ihrer Annahme, Antikörper wären so etwas wie ein beliebig knetbarer molekularer Teig. Diese Idee wurde durch die offenkundige Vollständigkeit der Immunantwort sehr gestützt, die auch künstliche Substanzen einschloß, wie LANDSTEINER dies 1912 gezeigt hatte. Diese Beobachtungen aber machten es buchstäblich unvorstellbar, daß all das im System vorhanden sein sollte; denn es wäre eine ungeheure Verschwendung, und daher mußte das System direkt von seiten der Antigene gesteuert sein.

In diesen Theorien „stellte man sich das Antikörpermolekül wie einen universellen Klebstoff vor, der imstande war, mit allen Arten von Antigenen zu interagieren, ihre komplementäre Form anzunehmen, das Antigen zu beseitigen und die ‚gelernte' Konfiguration im Gedächtnis zu behalten" (URBAIN 1986). Daß das Wort Lernen unter Anführungszeichen steht, ist hier bezeichnend. Denn seit die Einsicht in die kognitive Natur des Prozesses nicht mehr abzuweisen ist, muß man irgendeine Form von Lernen annehmen. Anderseits aber ist der Prozeß, von dem die Rede ist, offenbar weit davon entfernt, ein kognitiver zu sein. Sonst könnte man ja auch von dem Papier, auf das jemand seine Unterschrift setzt, sagen, es habe etwas gelernt. Darüber hinaus wird der Mangel an kognitiver Fähigkeit dadurch noch deutlicher, weil der Zusammenhang mit einer Individualität, *für* welche die Unterscheidung und das Lernen geschieht, völlig fehlt. „Diese Theorien enthielten ihren eigenen Tod, weil ein solch universeller Teig nicht zwischen Selbst- und Nicht-Selbst-Antigenen unterscheiden kann" (URBAIN 1986).

Genau das ist der wesentliche Punkt. Mittlerweile ist es bereits klassisch in der Immunologie, von Selbst/Nicht-Selbst-Unterscheidung zu sprechen. Das ergibt sich als zwingende Konsequenz aus der Tatsache, daß das Immunsystem und seine Unterscheidungs-Fähigkeiten *innerhalb* eines Körpers agieren. Diese simple Tatsache hat weitreichende Folgen. Seit kurzem, wie wir weiter unten ausführen werden, folgt die Immunologie derselben Tendenz wie die anderen Bereiche der kognitiven Wissenschaften, indem sie jede Form kognitiver Fähigkeit als eine Art von Informationsprozeß ansieht. Man nimmt an, daß Information in das System kommt und dieses darauf adäquat reagiert, indem es eine geeignete Antwort produziert. Solche Input/Output-Relationen, die üblicherweise als interne Programme der „Informations"verarbeitung bezeichnet werden, sind der Kern der *heteronomen* Zugänge (VARELA 1979).

Verhängnisvollerweise bleiben die Immunologen bei diesem heteronomen Schema. Da gibt es ein Antigen, das hereinkommt, und die passende Antwort darauf besteht in der Erzeugung eines Antikörpers, mit dem Ergebnis, daß das Antigen beseitigt wird. Aber wer bestimmt, wie der Antikörper aussehen soll? Zum Unterschied vom Nervensystem gibt es im Immunsystem keine sensorischen Organe, die räumlich angeordnet sind. Die Antikörper zirkulieren frei im Organismus und haben genausoviel Chancen, auf Moleküle zu treffen, die zum Körpergewebe (Selbst) gehören, als auf Antigene (Nicht-Selbst). Kurz gesagt, es ist für das Erkennen der Antikörper unabdingbar, *daß es eine Möglichkeit gibt, zu erkennen, was erkannt werden muß.*

Wenn der Leser denkt, die Dinge würden nun ein wenig zu kompliziert, dann stimmen wir zu: Sie sind es. Aber es ist wichtig, darauf hinzuweisen, daß die zwingend notwendige Forderung nach irgendeiner Art von Wissen über das, was gewußt werden muß, die Annahme einer simplen heteronomen Operation, wie sie eine automatische Antwort auf irgendetwas darstellt, das von draußen kommt, für die Immunität sehr unbefriedigend macht. Ohne allzu viel von dem vorwegzunehmen, was wir später entwickeln wollen, werden wir sehen, daß die moderne Immunologie (1950—1970), während sie an der heteronomen Sicht festhielt, zwar versuchte, diese Schwierigkeit zu umgehen, allerdings mit geringem Erfolg. Eine befriedigendere Lösung verlangt eine radikalere Änderung der Sichtweise in Richtung auf ein Verständnis des Immunsystems als ein autonomes Netzwerk. Aber gehen wir Schritt für Schritt vor und prüfen ein wenig genauer, was „Erkennen" in diesem Kontext bedeutet.

Wenn man sagt, ein Antikörper „erkennt" ein Antigen, dann meint man, daß er chemisch an es bindet und auf diese Weise neutralisiert. Das ist bewundernswert ökonomisch, wenn es sich um ein fremdes Molekül handelt und nicht um Moleküle, die wesentliche Bestandteile des Organismus selbst sind. Diese einfache Logik war der Grund, warum die Immunologen *a priori* die Möglichkeit ausschlossen, Antikörper könnten an körpereigene Moleküle binden, ohne daß als typische Folgen Autoimmunerkrankungen auftreten. Abgesehen von diesen pathologischen Fällen zeigt der Organismus normalerweise keine zerstörerischen Reaktionen gegen sein eigenes Gewebe. Dieses Phänomen heißt *Toleranz*, wurde im Jahre 1900 von Paul Ehrlich identifiziert und *horror autotoxicus* genannt.

Nach und nach setzte sich eine wichtige Idee durch, und zwar daß das Erkennen unbekannter Antigene in einem gewissen, aber wichtigen Umfang auf der mangelnden Präzision des Mechanismus selbst beruhen könnte, d.h. auf der Tatsache, daß ein Antikörper mit unterschiedlichen Graden von Affinität an ein breites Spektrum molekularer Formen binden kann. So reicht ein Repertoire von 10^5 Arten von Antikörpern aus, um eine Kaulquappe am Leben zu erhalten, während der Mensch ein Repertoire von mehr als 10^9 verschiedenen Formen besitzt, die seine Lebensfähigkeit sicherstellen. Mit anderen Worten, es gibt verschiedene Möglichkeiten, die Aufgabe, die dem Immunsystem zukommt, *vollständig* zu erfüllen. Das macht die Frage nach dem Selbst/Nicht-Selbst noch komplexer.

Zweifache Unterscheidung, zweifaches Erkennen: Zuerst muß gewußt werden, welches ein körperfremdes Antigen ist, bevor gewußt werden kann, was für eines es ist; logischerweise aber hat das Erkennen des Nicht-Selbst das Wissen des Selbst zur Folge. Die Schwierigkeit aber, wie wir ausgeführt haben, besteht darin, daß das Erkennen Destruktion zur Folge hat. Eine teuflische Situation, die folgendermaßen zusammengefaßt werden kann: „Die klassischen Theorien fordern einerseits, daß mittels Vergleichs zwischen den körpereigenen und körperfremden Strukturen unterschieden wird, doch das, anderseits, verlangt, die Existenz eines Selbst bzw. die Gefahr der Selbst-Destruktion zu ignorieren." (Coutinho et al. 1984) Diese schwierige Situation möchten wir die *immunologische Doppelbindung* nennen: Man kann nicht abwehren, ohne zu erkennen, und man kann nicht erkennen, ohne zu zerstören. Ebenso wie die US-Politik in Vietnam: „zerstören, um zu retten", ist man mit zwei inkompatiblen Zwängen konfrontiert, die auf unentwirrbare Weise miteinander verbunden sind, vergleichbar einem heimtückischen Verkehrszeichen, das anzeigt: IGNORIERE DIESES ZEICHEN.

3. Die Etablierung der klonalen Selektionstheorie

Wir können nun den nächsten wichtigen Schritt des immunologischen Denkens überprüfen und es mit dem oben angesprochenen Problem konfrontieren, immer noch unter Beibehaltung einer heteronomen Sicht des Immunsystems. Die klonale Selektionstheorie war das Ergebnis der Arbeiten von N. Jerne und M. Burnet in den 50er-Jahren und hat die Immunologie bis vor kurzem dominiert, ebenso wie die symbolisch/computerhafte Sicht der Kognition die Kognitionswissenschaften seit dieser Zeit beherrschte. Es dauerte geraume Zeit, bis es der Immunologie gelang, dem Zugriff der Instruktionstheorien zu entkommen, und auch dann geschah dies nur widerstrebend.

Die erste wichtige Idee, nach N. Jerne, war die eines Antikörper-Repertoirs, das ständig im Körper verbleibt. Im Gegensatz zu den Instruktionstheorien schlug er vor, daß die Produktion der Antikörper im voraus stattfindet und in einem gewissen Sinn das Auftreten des Antigens vorwegnimmt. Zu dieser Zeit, wie wir bereits sagten, war das völlig unvorstellbar. Heute wissen wir, daß es ungefähr 10^{20} Antikörper gibt, mit einem hohen Grad an Bindungsmöglichkeiten, und die Vorstellung eines internen Repertoires steht nicht länger in Zweifel.

Nun blieb noch zu erklären, wie eine, und zwar relativ auf eine gegebene Welt von Antigenen, zunächst zufällige Ansammlung von Antikörpern von dieser geformt werden kann. Man weiß, daß Begegnungen mit Antigenen eine Spur im System hinterlassen:

Die Antikörper, die an sie binden, vermehren sich in beträchtlicher Zahl, was den Hauptaspekt einer *Immunantwort* ausmacht. Und vielleicht ist es gerade diese Art von Phänomenen, die es ermöglicht, kognitive Eigenschaften zu verstehen, aber wir sind noch nicht so weit. Den bemerkenswertesten Vorschlag, diese Schwierigkeit zu umgehen, machte JERNE: Er berief sich auf DARWIN und die natürliche Selektion. Auch wenn das Antigen nicht wie eine Blaupause oder Instruktion zur Ausformung des Antikörpers wirkt, kann es nichtsdestoweniger jene Antikörper, welche bereits vorhanden sind, *selegieren*, erfolgreich an sie binden und sie veranlassen, sich zahlreich zu vermehren. M. BURNET schlug dann einen speziellen Mechanismus vor, wie dieser selektive Prozeß in den Begegnungen der Lymphozyten realisiert werden könnte. Die Grundidee war, daß jeder Lymphozyt lediglich einen Typ von Antikörper mit sich führt (und produzieren kann), sodaß sich mit jedem Antigen eine Subklasse der Lymphozyten-Familie, oder ein *Klon* verbinden würde. Der Kontakt zwischen Antigen und Klon führt zur Vermehrung der Zellen dieses Klons, was im weiteren zu einer vermehrten Produktion von Antikörpern dieses speziellen Typs führt, die so das eindringende Antigen neutralisieren (BURNET 1959). Auf diese Weise entwickelt sich die Lymphozyten- und Antikörper-Population unter dem selektiven Druck des Antigens. Das ist keine genetische, sondern eine *Antigen*-Determination; und der Ausdruck „antigene Determinante" ist noch in Gebrauch.

Die klonale Selektionstheorie, d.h. jenes Ensemble an Ideen, das wir angesprochen haben, war eine brillante Antwort auf die brennende Frage, wie das Immunsystem angesichts von unbegrenzt Neuem operiert. Die kognitiven Fragen erscheinen hier im Gewand eines evolutionären Spiels. Eine Zeitskala wird auf eine andere übertragen; ebenso findet eine Übertragung von einem äußeren Milieu in ein inneres des Organismus statt. Aber noch war die Frage bezüglich der Selbsttoleranz nicht beantwortet.

Die Antwort der klonalen Selektionstheorie zu diesem noch offenen Problem war einfach. Sie postulierte, daß das ursprüngliche Antikörper-Repertoire eigentlich nicht vollständig ist: Und zwar enthält es *genau* jene Klone nicht, die körpereigene Moleküle erkennen können. Eine einfache Lösung, die allerdings das Problem nur an eine andere Stelle verschiebt, weil das, wie wir bereits diskutiert haben, nicht *a priori* mittels genetischer Mechanismen bewerkstelligt werden kann. Daher kann man weder einen genetischen Prozeß dafür heranziehen, noch einen selektiven Prozeß beim Erwachsenen, um diese notwendige Klärung durchzuführen. Die einzig brauchbare Lösung war, diesen Zwischenschritt dem Embryo zu überlassen; in dieser Phase, so nahm die klonale Selektion an, müßten Anti-Selbst-Klone zerstört werden. Diese Idee wird normalerweise so formuliert, daß man sagt, der Organismus lerne die Unterscheidung von Selbst/Nicht-Selbst während der Ontogenese.

Auf diese Weise aber kommen die alten kognitiven Fragen, die man entschieden glaubte, bei der Hintertür wieder herein. Das Selektionsmodell ist, für sich genommen, nicht ausreichend; man ist immer noch gezwungen, einen Lernprozeß anzunehmen, um ein Selbst abzugrenzen, auch wenn man ihn in das embryonale Leben verbannt. Durch welchen spezifischen Mechanismus sollte das bewerkstelligt werden? Wie BURNET sagt, können Anti-Selbst-Klone vermieden werden, „indem man annimmt, daß in diesem Abschnitt des embryonalen Lebens der Kontakt mit einem Antigen zum Zelltod führt" (BURNET 1959). Was für eine seltsame Verdrehung der bisherigen Logik: Jener Mechanismus, der die Unterscheidung zwischen dem Selbst und den Antigenen sicherstellt, wird genau zum Gegenteil von jenem, der es später erlaubt, zwischen verschiedenen Antigenen zu unterscheiden. Im zweiten Fall führt der Kontakt mit dem Antigen zur Beseitigung des Antigens. Im ersten Fall führt der Antigen-Kontakt zur Beseitigung der Zelle. Der theoretische Kniff besteht hier darin, daß die beiden Enden der immunologischen Doppelbindung separiert werden, indem der eine Teil der Unterscheidung dem Erwachsenen, der andere dem Embryo zugeteilt wird. Darüber hinaus sind jene Klone, die während des embryonalen Lebens eliminiert werden, selbst Bestandteil des Selbst, und daher wird die Destruktion des Selbst in genau dem Rahmen entwickelt, in dem sie eigentlich vermieden werden. Klarerweise ist das unbeholfene Zusammenfügen dieser einander widersprechenden Prozesse eine Frage der logischen Konsistenz.

Die klonale Selektionstheorie lieferte eine reiche Fülle an Anregungen für die experimentelle Forschung. Sie führte BURNET dazu, die Möglichkeit zu postulieren, das Immunsystem sei täuschbar, indem man Zellen in den Embryo einbringt und ihn so gegen Moleküle tolerant macht, die normalerweise nicht vorhanden sind. Nachdem dies im Experiment als korrekt überprüft worden war, stand es außer Frage, daß die Toleranz erlernt war. Später stellte sich sogar heraus, daß eine solche Toleranz nicht ausschließlich dem Embryo vorbehalten ist. Auch der Erwachsene kann Toleranz erwerben, und seither kann Lernen nicht mehr als auf einen bestimmten Lebensabschnitt beschränkt angesehen werden. Bereits dieses Faktum wirft schwierige Fragen für die klonale Selektionstheorie auf.

Darüber hinaus ist bereits die Vorstellung eines vollständigen Repertoires, ausgenommen die das Selbst bestimmenden Anteile (sog. Determinanten), problematisch. Dieses „mit Ausnahme der", so unschuldig es klingt, ist hintergründig, wenn man sich erinnert, was wir über die breite Palette von molekularen Oberflächen gesagt haben, an welche Antikörper binden, und die die Basis für die Vorstellung von Vollständigkeit bildet. Die simple Vorstellung einer Zerstörung von Anti-Selbst ist nur simpel unter der Annahme einer Antikörper-Spezifität, wie sie in den medizinischen Anfängen der Immunologie gültig war, und die ihre Gültigkeit aus jenen wenigen Fällen zog, in denen Impfungen funktionierten, indem man eine beschränkte Klasse von Antikörpern gegen ein Pathogen einbrachte. Aber eine Regel in der Form „ein Antikörper, ein Antigen", ist sicher falsch. Wenn wir mit hinreichender Sicherheit ausschließen wollen, daß Klone eine Antwort auf körpereigene Moleküle auslösen, würde das sowohl darauf hinauslaufen, den Organismus einer Antwort auf eine enorme Zahl potentieller Antigene zu berauben, als auch seine Vollständigkeit in Frage stellen. Der schützende Mantel der Immunität würde durchlöchert wie ein Sieb. Die Formel, „ein komplettes Repertoire ‚mit Ausnahme der' ", dazu gedacht, das Dilemma der beiden einander widersprechenden Formen des Erkennens zu lösen, die notwendig sind, um Selbst/Nicht-Selbst zu unterscheiden, endet, wie wir nun sehen in einer anderen Form der Kontradiktion, indem sie eine Präzision der Unterscheidung bezüglich des Selbst fordert, die mit der Annahme von Vollständigkeit unvereinbar ist.

Wie es oft geschieht, traten die Mängel der klonalen Selektionstheorie, nachdem sie einige Zeit dominiert hatte, mehr und mehr hervor. Wir werden dies nicht näher ausführen. Aber es war die Kombination von theoretischem Ungenügen (aber Theorie ist nicht immer eine Aufgabe der Immunologen), die wir oben erwähnt haben, und einige wichtige empirische Beobachtungen, die Mitte der siebziger Jahre eine neue Perspektive eröffneten, der wir uns nun zuwenden wollen.

4. Das autonome Immun-Netzwerk

Das Dilemma, von dem wir oben sprachen, bleibt unberührt, außer man ist bereit, die ursprüngliche Vorstellung des *horror autotoxicus* aufzugeben. Es ist heute klar, daß es normale zirkulierende Antikörper gibt, die an viele (alle?) körpereigene Moleküle binden, und zwar sowohl beim Embryo als auch beim Erwachsenen. Diese Antikörper darf man sich aber nicht so vorstellen, als wären sie *gegen* die körpereigenen Moleküle gerichtet. Tatsächlich können genau diese Typen von Antikörpern in stärkerer Konzentration Autoimmunerkrankungen hervorrufen, aber nicht in der Zahl, in der sie normalerweise zirkulieren.

Aber es gibt etwas viel Wichtigeres, das man neu bewerten muß. Man darf nicht vergessen, daß die Antikörper, die zirkulieren und von denen angenommen werden kann, daß sie die Selbst/Nicht-Selbst-Unterscheidung bewerkstelligen, *selbst* ein Teil des Selbst sind. Das erfordert die Existenz von Anti-Antikörpern oder anti-idiotypischen Antikörpern, wie sie genannt werden. Wir haben jetzt ausreichende Hinweise, daß das tatsächlich so ist, und daß daher die Antikörper, die im frei fließenden Serum zirkulieren und jene Antikörper, die an Zelloberflächen gebunden sind, keine separierten individuellen Elemente oder Klone sind, sondern eng miteinander vernetzt, genau das, was man eine Netzwerk-Operation nennt, eine Idee, die zum ersten Mal (wieder!) bei N. JERNE im Jahre 1974 (JERNE 1974, 1984) auftaucht. Daher war es zunächst einmal notwendig, klarzumachen, wie das System aufgrund seiner eigenen internen Dynamik operieren kann, was JERNE ein Eigenverhalten (selbst-determiniertes Verhalten) nannte, und zwar in einem dynamischen Gleichgewicht. Mit diesen Ideen war die Vorstellung eines heteronomen Immunsystems zutiefst in Frage gestellt. Doch bevor wir alle Konsequenzen aufzeigen können, ist es unserer Meinung nach noch erforderlich, einige andere theoretische Annahmen zu verändern. Diesen Schritt wollen wir jetzt tun.

Stellen Sie sich ein fremdes Antigen vor, das in den Organismus eindringt. Ein Teil des Antigens, seine Antigen-Determinante oder Epitop E, wie es manchmal genannt wird, wird von bestimmten Antikörpern erkannt. Im alten Begriffsrahmen wäre das der Anti-E-Antikörper, der nun das E-tragende Antigen eliminiert. Erkennen findet nur zwischen diesen beiden statt, und das Antigen spielt seine selektive Rolle. In der Netzwerkperspektive aber ist dieser private Dialog nicht mehr länger gültig. Erstens, weil die Bindung zwischen dem E und den verschiedenen Anti-E-Antikörpern nicht dual, sondern multipel ist. Aber, was viel wichtiger ist, wir haben nun auch jene Antikörper mit einzubeziehen, die an die Idiotope der Anti-E's binden. Das nun wieder, umgekehrt, verlangt Antikörper, die an deren Idiotope binden, usw... Das Endresultat ist, daß wir immer in Klassen von Antikörpern geraten, die zumindest zum Teil dem eingedrungenen Epitop E ähneln. Einfacher ausgedrückt: Das Antigen wird genau in dem Ausmaß in der Lage sein, in das Netzwerk einzudringen, als dort bereits ein Antikörper zirkuliert mit einer molekularen Oberfläche, die ihm ausreichend ähnlich ist, ein „internes Bild". Das Antigen hört auf, eine „Determinante" zu sein und *wird zu einer kleinen Perturbation in einem sich ständig in Bewegung befindlichen Netzwerk.* Damit ist gemeint, daß die Wirkungen eines eindringenden Antigens, wie jede Perturbation in einem reichen Netzwerk, verschiedenartig und abhängig vom gesamten Kontext des Netzwerkes sind; und genau das ist, wie wir heute wissen, der Fall.

Wir sehen nun, auf welche Weise die heteronome Sicht des Systems allein durch die Prüfung der Netzwerk-Logik, mit Hilfe derer es konstruiert ist, geschwächt wird. Vordergründig scheint die Immunantwort, wenn der Immunologe eine große Anzahl von

Antigenen injiziert, wie eine heteronome Antwort des Systems. Aber die Netzwerk-Sicht macht klar, daß dies eine im hohen Maße künstliche Laboratoriums-Situation ist. Denn normalerweise erhalten wir *keine* große Zahl von Antigenen. Wir haben eine kleine Anzahl verschiedener körpereigener Moleküle, die im Lauf des Lebens wechseln, und eine bestimmte Zahl von Molekülen, denen wir durch Essen und Atmen ausgesetzt sind. Mit anderen Worten, das System ist grundsätzlich eine autonome Einheit, offen für alle Arten der Modulation, das so agiert, daß es seine internen Niveaus nur wenig ändert, und ist bestimmt keine Maschine, die Immunantworten produziert. Daher entwickeln z.B. Tiere, die von Geburt an mit keinem einzigen Antigen konfrontiert wurden (antigen-freie Tiere), ein ziemlich normales Immunsystem, was in eklatantem Gegensatz zur klonalen Selektionstheorie steht, die ein atrophiertes Immunsystem vorhersagen müßte.

In einem nächsten wichtigen Schritt muß man dann die Vorstellung des Immunsystems als eines Abwehrapparates, der auf externe Ereignisse gerichtet ist, aufgeben, und es in Begriffen von Selbst-Erhaltung ausdrücken, die eine *molekulare Identität* etabliert, indem sie im ganzen verstreuten Netzwerk Niveaus zirkulierender Moleküle aufrechthält. An diesem Punkt nun wird die volle Würde des Immunsystems sichtbar, und es kann voll in die derzeitige Untersuchung kognitiver Netzwerke einbezogen werden. Wie in allen diesen erhält ein reiches, untereinander verbundenes Netzwerk in allen verstreuten Prozessen gleichbleibende Niveaus aufrecht. Genauer gesagt, regelt ein dynamisches Niveau von Antikörper/Zell-Begegnungen die Zellzahl und die zirkulierenden Niveaus molekularer Formen. Dann gibt es noch jene nachgeordnete Dynamik, die die Komponenten des Netzwerks auswechselt, indem sie neue Lymphozyten aus einem Ruhepool rekrutiert, und zwar in einem aktiven Prozeß, der bei der Maus bis zu 20% aller Lymphozyten erreicht. Und es ist dieser ständige Wechsel, der hier, anstelle jenes besser bekannten Lernalgorithmus in neuronalen Netzwerken, den Mechanismus für Lernen und Gedächtnis bereitstellt. Tatsächlich ähnelt, vom theoretischen Standpunkt aus, die Flexibilität des Immunsystems eher jener der Algorithmen, die die Genetik aufgefunden hat, oder jener von Klassifikationssystemen (Varela et al. 1988a, b). Nun können wir die Etablierung der systemischen Identität als *positive* Aufgabe ansehen und nicht mehr als eine Reaktion gegen Antigene. Diese Identität zu spezifizieren wird hier, sowohl logisch als auch biologisch, als primäre Aufgabe angesehen; die ontogenetische „Antigen-Historie" wirkt dann als deren Modulation.

Nun ist dem Leser sicher klar, daß diese Darstellung des Immunsystems skizzenhaft und simplifizierend ist. Sie läßt enorm wichtige Fragen außer Betracht, wie z.B. die verschiedenen Zell-

Klassen, die im Inneren des Systems miteinander kooperieren (T, B, Antigen-präsentierende Zellen, etc.), die unglaubliche Komplexität der molekularen Mechanismen und deren genetische Kontrolle (MHC-Restriktion, somatische Mutanten, etc.). Aber unsere Aufgabe hier kann nur sein, das zugrundeliegende Konzept und dessen logisches Rückgrat in Umrissen aufzuzeigen. In diesem Sinn ist es wichtig, zu verstehen, was heute mit einer Netzwerk-Perspektive in der Immunologie gemeint ist. Die Realität von anti-idiotypischen Antikörpern steht außer Frage. Weniger klar ist deren Wichtigkeit und Bedeutung. Für die meisten Immunologen bedeutet Netzwerk nur eine Kette aufeinander folgender Anti-Idiotypen. *Der Reichtum der Netzwerk-Prozesse und deren emergente Eigenschaften, von denen man andernorts, nämlich in den Kognitionswissenschaften, bereits voll überzeugt ist, werden immer noch nicht wirklich verstanden.* Die Zahl jener experimentellen Publikationen, die sich tatsächlich mit der Problematik von Immun-Netzwerken befassen, ist an den Fingern einer Hand abzuzählen, und die theoretischen Überlegungen stehen erst am Anfang (COUTINHO und VARELA 1988, PERELSON 1988). Denn das steht und fällt mit der Bereitschaft, die Vorstellung fallenzulassen, Immunität als Abwehr zu sehen, und statt dessen das Immunsystem als jene Instanz anzuerkennen, die die molekulare Identität etabliert, eben als ein autonomes kognitives System.

Wir wollen nun dazu übergehen, zu sehen, wie diese Sicht eines autonomen Netzwerkes mit der immunologischen Doppelbindung und der noch immer offenen Frage der Selbst/Nicht-Selbst-Unterscheidung fertig wird. Tatsächlich ist die Antwort ziemlich einfach. Aus diesem Zugang ergibt sich genau das, was bei der Lösung eines Paradoxons immer passiert: Man verläßt den Bereich, in dem es relevant ist. Im vorliegenden Fall heißt das: *Das Immunsystem unterscheidet grundsätzlich nicht zwischen Selbst und Nicht-Selbst (und kann das auch nicht).* Wie wir bereits diskutiert haben, kann das sich ständig verändernde Netzwerk von eindringenden Antigenen lediglich gestört oder moduliert werden, und antwortet daher nur auf das, was dem bereits Vorhandenen ähnelt. Und so kann man jedes Antigen, das das Immun-Netzwerk stört, als „Antigen im Inneren“ definieren, das deswegen diese ständig im Wechsel befindliche Dynamik des Netzwerkes nur moduliert. Etwas, das sich nicht so verhält, ist einfach unsinnig und kann zwar eine „reflexive“ Immunantwort auslösen, d.h. eine, die durch quasi-automatische Prozesse produziert wird, diese sind dem Netzwerk selbst aber nur peripher. Die alte Unterscheidung Selbst/Nicht-Selbst wird, in diesem Licht, zur Unterscheidung von Selbst (Sinn) und Unsinn (VAZ und VARELA 1978).

Normalerweise kommen Antigene mit der Nahrung und der Atemluft herein und werden in Schach gehalten von den vielerlei

Rückkopplungsschleifen, die einwirken, wodurch niedrige Niveaus sowohl von Antigenen als auch von an sie bindenden Antikörpern entstehen. Genau das ist es, was mit den Bestandteilen des Selbst geschieht. Während der gesamten Entwicklung interagieren die Moleküle des Selbst mit den Immunkomponenten auf eine Weise, daß ihre Niveaus innerhalb bestimmter Grenzen gehalten werden, und zwar aufgrund einer ständigen Immunaktivität, die sie in Schach hält. So kann z.B. gezeigt werden, daß das Niveau von Renin, einem im Normalfall vorhandenen Hormon, von den vielerlei Antikörpern reguliert wird, die normalerweise im Immunsystem des Individuums präsent sind. Es ist darauf aufmerksam zu machen, daß dieses ständig vorhandene Phänomen nicht notwendigerweise mit Stabilität zu tun hat (was auch meistens nicht der Fall ist): Die Komponenten sind zu verschiedenartig und werden zu oft ausgetauscht, als daß dies so sein könnte. Es hat eher mit Überleben zu tun, daß, obwohl es ständigen Wechsel gibt, dieser gewissen Regeln folgt, sodaß er bestimmte Grenzen nicht überschreitet (wie z.B. eine explodierende Zahl eines Typs von Antikörpern). In diesem Sinn haben wir es beim Immunsystem eher mit regulierten Mustern des Wandels zu tun, ähnlich wie beim Wetter, als mit wenigen, durch Erfahrung erworbenen Knoten, die stabil sind, was für die Modelle der neuronalen Netzwerke typisch ist. Genau das meinen wir, wenn wir von einer *positiven* Erklärung der molekularen Identität sprechen: Was wir auf der molekularen Ebene sind und was unser Immunsystem ist, steht zueinander in der Beziehung zweier koevolutiver Prozesse. Eine gute Metapher bietet vielleicht die Wechselabhängigkeit zwischen der Oberfläche des Planeten Erde und der Atmosphäre, wie wir sie heute kennen, und der darauf existierenden Biosphäre, wie sie J. Lovelock in seiner Gaia-Hypothese vorschlägt.

Der Leser, der gewöhnt ist, die Immunität als Abwehr zu denken, wird ungeduldig. Sie scherzen sicher, sagt er. Wenn wir, wie z.B. bei AIDS, eine geschwächte Immunität haben, werden wir unverzüglich von Pathogenen vernichtet. Um es klarzumachen, das Immunsystem ist *auch* in der Lage, eine Immunantwort gegen Infektionen zu erbringen. Und zwar in jenen Fällen, in denen die Antigene in zu großer Zahl oder zu schnell eindringen; dann werden spezifische Mechanismen ausgelöst, die eine Immunantwort ermöglichen, einschließlich der Entzündung an der Wundstelle. Interessanterweise sind diese Mechanismen fast völlig unabhängig von den bereits beschriebenen Netzwerkprozessen, und es war fast ausschließlich diese „reflexive" Immunreaktivität, mit der sich die klassische Immunologie beschäftigt hat.

Es geht nun nicht darum, zu leugnen, daß Abwehr möglich ist, sondern sie als Grenzfall von etwas viel Fundamentalerem zu sehen: individuelle molekulare Identität. Vielzelliges Leben ist ja auch ohne Immunabwehr möglich, wie bei den Wirbellosen. Abwehrreaktionen, im Zentrum der Aufmerksamkeit der medizinischen Immunologie, sind zweitrangige Errungenschaften, ebenso wie die Abwehr-Vermeidungsreaktionen des neuronalen Verhaltens beim Vielzeller spätere Varianten der fundamentaleren Aufgabe von Bewegung/Beziehung sind. Aber zu sagen, Immunität sei grundsätzlich Abwehr, ist genauso verkehrt, wie, das Gehirn diene grundsätzlich der Abwehr und Vermeidung. Sicherlich wehren wir Angriffe ab und versuchen, ihnen zu entkommen, aber das wird kaum dem gerecht, was Kognition ist, nämlich lebendig zu sein und sich zu verändern.

5. Coda: Die Parabel von Jonny

Wir haben die Veränderung in den Konzepten des immunologischen Denkens verfolgt, von ihren Anfängen als Instruktionstheorie, über die klonale Selektion bis zu einer modernen Netzwerk-Perspektive. Diese Art von Forschungslogik ist von kognitiven Fragen nicht zu trennen. Es ist wirklich faszinierend, wie, unter diesem Aspekt, das Immun-Netzwerk eine gleichwertige Stellung einnimmt neben den neuronalen Netzwerken, als Wissensquelle sowohl hinsichtlich der Mechanismen als auch für die Erklärung grundlegender kognitiver Phänomene. Wenn man akzeptiert, daß der Konnektionismus eine gültige alternative Forschungsmethode in den Kognitionswissenschaften darstellt, dann sind, aus genau diesen Gründen, Immunaktivitäten kognitive Phänomene.

Eine Parabel (frei nach Piatelli-Palmerini 1988) erlaubt uns eine zusammenfassende Darstellung. Jonny braucht einen Anzug. Da er ein Instruktionist ist, geht er zu einem Schneider, läßt sich Maß nehmen und nach Maß schneidern. In einer zweiten Version der Parabel ist Jonny ein überzeugter Selektionist. Daher geht er in die Abteilung eines Kaufhauses und probiert verschiedene Anzüge, bis er einen findet, der ihm ziemlich gut paßt. Wenn es in dem Kaufhaus genügend Auswahl gibt, können wir natürlich, wenn wir Jonny das Kaufhaus verlassen sehen, nicht sagen, ob er ein Instruktionist oder Selektionist ist. Aber das ist nicht realistisch, da Kaufhausabteilungen keine unbeschränkte Auswahl haben können, und so gibt es keine Verwechslung zwischen den Jonnys; in beiden Fällen aber ist Jonny immer noch der Mittelpunkt der Geschichte. Nun gibt es in der Parabel noch eine dritte Kopie von Jonny. Und dieser ist ein wahrer Netzwerk-Denker. Er nimmt wahr, daß ein Anzugkauf nicht einfach nur darin besteht, in das Kaufhaus zu gehen und sich einen auszusuchen, weil die verfügbare Auswahl von einem enormen sozialen Netz abhängt, das es ermöglicht, daß eine bestimmte Zahl verschiedener Stile und

Formen zur Verfügung steht, und zwar in einem bestimmten Moment des Jahres in seinem besonderen Land. Er weiß, daß sein Anzugkauf die soziale Struktur der Gesellschaft nur als ganz schwache Perturbation berührt. Er weiß, daß die Gesellschaft, unabhängig davon, ob er seinen Anzug kauft oder nicht, weiterhin eine bereits vorhandene Mannigfaltigkeit im Umlauf halten und Stil und Form nach ihrer internen Logik regulieren wird. Es ist klar, daß diese umfassende Netzwerk-Aktivität Regeln unterliegt. Zuerst einmal muß es irgendeine Art von Kleidung für Jonny und all die anderen geben. Und zweitens wird die gesamte soziale Struktur, im Falle, daß Armeen von Jonnys eine spezielle Art von Anzug verlangen, darauf antworten, indem sie monoton diesen besonderen Geschmack erfüllt, wie das in der selbsterfüllenden Prophezeiung der Mode ja der Fall ist.

Die Moral der Parabel besteht darin, daß für den ersten Jonny-das-Antigen die Gesellschaft (Immunität) nur ein beliebig knetbarer Teig für seinen Wunsch ist. Für den zweiten Jonny-das-Antigen ist die Gesellschaft (ein klonal selegiertes Immunsystem) so weit vorhanden, daß sie ihm für den Anfang eine Mannigfaltigkeit für die Selektion und die folgenden Mechanismen bereitstellt, die diese erweitern. Eine solche Auffassung ist vergleichbar mit einer gewissen Form einer (schwachen) Netzwerkstruktur für die zugrundeliegenden Prozesse. Im dritten Fall kommt die volle Autonomie der Gesellschaft zum Ausdruck, und es wird klar, daß Jonnys Wahl nicht das interessanteste Ereignis ist. Sogar seine Existenz ist von der Autonomie der sozialen Struktur nicht zu trennen, auf die sich unsere Aufmerksamkeit richten sollte, und Jonny wird zu einem sekundären Aspekt der Geschichte.

Die Immunologie ist dabei, den Sündenfall zu überwinden, der an ihrem Beginn stand, nämlich in jenem Zweig der Medizin entstanden zu sein, der sich mit Infektionskrankheiten befaßt und als seine Hauptaufgabe die Entwicklung von Impfungen ansah, also eine durch und durch heteronome Sicht. Und zwar geschieht dies genau zur selben Zeit, da die Kognitionswissenschaften sich von der Herrschaft der digitalen Computermetapher emanzipieren, von der sie sich leiten ließen. Wenn wir bereit sind, die zentrale Bedeutung der Autonomie der Prozesse in den beiden biologischen Netzwerken, dem neuralen und dem immunologischen, anzuerkennen, dann werden sie uns lehren, wie wir denken, und zwar mit unserem ganzen Körper.

Aus dem Englischen übersetzt von Elfriede M. Bonet

Literatur

Burnet, M., 1959: The Clonal Selection Theory of Acquired Immunity. Nashville, Vanderbilt Univ. Press.

Coutinho, A. and F. Varela, 1988: Immune networks: A review of current work. Immunol. Today.

Coutinho, A., L. Forni, D. Holmberg, F. Ivars and N. Vaz, 1984: From an antigen-centered, clonal perspective on immune responses to an organism-centered network perspective of autonomous activity on a self-referential immune system. Immunol. Revs. *79*: 151—168.

Jerne, N., 1974: Towards a network theory of the immune system. Ann. Inst. Pasteur/Immunol. *125C*: 373—389.

Jerne, N., 1984: Idiotypic networks and other preconceived ideas. Immunol. Revs. *79*: 5—24.

Perelson, A.(Ed.), 1988: Theoretical Immunology. 2 vols. Addison Wesley, New Jersey.

Piatelli-Palmerini, M., 1988: Evolution, selection and cognition. In: E. Quagliarello et al. (Eds.): From enzyme adaptation to natural philosophy. Elsevier, Amsterdam.

Urbain, J., 1986: Idiotypic networks: A noisy background or a breakthrough in immunological thinking? Ann. Inst. Pasteur/Immunol. *137C*: 57—64.

Varela, F., 1979: Principles of Biological Autonomy. North-Holland, New York.

Varela, F. and M. Anspach, 1989: Le Soi cognitit du Système Immunitaire. In: D. Andler (Ed.): Colloques de Cerisy. Editions du Seuil, Paris (im Druck).

Varela, F., A. Coutinho, B. Dupire and N. Vaz, 1988a: Cognitive networks: Immune, neural and otherwise. In: A. Perelson (Ed.): Theoretical Immunology. Vol. 2. Addison Wesley, New Jersey.

Varela, F., V. Sanchez and A. Coutinho, 1988b: Viable strategies gleaned from immune systems dynamics. In: P. Saunders and B. Goodwin (Eds.): Epigenetic and Evolutionary Order in Complex System: A Waddington Memorial Symposium. Edinburgh Univ. Press.

Vaz, N. and F. Varela, 1978: Self and nonsense: An organism-centered approach to immunology. Medical Hypothesis *4*: 231—267.

Teil III: Systemtheoretische Ansätze in den Einzelwissenschaften

Der Weg der Naturwissenschaften in den letzten dreihundert Jahren war jener vom Ganzen zum Teil. Die Isolierung kleiner und kleinster Elemente eröffnete auf allen Gebieten neue Wege und wurde zum Teil auch von den Geisteswissenschaften übernommen. Mit Hilfe systemischer Ansätze wird nun darangegangen, diese Elemente wieder in ein Ganzes einzufügen. Galt zu Beginn dieser Entwicklung der Satz „eine Ursache — eine Wirkung", setzt jetzt das Umdenken ein. Um Systeme beschreiben zu können, bedarf es mehrerer Ursachen und deren Wechselwirkungen, die das Verständnis des Ganzen zu ermöglichen. Die Grenzen der reduktionistischen Methode zeigen sich überall dort, wo mit den Strukturen neue Eigenschaften entstehen. Die Auftrennung der Welt in ihre Teile führte auch zu einer Auftrennung der verschiedenen Wissens- und Wissenschaftsbereiche, mit je eigener Sprache. Diese vereinzelten Gebiete bedürfen wieder einer Zusammenführung, eines Verständnisses füreinander. Die folgenden Beiträge zeigen, wie ein solcher Weg gangbar ist: über die Einsicht in die eigenen Grenzen.

Den dritten Teil eröffnet ein Beitrag, der den bereits diskutierten Informationsbegriff auf die Molekularbiologie anwendet. Dabei wird dem „klassischen" Informationsbegriff von C.E. Shannon die algorithmische Information von G.J. Chaitin gegenübergestellt. Während jene bei der Proteinbiosynthese ein brauchbares Modell abgibt, ist für das Verständnis der Morphogenese die algorithmische Information wesentlich geeigneter. Allerdings spielt bei ihr — im Unterschied zur biologischen Musterbildung — der Zeitfaktor keine Rolle. Somit muß auch das Konzept der algorithmischen Information noch erweitert werden.

Peter Schuster (geb. 1941) ist Professor für Theoretische Chemie an der Universität Wien. 1968 und 1969 war er Assistent am Max-Planck-Institut für Physikalische Chemie in Göttingen bei Manfred Eigen. Interesse an interdisziplinären Fragestellungen im Grenzbereich Chemie—Physik—Biologie, dementsprechend Mitglied des Fachbeirats von Zeitschriften und Verlagen auf diesen Gebieten. Sein Seminarvortrag war besonders wichtig, da er als „Vertreter des reduktionistischen Forschungsprogrammes" eine interessante Diskussion mit der Überzahl von „Antireduktionisten" herausforderte.

Informationsverarbeitung in der Molekularbiologie

Peter Schuster

1. Information

Der Begriff „Information“ wird im täglichen Sprachgebrauch oft in sehr unterschiedlicher Bedeutung verwendet. Einige, mit der Informationsübertragung verknüpfte Fakten sind aber dessen ungeachtet von allgemeiner Natur: Information kommt von einem Sender, wird empfangen und verarbeitet. Carl Friedrich von Weizsäcker (1971) hat dies einmal so ausgedrückt: „... Information ist nur, was verstanden wird ...“ Es muß daher einen Empfänger geben, welcher die Information in irgendeiner Form ver- und bewertet.

Information, losgelöst von Sender und Empfänger, ist sinnfrei und kann daher weder gemessen noch bewertet werden. Dies gilt naturgemäß auch für Information in der Biologie und wir werden noch auf die „Umgebungsbezogenheit“ jeglicher Entfaltung oder Entwicklung von Informationsträgern zurückkommen. Diese Tatsache hat zur Konsequenz, daß eine quantitative Bewertung von Information im allgemeinen auf große Schwierigkeiten stößt.

Vor allem die inhaltliche Bewertung von Nachrichten ist sehr schwer objektivierbar und kaum auf eine quantitative Basis zu bringen. Es hat sich daher als vorteilhaft erwiesen, den Informationsbegriff auf verschiedenen hierarchischen Ebenen zu fassen, welche mit unterschiedlichen Methoden zu beschreiben sind. Die niedrigste hierarchische Ebene behandelt den formalen Aspekt der Nachrichtenübertragung. Man spricht in diesem Zusammenhang von der „syntaktischen“ Dimension der Information. Ihr überlagert ist die „semantische“ Dimension, welche auch den Sinn der Nachricht miteinschließt. Über der semantischen Dimension liegt der „pragmatische“ Aspekt, welcher noch zusätzlich die Absicht des Senders und die auf die Nachricht folgende Handlung des Empfängers enthält. Wir werden uns hier nur mit der syntaktischen Information befassen. Lediglich für diesen Fall wurden mathematische Theorien ausgearbeitet, welche eine Quantifizierung von Information gestatten. In diesem Beitrag werden uns zwei unterschiedliche Begriffe der syntaktischen Information beschäftigen, da sie eine Betrachtung zweier wichtiger biologischer Vorgänge — es handelt sich um die zelluläre, ribosomale Proteinsynthese und die embryologische Morphogenese — unter dem einheitlichen, formalen Gesichtspunkt der Informationsübertragung zu betrachten gestatten. Bezüglich der biologischen Bedeutung der übergeordneten Informationsaspekte verweisen wir auf die Monographie von BERND-OLAF KÜPPERS (1986).

2. Der SHANNONsche Informationsbegriff

Information wurde erstmals 1925 von RONALD A. FISHER in mathematisch präzisem Sinne gebraucht, als er eine statistische Theorie der Abschätzung entwickelte. In den Vierziger- und Fünfzigerjahren wurde der wissenschaftliche Informationsbegriff vor allem von CLAUDE E. SHANNON und NORBERT WIENER weiterentwickelt und auf eine quantitative, mathematische Basis gestellt. Bekannt geworden ist vor allem das Buch von SHANNON und WEAVER (1964), „The Mathematical Theory of Communication". Die nunmehr schon „klassische" Informationstheorie im Sinne SHANNONs erfaßt die formalen Inhalte und Gesetzmäßigkeiten der Informationsübertragung. Ihr liegt das in Abb. 1 dargestellte Konzept der Kommunikation zwischen Sender und Empfänger zugrunde: Sender und Empfänger tauschen Nachrichten in verschlüsselter Form aus. Zu diesem Zweck bedienen sie sich eines vorgegebenen Vorrates an Symbolen, welcher beiden bekannt sein muß. Dieser Vorrat muß insoweit vollständig sein, daß ein durch Rauschen bis zur Unkenntlichkeit verzerrtes Zeichen auch eingeordnet und — eventuell als ein anderes Zeichen — interpretiert werden kann.

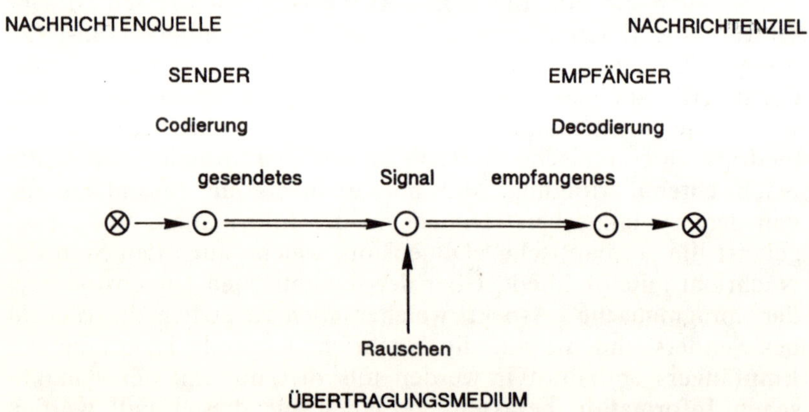

Abb. 1: Das Grundkonzept der SHANNONschen Informationstheorie. Das betrachtete System enthält drei Untersysteme: Sender, Übertragungsmedium und Empfänger. Die zu sendende Nachricht wird vom Sender nach einem dem Empfänger bekannten Schlüssel oder Code in eine Zeichenfolge umgewandelt. Diese Zeichenfolge kommt je nach der Natur des Übertragungsmediums rauschfrei oder verrauscht beim Empfänger an und muß von diesem decodiert, das heißt in die Nachricht zurückverwandelt werden.

Zur Illustration erläutern wir hier die wichtigsten Grundbegriffe der SHANNONschen Informationstheorie und versuchen anschließend die zelluläre Nukleinsäure- und Proteinsynthese als informationsübertragende Prozesse darzustellen.

Die Informationstheorie ist eine Teildisziplin der mathematischen Statistik und der Wahrscheinlichkeitstheorie. Die Theorie geht von n verschiedenen, voneinander unabhängigen Nachrichten $M_1, M_2, \ldots, M_n$ aus, welche vom Empfänger mit den Wahrscheinlichkeiten $p_1, p_2, \ldots, p_n$ erhalten werden. Der Informationsgehalt I_k einer herausgegriffenen Nachricht M_k wird durch die Gleichung

$$I_k = -\mathrm{ld}\, p_k \qquad (1)$$

definiert. In diesem Ausdruck bedeutet „ld" den *logarithmus dualis* oder Logarithmus zur Basis 2. Der Informationsgehalt einer Nachricht ist demnach proportional zum negativen Logarithmus der Wahrscheinlichkeit ihres Eintreffens p_k. Wird eine Nachricht mit Sicherheit eintreffen — $p_k = 1$ —, so ist ihr Informationsgehalt $I_k = -\mathrm{ld}\, 1 = 0$. Je unwahrscheinlicher eine Nachricht ist, desto größer erweist sich ihr Informationsgehalt.

Man verwendet hier den Logarithmus zur Basis 2, da die SHANNONsche Informationstheorie die Nachrichtenübermittlung bei der elektronischen Datenverarbeitung im Auge hatte, welche nahezu ausschließlich auf der Basis binärer Sequenzen, das sind Folgen aus nur zwei Symbolen — 0 und 1 —, erfolgt. Wir rufen in Erinnerung: $\mathrm{ld}\, p = \log p/\log 2 = 3.3219 \log p$ und daher $\mathrm{ld}\, 2 = 1$, $\mathrm{ld}\, 1 = 0$, $\mathrm{ld}(1/2) = -1$, $\mathrm{ld}(1/4) = -2$, etc. Als Einheit der Information wird gewöhnlich das „Binary Digit" — abgekürzt „Bit" — gewählt. In einem „Wort" der Länge n Bits lassen sich 2^n verschiedene Nachrichten in Form binärer Sequenzen speichern.

Betrachten wir nun das Eintreffen von zwei oder mehreren unabhängigen Nachrichten. Die Wahrscheinlichkeit für das Eintreten mehrerer unabhängiger Ereignisse ist durch das Produkt der Wahrscheinlichkeiten für die Einzelereignisse gegeben:

$$\mathrm{Prob}(1 \cup 2 \cup 3 \cup \ldots) = p_1 \cdot p_2 \cdot p_3 \ldots \qquad (2)$$

Der Informationsgehalt mehrerer unabhängiger Nachrichten ergibt sich dementsprechend als Summe der Informationsgehalte der Einzelnachrichten. Beispielsweise erhalten wir für das Eintreffen der beiden Nachrichten M_j und M_k einen Informationsgehalt von

$$I_{(j \cup k)} = -\mathrm{ld}(p_j \cdot p_k) = -\mathrm{ld}\, p_j - \mathrm{ld}\, p_k = I_j + I_k\,. \qquad (3)$$

Eine weitere wichtige Größe der Informationstheorie ist der Erwartungswert des Informationsgehaltes einer einzelnen, aus einem vollständigen Repertoire beliebig ausgewählten Nachricht. Für die oben erwähnten n Nachrichten $M_1, M_2, \ldots, M_n$ mit den Wahrscheinlichkeiten $p_1, p_2, \ldots, p_n$ und $\Sigma_{k=1}^{n} p_k = 1$ erhält man für diesen Erwartungswert

$$H = \sum_{k=1}^{n} p_k I_k = -\sum_{k=1}^{n} p_k \operatorname{ld} p_k \,. \qquad (4)$$

Die Vollständigkeit des Nachrichtenrepertoires ist durch die oben angeführte Voraussetzung $\Sigma_{k=1}^{n} p_k = 1$ gegeben. Der durch Gleichung (4) ausgedrückte Erwartungswert ist bis aufs Vorzeichen formal identisch mit LUDWIG BOLTZMANNs H-Funktion, welche einen wahrscheinlichkeitstheoretischen Ausdruck für die thermodynamische Entropie darstellt. SHANNON bezeichnete daher die Funktion (4) als Entropie einer Nachrichtenquelle. Sie erweist sich am größten, wenn alle Nachrichten gleich wahrscheinlich sind:

$$p_k = \frac{1}{n} \implies H = \operatorname{ld} n$$

Werden alle Nachrichten mit gleicher Häufigkeit gesendet, so ist der zu erwartende Informationsgehalt pro Nachricht am größten. Wird im anderen Extremfall nur eine einzige Nachricht gesendet, so sind die Entropie der Quelle und dementsprechend auch der mittlere Informationsgehalt gleich null:

$$p_1 = 1 \text{ und } p_k = 0 \text{ für alle } k \neq 1 \implies H = 0$$

Die SHANNONsche Informationstheorie ist eine „Ensembletheorie" — es wird nicht eine einzelne, herausgegriffene Nachricht isoliert betrachtet, sondern ihre Rolle in einem Repertoire von Nachrichten. Dies unterscheidet sie von der später zu besprechenden „algorithmischen Informationstheorie" des amerikanischen Mathematikers GREGORY J. CHAITIN (1987a), welche die einzelne Nachricht für sich betrachtet.

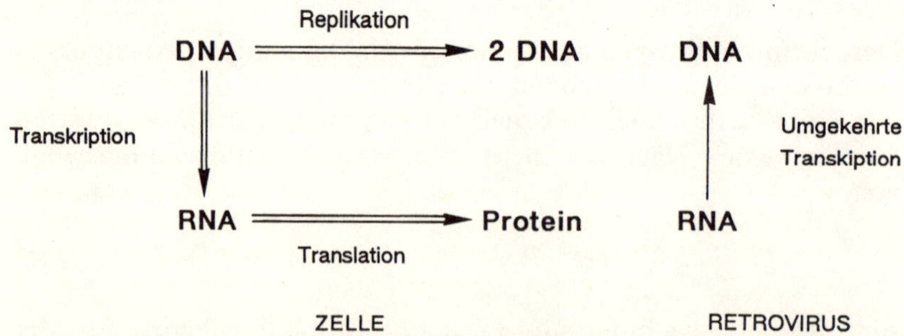

Abb. 2: Der Fluß der genetischen Information in der Zelle und in Retroviren.

3. Informationsverarbeitung bei der ribosomalen Proteinsynthese

Die Entdeckung der Nukleinsäuren und die Erforschung ihrer Rolle im Vererbungsprozeß erschloß ein neues Anwendungsgebiet des Informationskonzeptes im Sinne von SHANNON. Die DNA-Replikation bildet den bei weitem überwiegenden Verdopplungsprozeß der Nukleinsäuren in der Natur und liegt der Vermehrung einiger Viren sowie aller Organismen im eigentlichen Sinne zugrunde. Es kann auch RNA repliziert werden. Dieser Prozeß tritt aber nur in den durch RNA-Viren infizierten Wirtszellen und dann auch spezifisch nur bei viraler RNA auf. Zelleigene RNA des Wirtsorganismus wird von den viralen Enzymen nicht vervielfältigt. Eine Ausnahme hinsichtlich der Vermehrung bilden die sogenannten „Retroviren", welche, wie wir noch sehen werden, nach dem „Umschreiben" ihrer genetischen Information von RNA in DNA sowohl in Form der DNA als auch durch „Transkription" in RNA vermehrt werden können.

Die zelluläre Proteinsynthese spielt eine zentrale Rolle im molekularbiologischen Geschehen. Abb. 2 zeigt eine schematische Darstellung der Verarbeitung „genetischer Information" in der Zelle. Das zelluläre System kommt einem Informationsübertragungsprozeß im SHANNONschen Sinne sehr nahe. Der Fluß verschlüsselter Nachrichten ist nach unseren heutigen Kenntnissen nicht umkehrbar. Er verläuft zwischen den Nukleinsäuren und von den Nukleinsäuren zu den Proteinen. Ein Transfer codierter Information von Protein zu Protein oder von Protein zu Nukleinsäure ist bis jetzt unbekannt. Dieser Sachverhalt wird häufig als das „zentrale Dogma" der Molekularbiologie (WATSON 1970) bezeichnet:

$$\text{DNA} \Longleftrightarrow \text{RNA} \Longrightarrow \text{Protein} \qquad (5)$$

Im Computerjargon würde man die DNA als „Backupkopie" der genetischen Information bezeichnen — unter einer Backupkopie versteht man einen dauerhaften Informationsspeicher, welcher vor seiner Verarbeitung in eine „Arbeitskopie" umgeschrieben werden muß. Im zellulären Geschehen wird die Arbeitskopie aus RNA gebildet. Den Prozeß des Umschreibens der genetischen Information von DNA auf RNA bezeichnet man als Transkription.

Durch die ausführliche Untersuchung der Prozesse, welche von bestimmten Virentypen, den schon oberhalb erwähnten „Retroviren", in den Wirtszellen induziert werden, wurde auch die Umkehrreaktion der Transkription, die „Reverse Transcription", RNA $\Longrightarrow$ DNA, entdeckt. Das Virus dringt in Form von RNA in die Wirtszelle ein, mit Hilfe eines virusspezifischen Enzyms wird die virale RNA in DNA umgeschrieben. Das Virus schleust seine Gene als DNA in das Wirtsgenom ein, wo sie sowohl durch DNA-Replikation als auch durch Transkription vermehrt werden können.

Der zentrale Teil der Molekulargenetik umfaßt die zelluläre Proteinsynthese, welche in einer Übersetzung der in den Basensequenzen der Nukleinsäuren gespeicherten genetischen Information in die Aminosäuresequenzen der Proteine besteht. Die genetische Information wird in Form von RNA — allgemein als „Messenger-RNA" (m-RNA) bezeichnet — an das Ribosom transferiert, wo sie in Protein übersetzt wird. Transkription und Übersetzung erfolgen nur in kleinen Stücken des Genoms, das heißt, die Messenger-RNA ist stets viel kürzer als die DNA des Organismus.

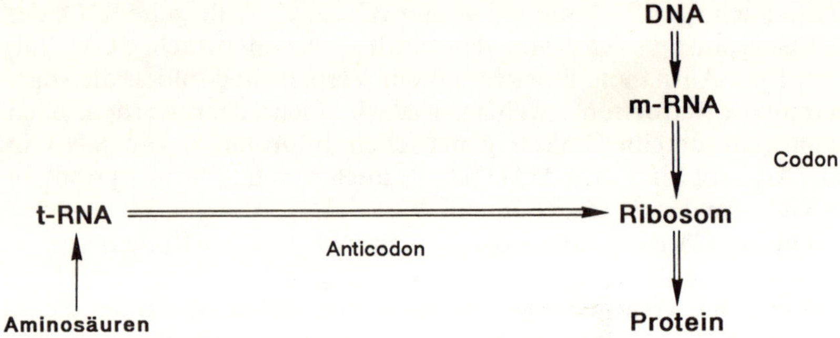

Abb. 3: Die zelluläre Proteinsynthese als Kernstück der Umsetzung von genetischer Information in Proteine, welche letztlich die phänotypischen Eigenschaften des Organismus bestimmen.

Ribosomen sind kleine zelluläre Partikel, die aus zwei Untereinheiten bestehen, welche ihrerseits wieder aus zahlreichen, hochspezifisch aufeinander abgestimmten Makromolekülen zusammengesetzt sind — im Bakterium *Escherichia coli* handelt es sich um zwei RNA- und 37 Proteinmoleküle in der großen und um ein RNA- und 21 Proteinmoleküle in der kleinen Untereinheit. Ein skizzenhaftes Bild der zellulären Proteinsynthese ist in der Abb. 3 dargestellt.

Die eigentlichen Bindeglieder zwischen den Basensequenzen der Messenger-RNA und den Aminosäureeinheiten des zu synthetisierenden Proteins bilden die „Transfer-RNA" (t-RNA)-Moleküle. Sie sind etwa 70 bis 80 Basen lang. Die erste vollständige Aufklärung der Reihenfolge der 77 Basen in einer Transfer-RNA gelang Robert Holley bereits in den frühen Sechzigerjahren. Im Jahre 1974 wurde die erste Analyse der dreidimensionalen Struktur eines Vertreters dieser wichtigen Verbindungsklasse von Alexander Rich, Sung Hou Kim und Mitarbeitern (1978) am Massachusetts Institute of Technology fertiggestellt. Die Transfer-RNA-Moleküle übernehmen die Entschlüsselung der in den Nukleinsäuren gespeicherten Information über die Aminosäuresequenzen der Proteine. Jede Transfer-RNA ordnet ein bestimmtes „Basentriplett" — ein Codewort aus drei Buchstaben — einer bestimmten Aminosäure zu. Physikalisch gelingt diese Zuordnung dadurch, daß die Transfer-RNA ein Dreibasensegment, das sogenannte Anticodon, trägt, welches zusammen mit dem Codon ein kurzes Stück Doppelhelix bildet. Der Übersetzungsschlüssel, der „genetische Code", muß zwangsläufig redundant sein, denn den $3^4 = 64$ möglichen Codewörtern entsprechen nur 20 verschiedene Aminosäuren in der ribosomalen Proteinsynthese.

Das wohl faszinierendste Kapitel der Molekularbiologie besteht in der Entschlüsselung des „genetischen Codes", welcher die Beziehung zwischen Polynukleotid- und Polypeptidsequenzen regelt. Wir verdanken diese Erkenntnisse den Arbeiten von JOHANN HEINRICH MATTHAEI, MARSHALL NIRENBERG und HAR GOBIND KHORANA. Die ersten zielstrebigen Versuche zur Aufklärung der Zuordnung einzelner Codons zu Aminosäuren begannen um 1960. Nur sechs Jahre später war der Code fast vollständig bekannt. In Abb. 4 zeigen wir eine Tabelle des genetischen Codes.

Die Vollständigkeit des Zeichensatzes war eine wichtige Voraussetzung für eine erfolgreiche Übertragung der verschlüsselten Nachrichten, die auch verrauscht sein können. Unter „Rauschen" verstehen wir bei der genetischen Informationsübertragung das Auftreten von Mutanten. Mutanten unterscheiden sich vom Wildtyp in der Sequenz der Basen. Die abgeänderte Basensequenz muß auch interpretierbar sein. Im Fall des genetischen Codes ist die notwendige Bedingung der Vollständigkeit des Symbolvorrates von Sender und Empfänger dadurch erfüllt, daß alle Codonen eine Bedeutung für die Proteinsynthese besitzen. Die drei Codonen, welche keiner Aminosäure zugeordnet sind — **UGA**, **UAG** und **UAA** — bewirken das Ende der Proteinsynthese. Sie werden oft als „Stop"-Codonen, oder, ungeachtet ihrer Funktion in der Proteinsynthese, auch als „Nonsense"-Codonen bezeichnet. Der Beginn der Proteinsynthese ist in spezieller Weise geregelt: Vor der Bindung der Messenger-RNA an das Ribosom wird das Codon **AUG** von einer speziellen Transfer-RNA erkannt, welche die ribosomale Übersetzung einleitet. Innerhalb einer zu übersetzenden Basensequenz hat das Codon **AUG** eine andere Bedeutung.

Abb. 4 (nächste Seite): Der genetische Code. Jedem „Dreibuchstabenwort" aus Nukleotidbasen ist entweder eine Aminosäure oder ein Codon für den Syntheseabbruch (***Stop***) zugeordnet. Neben den einzelnen Codonen geben wir die Häufigkeit ihrer Verwendung bei der Codierung von Proteinen im Bakterium *Escherichia coli* und in Tieren an (WATSON et al. 1987). Es wurden insgesamt 1209 Codons von ribosomalen Proteinen aus *E. coli* und 2244 Codons von Proteinen tierischen Ursprungs erfaßt. Die erste Zahl in der Spalte gibt die bei *E. coli* gefundenen Vorkommen des betreffenden Tripletts an, die zweite bezieht sich auf tierische Proteine.

Für die zwanzig natürlichen Aminosäuren werden die folgenden Kurzbezeichnungen verwendet:

ala = L-Alanin
asn = L-Asparagin
glu = L-Glutaminsäure
ile = L-Isoleucin
met = L-Methionin
ser = L-Serin
tyr = L-Tyrosin
arg = L-Arginin
cys = L-Cystein
gly = Glycin
leu = L-Leucin
phe = L-Phenylalanin
thr = L-Threonin
val = L-Valin
asp = L-Asparaginsäure
gln = L-Glutamin
his = L-Histidin
lys = L-Lysin
pro = L-Prolin
trp = L-Tryptophan

Codon	Aminosäure	Häufigkeit	Codon	Aminosäure	Häufigkeit
GGG	*gly*	0 11	**GAG**	*glu*	16 34
GGA	*gly*	0 16	**GAA**	*glu*	61 21
GGC	*gly*	34 32	**GAC**	*asp*	45 24
GGU	*gly*	49 22	**GAU**	*asp*	17 16
GCG	*ala*	28 6	**GUG**	*val*	16 33
GCA	*ala*	45 14	**GUA**	*val*	40 5
GCC	*ala*	10 38	**GUC**	*val*	6 21
GCU	*ala*	93 28	**GUU**	*val*	54 9
AGG	*arg*	0 10	**AAG**	*lys*	24 49
AGA	*arg*	1 8	**AAA**	*lys*	90 19
AGC	*ser*	12 21	**AAC**	*asn*	42 28
AGU	*ser*	1 12	**AAU**	*asn*	3 8
ACG	*thr*	0 6	**AUG**	*met*	30 16
ACA	*thr*	3 11	**AUA**	*ile*	0 4
ACC	*thr*	26 28	**AUC**	*ile*	51 24
ACU	*thr*	36 15	**AUU**	*ile*	13 11

CGG	*arg*	0 5	**CAG**	*gln*	33 28
CGA	*arg*	0 4	**CAA**	*gln*	9 10
CGC	*arg*	26 11	**CAC**	*his*	15 21
CGU	*arg*	48 8	**CAU**	*his*	3 10
CCG	*pro*	36 5	**CUG**	*leu*	79 47
CCA	*pro*	4 10	**CUA**	*leu*	0 7
CCC	*pro*	0 17	**CUC**	*leu*	3 27
CCU	*pro*	3 14	**CUU**	*leu*	4 9

Codon	Aminosäure	Häufigkeit	Codon	Aminosäure	Häufigkeit
UGG	*trp*	3 12	**UAG**	*Stop*	—
UGA	*Stop*	—	**UAA**	*Stop*	—
UGC	*cys*	6 13	**UAC**	*tyr*	13 23
UGU	*cys*	1 10	**UAU**	*tyr*	3 10
UCG	*ser*	1 2	**UUG**	*leu*	2 9
UCA	*ser*	1 9	**UUA**	*seu*	1 2
UCC	*ser*	18 18	**UUC**	*phe*	23 28
UCU	*ser*	18 16	**UUU**	*phe*	10 13

Eine besonders augenfällige Besonderheit der belebten Natur besteht darin, daß alle Lebewesen — trotz der gewaltigen sonstigen Unterschiede — dieselbe „genetische Sprache“ sprechen: Der genetische Code ist universell. Wir machen uns die Tatsache des universellen Codes in der modernen Gentechnik zu Nutze. Eukaryotische, insbesondere tierische oder auch humane Gene werden nach Einschleusen in eine Bakterienzelle von dieser übersetzt. Dadurch können sonst sehr seltene Proteine in größeren Mengen hergestellt werden.

Das Bild der zellulären Proteinsynthese als informationsübertragender Prozeß, wie wir es hier zeichneten, entspricht einer Idealisierung für didaktische Zwecke. Tatsächlich weist das System zahlreiche Komplikationen durch eine Fülle von oft kleinen Perfektionsmängeln auf, welche ihrerseits wieder zielstrebig für Spezialzwecke ausgenutzt werden. Wir können hier nur einige wenige Beispiele angeben. Die Codon-Anticodon-Wechselwirkung ist hinsichtlich der dritten Base des Codons flexibel. Crick hat dies bereits 1966 in seinem „Wobble“-Konzept zum Ausdruck gebracht. Beispielsweise kann eine Arginin-übertragende Transfer-RNA mit dem Anticodon UCU die beiden Codonen AGA und AGG ablesen. Die Base Inosin (I) kann sogar mit drei Basen im Codon — mit A, C oder U — gepaart werden: Eine Glycin übertragende Transfer-RNA mit dem Anticodon ICC erkennt die Codonen GGA, GGC und GGU.

Die Verwendung der einzelnen synonymen Codonen — darunter verstehen wir jene Codonen, welche für dieselbe Aminosäure codieren — ist keineswegs gleich häufig. Wie der Abb. 4 entnommen werden kann, sind die Häufigkeitsunterschiede beträchtlich. Für einige Aminosäuren variieren sie auch sehr stark zwischen Bakterien und höheren Organismen. Nach dem zur Zeit vorliegenden Datenmaterial korrelieren die Verwendungshäufigkeiten der Codonen gut mit der Häufigkeit der die betreffenden Anticodonen tragenden Transfer-RNA-Moleküle in den jeweiligen Zellen.

Variationsmöglichkeit gibt es auch beim Startsignal der Proteinsynthese. Hier tritt sie aber in der ersten Base des Codons auf. An Stelle des konventionellen Codons AUG können auch die Codonen GUG — seltener, bei *Escherichia coli* in etwa einem von 30 Fällen — oder CUG und UUG — noch seltener — den Start der Übersetzung einleiten.

Tritt innerhalb eines zu übersetzenden Abschnittes der DNA eine Mutation auf, so wird dies zumeist nachteilige Folgen für den Träger der Mutation haben. Bei Punktmutationen unterscheiden wir drei Fälle:

(1) Wird ein Codon durch ein Synonym ausgetauscht, so haben wir es mit einer stillen Mutation zu tun, welche ohne Einfluß auf das zu synthetisierende Protein bleibt.
(2) Wird eine Aminosäure durch eine andere ersetzt, so wird die katalytische Effektivität des Proteins zumeist vermindert.
(3) Wird durch die Mutation ein „Nonsense"-Codon in der Mitte der codierenden Sequenz erzeugt, so hat dies zumeist sehr nachteilige Folgen, da die frühzeitig abgebrochene Proteinsynthese zu einem funktionslosen Produkt führen kann.

Insertionen und Deletionen führen oft zu Veränderungen des „Leserahmens" — die dem mutierten Abschnitt folgenden Dreibuchstabenwörter werden unter Umständen um einen oder um zwei Buchstaben verschoben abgelesen und haben daher völlig andere Bedeutungen — und damit im allgemeinen zu unbrauchbaren Proteinen.

In der Natur wurden sogenannte „Suppressor"-Transfer-RNA-Moleküle entdeckt, die „Nonsense"-Codonen ablesen können und auf diese Weise schwerwiegende, nachteilige Mutationen, welche zu einem verfrühten Abbruch der Proteinsynthese geführt hätten, unterdrücken. Es wurden auch andere Mechanismen zur Unterdrückung nachteiliger Mutationsfolgen gefunden. Wir erwähnen hier als Beispiel die Kompensation von Verschiebungen des Leserahmens durch spezielle Transfer-RNA-Moleküle, welche vier anstelle von drei Basen der Messenger-RNA ablesen. Diese speziellen Transfer-RNA-Moleküle lassen sich am besten als durch Mutation entstandene Varianten konventioneller Transfer-RNA-Moleküle verstehen, welche in bestimmten „Notsituationen" für die Zelle wichtig werden können.

Besonderes Interesse kommt in der letzten Zeit dem „Nonsense"-Codon UGA zu. Es wird unter bestimmten Voraussetzungen, die vermutlich von der Basensequenz der Messenger-RNA erfüllt werden müssen, durch eine „Suppressor"-Transfer-RNA abgelesen, welche die seltene Aminosäure Selenocystein trägt. Das Selenocystein ist ein wichtiger Bestandteil des in allen Zellen vorkommenden Proteins *Glutathionperoxidase*. Dieses Beispiel weist uns auf einen wesentlichen, für die Wirkungsweise biologischer Systeme charakteristischen Sachverhalt hin. Nach dem heutigen Wissensstand kommen in den natürlichen Proteinen mindestens 140 verschiedene Aminosäuren vor. Von diesen bilden lediglich die 20 häufigsten elementare Bestandteile der zellulären Übersetzungsmaschinerie. Alle anderen müssen irgendwie „gebastelt" werden. Dies geschieht zumeist durch spezifische Modifikation anderer, primär am Ribosom eingebauter Aminosäuren — durch sogenannte „posttranslationelle" Modifikation. Es kann aber auch, wie wir sahen, durch spezialisierte Verwendung einer Suppressor-Transfer-RNA geschehen, wie wir am Beispiel des Selenocysteins eben beschrieben. Die „Bastlernatur" der biologische Evolution — der Ausdruck geht auf einen Artikel von Francois Jacob mit dem Titel „Evolution and Tinkering" (1982) zurück — wird auch in vielen anderen Details des evolutionären Geschehens manifest.

Es gibt auch noch andere, wenn auch weniger spektakuläre Abweichungen vom universellen genetischen Code (Gerlissen und Michaelis 1987). In den „Mitochondrien" — darunter versteht man strukturierte, organartige Bestandteile eukaryontischer Zellen mit einer eigenen Aufgabe, der Oxydation energiereicher, organischer Stoffe durch Luftsauerstoff und einer eigenen, vom Zellkern unabhängigen Genetik (Alberts et al. 1983) — wird das „Nonsense"-Codon UGA als ein zweites Codon zur Codierung der Aminosäure Tryptophan verwendet. In den Mitochondrien der Säugetiere treten die „universellen" Arginincodonen AGA und AGG als zusätzliche „Nonsense"-Codonen auf. Es wurden auch noch einige andere — oft artspezifische — Abweichungen des genetischen Codes der Mitochondrien vom universellen Code gefunden. Diese Besonderheiten der Mitochondrien werden heute zumeist als späte Spezialentwicklungen bei der Evolution von Teilsystemen mit selbständiger Genetik gedeutet.

Die Molekularbiologie hat sehr viel an Information über die der Genetik zugrundeliegenden molekularen Prozesse gebracht. Wie steht es nun mit dem Begriff des Gens selbst? Die Erforschung der molekularen Details der Vererbung schien ganz von selbst zu einem einfachen Genbegriff zu führen. Der erste naheliegende Gedanke ging von der „ein Gen — ein Protein"- Hypothese aus: Jedem Gen, das durch die empirischen genetischen Studien identifiziert werden konnte, entspräche ein Protein. Die Untersuchungen von Francois Jacob und Jaques Monod am Bakterium *Escherichia coli* zeigten, daß viele, auf der DNA codierten Proteine des Orga-

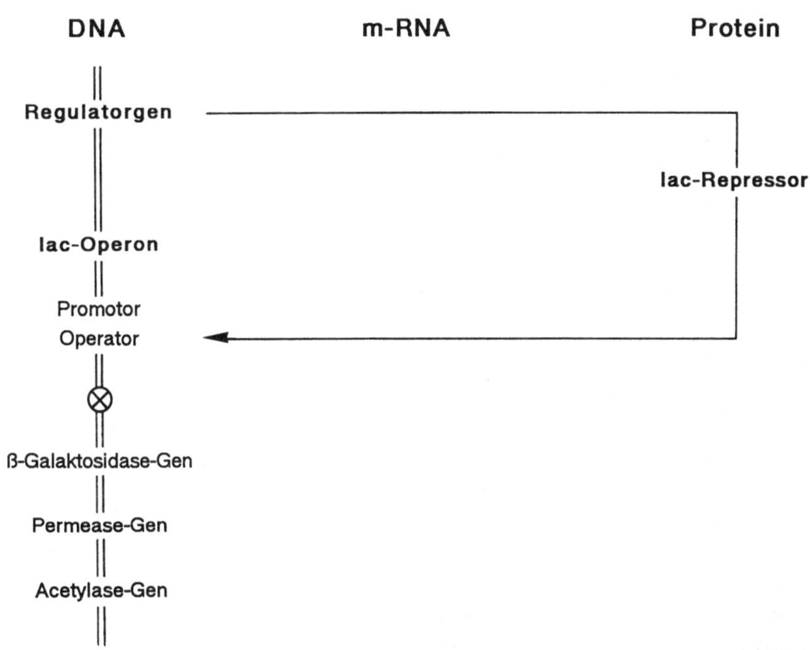

Abb. 5: Struktur und Wirkungsweise des Galaktose-Operons im Bakterium *Escherichia coli*

nismus, unter normalen Lebensbedingungen nicht synthetisiert werden — in der einschlägigen Fachsprache sagt man: „... die diesen Proteinen entsprechenden Gene werden nicht exprimiert". Es muß daher einen Regulationsmechanismus geben, welcher festlegt, welche Gene zu einem gegebenen Zeitpunkt transkribiert und übersetzt werden und welche nicht. JACOB und MONOD postulierten 1960 ein solches Regulationsprinzip an Hand des „Galaktose-Operons" in ihrer berühmten Arbeit über „Genetic Regulatory Mechanisms in the Synthesis of Proteins", welches etwa sieben Jahre später durch WALTER GILBERT, BENNO MÜLLER-HILL und MARK PTASHNE durch Isolierung des „Repressor"-Proteins auf eine experimentell fundierte Basis gestellt wurde (MANIATIS und PTASHNE 1976).

Struktur und Funktion eines Operons sind in Abb. 5 schematisch dargestellt. Ein Operon wird durch ein, an einer anderen Stelle im Genom codiertes Protein, den sogenannten „Repressor", geregelt. Der Repressor bindet spezifisch an eine bestimmte Position auf der DNA, an welcher die Transkription des Gens beginnt. Ist ein Repressor in der Zelle vorhanden — im Prinzip genügt ein einziges Molekül —, so ist die Transkription blockiert und es findet keine Proteinsynthese statt. Durch ein anderes Molekül — im konkreten Beispiel ein Molekül des Zuckers Galaktose, welches an den Repressor bindet, wird dieser veranlaßt, sich von der DNA zu lösen und das Gen wird aktiv. Die Untersuchungen von JACOB und MONOD haben auch gezeigt, daß ein Operon die genetische Information für zwei oder mehrere Proteine umfassen kann, welche dann einer gemeinsamen Regelung unterworfen sind. Im allgemeinen erfüllen die in enger Abhängigkeit geregelten Proteine dann auch verwandte Funktionen im Stoffwechsel. Bis jetzt sind von den etwa 900 am *Escherichia coli*-Genom lokalisierten Genen etwa 260 zu den 75 zur Zeit identifizierten, verschiedenen Operons zugeordnet worden.

4. Algorithmische Information und Morphogenese

Seit den Anfängen in den sechziger Jahren wurden viele Details der zellulären Regulation bekannt. Wir wissen heute, daß die Steuerung von Genaktivitäten, insbesonders jene beim Vielzellerorganismus, kompliziert und in allgemeine Regulationsnetzwerke eingebunden ist. Diese Andeutung leitet schon zur nächsten Frage dieses Beitrages über. Können wir die Entwicklung der Vielzeller von der befruchteten Eizelle zum erwachsenen Organismus — allgemein als Morphogenese bezeichnet — auch als ein Informationsübertragungssystem im Sinne SHANNONs verstehen? Wir sind gegenwärtig Zeugen der faszinierenden Aufklärung des molekularen Mechanismus dieses überaus komplizierten Vorganges.

Obwohl längst noch nicht alle Details der Morphogenese bekannt sind, können wir aber schon jetzt feststellen, daß es einen „morphogenetischen Code" in Art des genetischen Codes nicht geben wird. Zum Unterschied von der „Informationsentschlüsselung" am Ribosom, an welchem die Messenger-RNA Codon für Codon abgelesen und übersetzt wird, verläuft die Morphogenese eher einem „Kochvorgang" vergleichbar, bei dem die auf der DNA codierte Information der Realisierung einer „Kochvorschrift" aus dem „Rezeptbuch" entspricht. Die Produkte der Gene, die für die Entwicklung des Embryos maßgeblich sind, wirken zwar in zeitlich hierarchischer Ordnung und bestimmen die Eigenschaften der Zellen, in welchen sie exprimiert werden. Die Wirkung der meisten Proteine ist nicht nur auf ein einziges Merkmal des Organismus gerichtet. Das einzelne Gen beeinflußt daher im allgemeinen viele Eigenschaften. Phänotypische Eigenschaften werden ihrerseits zumeist auch von vielen Genen bestimmt. Wegen der netzwerkartigen Kommunikation zwischen den einzelnen Genen ist die Einflußnahme ihrer Übersetzungsprodukte zumeist vielfältig und indirekt. Daraus erklären sich auch die Schwierigkeiten des molekulargenetischen Studiums der embryologischen Morphogenese.

Da es augenscheinlich keinen Code der Morphogenese gibt, existiert auch keine Vergleichsbasis der verschiedenen verschlüsselten Nachrichten, auf welche die Informationstheorie im Sinne SHANNONs angewendet werden könnte. Die Metapher der technischen Übertragung codierter Nachrichten hat sich als überaus nützlich für ein tieferes Verständnis der Proteinbiosynthese erwiesen, und wir werden uns mit Recht fragen, ob sich nicht ein ähnlich anschauliches, gleichnishaftes Modell für die Morphogenese finden läßt. Ein nützlicher Vergleich baut auf den Ähnlichkeiten der Entwicklung eines Vielzellerorganismus mit dem Ablauf eines Computerprogrammes auf. Das Programm ist in einer formalen Sprache geschrieben — also auch „verschlüsselt" — und codiert einen Rechenablauf oder Algorithmus. Im Unterschied zur Nachrichtenübertragung werden aber nicht einzelne, aneinandergereihte Symbole codiert und übertragen, sondern ein Ablauf von verschiedenen Operationen. Wir wollen diesen Unterschied anhand eines einfachen Beispiels klarmachen: Im Empfänger sei die Folge

ABCABCABCABCABCABC . . . ABC

zu erzeugen. Im ersten Fall muß zu diesem Zweck eine codierte Symbolfolge entsprechender Länge — im ASCII Code:

$$A \Longrightarrow 065,\ B \Longrightarrow 066 \text{ and } C \Longrightarrow 067\ —$$

065066067065066067065066067065066067065066067065066067 . . .
065066067

vom Sender erstellt und durch einen Kanal übertragen werden. Im zweiten Fall könnte die zu übertragende und im Empfänger umzusetzende Nachricht etwa so aussehen — als Programmiersprache wurde hier „PASCAL“ gewählt:

```
type message = array [1 .. 3] of char;
var n: integer;
begin
  message[1]: = 'A';
  message[2]: = 'B';
  message[3]: = 'C';
  for i: = 1 to n do
    for j: = 1 to 3 do
    write message[j];
end.
```

Die Vor- und Nachteile dieser beiden Formen der Informationsübertragung sind leicht einzusehen. Im ersten Fall sind Empfänger und Sender auf einen bestimmten Code festgelegt. Dieser kann nicht ohne weiteres geändert werden. Die zu übertragende Symbolmenge und die erzeugte Nachricht sind einander proportional. Bei der Übertragung eines Programmes liegt der Sachverhalt anders. Zwar muß auch hier eine Übereinkunft hinsichtlich der zu verwendenden Programmiersprache bestehen, aber innerhalb der gewählten Sprache gibt es ein Repertoire von Funktionen, welches zur Erzeugung von beliebig langen Nachrichten verwendet werden kann. Auch neue Definitionen — etwa „message“ im obigen Beispiel — können mit dem Programm übertragen werden. Gibt es in einer zu übertragenden Nachricht keine Vereinfachungsmöglichkeiten, etwa durch identische Nachrichtenteile wie in dem absichtlich extrem gewählten Beispiel vollständiger Periodizität — tatsächlich ist eine ganz ähnliche Situation in der Natur im Protein *Collagen* realisiert —, so kann die Formulierung als Programm keine Vorteile bieten. Andernfalls lassen sich die zu übertragenden Symbolmengen mehr oder weniger drastisch reduzieren.

In den siebziger Jahren wurde von Gregory J. Chaitin — heute im IBM-Forschungslaboratorium Yorktown Heights bei New York tätig — ein neuer Informationsbegriff, das Konzept der „algorithmischen Information“ entwickelt (Chaitin 1987b). Zum Unterschied von der Shannonschen Theorie, welche, wie ausführlich dargelegt, eine Theorie der Ensembles von Nachrichten darstellt, behandelt der Chaitinsche Begriff die Erzeugung einer einzelnen Nachricht durch einen möglichst einfachen Algorithmus. Das Maß für Einfachheit oder Komplexität einer Nachricht ist der Umfang des kürzest möglichen Computerprogrammes — ausgedrückt in Bit —, mit welchem die Nachricht erstellt werden kann.

Nicht übersehen werden darf bei dieser Definition, daß die Zeit, welche zur Ausführung des Programmes benötigt wird, keine Rolle spielt. Der CHAITINsche Begriff der algorithmischen Information führt zu einer ganzen Reihe interessanter, zum Teil prinzipiell nicht entscheidbarer Fragen. Als Beispiel geben wir hier nur das bereits von ALAN M. TURING formulierte „Halting Problem" an: Es läßt sich im allgemeinen Fall nicht entscheiden, ob ein Computerprogramm nach einer endlichen Zahl von Schritten zum Ende kommt oder nicht. Um eine Theorie der algorithmischen Komplexität entwickeln zu können, müssen daher Wahrscheinlichkeitsaussagen verwendet werden — die Wahrscheinlichkeit, mit welcher ein bestimmtes Programm das Ende erreicht oder unendlich weiterläuft, ist angebbar.

Kommen wir zum Abschluß wieder auf das Problem der Morphogenese zurück. Die Mehrzahl der Entwicklungsbiologen vertritt die Ansicht, daß der schwer zu durchschauende Teil des Ablaufs der Morphogenese durch den Zellmetabolismus mit all seinen Komplikationen verursacht wird. Die Kommunikation zwischen den Zellen ist eher einfach und auf einige wenige Prinzipien und Wirkstoffe beschränkt. Für diese Ansicht spricht zweifellos auch die Tatsache, daß einige — oberflächlich betrachtet — verwickelt erscheinende Vorgänge, wie beispielsweise die in Abb. 6 gezeigte Ausbildung des „Gastrula"-Stadiums im Wirbeltierembryo, auf ein ganz einfaches mechanisches Prinzip zurückzuführen sind. Untersuchungen dieser Art wurden unter anderem durch GEORGE F. OSTER von der University of California in Berkeley durchgeführt (ODELL et al. 1981).

Ausgangspunkt einer Reihe anderer Arbeiten in Richtung auf ein qualitatives Verständnis der Morphogenese bilden Reaktions-Diffusionsgleichungen, welche ursprünglich in der physikalischen Chemie zur Untersuchung chemischer Prozesse in räumlich nicht homogenen Systemen konzipiert wurden. Diese Modelle gehen davon aus, daß chemische Substanzen, sogenannte Morphogene, in einem Ensemble von Zellen nach den Gesetzmäßigkeiten von Reaktions-Diffusionssystemen verteilt werden und — je nach ihrer Konzentration — verschiedene Gene, welche für die Zelldifferenzierung verantwortlich sind, aktivieren. JAMES D. MURRAY (1988) von der Oxford University konnte mit einem solchen Ansatz das Auftreten der Färbungsmuster im Haarkleid von Säugetieren simulieren.

Ein allgemeines Modell der Entstehung von Mustern im Frühstadium der Morphogenese wurde von HANS MEINHARDT und ALFRED GIERER in Tübingen entwickelt (MEINHARDT 1982). Es geht ebenfalls von Reaktions-Diffusionsgleichungen für zwei verschiedene Morphogene, einen autokatalytisch wirkenden Aktivator mit kurzer und einen Inhibitor mit langer Reichweite, aus. Dieses

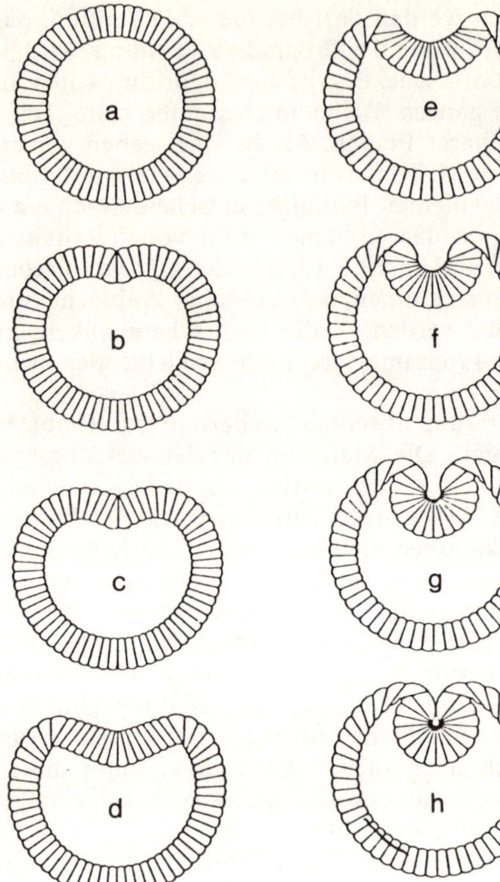

Abb. 6: Die Ausbildung des *Gastrulastadiums* im Embryo von Wirbeltieren. Wir zeigen den Vorgang schematisch. Er wird durch eine unsymmetrische, mechanische Formveränderung einiger weniger Zellen in Gang gebracht. Die einzige zusätzliche Annahme besteht darin, daß alle Zellkontakte aufrecht erhalten bleiben (Odell et al. 1981).

Modell stellt einen Versuch dar, ausgehend von der biochemischen Kinetik die Musterbildung in ihren molekularen Ursprüngen zu verstehen. Eine ganze Reihe spektakulärer Ergebnisse wurden erzielt. Unter anderem konnte das Gierer-Meinhardtsche Modell einige Erklärungen für die Regelmäßigkeiten bei Mißbildungen als Folge von Störungen der frühen Embryonalentwicklung der Fruchtfliege *Drosophila* geben.

Die frühe Embryonalentwicklung von Insekten ist von besonderem Interesse, da es auf diesem Gebiet äußerst spektakuläre neue experimentelle Ergebnisse gibt: Einige, in zeitlich geordneter Reihenfolge hierarchisch wirksame Gene und ihre Übersetzungsprodukte wurden durch gentechnische Methoden identifiziert (Geh-

RING 1987 und NÜSSLEIN-VOLHARD et al. 1987). Auf einen neueren Übersichtsartikel der molekularen Genetik der Musterbildung im *Drosophila*-Embryo sei hingewiesen (INGHAM 1988). Der Bauplan des Körpers der Fruchtfliege *Drosophila* wird weitestgehend durch die — in korrekter zeitlicher Reihenfolge erfolgende — Exprimierung von Genen bestimmt, deren Translationsprodukte spezifisch an DNA binden: *maternal genes, gap genes, pair-rule genes, homeotic genes*. Die homeotischen Gene sind besonders gut charakterisiert. Sie enthalten ein bestimmtes DNA-Segment — die „Homeo Box" —, welches nach der Übersetzung zu einer Domäne in den „homeotischen" Proteinen wird, die ihrerseits spezifisch an andere DNA-Sequenzen binden. Homeotische Gene sind dementsprechend Regulatorgene der Embryonalentwicklung. Die Wirkung einzelner Genprodukte in der Drosophilalarve konnte — durch Erzeugung oder Behebung von Mißbildungen — direkt nachgewiesen werden.

Homeotische Gene wurden auch in anderen Vielzellerorganismen nachgewiesen. Unter anderem gibt es sie auch in der Maus. Ihre Funktion ist dort zur Zeit noch unbekannt, wird aber sehr intensiv erforscht.

Die hier angegebenen Beispiele sollten zeigen, daß den formalen „Programmen" der embryonalen Morphogenese eine ganze Reihe höchst effektiver „Befehle" — unterschiedlichen Operationen entsprechend — zur Verfügung stehen. Durch Kombination der Einzelbefehle zu vielschrittigen Bauanleitungen und sequenzielle Ausführung des Programmes entstehen daraus die unerhört variablen und anpassungsfähigen Phänotypen der Vielzeller, die wir nur bestaunen und bewundern können.

Das algorithmische Informationskonzept scheint besser als andere, alternative Ansätze zu einer formalen Modellierung der biologischen Musterbildung im Vielzellerorganismus geeignet zu sein. Wir dürfen jedoch nicht übersehen, daß einige grundlegende Unterschiede bestehen. Wie bereits erwähnt, geht die für die Ausführung des Programmes notwendige Zeit nicht in die Theorie ein. In der Natur sind hingegen alle Prozesse in Zeitskalen eingebunden, von denen sie sich schwerlich befreien können. Ein noch so eleganter Algorithmus wird anderen unterlegen sein, wenn das entsprechende Programm zu lange läuft.

Literatur

ALBERTS, B., D. BRAY, J. LEWIS, M. RAFF, K. ROBERTS and J.D. WATSON, 1983: Molecular Biology of the Cell. Garland Publ. Inc., New York: 484—500 and 530—536.

CHAITIN, G.J., 1987a: Algorithmic Information Theory. Cambridge University Press, Cambridge (U.K.).

CHAITIN, G.J., 1987b: Information, Randomness & Incompleteness — Papers on Algorithmic Information Theory. World Scientific, Singapore.

GEHRING, W.J., 1987: Science *236*: 1245—1252.

GERLISSEN, G. and G. MICHAELIS, 1987: Annals New York Academy of Sciences *503*: 391—401.

INGHAM, P.W., 1988: Nature *335*: 25—34.

JACOB, F., 1982: The Possible and the Actual. Pantheon Books, New York.

KÜPPERS, B.-O., 1986: Der Ursprung biologischer Information. Piper, München.

MANIATIS, T. and M. PTASHNE, 1976: Scientific American *234/1*: 64—76.

MEINHARDT, H., 1982: Models of Biological Pattern Formation. Academic Press, London.

MURRAY, J.D., 1988: Scientific American *258/3*: 62—69.

NÜSSLEIN-VOLHARD, C., H.G. FROHNHÖFER and R. LEHMANN, 1987: Science *238*: 1675—1681.

ODELL, G.M., G. OSTER, P. ALBERCH and B. BURNSIDE, 1981: Developmental Biology *85*: 446—462.

RICH, A. and S.H. KIM, 1978: Scientific American *238/1*: 52—62.

SHANNON, C.E. and W. WEAVER, 1964: The Mathematical Theory of Communication. The University of Illinois Press, Urbana.

WATSON, J.D., ²1970: Molecular Biology of the Gene. W.A. Benjamin, New York.

WATSON, J.D., N.H. HOPKINS, J.W. ROBERTS, J.A. SEITZ and A.M. WEINER, ⁴1987: Molecular Biology of the Gene. The Benjamin-Cummings Publ. Co., Menlo Park (Cal.): 431—462.

WEIZSÄCKER, C.F.V., 1971: Die Einheit der Natur. Hanser, München.

Als weitere Anwendung in den Einzelwissenschaften werden nun Fragen des Reduktionismus anhand des Gen-Selektionismus behandelt. Dabei geht es beispielsweise um die Unabhängigkeit von Genen, Fragen nach der „Unit of Selection“, usw. Zentral ist die Frage, inwieweit die Selektion genetische Veränderungen determiniert. Es wird gezeigt, daß das — entgegen der Intuition — nicht der Fall ist.

GÜNTER P. WAGNER (geb. 1954) ist Univ. Ass. am Institut für Zoologie der Universität Wien. Er studierte Zoologie in Wien und beschäftigte sich bereits in seiner Dissertation mit der (Populations-)Genetik. Er verbrachte einige Jahre an den Max-Planck-Instituten für Biophysikalische Chemie (Göttingen) und für Entwicklungsbiologie (Tübingen). Zuletzt Gastprofessur an der North-Western University in Evanston, USA.

Der Gen-Selektionismus: Grundlagen, Grenzen und Alternativen

GÜNTER P. WAGNER

1. Das Problem der methodischen Reduktion

Reduktion ist die Rückführung komplexer Phänomene auf elementare Gesetze und Vorgänge (WUKETITS 1989). So gesehen ist Reduktion, von KONRAD LORENZ als methodische Reduktion dem ontologischen Reduktionismus gegenübergestellt, Teil vieler erfolgreicher Forschungsstrategien in den Naturwissenschaften (LORENZ 1978). Beispiele methodischer reduktionistischer Forschung in der Physik und der Biologie (z.B. Molekulargenetik) sind so bekannt, daß sie keiner weiteren Erläuterung bedürfen.

Trotz des offensichtlichen Erfolgs reduktionistischer Forschung ist die Reduktion keine universelle Forschungsstrategie. Ihr Erfolg ist an genau angebbare Voraussetzungen gebunden, die in manchen Gegenstandsbereichen erfüllt sind, aber nicht bei allen erfüllt sein müssen, ja wahrscheinlich bei vielen nicht erfüllt sind.

Ohne den Anspruch erheben zu wollen, die notwendigen und hinreichenden Bedingungen für die Anwendung der reduktionistischen Strategie vollständig explizieren zu können, möchte ich hier zwei hinreichende Bedingungen nennen, die sich aus der Struktur reduktionistischer Theorien ableiten lassen.

Wenn man die Phänomene eines bestimmten Wirklichkeitsbereichs, z.B. die Gasgesetze oder die optischen Phänomene bei geringer Lichtintensität, auf elementare Vorgänge zurückführen möchte, so muß man zwei Prinzipien kennen:

1. Die Gesetze, die die Elementarvorgänge beschreiben; also z.B. die MAXWELL-Gleichungen in der Optik oder die Punktmechanik für die kinetische Gastheorie.

2. braucht man ein Superpositionsprinzip, d.h. eine Vorschrift, nach der man das komplexe Phänomen aus den Elementarprozessen rekonstruieren kann. Im Falle der linearen Optik ist das Superpositionsprinzip einfach die Linearkombination der Feldstärken von verschiedenen Lichtwellen, die sich an einem Ort überlagern. Im Falle der kinetischen Gastheorie ist das Superpositionsprinzip ein statistisches Gesetz über den Zusammenhang zwischen den mechanischen Wechselwirkungen unter den Molekülen und den makroskopisch meßbaren Größen wie Temperatur und Druck.

Die Frage, ob es für einen gewissen Phänomenbereich einen Kanon von Elementargesetzen und ein Superpositionsprinzip gibt, ist eine empirische Frage, d.h. nicht mit erkenntnis- oder wissenschaftstheoretischen Betrachtungen alleine zu lösen. Deshalb ist auch die Frage, ob die Reduktion von Phänomenen auf gewisse elementare Prozesse zulässig ist oder nicht, ein einzelwissenschaftliches Problem und keine Frage der philosophischen Grundeinstellung.

Nun gibt es aber Phänomene, über deren Physik wir so viel wissen, daß man die Existenz einfacher Elementargesetze und/oder eines einfachen Superpositionsprinzips ausschließen kann. Beispiele sind alle Systeme, die starke nichtlineare Wechselwirkungen zeigen und Systeme, in denen die Wechselwirkungen durch die Geschichte des Systems stark bestimmt werden, wie im Falle des Gehirns. In diesen Fällen spielen die Struktur des Systems und seine Dynamik eine größere Rolle bei der Erklärung der Phänomene als die Elementargesetze, und ein universelles Superpositionsprinzip existiert nicht (WAGNER 1983). Genauer gesagt, existiert kein universelles Superpositionsprinzip, denn die in der jeweiligen Situation angemessene Superposition der Elementarvorgänge hängt von der jeweiligen Systemstruktur, z.B. der Struktur des neuronalen Netzwerkes, ab. In solchen Fällen ist es angebracht, systemtheoretische Methoden zur Rekonstruktion von Phänomenen zu verwenden (WAGNER 1983).

In diesem Aufsatz soll nun der Gen-Selektionismus, der sozusagen die reduktionistische Variante der neo-darwinistischen Evolutionstheorie ist, auf die Frage hin untersucht werden, ob die Voraussetzungen für die Anwendung der reduktionistischen Methoden gegeben sind.

Neuere, aber auch bereits ältere Ergebnisse der populationsgenetischen Theorie zeigen die Unhaltbarkeit der Prämissen des Gen-Selektionismus und letztlich der gesamten „Unit of Selection"-Kontroverse. Die Möglichkeit eines alternativen Modells zur Reduktion organismischer Evolutionsvorgänge auf populationsgenetische Prozesse wird diskutiert. Der vorgeschlagene Ansatz führt zu einer radikalen Lösung der „Unit of Selection"-Kontroverse.

2. Die wissenschaftlichen Grundlagen des Gen-Selektionismus

Der Gen-Selektionismus beruht auf der Annahme, daß der Verlauf der organismischen Evolution am besten durch relative Fitnessunterschiede zwischen individuellen Genen beschrieben und erklärt werden kann (nach RICHARDSON 1985, 134). Gene sind die Einheiten der Evolution und Evolution ist, nach dem Gen-Selektionismus, identisch mit den Veränderungen von Genhäufigkeiten.

Der Gen-Selektionismus bezieht seine wissenschaftliche Rechtfertigung einerseits aus der klassischen Genetik und der aus ihr hervorgegangenen populationsgenetischen Theorie der Evolution, und andererseits aus den außerordentlichen Erfolgen der genselektionistischen Betrachtungsweise bei der Erklärung der Struktur des Eukaryotengenoms (Stichwort „selfish DNA", DOOLITTLE und SAPIENZA 1980, ORGEL und CRICK 1980) und der Evolution des Sozialverhaltens (Stichwort Soziobiologie, WILSON 1975). Inwiefern kann sich der Gen-Selektionismus also auf die Genetik und im besonderen auf die Populationsgenetik berufen?

Die wesentliche Lehre aus der MENDELgenetik ist die Tatsache, daß die Erblichkeit phänotypischer Variation auf der Weitergabe und Rekombination von „Genen" beruht (über die Problematik des Genbegriffs siehe WAGNER 1988a). Gene sind Einheiten des Erbmaterials, die in ihrer Struktur (meist) durch die Kombination mit anderen Genen bei der sexuellen Reproduktion nicht verändert werden. Gene verhalten sich also wie „Atome" der Vererbung. Nur seltene, spontane Mutationen verändern die Gene. Deren Auftreten ist vom Rest des Genoms meist unabhängig, wenn man von dem Einfluß mobiler genetischer Elemente absieht. Phänotypischen Veränderungen in der Evolution liegen also Veränderungen der Gene zugrunde. Die Durchsetzung einer Variante ist identisch mit der Fixierung der entsprechenden genetischen Varianten. Darauf bezieht sich die Behauptung, Evolution sei identisch mit Veränderungen der Genhäufigkeit.

Die klassische populationsgenetische Theorie bietet ein weiteres Argument für die Reduktion von Evolutionsvorgängen auf die Selektion individueller Gene: das sogenannte Fundamentaltheorem der natürlichen Selektion von R.A. FISHER (siehe z.B. HOFBAUER und SIGMUND 1984).

$$\Delta p_i = (1/2)\, p_i\, (1 - p_i)\, d \ln \overline{w} / d\, p_i \qquad (1)$$

Es besagt, daß die Änderung der relativen Häufigkeit p_i eines Allels i proportional ist der durch das Gen bewirkten Veränderung der mittleren Fitness $\overline{w}$, $d \ln \overline{w}/d\, p_i$.

Diese Formulierung legt nahe, daß die Veränderungen an einem Locus unabhängig von jenen beschrieben werden können, die gleichzeitig an anderen Genorten stattfinden. Aus diesem Ergebnis der 1-Locus Theorie haben die Proponenten des Gen-Selektionismus, wie G.C. WILLIAMS (1966) und R. DAWKINS (1982) die Behauptung abgeleitet, die Beschreibung einer Population durch Genhäufigkeiten und die relativen Fitnessunterschiede zwischen den Allelen sei hinreichend zur Erklärung komplexer Evolutionsvorgänge. Gleichung (1) spielt also im Gen-Selektionismus die Rolle des Elementargesetzes. Die Anwendung dieses Elementargesetzes setzt aber gleichzeitig die Kenntnis des Zustandes des Gesamtsystems (das ist die Population) voraus, denn die mittlere Fitness errechnet sich aus den Genotyphäufigkeiten. Diese sind aber nur unter gewissen Voraussetzungen aus den Genhäufigkeiten berechenbar. Diese Voraussetzungen werden in einem Superpositionsprinzip zusammengefaßt.

Als Superpositionsprinzip wird meist die Annahme des Kopplungsgleichgewichts verwendet, eine Verallgemeinerung des Hardy-Weinberg-Gesetzes (Hartl 1980). Im Fall von zwei Loci mit zwei Allelen A_iA_j/B_kB_l lautet das Prinzip: Die Häufigkeit von Genotypen A_iA_j/B_kB_l ist gleich dem Produkt der Häufigkeiten der Allele:

$$P(A_iA_j/B_kB_l) = p_ip_jp_kp_l \qquad (2)$$

Anders ausgedrückt lautet das Prinzip, die Häufigkeit eines Genotyps ergibt sich aus der zufälligen Kombination der Gene entsprechend ihrer relativen Häufigkeit.

Dieses Prinzip ist für manche Loci in der Natur tatsächlich realisiert (Hartl 1980), und in manchen Modellen sind Abweichungen von (2) irrelevant für die Vorhersagen (Lande 1976, Bürger 1989, Wagner 1989). Natürlich ist (2) eine Annahme, die in jedem Fall empirisch geprüft werden muß und kein Naturgesetz.

Wir sehen hier also einen klassischen Fall einer methodischen Reduktion vor uns mit einem Elementargesetz (1) und einem Superpositionsprinzip (2).

Diese Version des Gen-Selektionismus ist stark simplifiziert und hoffnungslos naiv. Kein ernstzunehmender Evolutionsbiologe kann heute noch den Gen-Selektionismus in dieser einfachen Form vertreten. Trotzdem ist es adäquat, die Problematik dieses Programms an dieser Struktur zu erklären, da alle Rettungsversuche oder Modifikationen des Gen-Selektionismus keine strikt reduktionistischen Programme mit einem einfachen Superpositionsprinzip mehr darstellen. Alle realistischeren Modelle genetischer Evolutionsvorgänge stehen dem Geist holistischer Beschreibungsweisen (wie der Synergetik) viel näher als einem echten reduktionistischen Programm. Diese realistischeren Modelle haben dann auch nicht mehr den Charme der Einfachheit, wie er für reduktionistische Theorien charakteristisch ist.

Die Kritik an diesem Konzept bezieht sich hauptsächlich auf die Annahme des Kopplungsgleichgewichts, die mit Modellen von Populationen mit überlappenden Generationen inkompatibel ist (Nagylaki und Crow 1974). Weiters setzt die Gültigkeit von Gleichung (1) die Additivität der Geneffekte voraus, was mit der Tatsache von Dominanz und dem Vorliegen epistatischer Effekte („Gen — Genwechselwirkungen") unvereinbar ist (Ewens 1969). Die Universalität von Dominanzeffekten wird durch die praktisch bei allen Merkmalen nachzuweisenden Folgen von Inzucht empirisch gezeigt. Die Fitnesswerte der Gene sind dann nicht mehr unabhängig von der Häufigkeit der Gene in der Population, das ist das Prinzip der „genetischen Relativität“ (MAYR 1975), und Gleichung (1) bricht zusammen. Eine hervorragende Zusammenfassung und Bewertung dieser Problematik findet man bei R.C. RICHARDSON (1985).

Nichtsdestotrotz darf man die heuristische Bedeutung des Gen-Selektionismus nicht unterschätzen. Sein Vorteil besteht in den so klar formulierten Prämissen und Folgerungen, die, wiewohl im Detail falsch, doch zu fruchtbaren Anwendungen im Bereich der molekularen Evolution und der Soziobiologie geführt haben. Weiters hat er zu der philosophisch sehr fruchtbaren Kontroverse über die Einheiten der Selektion geführt, die viel zu einem tieferen Verständnis der Evolutionstheorie und zur Rolle des Reduktionismus beigetragen hat (SOBER 1984).

Die Gegner des Gen-Selektionismus vertreten fast ausnahmslos einen „higher level selectionism“, d.h. sie suchen nach „höheren“ Einheiten der Selektion, wie Individuen, Gruppen oder sogar Arten. Die Idee hinter all diesen Ansätzen beruht auf der Annahme, daß die Evolution komplexer Systeme, wie die multizellulärer Organismen oder Sozietäten, durch eine reduktionistische Theorie, wie den Gen-Selektionismus, nicht erklärt werden kann. Neue Gesamtheiten, mit „emergenten“ Eigenschaften, verlangen, nach Auffassung dieser Autoren, höhere Selektionsebenen, d.h. z.B. Selektion zwischen Individuen und Gruppen statt Selektion zwischen Genen.

Diese Prämisse der Gegner des Gen-Selektionismus ist so sicher nicht richtig, wie die Modelle der Soziobiologie beweisen. Eine wichtige Unterscheidung, die die Situation etwas klären kann, wenn schon nicht vollständig das Problem lösen, ist die Unterscheidung zwischen Replikatoren und Interaktoren (HULL 1980). Replikatoren sind Entitäten, die Kopien von sich herstellen können und deren Häufigkeit durch Selektion verändert wird. Individuen sind im allgemeinen keine Replikatoren, da sie zu Grunde gehen und nur Kopien ihrer Gene an die nächste Generation weiter geben. Der klassische Replikator ist ein Gen. Nur Replikatoren können Einheiten der Selektion sein (DAWKINS 1978).

Der Interaktor ist nun jene Entität, die mit der Umwelt in einer solchen Weise interagiert, daß die Replikatoren unterschiedliche Fortpflanzungschancen haben. Die Interaktoren sind also die Träger jener biologischen Eigenschaften, die Fitnessunterschiede zwischen den Replikatoren, d.h. zwischen den Einheiten der Selektion, bestimmen. Der klassische Interaktor ist das Individuum. Die Umweltfaktoren, die zur Selektion führen, wirken nicht direkt auf die Einheit der Selektion, sondern auf den Interaktor. Dessen Fähigkeiten bestimmen dann die Selektionschancen der Replikatoren. Selektiert werden allerdings nicht die Interaktoren, sondern die Replikatoren, da nur diese Kopien von sich erzeugen können.

Ein wesentliches Argument für die Annahme höherer Einheiten der Selektion resultiert aus dem Zusammenbruch der Voraussetzungen des Gen-Selektionismus im Falle genetischer Koppelung und epistatischer Effekte (WIMSATT 1980). Allerdings reichen diese Argumente, wie RICHARDSON gezeigt hat, nicht hin, um die Existenz höherer Selektionseinheiten zu beweisen (RICHARDSON 1985). Wir stehen also vor einer unentscheidbaren Situation. Die Voraussetzungen des Gen-Selektionismus sind unhaltbar, oder zumindest nicht allgemeingültig, und die Argumente für einen „higher level selectionism" sind nicht zwingend (RICHARDSON 1985).

Im folgenden möchte ich einen Ausweg aus dem Patt der Unit of Selection-Kontroverse zeigen, der sich radikal von den bisherigen Beiträgen zur Unit of Selection-Kontroverse unterscheidet. Ich möchte zeigen, daß die Prämissen, die der Unit of Selection-Kontroverse zugrundeliegen, falsch sind und daher das Dilemma nicht im Rahmen der Kontroverse gelöst werden kann. Die Fragen in dieser Kontroverse sind meiner Ansicht nach falsch gestellt, denn phänotypische Evolution durch natürliche Selektion funktioniert unter bestimmten biologischen Voraussetzungen ohne Replikatorselektion. Das heißt nicht, daß Gene keine Rolle spielen. Die Bedeutung der Gene steht außer Zweifel. Ihre Bedeutung erlangen die Gene aber nicht als Einheit der Selektion.

3. Die „Unit of Selection"-Kontroverse

Die grundlegende Argumentation in der Unit of Selection-Kontroverse lautet etwa wie folgt:

Selektion besteht in der Zunahme der Häufigkeit gewisser Entitäten, die befähigt sind, Kopien von sich selbst herzustellen. Solche Entitäten sind Replikatoren und stellen zugleich die jeweilige „Einheit der Selektion" dar. Welche physikalische Entität in der jeweiligen speziellen Situation die Rolle des Replikators übernimmt, hängt z.B. vom Vermehrungsmodus ab. Es können Gene sein, Chromosomen-Abschnitte, in denen aus irgendwelchen Gründen die Rekombination unterdrückt ist, Y-Chromosomen, Genotypen in parthenogenetischen Arten oder andere Einheiten.

Da nun die Anpassung und die Evolution der Organismen auf natürlicher Selektion beruht, kann sich die kausale Erklärung der Evolution nur auf die Selektion zwischen Replikatoren beziehen. Replikatorselektion ist die kausale Ursache für die Evolution der Organismen.

Diese Argumentationskette ist kohärent, aber unzutreffend. Der Fehler besteht in der Identifikation von Anpassung durch Selektion einerseits mit Replikatorselektion andererseits. Ich möchte dies in zwei Schritten zeigen: 1. möchte ich daran erinnern, was die notwendigen und hinreichenden Voraussetzungen für Anpassung durch natürliche Selektion sind; 2. werde ich einige neuere Ergebnisse aus der mathematischen Populationsgenetik diskutieren, die zeigen, wie phänotypische Evolution kausal, d.h. mehr oder minder determiniert, verlaufen kann, obwohl die Evolution der Replikatoren indeterminiert ist. Der makroskopische Prozeß kann determiniert sein, obwohl der mikroskopische Prozeß indeterminiert ist. Damit ist die Evolution auf Replikatorebene nicht mehr kausal, und Replikatorselektion kann auch nicht mehr die kausale Erklärung für die phänotypische Evolution sein.

4. Die Voraussetzungen für Anpassung durch natürliche Selektion

Diese sind bereits von Darwin und Wallace in unübertroffener Klarheit formuliert worden. Unklarheiten existierten zur Zeit Darwins nur noch über den Modus der Vererbung und damit auch über die Ursache der erblichen Variation. Das ist ein Problem, das erst von R.A. Fisher gelöst werden konnte, als er zeigte, wie die Vererbung quantitativer Merkmale durch Mendelsche Faktoren erklärt werden kann (Provine 1971).

Die Argumentation Darwins enthält folgende Elemente: a) Die meisten Merkmale natürlicher Populationen sind variabel; b) die phänotypische Variabilität ist zu einem gewissen Grad erblich, d.h. die Merkmalsausprägung der Nachkommen ist mit der der Eltern statistisch korreliert; c) die Zahl der Nachkommen pro Generation ist größer, als zur Erhaltung der Population notwendig ist, und deshalb können nicht alle Nachkommen die Eltern der übernächsten Generation sein; d) wenn nun die Wahrscheinlichkeit, Eltern der nächsten Generation zu werden, von der Ausprägung eines erblich variablen Merkmals abhängt, dann wird sich die Häufigkeit des Merkmals mit der Zeit verändern. Diesen Prozeß nennt man dann Anpassung durch natürliche Selektion.

Kurz gesagt gibt es nur zwei wirklich kritische Voraussetzungen für die Wirksamkeit der natürlichen Selektion: erbliche phänotypische Variation und eine Korrelation zwischen Merkmalsvariation und „fitness", d.h. der Chance, Kinder zu produzieren. Diese Voraussetzungen sind hinreichend, unabhängig davon, welche Ursache die Erblichkeit der phänotypischen Variation hat.

Für die meisten somatischen Merkmale ist genetische Variation, d.h. Variation von Replikatoren, die Ursache für deren Erblichkeit. Das ist aber keine *notwendige* Voraussetzung für die Wirkung der natürlichen Selektion. Direkte Replikation, wie sie von Genen durchgeführt wird, ist ein Mechanismus der Erblichkeit, d.h.

bewirkt eine statistische Korrelation zwischen „Eltern“ und „Nachkommen“, ist aber nicht der einzige. Gegenbeispiele sind alle Fälle „phänotypischer Vererbung“, wo ein phänotypisches Merkmal der Eltern direkt die Ausprägung des gleichen Merkmals der Nachkommen in der Art beeinflußt, daß Eltern und Kinder einander ähnlicher sind als zwei zufällig herausgegriffene Individuen der Population (Brandon 1985). Klassische Beispiele sind bestimmte Aspekte des Vogelgesangs, die von den Nachkommen durch Nachahmung der Eltern erworben werden, oder gewisse morphologische Merkmale der Wimpertierchen (Nelsen, Frankel und Jenkins 1989).

5. Natürliche Selektion und Anpassung ohne Replikatorselektion

In diesem Abschnitt betrachten wir zwei mathematische Modelle aus der Populationsgenetik, die zeigen, daß Anpassung eines phänotypischen Merkmals nicht notwendigerweise auf einen kausal ablaufenden Vorgang der Replikatorselektion zurückführbar sein muß. Das erste Beispiel betrifft ein quantitatives Merkmal, das unter gerichteter Selektion steht.

5.1 Quantitative Merkmale in sexuellen Populationen

Die meisten Anpassungsprozesse beruhen auf der Modifikation quantitativer Merkmale, d.h. Merkmale wie Flügellänge, Proportion der Extremitäten, Felldicke oder Körpergewicht. Die Variation dieser Merkmale ist durchschnittlich etwa zu 20 bis 60 Prozent erblich, bedingt durch genetische Variation an einer wahrscheinlich großen Zahl an Genloci (Falconer 1984).

Gerichtete Selektion bewirkt bei erblichen Merkmalen eine Verschiebung des Mittelwertes, den man nach der Formel

$$\triangle \overline{Z} = h^2 S \tag{3}$$

vorhersagen kann. Dabei ist $\triangle \overline{Z}$ die Verschiebung des Mittelwertes eines Merkmals Z, h^2 ist die Erblichkeit (Heritabilität) des Merkmals und S das Selektionsdifferential ($\overline{Z}w - \overline{Z}$), wobei $\overline{Z}w$ der Mittelwert der Population nach der Selektion, aber vor der Reproduktion ist. Diese Vorhersagen stimmen im allgemeinen sehr gut mit der Wirklichkeit überein, wenn die Zahl der Individuen in der Population nicht zu klein ist im Vergleich zur Selektionsintensität. In kleinen Populationen mit schwacher Selektion kommen Zufallseffekte zum Tragen, die das Ergebnis in unvorhersehbarer Weise beeinflussen.

Nehmen wir also an, die Population sei groß genug und die Selektionsintensität stark genug, um die Zufallsabweichungen von der Vorhersage (3) vernachlässigen zu können. Unter diesen Bedingungen ist die Anpassung des Merkmals Z unter dem Einfluß der *natürlichen Selektion* ein kausaler und mithin auch determinierter Prozeß. Folgt daraus auch, daß die den phänotypischen Veränderungen zugrundliegenden genetischen Prozesse kausal ablaufen?

Da, wie wir angenommen haben, die Erblichkeit des Merkmals auf genetischer Variation beruht, so müssen die durch Gleichung (3) beschriebenen phänotypischen Veränderungen durch Veränderungen der Genotyphäufigkeiten bedingt sein. Weiters sei angenommen, die Gene hätten alle nur additive Effekte, so daß das Fundamentalgesetz der natürlichen Selektion (Gleichung (1)) auf sie anwendbar ist. Nun ist aber die Gleichung (1), die die Veränderung der Genhäufigkeiten vorherzusagen erlaubt, selbst nur dann gültig, wenn die Population groß genug ist, damit Zufallseffekte nicht über die Wirkung der natürlichen Selektion dominieren. Das heißt, wenn die Populationsgröße unter einem bestimmten Limit liegt, so sind Zufallseffekte viel wichtiger als die deterministische Kraft der Selektion. Die Genhäufigkeitsänderungen sind dann nicht mehr vorhersagbar und können also auch nicht als kausal und determiniert gelten.

Nun haben wir aber eingangs angenommen, daß die Population groß genug ist, damit die phänotypische Veränderung nach Gleichung (3) determiniert und kausal abläuft. Folgt daraus nicht auch, daß die diesem phänotypischen Prozeß zugrundeliegenden genetischen Veränderungen determiniert ablaufen müssen? Keineswegs!

Da die erbliche Varianz eines quantitativen Merkmals durch eine oft große Zahl an polymorphen Genen bedingt ist, wirkt sich die Selektionsintensität nicht in vollem Umfang auf alle Gene gleichzeitig aus. Wie stark sich die Selektion auf das jeweilige Gen auswirkt, hängt davon ab, wie groß der Effekt des jeweiligen Gens ist. Je mehr Gene und je kleiner die individuellen Effekte der Gene sind, desto geringer die Selektionsintensität auf jeden einzelnen Genlocus. Es ist also leicht auszurechnen, unter welchen Bedingungen die Evolution eines phänotypischen Merkmals determiniert nach den Vorhersagen der Gleichung (3) verläuft, aber gleichzeitig die Genhäufigkeitsänderungen, die diesen erblichen phänotypischen Veränderungen zugrunde liegen, indeterminiert sind (KIMURA und CROW 1978, MILKMAN 1978, LYNCH 1984). D.h. es ist zu erwarten, daß sich die einzelnen Gene wie effektiv neutrale Gene verhalten, d.h. wie Gene, deren Häufigkeit nur durch Zufallseffekte verändert werden (WAGNER 1988b).

Das daraus resultierende Paradoxon, nämlich ein makroskopischer Prozeß, dessen zugrundeliegender mikroskopischer Elementarprozeß indeterminiert ist, läßt sich leicht auflösen. Das ist eine

Situation, die in der Physik immer wieder auftritt, wenn ein makroskopischer Prozeß das Resultat einer Vielzahl von Elementarprozessen ist, wie z.B. bei den Gasgesetzen. Mikroskopische Indetermination und makroskopische Determiniertheit ist immer dann vereinbar, wenn viele mikroskopische Realisationen für ein makroskopisches Resultat möglich sind.

Im Falle quantitativer Merkmale wird die Tatsache, daß es viele genetische Realisationen des gleichen phänotypischen Evolutionsvorganges geben kann, bedingt durch eine notwendige Voraussetzung für Evolution durch natürliche Selektion überhaupt. Wie oben erwähnt, muß ein Merkmal erblich sein, damit es durch natürliche Selektion verändert werden kann. Wenn die Erblichkeit des Merkmals durch genetische Variation bedingt ist, so muß ein Teil der Geneffekte additiv sein (FALCONER 1984). Nun gehört es zur Natur additiver Effekte, daß viele Kombinationen individueller additiver Effekte die gleiche Summe bilden können. Die additiven Effekte verschiedener Gene können sich also gegenseitig ersetzen. Bei additiven Effekten ist es gleichgültig, welches individuelle Gen dafür verantwortlich ist.

Das bedeutet, daß die Verschiebung des Mittelwertes des Merkmals Z, wie sie durch die Gleichung (3) vorhergesagt wird, durch viele verschiedene Kombinationen von Häufigkeitsänderungen individueller Gene realisiert werden kann. Ob nun das Allel am Locus 1 und das am Locus 2 beide sich um einen bestimmten Betrag in ihrer Häufigkeit verändern, oder ob nur eines um einen bestimmten größeren Betrag zunimmt, aber das zweite überhaupt seine Häufigkeit nicht verändert, ist letztlich für das phänotypische Resultat gleichgültig. Wenn es nun sehr viele Möglichkeiten gibt und sich die Zufallseffekte statistisch ausgleichen, so kann der makroskopische Prozeß determiniert und vorhersehbar ablaufen, auch dann, wenn die mikroskopischen Prozesse unvorhersehbar sind.

In diesem Fall sind also Anpassungsprozesse denkbar, die zwar nach den Gesetzen der natürlichen Selektion verlaufen, aber nicht unbedingt auf deterministischen Selektionsvorgängen von Replikatoren, das sind hier Gene, beruhen. Die Gene verhalten sich, individuell betrachtet, wie effektiv neutrale Gene, das heißt, ihre Evolution ist hauptsächlich durch Zufallseffekte bedingt. Replikatorselektion ist nicht die Erklärung der Anpassung durch natürliche Selektion.

Nun kann man gegen diese Argumentation einwenden, daß sie bloß auf einem mathematischen Modell beruht und damit keine Aussagen machen kann über die wirklichen Vorgänge in der Natur. Dagegen ist aber zu sagen, daß sich die obige Argumentation auf die gleiche Grundlagentheorie stützt wie der Gen-Selektionismus, nämlich die mathematische Populationsgenetik. Wenn also die gleiche Theorie, auf die sich der Gen-Selektionismus stützt, zeigt, daß die Replikatorselektion zwar eine *hinreichende* aber *keine notwendige Voraussetzung* ist für Evolution durch natürliche Selektion, dann ist den Prämissen der Unit of Selection-Kontroverse der konzeptuelle Boden entzogen.

5.2 Parthenogenetische Populationen mit hohen Mutationsraten

Replikatorselektion muß sich gegen zwei Einflüsse durchsetzen: Drift und Mutation. Drift ist durch Zufallseffekte in kleinen Populationen bedingt, und Mutationen verändern spontan den Replikator und so dessen Häufigkeit. Mutationen verringern im allgemeinen die Häufigkeit eines Replikators, wohingegen Selektion die Häufigkeit des Replikators mit der größten Fitness fördert. Wenn keine neuen Mutationen mit noch höherer Fitness auftreten, wird sich schließlich ein Gleichgewicht zwischen Mutation und Selektion einstellen. Je stärker die Mutationsrate im Vergleich zur Selektion ist, desto geringer wird die Gleichgewichtshäufigkeit des überlegenen Replikators sein. Nun ist leicht auszurechnen, unter welchen Bedingungen die Gleichgewichtshäufigkeit des „überlegenen" Replikators so klein wird, daß er sicher durch Zufallsdrift aussterben muß (BELL 1988). Geht aber ein solcher Replikator einmal verloren, dann ist es unwahrscheinlich, daß er jemals wieder sich in der Population durchsetzen kann, es sei denn die Selektion wird wesentlich stärker. Dieser Effekt wird nach ihrem Entdecker „MULLERs Ratchet" genannt. Es ist ein Prozeß, bei dem die Selektion nicht die alleinige Kontrolle über den Ablauf der Evolution hat, sondern wesentlich von den Mutationen und der Drift bestimmt wird.

Dieser Effekt spielt bei sexuell reproduzierenden Populationen wahrscheinlich keine Rolle, denn in diesen sind individuelle Gene die Replikatoren, und die *pro-locus*-Mutationsrate ist zu gering, um MULLERs Ratchet auszulösen. Anders verhält es sich bei parthenogenetischen Populationen, in denen das gesamte Genom der Replikator ist und damit die genomische Mutationsrate berücksichtigt werden muß. Für vielzellige Tiere, wie *Drosophila*, kann die genomische Mutationsrate durchaus die Größenordnung von einigen bis zehn Prozent erreichen und damit in der Größenordnung der Selektionsrate sein (ENDLER 1986). Man kann daher vermuten, daß die geringe Zahl an parthenogenetischen Arten im Tierreich auf der Akkumulation schädlicher Mutationen beruht, eben auf dem Effekt von MULLERs Ratchet, gegen die sich eine parthenogenetische Population nicht durchsetzen kann (MAYNARD-SMITH 1978, BELL 1988).

Die gleichen Prinzipien gelten auch für die Replikation von Polynucleotiden (EIGEN und SCHUSTER 1982, SWETINA und SCHUSTER 1982), waren also wahrscheinlich schon während der Phase der präbiotischen Evolution wirksam.

Die phänotypischen Konsequenzen von MULLERs Ratchet hängen von einer Reihe von Voraussetzungen ab. Wenn jede Mutation zu einer Verringerung der Fitness führt und diese Effekte durch Mutationen an anderen Loci nicht kompensiert werden können, dann ist die Population zum Untergang verurteilt (FELSENSTEIN 1974, MAYNARD-SMITH 1978, HAIGH 1978). Diese Voraussetzung muß aber nicht auf alle Mutationen zutreffen.

„Rückmutationen" sind Mutationen, die den phänotypischen Effekt einer vorangegangenen Mutation aufheben. In den Fällen, wo die biochemische Ursache der Kompensation bekannt ist, stellen die sogenannten Rückmutationen *nicht* wieder die gleiche genotypische Situation her wie vor der ersten Mutation. Meist *kompensiert* der Effekt der zweiten Mutation nur die phänotypischen Folgen der ersten Mutation. Das bedeutet, daß die Wahrscheinlichkeit von Rückmutationen sehr unterschätzt wird, wenn man nur die Möglichkeit in Betracht zieht, daß wieder die gleiche Nucleotid-Sequenz erzeugt wird. Eine realistische Abschätzung der Rückmutationswahrscheinlichkeit müßte berücksichtigen, wie viele Möglichkeiten dem Genom zur Verfügung stehen, die Folgen einer schädlichen Mutation physiologisch zu kompensieren.

Ein sehr einleuchtendes Beispiel ist das einer Mutation, die die Empfindlichkeit eines wichtigen Enzyms bei dem Bakterium *Escherichia coli* gegenüber Zink (Zn) erhöht. Eine biochemisch untersuchte Rückmutation des Zn-empfindlichen Stammes hat nun genau das gleiche Zn-empfindliche Enzym, aber eine weitere Mutation, die das Eindringen von Zn in die Zelle verhindert. Phänotypisch ist die Rückmutation genauso Zn-tolerant wie der Ausgangsstamm.

Ein anderes Beispiel ist ein quantitatives Merkmal unter stabilisierender Selektion, das ja, wie oben erwähnt, von vielen Genen mit additiven Effekten beeinflußt wird. Diese Situation wurde von WILFRIED GABRIEL vom Max-Planck-Institut für Limnologie in Plön (BRD) und mir genauer untersucht (GABRIEL und WAGNER 1988, WAGNER und GABRIEL 1989).

Wie vorhergesagt, kommt es unter schwacher Selektion und bei hoher genomischer Mutationsrate in kleinen Populationen sehr rasch zum Verlust des überlegenen (optimalen) Genotyps und zu einer Abnahme der mittleren Fitness der Population. Ebenfalls in Übereinstimmung mit den mathematischen Analysen von BELL, FELSENSTEIN, HAIGH, SCHUSTER und SWETINA kommt es auch nicht zur Stabilisierung eines neuen Genotyps, sondern nur zu immer neuen Genotypen, die sich in rascher Folge ablösen.

Überraschend war für uns hingegen, daß nach einigen Generationen die mittlere Fitness nicht mehr abnahm, sondern sich bei einem neuen Gleichgewichtswert stabilisierte. Wie erwartet, konnte dieses Gleichgewicht nicht durch die Selektion eines neuen dominierenden Genotyps erklärt werden, d.h. es war nicht durch Replikatorselektion bedingt. Das neue Gleichgewicht war vielmehr durch die Menge an kompensatorischen Mutationen bedingt, die in diesem Modell möglich waren, das übrigens das Standard-Modell der quantitativen Genetik ist. Die Rückmutationen haben aber, wie im obigen Beispiel, nur die *Folgen* schädlicher Mutationen für die Fitness rückgängig gemacht, nicht aber den ursprünglichen Genotyp wieder hergestellt.

Nun könnte man vermuten, eine Population könne zwar unter ungünstigen Bedingungen, wie hohe Mutationsrate, kleine Population und schwache Selektion, überleben, wie das Modell nahelegt, aber doch nicht evolvieren und Anpassungen erwerben. Dieser Frage sind wir in unseren Simulationen nachgegangen, indem wir eine Population weit weg vom Optimum haben starten lassen und fragten, ob die Population den gleichen Anpassungsgrad erreicht wie die Populationen, die vom Optimum gestartet sind. Zu unserer Befriedigung haben diese Populationen „Anpassung" gezeigt, d.h. die mittlere Fitness der Population steigt an, bis jener Bereich erreicht ist, in dem sich auch die Populationen stabilisieren, die vom Optimum ausgehen. Das heißt, auch unter hoher Mutationsrate, schwacher Selektion und in kleinen Populationen kommt es zu einem *stabilen Gleichgewicht.*

Zu unserer Überraschung erreichen die Populationen den selben Grad an mittlerer Fitness wie eine sexuell reproduzierende Population unter den gleichen Bedingungen. Nicht nur, daß solche Populationen anpassungsfähig waren, sie waren auch noch in ihrer Anpassungsfähigkeit sexuellen Populationen ebenbürtig.

Diese Erfahrungen haben bei mir zum ersten Mal zu Bedenken gegen die Annahme geführt, Replikatorselektion sei ein *notwendiger* Teil von Anpassungsvorgängen durch natürliche Selektion. Was aber kann die Alternative sein?

6. Ein Ensemble-Modell der Evolution?

In keinem der vorangegangenen Beispiele von Anpassung ohne Replikator-Selektion waren die in Kapitel 2 genannten Voraussetzungen für Anpassung durch natürliche Selektion verletzt. In beiden Fällen gab es Heritabilität der phänotypischen Merkmale, d.h. eine statistische Korrelation zwischen der Ausprägung des Phänotyps der Eltern und des Phänotyps der Nachkommen. In beiden Fällen waren Replikatoren wesentliche Teile des Modells: im ersten Fall Gene, im zweiten Genotypen. Trotzdem war Replikator-Selektion weder aufgrund der Randbedingungen möglich noch für die Anpassung des Phänotyps notwendig. In beiden Fällen waren Replikatoren jedoch als Ursache für die Heritabilität der phänotypischen Variation notwendig. Kurz gesagt, die wesentliche Rolle der Replikatoren war in beiden Fällen auf die einer Ursache der Heritabilität beschränkt. Sie wurden nicht als Einheit der Selektion gebraucht (WAGNER 1988c).

Wie in Abschnitt 3 bemerkt, sind Replikatoren nicht die einzige Ursache für Erblichkeit. Phänotypische Transmission ist ebenfalls möglich, wie bei den Ciliaten oder der sogenannten kulturellen Vererbung. Diesen Ausnahmen zum Trotz sieht es doch so aus, als ob Replikatoren zumindest die vorherrschende Ursache der Erblichkeit sind. Unsere Frage ist also, welche Konsequenzen der Evolutionstheorie aus den Schwächen des Gen-Selektionismus erwachsen.

Die Grundlagentheorie der Evolutionslehre ist die Populationsgenetik. In ihrer klassischen Ausprägung ist sie eine Theorie, in der es primär um die Häufigkeit individueller Gene und Genotypen geht. Das ist eine wesentliche historische Voraussetzung für den Gen-Selektionismus gewesen. Theorien über Genhäufigkeiten sind wichtig, vor allem in den Fällen, in denen die Häufigkeit individueller Gene mit molekularen Methoden direkt bestimmt werden kann.

Ob allerdings auch im Bereich der phänotypischen Evolution der Rekurs auf individuelle Gene zielführend ist, kann zumindest als fraglich gelten. Worauf es bei der Evolution phänotypischer Merkmale wirklich ankommt, ist die Verteilung von genetischen Effekten, vor allem dann, wenn quantitativ ähnliche Effekte genetisch auf verschiedene Weise realisiert werden können. Man könnte sich also vorstellen, daß die Theorie der phänotypischen Evolution vollständig auf der Basis von Verteilungen genetischer Effekte formulierbar ist, unabhängig davon, welche molekulare Realisation eben vorliegt. Dann ist die Einheit der Evolution nicht mehr der individuelle Replikator oder eine Einheit der Selektion, sondern das Ensemble von Replikatoren, das eine bestimmte Verteilung genetischer Effekte erzeugen kann.

Das ist natürlich keine völlig neue Idee, sondern als mathematisches Hilfsmittel in der quantitativen Genetik längst in Gebrauch. Was man braucht, um die Schwächen des Replikator-Selektionismus aus der Evolutionstheorie zu eliminieren, ist eine Uminterpretation der Situation. Gewöhnlich gilt der Formalismus der quantitativen Genetik als Mittel zur Vereinfachung der Theorie, wogegen die „eigentlichen Grundlagen“ in den gen- bzw. replikatorzentrierten Ansätzen der klassischen Populationsgenetik gesehen werden. Ich plädiere hingegen dafür, die Modelle der klassischen populationsgenetischen Theorie als intuitiv leicht faßbare Hilfs-Modelle mit großem heuristischem Wert zu betrachten, wogegen die Ensemblebetrachtung der quantitativen Genetik der wirklichen Einheit der Evolution näher liegt als die klassische Genvorstellung.

Dieser gedankliche Schritt wird einem förmlich aufgezwungen, wenn man jüngere Ergebnisse der Molekulargenetik berücksichtigt. Tatsächlich wurden ja die klassischen Gene an Hand ihrer phänotypischen Effekte definiert. Mit feineren Methoden der molekularen Analyse wird jedoch klar, daß sich hinter jedem nach klassischen Methoden definierten Allel eine, nach molekularen Kriterien beurteilt, heterogene Vielfalt verbirgt.

Nun kann man noch einwenden, daß es natürlich DNA in den Keimzellen gibt, und daß diese die Ursache für die Erblichkeit phänotypischer Variation ist. Das ist alles richtig, aber es muß auch daran erinnert werden, daß die für die Evolution eines Merkmals relevante Größe, der additive Effekt des Allels, keine physikalische Eigenschaft des dem Allel entsprechenden DNA-Abschnitts ist. Es handelt sich vielmehr um relative Größen, deren Skalierung von der Zusammensetzung der Population abhängt (FALCONER 1984). Die relevanten genetischen Eigenschaften sind Eigenschaften der Population. Also ist die Population mit der in ihr enthaltenen Verteilung von genetischen Effekten die irreduzible Einheit der Evolution.

Zum Schluß noch eine technische Bemerkung: Die Umformulierung der Populationsgenetik in eine Ensembletheorie wäre einfach, wenn die genetischen Effekte alle nach den Gesetzen der Normalverteilung verteilt wären. Dann wäre es relativ leicht, alle Probleme der Evolutionsgenetik zu lösen (LANDE 1976). Leider ist dieser Weg nicht gangbar, weil die Voraussetzungen einer „GAUSSschen Theorie" wahrscheinlich nicht erfüllt sind (TURELLI 1984, BÜRGER 1986). Auch der Versuch, die Theorie der Evolution nur auf makroskopisch meßbare Größen aufzubauen und so den Bezug auf das genetische Detail zu vermeiden, ist gescheitert (BARTON und TURELLI 1987). Eine Ensembletheorie ist also leider mathematisch nicht einfacher als die klassische populationsgenetische Theorie, die ja auch ab drei Genloci praktisch nicht mehr analytisch behandelt werden kann.

Literatur

Barton, N.H. and M. Turelli, 1987: Adaptive landscapes, genetic distance and the evolution of quantitative characters. Genet. Res. *49*: 157—173.

Bell, G., 1988: Recombination and the immortality of the germ line. J. evol. Biol. *1*: 67—82.

Brandon, R.N., 1985: Phenotypic plasticity, cultural transmission, and human sociobiology. In: J.H. Fetzer: Sociobiology and Epistemology. D. Reidel Publ. Co., Dordrecht: 57—73.

Bürger, R., 1986: On the maintenance of genetic variation: global analysis of Kimura's continuum-of-alleles model. J. Math. Biol. *24*: 341—351.

Bürger, R., 1989: Linkage and the maintenance of heritable variation by mutation-selection balance. Genetics *121*: 175—184.

Dawkins, R., 1982: The extended phenotype: the gene as the unit of selection. Freeman, Oxford and San Francisco.

Doolittle, W.F. and D. Sapienza, 1980: Selfish genes, the phenotype paradigm and genome evolution. Nature *284*: 601—603.

Eigen, M. and P. Schuster, 1982: The hypercycle: a principle of natural selforganization. Springer, Berlin—Heidelberg.

Endler, J.A., 1986: Natural selection in the wild. Princeton Univ. Press, Princeton.

Ewens, W.J., 1969: A generalized fundamental theorem of natural selection. Genetics *63*: 531—537.

Falconer, D.S., 1984: Einführung in die Quantitative Genetik. Gustav Fischer, Stuttgart.

Felsenstein, J., 1974: The evolutionary advantage of recombination. Genetics *78*: 737—756.

Gabriel, W. and G.P. Wagner, 1988: Parthenogenetic populations can remain stable in spite of high mutation rate and random drift. Naturwissenschaften *75*: 204—205.

Haigh, J., 1978: The accumulation of deleterious genes in an population — Muller's Ratchet. Theor. Pop. Biol. *14*: 251—267.

Hartl, D.L., 1980: Principles of population genetics. Sinauer, Sunderland.

Hofbauer, J. und K. Sigmund, 1984: Evolutionstheorie und dynamische Systeme. Parey, Berlin—Hamburg.

Hull, D.L., 1980: Individuality and selection. Ann. Rev. Ecol. Syst. *11*: 311—332.

Kimura, M, and J.F. Crow, 1978: Effect of overall phenotypic selection on genetic change at individual loci. Proc. Natl. Acad. Sci. USA *75*: 6168—6171.

LANDE, R., 1976: The maintenance of genetic variability by mutation in a polygenic character with linked loci. Genet. Res. *26*: 221—235.

LORENZ, K., 1978: Vergleichende Verhaltensforschung. Springer, Wien—New York.

LYNCH, M., 1984: The selective value of alleles underlying polygenic traits. Genetics *108*: 1021—1033.

MAYNARD-SMITH, J., 1978: The Evolution of Sex. Cambridge Univ. Press, Cambridge—New York—Melbourne.

MAYR, E., 1975: The unity of the genotype. Biologisches Zentralblatt *94*: 377—388.

MILKMAN, R., 1978: Selection differentials and selection coefficients. Genetics *88*: 391—403.

NAGYLAKI, T. and J.F. CROW, 1974: Continuous selective models. Theor. Pop. Biol. *5*: 257—283.

NELSEN, E.M., J. FRANKEL and L.M. JENKINS, 1989: Non-genic inheritance of cellular handedness. Development *105*: 447—456.

ORGEL, L.E. and H.C. CRICK, 1980: Selfish DNA: the ultimate parasite. Nature *284*: 604—607.

PROVINE, W.B., 1971: The origins of theoretical population genetics. The University of Chicago Press, Chicago—London.

RICHARDSON, R.C., 1985: Biological reductionism and genic selectionism. In: J.H. Fetzer: Sociobiology and Epistemology. D. Reidel Publ. Co., Dordrecht: 133—160.

SOBER, E., 1984: The nature of selection. MIT Press, Cambridge.

SWETINA, J. and P. SCHUSTER, 1982: Selfreplication with errors: A model for polynucleotide replication. Biophysical Chemistry *16*: 392—445.

TURELLI, M., 1984: Heritable genetic variation via mutation-selection balance: Lerch's zeta meets the abdominal bristle. Theor. Pop. Biol. *25*: 138—193.

WAGNER, G.P., 1983: On the necessity of a systems theory of evolution and its population biologic foundation. Acta Biotheoretica *32*: 223—226.

WAGNER, G.P., 1988a: Der Realitätsanspruch des Genkonzepts. In: Wiener Studien zur Wissenschaftstheorie 2: 239—250, Österr. Staatsdruckerei, Wien.

WAGNER, G.P., 1988b: The vexing role of replicators in evolutionary change. Biology and Philosophy *3*: 232—236.

WAGNER, G.P., 1988c: The gene and its phenotype. Biology and Philosophy *3*: 105—115.

WAGNER, G.P., 1989: Multivariate mutation-selection balance with constrained pleiotropic effects. Genetics *122*: 223—234.

Wagner, G.P. and W. Gabriel, 1989: Quantitative variation in finite parthenogenetic populations: what stops Muller's ratchet in the absence of recombination? Evolution, in press.

Williams, G.C., 1966: Adaptation and natural selection. Princeton University Press, Princeton.

Wilson, E., 1975: Sociobiology: The new synthesis. Harvard Univ. Press, Cambridge.

Wimsatt, W., 1980: Reductionistic research strategies and their biases in the units of selection controversy. In: T. Nickles (Ed.),: Scientific Discovery. D. Reidel, Dordrecht: 213—259.

Wuketits, F.M., 1989: Limits to reductionism in biology. Rivista di Biologia — Biology Forum *82*: 39—59.

Der Bereich der Biologie wird nun (nach der Molekularbiologie und der Populationsgenetik) von einer dritten Seite her aufgerollt: von der Morphologie. Dabei steht der Gesamtzusammenhang naturgemäß im Vordergrund. Neben der üblichen (Milieu-)Selektion werden auch die internen Selektionsbedingungen betrachtet, Homologie und Typus behandelt, adaptionistische und konstruktivistische Ansätze verglichen.

RUPERT RIEDL *beschäftigt sich schon lange mit morphologischen Fragestellungen und Systemzusammenhängen im biologischen Bereich und hat mit seinem Buch „Die Ordnung des Lebendigen" (1975) einen wichtigen Beitrag zur Vervollständigung der Evolutionstheorie geleistet.*

Systemzusammenhänge in organismischen Strukturen oder: von Giraffen und Delphinen

RUPERT RIEDL

Unter Systemen wollen wir komplex zusammengesetzte Gegenstände oder Abläufe verstehen (und meist beides zusammen), deren hierarchisch aufgebaute Einheiten einander wechselseitig bestimmen, und die selbst wieder innerhalb eines Milieus die Bedingungen ihres Bestehens finden.

In der Regel muß man sie als „offene Systeme" betrachten, was soviel heißt, als daß die Bedingungen ihrer Erhaltung davon abhängen, daß sie von Energie und Materie durchflossen werden. Physikalisch nennt man derlei „dissipative Systeme", das bedeutet, daß sie Energie konsumieren, auf Kosten ihrer Umgebung, und diese zu einem Teil in nicht mehr verwendbare Wärme umgewandelt in ihr Milieu zurückgeben. Damit bauen und erhalten sie einen Zustand fern vom physikalischen Äquilibrium, das heißt, einen physikalisch sehr unwahrscheinlichen Zustand, fern jeder Zufallswahrscheinlichkeit. Wesentlicher noch ist es, wenn man mit ERWIN SCHRÖDINGER (1951) sagt, sie bauen und erhalten ihre Organisation auf Kosten ihrer Umgebung: Sie fressen Ordnung.

Allgemein scheint auch zu gelten (RIEDL 1980a, 1985), daß alle Zwischenschichten ihrer Organisation als Einschübe entstehen, zwischen den disponiblen Materialien der Unterschichten und den möglichen Erhaltungsbedingungen, welche nicht nur vom Milieu, sondern auch von der nächsten Oberschichte bestimmt werden. Ferner schreitet die Organisation von niederer oder billiger zu höherer oder aufwendiger Ordnung, von Massenbauteilen zu deren Individualisation fort. Das Ergebnis beider Vorgänge nennt man, etwas summarisch, Differenzierung.

Was endlich die allgemeinen Erhaltungsbedingungen, die Chance der Entstehung, des Bestehens und der Entwicklung der Systeme betrifft, so mag auch allgemein gelten, daß es der Fluktuationen im Milieu bedarf und einer entsprechenden Wandelbarkeit innerhalb des Systems selbst. Das Ergebnis des Vorganges heißt in der Biologie Adaptierung, die Ausscheidung des Nichtentsprechenden dagegen Selektion; besser sagte man „Milieuselektion", weil ansonsten die internen, systemimmanenten Selektionsbedingungen, wie zumeist, übersehen werden. Wobei jene Disponibilität von Materialien eine Ausschlußbedingung vor der Assemblierung eines neuen Subsystems darstellt, dessen Erhaltungsbedingungen aber nach der Assemblierung geprüft werden.

1. Das Erkennen der Zusammenhänge

Legt man die eingangs genannten Bedingungen der Wechselwirkungen innerhalb einer hierarchischen Komplexität und eines Obersystems als bestimmend an, so zweifelt niemand daran, daß alle lebendigen Strukturen und Funktionen von systemhaftem Charakter sind. Diese regulativen Bedingungen umfassen alle Prozesse, vom Wachstum über den Zellersatz und die Regeneration bis zu den Steuerungsvorgängen, die selbst wieder von jenen des Energie- und Stoff-Umsatzes in den Zellen bis zu solchen der komplexesten, angeborenen Wahrnehmungs- und Verhaltensweise reichen. Viele von ihnen sind schon in der Weise der Kybernetik (HASSENSTEIN 1977) darstellbar. Auch daß es sich um offene Systeme im Sinne SCHRÖDINGERs handelt, hat in den vergangenen Jahrzehnten eine Fülle an Diskussion erwiesen.

Was aber einem zureichenden Verständnis des Lebendigen noch im Wege steht, will ich an einem Problemkomplex darstellen, der sowohl unser erkenntnistheoretisches Interesse befriedigen, als auch dem Nichtbiologen miterlebbar sein soll.

Zunächst: Erkennen ist ein Wiedererkennen. Alles, was einen Namen verdient und trägt, ist wiedererkennbar; und wir erweisen uns schon angeborenerweise vortrefflich zu dieser Leistung ausgestattet (RIEDL 1986). Diese Leistung, beispielsweise eine Katze, in welcher Silhouette und Perspektive auch immer, als eine solche zu erkennen, schafft auch das elaborierteste Computerprogramm noch lange nicht, ein Kind jedoch sehr leicht.

Die uns gegebene Fähigkeit beruht auf Prognostik, letztendes einer sich wiederholenden Koinzidenz der Merkmale alles Erkennbaren, wobei das auf der Netzhaut nicht Abgebildete, Verdeckte, automatisch aus der Erfahrung ergänzt wird. Der Erfolg eines solchen Programmes muß auf einer weiteren Übereinstimmung, einer Isomorphie oder Gleichgestaltigkeit mit der außersubjektiven Wirklichkeit, beruhen. Dies ist neben der nicht beliebigen Kombinierbarkeit der Merkmale der Gegenstände deren hohe Redundanz, eine fast identische, massenhafte Repräsentation oder Wiederkehr derselben.

So ist kein gesunder Mensch je in Verlegenheit, einen Vogel von einem Säuger zu unterscheiden. Entsprechend hielt man den ersten Balg eines Schnabeltieres, der nach Europa kam, für die Bastelei eines Schiffers, da diese nicht selten mit derlei Wunderlichkeit bei naiven Sammlern Geld machen konnten.

Ob also Moos oder Farn, Nadel- oder Laubbaum, Huf- oder Raubtier, Hund oder Katze, die Unterscheidung macht uns keine Schwierigkeiten; und die weitere Verfolgung, von den Familien bis zu den Rassen der Arten, bedarf, wie die Taxonomie der Naturvölker beweist (z.B. BERLIN et al. 1966), keineswegs irgendwelcher

Gelehrsamkeit, sondern nur einer aus der Motivation automatisch wachsenden Erfahrung im Detail.

Dies mag einer der Gründe dafür sein, daß uns diese Ordnung in der Natur, im Lebendigen noch dazu in einer strikte hierarchischen Musterung, einfach selbstverständlich erschien. Ein zweiter besteht in der Schwierigkeit, das Naturphänomen, das diese hierarchische Ordnung schafft, aufzuklären. Ich nehme dies vorweg, um den Leser in die kommenden Aufgaben einzustimmen.

Zunächst kann man die Frage stellen, warum sich, und noch dazu in hierarchischer Anordnung, gewisse Merkmale ändern, andere aber nicht. Man denke an die Vielfalt der Gefiederfärbungen gegenüber der Konstanz des zahnlosen Vogelschnabels, wo doch wenigstens den Fischjägern Zähne nicht unnütz wären; welche nicht nur bei der Schwestergruppe, den Säugern, so vielfältig entwickelt sind, sondern auch bei den Reptilien-Vorfahren der Vögel und den Vögeln der Kreidezeit durchaus repräsentiert waren.

Der Hierarchie wird man gewahr, wenn man sich erinnert, daß bei den Landsäugern an der Vierzahl der Extremitäten nicht mehr gerüttelt wird, das Handskelett aber ungemein variiert (vgl. Abb. 1 S. 249); man denke an Fledermaus, Elefant, Kamel, Pferd und Mensch. Bei den Paarhufern (wie bei allen Nachfolgegruppen) liegen dann auch die Zehenformen fest, aber mit Gehörn und Geweih wird vielfältig experimentiert. Bei den Ziegenartigen ist dann auch das Gehörn obligat, und vielfältig bleibt nur mehr dessen Krümmung und Drehung.

Erlaubt man in der Simulation allen Merkmalen dieselbe Änderungs-Wahrscheinlichkeit, wie das ja die Mutationstheorie nahelegte, so ist es nur eine Frage der Zeit, bis sich alle solche Ähnlichkeiten bis zur völligen Unvergleichbarkeit auflösen (Riedl 1975). Freilich sind die verfügbaren Zeiten nicht beliebig; und was noch wesentlicher ist, es entstehen ja im Zeitlauf auch immer wieder neue Merkmale: die Finger aus der Flosse, die Schwielen unter den Fingern, oder Huf oder einziehbare Kralle oben drauf.

Rechnet man die Wahrscheinlichkeit ein, daß im Laufe der genealogischen Verzweigungen, von der Artenteilung bis zu den großen Ästen des Stammbaumes, immer wieder neue Merkmale entstehen, so nähme es ja nicht wunder, daß die Verwandtschaftskreise der Nachkommen hinsichtlich dieser Neubildungen ähnlich bleiben werden. Und es genügte zur Entstehung einer Ähnlichkeits-Hierarchie die Annahme, daß neue Merkmale fortgesetzt entstehen, und daß deren Änderung adaptiv einfach nicht mehr erforderlich ist, man sagt: die keinem Selektionsdruck mehr unterliegen.

2. Über die Herkunft der Ordnung

Nun zeigt es sich aber, daß die erste der vorherigen Annahmen zwar plausibel ist, die zweite aber nicht, wenn man, wie gewöhnlich, unter Selektion den Druck der Milieubedingungen auf bessere Adaptierung verstehen will.

Alle Säugetiere beispielsweise haben sieben Halswirbel (nur der Dugong sechs und das Faultier acht). Bei den früheren Reptilien dagegen variiert die Anzahl der Halswirbel zwischen drei oder vier und sechsundsiebzig. Diese Beschränkung auf sieben bei ihren Nachkommen, den Säugetieren, ist also geschichtlich, aber auch funktionell nicht zu verstehen. Freilich arrangieren sich viele Arten mit dieser Wirbelzahl vorzüglich. Aber wo es um den eindeutigen Vorteil einer Verlängerung oder Verkürzung der Halswirbelsäule geht, wie bei den Giraffen und den Delphinen, wird die Festlegung deutlich. Die Giraffen müssen die Wirbel bis auf die Länge von fast einem halben Meter strecken und sie sind entsprechend ungeschickt und steif, was man ihnen beim Trinken ansehen kann. Schnell schwimmende Delphine dagegen sollten aus Gründen der auftretenden enormen Strömungsdrucke gar keinen Hals haben. Doch blieb ihrer Adaptierung keine andere Lösung, als die Halswirbel extrem zu verkürzen, sie wie einen Tellerstapel ineinanderzuschieben.

Als Erklärung dieser Fixierung kann man wahrscheinlich die Verflechtung des *Plexus brachialis* heranziehen, auf welchem die verbesserte Steuerung der Vorderextremität der Säuger beruht. Denn die zum *Plexus* verwobenen Nerven entspringen entlang der Halswirbel, und jeder Versuch einer Änderung der Halswirbelzahl wird darum die Leistung der Extremität reduziert haben und rigoros ausgeschieden worden sein.

Nun ist Umsicht geboten. Diese Fixierung beruht also auch auf Selektion. Und letzten Endes ist es freilich das Milieu, das darüber entscheidet, ob das mutativ veränderte Individuum konkurrenzfähig ist, letztlich in seinem Reproduktionserfolg reduziert ist oder nicht. Aber die Milieubedingungen von Delphin und Giraffe sind zwar noch hinsichtlich der Geschicklichkeit der Vorderextremität annähernd vergleichbar. Hinsichtlich der Zahl der nützlichen Halswirbel aber keinesfalls; vielmehr diametral verschieden. Wenn wir also die Ursache für die Halswirbel-Fixierung suchen, dann in einer Selektion, die sich zwar am Milieu entscheidet, deren konkrete Bedingungen aber in der Organisation des Organismus selber liegen.

Wir haben somit eine „innere Selektion" vor uns, die sich von der Milieuselektion so unterscheidet, wie die Entwicklung der Betriebsorganisation und der Festlegung der Toleranzen (sagen wir in einem Automobilwerk) von den Marktbedingungen. Es wirkt also nichts als Selektion, aber sie wird vom Milieu unabhängig und, nicht minder bedeutungsvoll, sie ist nicht mehr den Zufällen und Optionen „der nächst grüneren Wiese“, der nächsten Milieubedingungen, ausgesetzt. Sie haftet vielmehr am Organismus, sie ist systemimmanent, sie wird Teil seiner künftigen Geschichte, Teil seines Schicksals.

Ich soll nun nicht verschweigen, daß es auch Biologen nicht leicht fällt, diese Einsicht mitzuvollziehen, nämlich neben dem gewohnten Spieler, mit dessen Rolle wir uns die Selektionsprozesse erklären, so etwas wie einen Gegenspieler anzuerkennen. Dabei war DARWIN selbst noch bis in sein hohes Alter auf der Suche nach einem solchen antagonistischen Prinzip (vgl. DARWIN 1873). Aber zurück zu unserem Thema.

Wenn, wie ich behaupte, solche Fixierungen aus systemimmanenten Bedingungen Teil des Schicksals der Organismen werden, dann müßten sie auch im Zusammenhang mit jenen Organisationszügen zu erwarten sein, die ihre Geschichte begleitet haben. Dies ist nun tatsächlich, und in hohem Maße, der Fall.

Wir begegnen hier dem Phänomen der Induktion im Sinne der Entwicklungsbiologie. Man versteht darunter den Umstand, daß die meisten Zellverbände eines Embryos den Auftrag zu ihrer speziellen Differenzierung nicht schon in sich tragen, sondern erst von einem benachbarten Zellverband empfangen; und zwar von einem, der ihnen stammesgeschichtlich und funktionell vorausging (RIEDL 1975).

Beispielsweise war die Körperachse der Vorfahren der Wirbeltiere durch die *Chorda dorsalis*, die Rückenseite, gestützt. Diese machte eine Segmentierung funktionell erfolgreich, und von ihrer Anlage hängt es nun ab, daß sich der Rücken segmentiert. Beide diese Anlagen bestimmen die Lage der Wirbel, und mit den Wirbeln wird die Organisation der Spinalnerven festgelegt, von welchen wieder, mit Ausnahme des Kopfes, die richtige Nervenbeschickung des ganzen Organismus abhängt. So läßt sich's verstehen, warum alle Embryonen der Wirbeltiere die *Chorda* anlegen, wiewohl diese schon bei der Ausformung der Wirbel funktionell aufgelöst wird; und man erkennt, warum auch Wirbeltiere, wie die Kofferfische und Schildkröten, im Rumpf die funktionell längst entbehrliche Wirbelsäule entwickeln. *Chorda* und Wirbelsäule wurden zum Schicksal der Wirbeltiere. Sie wurden zu systemimmanenten Bedingungen.

Das bedeutet nun nicht, daß diese Bauteile, man kann nun schon sagen: des Bauplanes, von Mutationen verschont wurden. Ihre Gene werden in ihrer Geschichte, die fünfhundert Jahrmillionen umfaßt, dem steten Bombardement mutativer Änderungen nicht minder unterworfen gewesen sein. Wir sind vielmehr zur Annahme gezwungen, daß alle Mutanten mit tiefgreifenden Änderungen in diesen Bauanleitungen als lebensunfähig ausgeschieden wurden. Denn es ist kein Milieu denkbar, das einem Wirbeltier die richtige Innervation aller Rumpforgane ersetzen könnte.

Was heißt nun „tiefgreifend“? Dies können wir den Freiheitsgraden entnehmen, welche dem Merkmalswandel der Wirbelsäule eben noch oder nicht mehr gegeben ist. Die Mannigfaltigkeit der Stammesgeschichte der Wirbelsäulen und deren Grenzen gibt darüber Aufschluß.

Da gab es zunächst tiefgreifende Wandlungen, von den sogenannten primären zu den definitiven Wirbeln; auch eine Vielfalt an möglichen, adaptiven Ausbildungen ihrer Formen, Anhänge und beweglichen Verbindungen blieb erhalten; sogar die Möglichkeit, mit dem Rücken ganz oder untereinander teilweise oder weitgehend zu verschmelzen; wie bei Schildkröten, Vögeln und Fröschen. An ihrer segmental gegliederten, zweiteiligen Anlage des Wirbelzentrums war dagegen nicht zu rütteln (REMANE 1936).

Aus der Fülle der Gradienten zwischen Freiheitsgraden und Fixierungen der Bauformen läßt sich nun erkennen, welche Organismen denselben Prinzipien entsprechen: Die Invarianzen werden dabei als wesentlich, die zunehmenden Variablen als zunehmend unwesentlich betrachtet. Denn schon vorbewußt gliedert unser Verstehen die Welt der Dinge nach den Koinzidenzen von Stetigkeiten (RIEDL 1980a); und im Lebendigen bildet dieses Verstehen die Hierarchie der Stetigkeiten zur Form der taxonomischen Einheiten nach: Wirbeltiere, Säuger, Huftiere, Ziegen. GOETHE war (1795) der erste, der mit dem Aufschluß des osteologischen Typus der Säugetiere die Empirie dieses Erkenntnisvorganges untersuchte. Ein Optimierungsprozeß liegt vor, der zwischen der Abstraktion der Invarianz-Gradienten und ihrer Korrektur an der Mannigfaltigkeit der zugerechneten Formen kreist.

3. Erkennen von Homologie und Typus

Dies ist erkenntnistheoretisch von Interesse. Beides wird aus der Vielheit der zugrundeliegenden Einheit ermittelt, wir sagen: aus den Grenzen der Freiheitsgrade das Wesentliche der Ähnlichkeiten. Und ich werde zu zeigen haben, daß dieser Weg der Erkenntnis biologischer Einheiten den Wegen der Entstehung derselben, wie der Erklärung, welche wir hinzufügen, direkt entgegenläuft.

RICHARD OWEN hat (1848) im Anschluß an jenes Konzept vom Typus die Wesensähnlichkeiten, die ihn zusammensetzen, Homologien genannt. Und bis in unsere Tage ist die Diskussion um diesen Begriff nicht zur Ruhe gekommen. Selbst nach jenen Zeittrends, in welchen das Paradigma wissenschaftlicher Methode die Begriffe Homologie und Typus als unwissenschaftlich abschaffen wollte, weil man Erkenntnis- und Erklärungsweg verwechselte oder den Erkenntnisweg für zirkulär hielt (z.B. SOKAL und SNEATH 1963), mußte man auf den Homologiebegriff zurückkommen.

Es zeigte sich ja immer wieder, daß die unterschiedlichen Freiheitsgrade der Merkmale der Organismen, nach welchen wir deren abgestufte Ähnlichkeiten bestimmen und daraus die systematischen Kategorien definieren, einer Erklärung bedürfen. Denn Erbanlage, Variabilität und Selektivität im nachdarwinschen Sinne (etwa ab WALLACE 1891, vergl. RIEDL 1987), reichen dazu nicht aus. Man erinnere sich an das Beispiel der Halswirbelsäulen von Giraffe und Delphin.

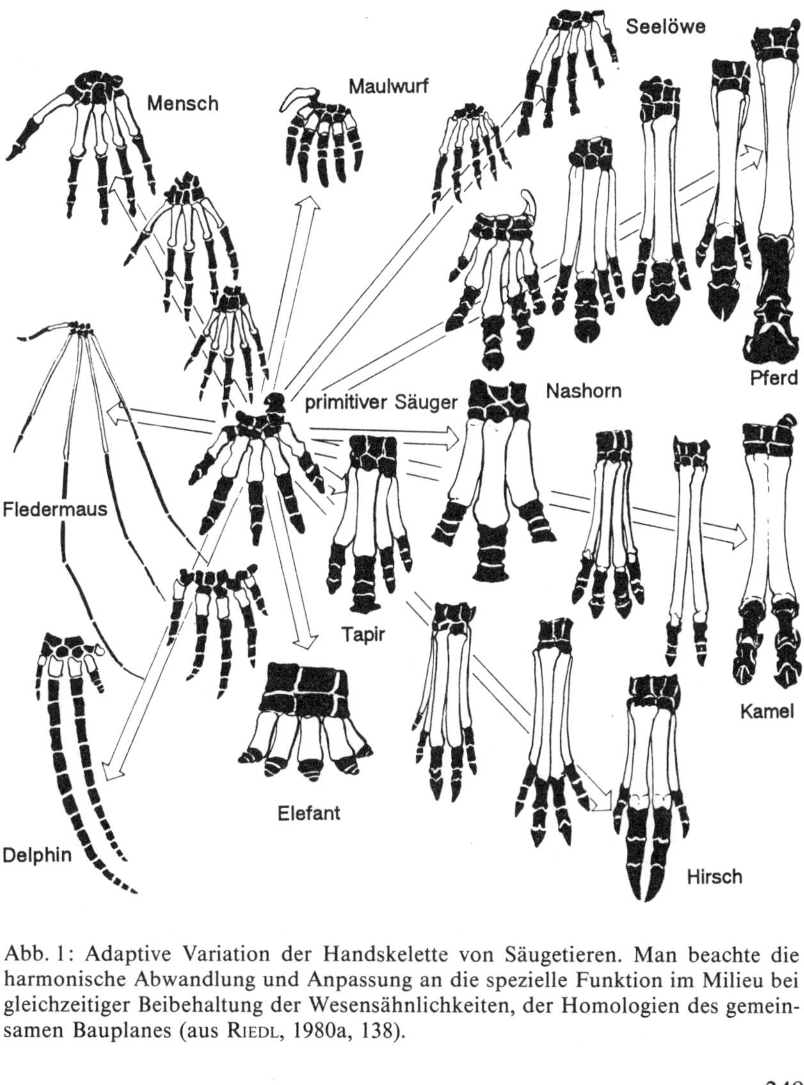

Abb. 1: Adaptive Variation der Handskelette von Säugetieren. Man beachte die harmonische Abwandlung und Anpassung an die spezielle Funktion im Milieu bei gleichzeitiger Beibehaltung der Wesensähnlichkeiten, der Homologien des gemeinsamen Bauplanes (aus RIEDL, 1980a, 138).

Vielmehr wurde deutlich, daß die Homologien gerade an jenen ihrer Merkmale zu erkennen sind, die der adaptiven Variation nach den Bedingungen des Milieus widerstehen. Wir finden uns also beim Postulat jenes Selektionsprinzips wieder, das, antagonistisch zum geläufigen Selektionsbegriff, aus den Bedingungen der Binnenmilieus jenen des Außenmilieus entgegenläuft. Die Milieuselektion läßt uns die adaptive Variation (vgl. Abb. 1) verstehen, die Binnenselektion dagegen die Homologien, die Konservativität der Baupläne, die Hierarchie der Systemgruppen und damit die „Ordnung des Lebendigen" (Riedl 1975).

Kehren wir nun zurück zu dem Zusammenhang zwischen Erkenntnis-, Erklärungs- und Entstehungsweg, den ich schon angedeutet habe. Da erinnern wir uns, daß das Wesentliche der Ähnlichkeiten aus den Merkmalen mit geringen Freiheitsgraden und deren Koinzidenzen bestimmt wird; aus der Vielheit der Formen eines zunächst subjektiv angenommenen Zusammenhanges von Ähnlichkeiten wird schrittweise und wechselweise optimierend die Einheit, das sie Einende, herausgefunden.

Auf diese Weise herauszufinden, was ein Säugetier ist, scheint auf den ersten Blick zu umständlich, die Aufgabe selbst trivial. Bei der Eingliederung des Delphins, des Schnabeltieres und selbst des Menschen, dem der ansonsten allen Säugern eigene Zwischenkiefer-Knochen zu fehlen schien, war die Aufgabe schon nicht mehr trivial. Und noch weniger trivial war die Aufgabe, jene Merkmale zu entdecken, die mit dem Freiheitsgrade Null allen Säugetieren zukommen, dagegen aber keinem einzigen anderen Organismus. Daß ihnen, um ein Beispiel zu nennen, nur der vierte, linke Aortenbogen erhalten ist. Auch die erwähnte Siebenzahl der Halswirbel, das Haar, (das, in versteckter Form, auch dem Delphin nicht fehlt), der Bau der Genitalorgane, war in seinen Koinzidenzen und niederen Freiheitsgraden erst zu entdecken.

Und geht man in die umfassenderen Gruppierungen weiter, so erkennt man immer leichter, daß es die Entdeckung der Grenzen der Freiheitsgrade, also des Bauplanes der „Tetrapoden" war, die uns erst aus der Vielheit der Formen erkennen ließ, daß z.B. auch die Schlangen und Blindwühlen zu diesen Vierfüßern gehören. Und noch weiter, daß die Wirbeltiere mit dem Lanzettfisch, den Seescheiden und Salpen, so unglaublich verschieden sie sind, aufgrund der koinzidierenden Fixierungen in der Anlage von *Chorda*, Nerven- und Kiemenapparat die Einheit der Chordaten bilden.

Ferner sei daran erinnert, daß man in derselben Weise — vom Einzelnen zum Ganzen — neben der Kenntnis, was ein Säuger ist, auch die gleichgerangten Einheiten der Vögel, Reptilien und Amphibien kennen mußte, um die Obergruppe der Tetrapoden zu erfassen. Daß man neben den Tetrapoden die Ähnlichkeitsgruppe der kiefertragenden Fische erkennen mußte, um diese zusammen als *Gnathostomen* mit den *Agnathen* (Fischartigen) zu den Wirbeltieren zusammenzustellen, und diese mit den Lanzettfischen, Seescheiden und Salpen zu den Chordaten.

Gegenläufig, von der Einheit zur Vielheit, von den umfassendsten Fixierungen und Gruppierungen zu deren differenzierten Repräsentationen, verläuft der Erklärungs- und entsprechend der rekonstruierte Entstehungsweg.

4. Erkennen versus Erklären

Seit der Theorie der gemeinsamen Herkunft der Organismen, der Abstammungslehre, im wesentlichen seit LAMARCKs „Philosophie zoologique" (1809), erklären wir uns die entdeckte Hierarchie der Wesensähnlichkeiten durch Verwandtschaft; selbstredend nach den Fixierungsgraden, eben den Homologien und deren Koinzidenzen zu Typus und Bauplan, weil ansonsten die Blindwühlen verwirrenderweise bei den Würmern, die Delphine bei den Fischen oder die Fledermäuse bei den Vögeln stünden.

Nun wird man bald die Serien der stets gegebenen, übergeordneten Vorbedingungen erkennen, die sich sowohl in den Klassenbegriffen von Strukturen, also den Homologien (z.B. „Wirbelsäule"), als auch in den Klassenbegriffen von Repräsentanten, als Typus, Bauplan oder taxonomische Einheit (z.B. „Wirbeltiere"), ausdrücken lassen. Und sowohl die Homologien als auch die Baupläne, wie diese aus deren Koinzidenzen wahrnehmbar werden, führen uns vor, in welcher Weise das jeweils strukturell Vorauslaufende sowie taxonomisch Umfassendere zu den Festlegungen der Form- und Zweckbedingungen der Folgestrukturen führt.

Diese übergeordneten Vorbedingungen sind als die Obersysteme zu verstehen, gewissermaßen als das jeweilige interne Milieu, unter deren vorauslaufenden Konditionen weitere unterlegte Differenzierungen Lebensvorteil bringen und Erhaltungschancen gewinnen können. Die *causa formalis* und *finalis* des ARISTOTELES wird hier sichtbar (vgl. KULLMANN 1979, 1982; RIEDL 1978/79, 1980a, 1985).

So zeigt das Homologon *Chorda dorsalis* im Bauplan der *Chordata* noch einige Freiheitsgrade. Die *Chorda* kann zeitlebens als Körperachse oder nur in einem Ruderschwanz, nur im Schwanz der Larve oder hinter dem Kopf nur des Embryos erhalten sein. Wird die *Chorda* aber, wie bei den Vertebraten, zur Grundlage, zum induktiven Milieu, welches die Anlage der Rumpf- und Wirbelsegmentierung anleitet, ist es mit den Erfolgschanchen, sie abzuschaffen, vorbei; jedenfalls, solange Rumpf- und Wirbelsegmentierung lebensnotwendig bleiben. Sie wird zwar, wie erinnerlich, in die Reste der *Nuclei pulposi* im Kern der Bandscheiben aufgelöst, aber erst, sobald die Wirbel die ursprüngliche Funktion der Chorda übernehmen. Also wurde die *Chorda* zum „Schicksal“ sämtlicher Wirbeltiere.

Ganz entsprechend wird die Wirbelsäule mit der Serie der Spinal-Nerven zum Obersystem in der Organisation des Rumpfes, zum anatomischen Schicksal eben auch der Kofferfische und Schildkröten, wo sie funktionell längst unnötig ist. Und ebenso verläuft die Fixierung der Lage der paarigen Extremitäten. Bei den Fischen können auch die Bauchflossen noch bis unter die Kehle wandern. Mit dem Anschluß der Schulter- und Beckengürtel (vergl. Abb. 2) an die Wirbelsäule ist es mit der Wanderung vorbei.

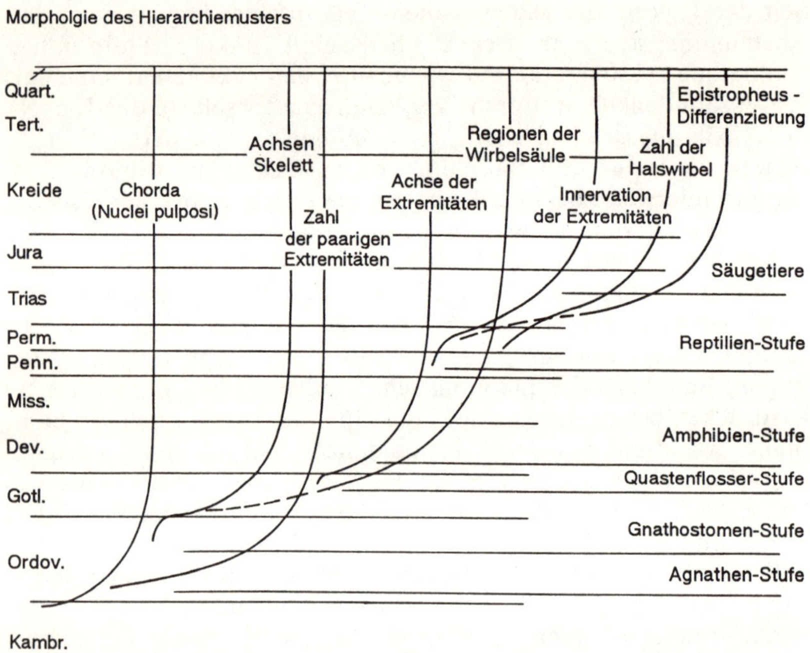

Abb. 2: Der Wandel von adaptiver Variation zur Fixierung von Merkmalen der Wirbeltiere. In der Senkrechten ist die Zeit in geologischen Zeitabschnitten aufgetragen, in der Waagrechten ein relatives Maß für Veränderung. Man beachte den Zusammenhang von Fixierung und Bebürdung mit neuen Funktionen (aus Riedl, 1975, 203).

Die Extremitäten können zwar selbst wieder aufgelassen werden, wie bei den Schlangen, aber wo sie erhalten bleiben, wird ihre Lage, wie die Regionenbildung in Hals, Brust, Becken und Schwanz, festgeschrieben und zum Schicksal der *Tetrapoda*.

Und wo die Spinal-Nerven der Halsregion zum *Plexus brachialis* verflechten, wie bei den *Mammalia*, ist es nun mit den Erfolgschancen einer mutativen Änderung der Halswirbelzahl, wie man sich erinnert, ebenso vorbei.

Dasselbe ist mit der Feststellung gesagt, daß die Homologien der *Mammalia* nur innerhalb jener der Tetrapoden möglich sind, Funktion und Sinn haben, die der *Tetrapoda* innerhalb jener der Vertebraten, und die der Vertebraten nur im Rahmen jener der Chordatiere; und so fort.

Ebenso verlaufen nun die Entstehungs- wie Erklärungsbedingungen der Materialien für den Bau der eingeschobenen Differenzierungen von außen nach innen; wie wir die Kenntnis von ihnen umgekehrt von der Vielheit der Formen zu den jeweiligen Vorbedingungen ihrer Prädispositionen gewonnen haben.

Da kennen wir die Horn und Schmelz produzierenden Deckzellen, einen zu Verknöcherung neigenden Knorpel im Stützgewebe, zu Fasern verschmelzende quergestreifte Muskelzellen und viele andere Zell-Eigenschaften als Materialeigenschaften der Gewebe aller Wirbeltiere. Ein durch Einrollung am Rücken entstehendes Zentralnervensystem wird die Materialbedingung von den Hirnventrikeln bis zum „inversen" Linsenauge, die Kiemenarterien zur Bedingung der Aortenbögen, Schilddrüse und Herz, Flossen und Wirbelsäule zu den Materialbedingungen der Gürtel, Regionen, Flügel und Läufe; und all dieses wieder absteigend in die niedrigeren Systemkategorien.

Hier ist nun der Bezug zur *causa materialis* deutlich, aber auch zur *causa efficiens* des ARISTOTELES, den Antrieben im energetischen Sinne. Denn wie wir wissen, geht alle Energiegewinnung für Aufbau, Erhaltung und Betrieb der Organismen auf molekulare Prozesse zurück.

Diese Vorbedingungen der Materialien scheinen uns naheliegend und ich muß sie nicht weiter ausführen. Denn was an Baumaterial für die Entwicklung der Gewebe und Organe nicht vorliegt, kann auch nicht eingesetzt werden. Daß aber jeder Differenzierung auch stets ein Obersystem vorgegeben ist, welches ebenso bestimmend auf die Entwicklung der eingeschobenen Schichte wirkt, das wird leicht übersehen und verdiente meine Ausführlichkeit.

5. Ein Rückblick

Der Systemzusammengang in der Organisation der Organismen besteht in einer Wechselwirkung, die bereits in allen Phasen der stammesgeschichtlichen Entstehung auch alle Bauteile aufeinander abstimmt; jedenfalls bis zu jenem Grad der Perfektion, welchen der zur Systemerhaltung nötige Reproduktionserfolg vorschreibt.

Neben der Wirkung des äußeren Milieus ist somit eine ebensolche des inneren Milieus wahrnehmbar. Wenn die Selektion durch das Außenmilieu die Ursache dafür ist, daß die Selektion mutative Änderungen der Strukturen und Leistungen dem Außenmilieu anpaßt, beziehungsweise angepaßt erhält, dann ist Selektion durch die Serie der Binnenmilieus die Ursache dafür, daß die mutativen Änderungen die Systemteile aufeinander abstimmen, beziehungsweise abgestimmt erhalten.

Die Selektion durch das Außenmilieu driftet mit dem Wandel der erreichbaren Lebensräume, sie wirkt exogen (oder „exoterisch"). Die Selektion durch die Binnenmilieus ist systemimmanent, sie haftet am System und wird zum Schicksal; sie wirkt endogen (GOETHE nannte das „esoterisch"). Adaptionistische und konstruktivistische Lösungen (ROTH 1987, RIEDL 1988) stehen einander antagonistisch gegenüber: In dem Sinne, daß neue Abstimmungen neue Adaptierungen zulassen und neue Adaptierungen neue Abstimmungen fordern.

Alle Differenzierung entsteht durch Einschübe zwischen Ober- und Untersystemen, zuletzt zwischen den Erhaltungsbedingungen des Gesamtsystems und seiner molekularen Ausstattung. Die Beiträge der Untersysteme bestehen dabei in vorselektiven Bedingungen der Disponibilität von Materialien und der energetischen Antriebe, entsprechend der *causa materialis* und *efficiens.* Die Beiträge der ebenso stets vorgegebenen Obersysteme bestehen nachselektiv in der Prüfung des neuen Zwischensystems auf die Bedingungen der Abstimmung, nach Form, Funktion und lebensfördernden Zwecken, entsprechend der *causa formalis* und *finalis*: Finalität im Sinne von Teleonomie, der durch Versuch, Selektion und Erfolg entwickelten, bewährten und auf das Erfolgsziel der Systemerhaltung wieder zu durchlaufenden Programme.

Die Entstehung dieser Systeme erklären wir, indem wir von den ältesten und umfassendsten Systemen ausgehen, jenen festgelegten Vorbedingungen, den Homologien der jeweils vorausgegebenen Ober- und Untersysteme, beziehungsweise aus den Typus-Eigenschaften der nächstübergeordneten systematischen Kategorie. Auf diese Weise rekonstruieren wir in einer absteigenden Hierarchie die Geschichte der Systemzusammenhänge wechselseitig bedingter Konditionen oder Bau-Gesetzlichkeiten vom Ganzen in Richtung auf seine realisierten Fälle und Formen.

In einem umgekehrten Systemzusammenhang muß der Erkenntnisweg verlaufen, in dem wir aus den Fällen realisierter Formen und den Freiheitsgraden ihrer Bauteile aufsteigend die Hierarchie der Homologien erschließen, sowie aus deren Koinzidenzen die Hierarchie der Baupläne und systematischen Einheiten. Wobei noch eine erkenntnistheoretische Bedingung hinzukommt, indem der Umfang koinzidierender Homologien, der Typus einer Systemgruppe also, aus den Hypothesen möglicher Homologien zu entwickeln ist, die Koinzidenzgrade der einzelnen Homologie aber in einem wechselseitigen Prozeß der Optimierung, und zwar aus der Hypothese von der Zugehörigkeit von Repräsentanten zum Typus einer Systemgruppe (RIEDL 1986).

Im ganzen liegt ein Optimierungsprozeß über die ganzen Hierarchien der Homologien und Baupläne vor, mit dem Ziele einer widerspruchsfreien Prognostizierbarkeit aus kohärenten Aussagen.

Diese Unterscheidung des Erkenntniswegs vom Weg der Erklärung und dessen Parallelität mit dem rekonstruierten Weg der Entstehung biologischer Systeme ist wesentlich. Denn keine Erklärung kann besser sein als die Erkenntnis des Phänomens, das erklärt werden soll. Und eine Verwechslung von Erkenntnis- und Erklärungsweg ließe uns zurück in einem Zustand intuitionistischen Ratens. In jüngster Zeit hat die Diskussion, jedenfalls um das Homologieproblem, wieder zugenommen (Schlüsselstudien und Literatur z.B. in DE BEER 1971, PATTERSON 1982, RIEGER und TYLER 1979, L. ROTH 1984, 1988, SATTLER 1984, STEVENS 1984, TOMLINSON 1984, VAN VALEN 1982, WAGNER 1986, 1988, WAKE und LARSON 1987). Ich wünschte, meine Systembetrachtung könnte der Entwicklung nützlich werden.

Literatur

BERLIN, B., O. RAVEN and D. BREEDLOUE, 1966: Folk taxonomies and biological classification. Science *154*: 273—275.

DARWIN, CH, 1873: Das Variieren der Thiere und Pflanzen im Zustande der Domestikation. 2 Bände. Schweizerbart, Stuttgart.

DE BEER, G., 1971: Homology, an unsolved problem. Oxford Univ. Press, London.

GOETHE, J.W.V., 1795: Erster Entwurf einer allgemeinen Einleitung in die vergleichende Anatomie, ausgehend von der Osteologie: 5—78 (II. Weimarer Ausgabe). Böhlau, Weimar.

HASSENSTEIN, B., 1977: Biologische Kybernetik. Eine elementare Einführung. Quelle und Meyer, Heidelberg.

KULLMANN, W., 1979: Die Teleologie in der aristotelischen Biologie. Aristoteles als Zoologe, Embryologe und Genetiker. Sitzungsber. Heidelberger Akademie d. Wiss., Philos. histor. Klasse, 2. Abhandlung: 6—72.

KULLMANN, W., 1982: Wesen und Bedeutung der „Zweckursache" bei Aristoteles. Berichte zur Wissenschaftsgeschichte *5*: 25—39.

LAMARCK, J., 1809: Zoologische Philosophie. Kröner, Leipzig.

OWEN, R., 1848: On the archetype and homologies of the vertebrate skeleton. Brit. Assoc. Rep. 1846: 169—340.

Patterson, C., 1982: Morphological characters and homology. In: K. Joysey and A. Friday (Eds.): Problems of phylogenetic reconstruction: 21—74. Academic Press, London.

Remane, A., 1936: Wirbelsäule und ihre Abkömmlinge. In: L. Bolk et al. (Hrsg.): Handbuch der vergleichenden Anatomie der Wirbeltiere: 1—206. Urban und Schwarzenberg, Berlin—Wien.

Riedl, R., 1975: Die Ordnung des Lebendigen. Systembedingungen der Evolution. Parey, Hamburg—Berlin.

Riedl, R., 1978/79: Über die Biologie des Ursachen-Denkens. Ein evolutionistischer, systemtheoretischer Versuch. In: H.v. Ditfurth (Hrsg.): Mannheimer Forum 78/79: 9—70.

Riedl, R., 1980a: Biologie der Erkenntnis. Die stammesgeschichtlichen Grundlagen der Vernunft. Parey, Berlin—Hamburg.

Riedl, R., 1980b: Die Entwicklung des Begriffs vom taxonomischen Merkmal und das Problem der Morphologie. Zool. Jahrb. Systematik *103*: 155—168.

Riedl, R., 1980c: Homologien; ihre Gründe und Erkenntnisgründe. Verh. Deutsch. Zool. Ges. G. Fischer, Berlin—Stuttgart—New York: 164—176.

Riedl, R., 1985: Die Spaltung des Weltbildes. Biologische Grundlagen des Erklärens und Verstehens. Parey, Berlin—Hamburg.

Riedl, R., 1986: Begriff und Welt. Biologische Grundlagen des Erkennens und Begreifens. Parey, Berlin—Hamburg.

Riedl, R., 1987: Kultur — Spätzündung der Evolution? Piper, München—Zürich.

Riedl, R., 1988: Über die Realitätsformen von Natur- und Denkgesetzen; oder die Biologie von Korrespondenz und Kohärenz. In: E. Oeser und E. M. Bonet (Hrsg.): Das Realismusproblem; Wiener Studien zur Wissenschaftstheorie 2. Österr. Staatsdruckerei, Wien.

Rieger, R. and S. Tyler, 1979: The homology theorem in ultrastructural research. Amer. Zool. *19*: 655—666.

Roth, G., 1987: Autopoiese und Kognition: Die Theorie H.R. Maturanas und die Notwendigkeit ihrer Weiterentwicklung. In: S.J. Schmidt (Hrsg.): Der Diskurs des Radikalen Konstruktivismus. Suhrkamp, Frankfurt/Main: 256—286.

Roth, L., 1984: On homology. Biol. Journal of the Linnéan Soc. *22*: 13—29.

Roth, L., 1988: The biological basis of homology. In: C. Humphries (Ed.): Ontogeny and systematics. Columbia Univ. Press: 1—26.

Sattler, R., 1984: Homology: A continuing challenge. Syst. Bot. *9*: 382—394.

Schrödinger, E., 1951: Was ist Leben? Die lebende Zelle mit den Augen des Physikers betrachtet (2. deutsche Auflage). Francke, Berlin.

Sokal, R. and P. Sneath, 1963: Principles of numerical taxonomy. Freeman, San Francisco.

STEVENS, P., 1984: Homology and phylogeny: morphology and systematics. Syst. Bot. *9*: 395—409.

TOMLINSON, B., 1984: Homology: an empirical view. Syst. Bot. *9*: 374—381.

VAN VALEN, L., 1982: Homology and causes. Journal of morphology *173*: 305—312.

WAGNER, G.P., 1986: The systems approach: An interface between development and population genetic aspects of Evolution. In: D.M. Raup and D. Jablonski (Eds.): Patterns and Processes in the History of Life: 149—165. Springer, Berlin—Heidelberg.

WAGNER, G.P., 1988: The significance of developmental constraints for phenotypic evolution by natural selection. In: G. de Jong (Ed.): Population Genetics and Evolution. Springer, Berlin—Heidelberg.

WAKE, D. and A. LARSON, 1987: Multidimensional analysis of an evolving lineage. Science *238*: 42—48.

WALLACE, A., [2]1891: Der Darwinismus. Eine Darlegung der Lehre von der natürlichen Zuchtwahl und einiger ihrer Anwendungen. Vieweg, Braunschweig.

Die Biologie wird im folgenden Beitrag von einer vierten und letzten Seite her beleuchtet, nämlich der Ökologie. Diese hat sich im Lauf ihres Bestehens ziemlich gewandelt: Statt ungestörter Systeme im Gleichgewicht liegt heute der Schwerpunkt auf dynamischen Prozessen bei Vorliegen von Störungen (z.B. durch den Menschen). Ober- und Untersysteme werden in der Ökologie im allgemeinen als nur locker verbunden angesehen, wobei allerdings die Gaia-Hypothese (Biosphäre als „Superorganismus“) eine Gegenposition einnimmt. In der Folge werden Ökologie und Ökonomie einem Vergleich unterzogen, wobei einige grundsätzliche Aussagen zu den ökologischen Bewegungen gemacht werden.

Jörg Ott (geb. 1942), Dozent für Ökologie an der Universität Wien, kam von der Meeresbiologie zur Ökologie. Er verbrachte einige Jahre mit Rupert Riedl in den USA und wurde dort durch die Schule des Energiefluß-Ökologen Howard Tom Odum stark beeinflußt. Er interessiert sich besonders für evolutionäre Mechanismen auf dem Ökosystemniveau.

Systemtheorie und Ökologie

Jörg Ott

1. Ökologie: Wissenschaft und Weltanschauung

Die Ökologie, die Lehre vom natürlichen Haushalt der Natur, ist in der zweiten Hälfte des 19. Jahrhunderts entstanden. In den etwas mehr als 100 Jahren des Bestehens dieser biologischen Wissenschaft hat sie einen mehrfachen Paradigmawandel erlebt, der im wesentlichen die Frage der Realität diskreter Ökosysteme und die Modellvorstellungen des Funktionierens vielartiger Systeme betraf (Wieser 1988). Diese Entwicklung zeigt starke Parallelen zu Veränderungen im Verständnis anderer Naturwissenschaften, insbesonders der Physik im gleichen Zeitraum (Kratky, Beitrag „Entropie, Irreversibilität und Strukturbildung").

Daneben ist auch ein Begriffswandel eingetreten: Während bis vor wenigen Jahrzehnten die Aufgabe der Ökologie das Studium „ungestörter" Systeme — also solcher, in denen der Einfluß des Menschen unwesentlich oder nicht in Form rascher Veränderungen wirksam ist — war, so sind nun insbesonders diese vom Menschen gesetzten Eingriffe zum Gegenstand ökologischer Forschung geworden. Einerseits fordert die Gesellschaft von den ökologisch arbeitenden Wissenschaftlern Bewertung von Maßnahmen, Prognosen und Expertisen zur Nutzung der Natur oder zur Reparatur entstandener Schäden, andererseits verlangen die Wissenschaftler von der Gesellschaft Respekt vor der Natur und anderen Lebewesen. Damit werden sie oft zu Galionsfiguren einer gesellschaftspolitischen Bewegung, die neue Wertvorstellungen, in denen der Mensch und sein unmittelbarer Vorteil zugunsten einer Gesamtsicht der Biosphäre zurücktreten soll, sucht und sich der Bezeichnung „Ökologie" bedient. Innerhalb dieser Bewegung wird versucht, Wertvorstellungen durch die Ergebnisse ökologischer Forschung zu begründen und ökologische Modelle als Leitlinien gesellschafts- und wirtschaftspolitischen Handelns zu verwenden.

Das führt zu Konflikten zwischen Ökologie (der Lehre vom Haushalt der Natur) und der Ökonomie (der Lehre vom Haushalt der menschlichen Gesellschaft) und ihren jeweiligen Vertretern.

2. Der Paradigmawandel in der Ökologie

In der Ökologie unterscheidet man Teildisziplinen nach dem Komplexitätsniveau des jeweiligen Untersuchungsobjektes: Die *Autökologie* beschäftigt sich mit den Lebensumständen einzelner Arten und ihren Beziehungen zur belebten und unbelebten Umwelt. Die Untersuchungsobjekte sind Individuen, aus deren Vorlieben und Toleranzen die Eigenschaften der jeweiligen Arten abgeleitet und in ihrem Anpassungswert beurteilt werden. Die Fragestellungen und Methoden sind häufig physiologisch (Ökophysiologie, physiologische Ökologie). Die *Demökologie* untersucht Kollektive von Organismen der selben Art und beschreibt und erklärt Erscheinungen auf dem Populationsniveau (Dichteänderungen, Reproduktionsstrategien, Variabilität, Alter- und Sexualstruktur). Die *Synökologie* beschäftigt sich mit den Beziehungen zwischen unterschiedlichen Arten, in der Ökosystemforschung (*Systemökologie*) mit Struktur und Funktion ganzer Ökosysteme.

Die Ökologie als eine Wissenschaft mit eigener Bezeichnung und eigenem Selbstverständnis nahm mit der höchsten Komplexitätsstufe, der Systemökologie, ihren Anfang. Zwar gab es die Autökologie, als „Naturgeschichte“ der Organismen, schon lange, aber es war die erstaunliche Komplexität eines Meereslebensraumes, der Austernbank, die der Fischereibiologe MÖBIUS in einer klassischen Arbeit (MÖBIUS 1877) beschrieb. Diese Arbeit wird von vielen als der Beginn der Ökologie angesehen.

Das ursprüngliche synökologische Konzept war ein weitgehend statisches. Ökosysteme galten als im Gleichgewicht befindlich, ihre Arten als optimal angepaßt und hoch integriert. Die ökologischen Nischen wurden als definierte Möglichkeiten, zu überleben, angesehen, als „Berufe“, die nach einer Art „ökologischem Stellenplan“ von Arten ausgefüllt werden. Nicht im Gleichgewicht befindliche Systeme sah man als Stadien einer determinierten Abfolge (Sukzession), die einem stabilen Zustand, dem Klimax-Stadium, zustreben. Dieses sollte sich — nur abhängig von den Randbedingungen des Systems — auch nach Störungen wieder einstellen. Beschreibung und Klassifikation von Biozönosen (Lebensgemeinschaften von Organismen) (THIENEMANN 1941) und das Aufsuchen der zu erwartenden „Schwesterbiozönosen“ unter vergleichbaren Bedingungen an anderen Stellen der Biosphäre („parallel communities“, THORSON 1957) waren wichtige Aufgaben. Gestaltdenken und der Ganzheitsgedanke ließen Ökosysteme den Charakter von „Superorganismen“ annehmen, die sich durch homoeostatische Mechanismen im „ökologischen Gleichgewicht“ erhalten.

Diese statische, strukturorientierte Betrachtungsweise wurde etwa ab den vierziger Jahren von einer dynamischen, prozeßorientierten Sicht abgelöst. Nicht mehr die Arten und ihre Nischen, sondern „funktionelle Gruppen“ sind die Untereinheiten der Ökosysteme, die man durch Energieflüsse und Materialzyklen zu beschreiben sucht. Die wichtigsten Anstöße kamen aus der Limnologie, wo der „trophic dynamic aspect“ (LINDEMANN 1942) in den Nahrungsketten des Wasserkörpers der Seen gut demonstrierbar war. Die bedeutendsten Vertreter dieser Richtung sind EUGENE und HOWARD TOM ODUM, und wichtige internationale Programme wurden nach diesen Ideen strukturiert, wie beispielsweise das International Biological Programme der UNESCO. Der Ansatz ist im wesentlichen ein mechanistischer, in dem den Organismen weiterhin die Rolle als Rädchen in einer Maschinerie zugeschrieben wird. Die starren Grenzen des alten Biozönose-Konzeptes sind nur insoweit etwas gelockert, als Veränderlichkeit des Artenbestandes, Austauschbarkeit einzelner Teile und ein pragmatischer Weg zur Abgrenzung der Systeme nach Fragestellung und Handhabbarkeit akzeptiert werden. Das Modell der Stabilitätslandschaft, in der Systeme unter gleichen Randbedingungen die Möglichkeit multipler stabiler Zustände haben, die, abhängig vom Ausgangspunkt einer Sukzession oder als Reaktion auf eine Störung erreicht werden, löst das alte Modell der „globalen Stabilität“ ab. Die ersten Ideen zu Trends in der Evolution von Ökosystemeigenschaften werden von den ODUMs (E. ODUM 1969, 1971; H.T. ODUM 1971) formuliert, wobei die während Sukzessionen ablaufenden Veränderungen in ökologischer Zeit als Modell dienen.

Die mechanistische Sicht war auch die Triebfeder für die rasche Entwicklung von mathematischen Modellen in der Systemökologie. Die Modellierer mußten aber bald erkennen, daß ihre Modelle entweder zu generell waren — und damit zu wenig Erklärungswert besaßen — oder zu komplex, und damit nicht mehr zu handhaben waren. Als „konzeptuelle“ Modelle sind sie aber unentbehrliches Rüstzeug für die Planung von Ökosystemuntersuchungen geworden, und in der Behandlung theoretischer Fragen haben sie überraschende Einsichten gebracht, wie etwa die Abnahme der Resistenz von Systemen gegen äußere Störungen bei Zunahme ihrer Arten-Diversität.

Es waren Beobachtungen wie diese zuletzt genannte, die die Ökologen dazu veranlaßte, die Konzepte der eng vernetzten Komponenten und Prozesse in Ökosystemen kritisch zu überprüfen. Vielfach erwiesen sich die Organismen in Ökosystemen als weitgehend unabhängig voneinander, im wesentlichen in ihrem Vorkommen von Randbedingungen und den Interaktionen mit wenigen anderen Arten abhängig, so daß vom Studium dieser Beziehungen, wie Räuber-Beute-Verhältnisse, Parasitismus und Konkurrenz, oder der in den Populationen ablaufenden Anpassungsprozesse (Verbreitungsmechanismen, reproduktive Strategien, Sozialverhalten) eine bessere Erklärung der Welt zu erwarten war. Die Erkenntnis, daß nicht nur eine Anzahl von Arten — man spricht von Gilden — austauschbar eine Rolle erfüllen kann, sondern daß nicht einmal die Rolle (Nische) Realität besitzt und aus dem System verschwinden kann, ohne daß die Gesamtfunktion wesentlich verändert wird, hat zur Formulierung einer „Ungleichgewichtsökologie" geführt, wie sie TOM FENCHEL (1987) vertritt. Stochastische, ja chaotische Prozesse, deren Ausgang nicht gewisser als der einer Lotterie ist (SALE 1977), werden darin für die beobachteten Muster verantwortlich gemacht. Der Begriff des Ökosystems löst sich auf, die Ansammlungen („assemblages") von Organismen scheinen weit vom Gleichgewicht entfernte, transiente Stadien zu sein, und auch starke Fluktuationen der einzelnen Komponenten stören nicht die generellen Eigenschaften von Teilen der Biosphäre.

3. Die Beziehungen im Schichtenbau ökologischer Systeme

Alle die genannten Richtungen haben bis heute ihre Proponenten und für alle lassen sich unterstützende Beobachtungen zitieren. Die räumliche und zeitliche Skala der behandelten Fragen spielt dabei eine wesentliche Rolle — viele Systeme, die, mit dem Makroskop des Holisten gesehen, geordnet und vernetzt erscheinen, lösen sich im Detail und über kurze Zeiträume betrachtet in anscheinend chaotische Einzelprozesse auf, wie sich die makroskopisch geordnete Strömung einer Flüssigkeit im mikroskopischen Bereich in die chaotischen Bewegungen turbulenter Teilchen auflöst.

Zudem ist die Verbindung zwischen den Über- und Untersystemen in der Ökologie weitaus weniger zwingend als innerhalb eines Organismus. Es ist leicht einzusehen, daß die Muskeln, Knochen und Sehnen eines Vogelflügels nur durch diesen (das Obersystem) Sinn erhalten, und der Flügel wiederum nur durch den Vogel, dessen Teil er ist. Organismen erscheinen hingegen „sich selbst Sinn genug" zu sein und brauchen scheinbar nicht die Legitimation durch das Spielen einer Rolle in einem Obersystem. So sind sicherlich die meisten Eigenschaften von Organismen aus ihrem unmittelbaren Überlebenswert und Fitnessgewinn für den Organismus oder seinem Genotyp zu verstehen. Die Beziehung zwischen Art und System scheint oft zu fehlen oder ist auf die Wirkung der (belebten und unbelebten) Umwelt in Form verfügbarer Ressourcen, bestehender Beschränkungen und als selektive Instanz beschränkt.

Eine extreme Gegenposition dazu nimmt die „Gaia-Hypothese" von JAMES LOVELOCK ein. LOVELOCK (1982) sieht die gesamte Biosphäre als einen Superorganismus mit vielfältigen homoeostatischen Mechanismen, die über Jahrmillionen die generellen Bedingungen für das Leben auf der Erde erstaunlich konstant gehalten haben. Viele Eigenschaften von Organismen sind dabei nur von ihrer Rolle in der Funktion des Gesamtsystems her zu verstehen. Organismen kontrollieren etwa durch differenzierte Abgabe von Gasen, die den Treibhauseffekt beeinflussen, die globale Temperatur.

LOVELOCKs Modell ist attraktiv, wie die wachsende Zahl seiner Anhänger zeigt (eine Konferenz der American Geophysical Union in San Diego im März 1988 war der GAIA-Hypothese gewidmet, LINDLEY 1988). Eine Schwierigkeit im Verständnis von Biosphäre-Gesamteigenschaften als adaptive Charaktere macht jedoch die Tatsache, daß Gaia nur als Einzelexemplar vorhanden ist. Damit fehlt die Möglichkeit für die wichtigen Grundvoraussetzungen der Evolution, nämlich Variabilität und Selektion.

Man kann jedoch auch in kleineren Ausschnitten der Biosphäre Beispiele für Eigenschaften von Organismen finden, deren biologischer Sinn am plausibelsten über Systemfunktionen zu erklären ist. Dazu gehören viele den Materialfluß in Ökosystemen betreffende Eigenschaften, von den durch Beweidungsraten oder Brennbarkeit geregelten Remineralisationsraten bis zum Schließen enger Produzenten/Konsumenten/Destruenten-Kreisläufe, wie sie für so unterschiedliche Lebensräume wie den tropischen Regenwald, Kelp-Beds (Riesentangwälder), Seegraswiesen oder Sandstrände beschrieben wurden (siehe OTT 1981). Am deutlichsten werden sie in den engen Symbiosen der Riffkorallen mit ihren Zooxanthellen oder zwischen Algen und Pilzen im Falle der Flechten und hier auch leicht verständlich, da der enge Zusammenschluß das Symbiontensystem wie einen Organismus wirken läßt.

Interessant sind jene Fälle, in denen die Rückkoppelung der Wirkung eines Merkmales nicht direkt über den Merkmalsträger geschieht. Im Sozialverhalten höherer Tiere (Insekten und Vertebraten) kennt man eine Reihe von Verhaltensweisen, durch die — unter Erhöhung des eigenen Risikos — andere Mitglieder der Gruppe begünstigt werden („Altruismen"). Diese Verhaltensweisen bewirken auf Dauer einen Fitnessgewinn für die Gruppe, aber eine unmittelbare Fitnesseinbuße für den Merkmalsträger. Die Soziobiologie hat mit dem Konzept der Kin-Selektion (Selektion nach Verwandtschaftsgrad) und der „inklusiven Fitness" einen Versuch gemacht, hier ohne Selektion auf dem Gruppenniveau auszukommen, und vermeint, die Altruismen als „Egoismen der Gene" zu entlarven (DAWKINS 1976). Die dabei zu treffenden Annahmen entsprechen in vielen Fällen aber nicht den natürlichen Verhältnissen.

Manchmal ist die „altruistische" Handlung gar nicht einem Individuum der gleichen Art zugedacht. Beim sogenannten „Ressource Management“ verzichten Organismen scheinbar auf eine „Überausbeutung“ ihrer Ressourcen (z.B. im Falle der „zurückhaltenden Räuber“ oder „prudent predators“, die überwiegend alte, junge oder kranke Beuteorganismen mit geringem Reproduktionswert fressen) oder sie scheinen sich ausbeuten zu lassen („permissive Strategien“, wie das Gestatten hoher Beweidungsraten durch die Pflanzen terrestrischer Grasländer).

Unter diesen Umständen würde ein „Sich-nicht-an-die-Spielregeln-halten“ dem Individuum bzw. seinem Genotyp einen Kurzzeit-Fitnessgewinn bringen (die Räuber würden bessere Beute einbringen, die Pflanzen weniger wertvolle lebende Biomasse verlieren). Auf lange Sicht jedoch würden diese effizienteren Räuber ihre Beutepopulationen vernichten und in den Grasländern würden Mineralstoffe in toter Biomasse blockiert werden. Das Unvermögen der Räuber, gerade die besten Stücke ihrer Beute zu fangen, oder der Gräser, wirksame Schutzmaßnahmen gegen Tierfraß zu entwickeln, wirkt system- und damit arterhaltend („survival value of imperfections“, Ott 1981). Offensichtlich hat hier Selektion auf dem Systemniveau stattgefunden, und die Eigenschaften der Teile sind nur aus ihrer Funktion im System verständlich, sie erhalten ihren „Sinn“ durch das Obersystem, wie der Muskel im Vogelflügel.

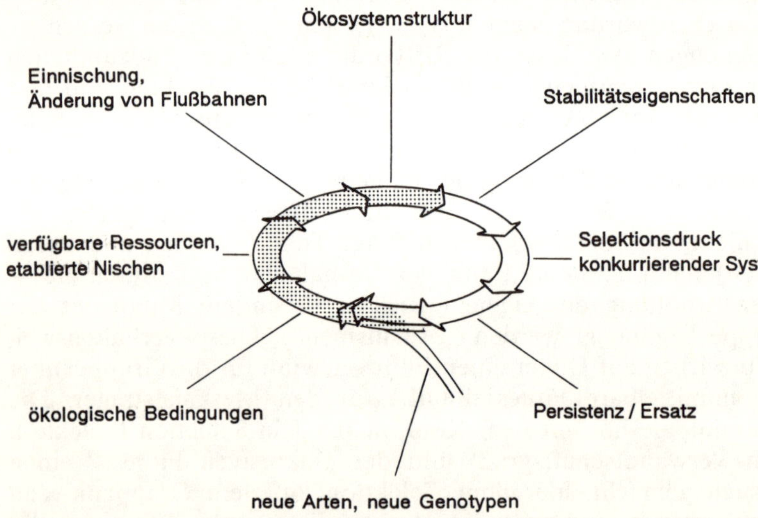

Abb. 1: Modell der Aufnahme, Verarbeitung und des Einbaues von Information auf dem Ökosystemniveau unter Verwendung des Modells des kognitiven Algorithmus von Riedl (1980). Information fließt als neue Arten oder Genotypen in den Zyklus ein (unten Mitte), wird im System eingebaut (linke, gepunktete Hälfte) und der erfolgreiche Einbau über das Systemverhalten getestet (rechte Hälfte). (aus Ott 1985)

Die Schwierigkeiten, diese Systemselektion mit der klassischen DARWINschen Evolutionsvorstellung in Einklang zu bringen, sind beträchtlich. Man kann jedoch, in Weiterentwicklung des evolutionären Lernalgorithmus, ein Modell für Evolutionsvorgänge auf dem Ökosystemniveau entwickeln (OTT 1981, 1985, Abb. 1).

In diesem Modell kann Information nicht nur in kleinen Inkrementen, wie im Falle des Entstehens neuer Genotypen durch Mutation, ins System einfließen, sondern kann in großen „vorgefertigten" Paketen, etwa bei der Immigration einer Art in einen neuen Lebensraum, auftreten. Die relative Leichtigkeit und Häufigkeit, mit der dies geschieht, erweckt den Eindruck unscharfe Begrenzung und geringer innerer Konnektivität der Systeme.

4. Ökologie und Ökonomie

Wenn Ökosysteme keine Realität als stabile Gleichgewichtssysteme haben, wenn sie nur Zufallsstadien stochastischer Abläufe sind und einander beliebig ablösen können, dann gibt es für die Erhaltung eines bestimmten Zustandes auch keine wissenschaftliche Begründung, meint WIESER (1988) und führt weiter aus: „Vielmehr ist es so, daß jedes Biotop ... einen *Wert* repräsentiert, dessen Festsetzung auf Grund eines *Werturteils* erfolgt. Wenn um die Erhaltung dieses Biotops gekämpft wird, dann deshalb, weil sich der kämpfende Teil der Bevölkerung mit dem Werturteil identifiziert hat ..." und weiter: „Wenn für die Erhaltung eines Biotops oder einer Organismenart auf die Barrikaden gegangen wird, dann kann dies nicht im Namen der *Wissenschaft* geschehen, sondern nur im Namen einer ökologischen *Bewegung* ..." (alle Hervorhebungen von WIESER).

Dieser Sicht muß in mehrfacher Hinsicht widersprochen werden. Die Einflußnahme des Menschen muß sowohl zeitlich als auch räumlich richtig skaliert werden. Sicher ist einer „dynamischen und evolutionären Sichtweise der Ökologie" (WIESER 1988) der Vorzug zu geben. Die Interaktion des Menschen mit der Biosphäre muß aber in ökologischer Zeit (in der evolutionäre Veränderungen keine Rolle spielen) bewertet werden. Ein wichtiger Aspekt aller Veränderungen von Ökosystemen — seien es evolutionäre oder die rasche Abfolge ephemerer (relativ kurzlebiger) Stadien (ob man das nun Sukzession nennt oder nicht) — ist die Tatsache, daß die meisten Organismen, die zu Anfang wichtige Bestandteile des Systems (oder Assemblages) waren, in späteren Stadien verschwunden oder zur Bedeutungslosigkeit herabgesunken sind. Das gilt etwa für diejenigen anaeroben Organismen, die mit dem Abscheiden des für sie so giftigen Stoffwechselproduktes Sauerstoff die erste große Revolution in den physiologischen

Abläufen eingeleitet haben, oder für die Pionierpflanzen eines Kahlschlages. Unser Anliegen muß es sehr wohl sein, einen Status quo zu erhalten und zu verhindern, daß die Welt des Menschen nur eines der „Durchgangsstadien in desynchronisierten Entwicklungszyklen" (Remmert 1985) innerhalb der Geschichte der Biosphäre darstellt.

Zudem erscheinen Ökosysteme nur dann so zeitlich instabil, wenn man einen ganz bestimmten, räumlich festgelegten Ausschnitt der Erde betrachtet. Die meisten Ökosysteme gibt es — in durchaus beschreibbarer Zusammensetzung — schon ungeheuer lange, obschon nicht immer am gleichen Platz. Deshalb ist aber ihre Realität nicht mehr zu bezweifeln als die der Arten, die trotz des Todes von sie repräsentierenden Individuen weiterexistieren.

Räumlich haben wir längst die Dimensionen des zu schützenden Einzelbiotopes, eines bestimmten Moores, eines Fleckchen Auwaldes, verlassen. Das Abholzen der Regenwälder, der „Saure Regen" und die möglichen Folgen eines „Nuklearen Winters" bedrohen nicht mehr nur ein kleines Feuchtbiotop, das ohnehin von selbst verschwinden würde, sondern unser Gesamtsystem, unsere „Mutter Gaia", die nur als Einzelstück vorhanden ist, wie oben schon zu bemerken war.

Die Konflikte zwischen Ökonomie und Ökologie entspringen schließlich dem Bestreben, sich von den Zufälligkeiten der Natur zu emanzipieren und unserer Art einen immer sichereren und besseren Platz auf dieser Welt zu verschaffen. Die meisten Eingriffe in die Biosphäre geschehen ja „zum Wohle des Menschen". Dies zu sichern und zu fördern, ist die Aufgabe der Ökonomen. Ich möchte an dieser Stelle von der — sicherlich biologisch leichter begründbaren — Möglichkeit absehen, daß hinter manchem Geschehen kleine Gruppen stehen, die auf Kosten vieler anderer ihre „Fitness" erhöhen. Zur Sicherung unserer Versorgung mit Lebensmitteln und zur Verhinderung des Hungers werden Pestizide, Herbizide und Kunstdünger versprüht; um unserer Gesundheit willen werden Räume klimatisiert und desinfiziert; zu unserer Freude und Zerstreuung eine Unzahl von Dingen produziert und uns zur Verfügung gestellt. Diese wohlgemeinten ökonomischen Bemühungen sind jedoch alle regional beschränkt und haben nur kurzfristige Ziele vor Augen. Die dabei entstehenden ökologischen Probleme — Entsorgung teils hochgiftiger Abfälle, Wasser- und Luftverunreinigung, Ozonloch, Greenhouse-Effekt — sind aber von globalen Dimensionen und müssen mit anderen Zeitmaßstäben gemessen werden. Die Amortisationszeit für die Einrichtungen jener Firmen, die für die Vergiftung des Wassers in der Mitterndorfer Senke verantwortlich waren, und die Zeit, in der sie einigen Menschen Arbeit gaben, ist kurz, gemessen an der viele Jahrhunderte dauernden Residenzzeit der Giftstoffe im Grundwasser.

5. Die Schwierigkeit, aus der Ökologie zu lernen

Einer der Gründe des Konfliktes scheint die Beschränkung unseres Verantwortungsgefühles auf kleine Gruppen und die Gegenwart oder unmittelbare Zukunft zu sein. Dies ist möglicherweise in der Naturgeschichte unserer Instinktentwicklung zu suchen, die abgeschlossen war, als der Mensch in kleinen Gruppen eingebettet in einer Natur lebte, in der seine Handlungen ohne weitreichende Konsequenzen waren. Er war in seiner Machtlosigkeit ohne Verantwortung für die Natur und das Schicksal späterer Generationen, also im besten Sinne „verantwortungslos". Mit dem Gewinnen weitreichender Einsichten und Fähigkeiten bekommt jedoch „Verantwortungslosigkeit" für ein mit Bewußtsein und Moral ausgestattetes Lebewesen, wie den Menschen, eine negative Bedeutung.

Dieser Verantwortungslosigkeit verwandt ist das von H.T. Odum (1971) so benannte „Konzept der freien Güter". Viele der Ressourcen, die wir selbstverständlich in Anspruch nehmen, werden nicht nach den durch sie für uns vollbrachten Leistungen eingeschätzt, sondern wie ein Geschenk hingenommen. Wir zahlen für fossile Brennstoffe im wesentlichen nur die Kosten von Gewinnung, Transport und Aufbereitung und neigen daher dazu, sie ineffizient zu verwenden; wir zahlen für Wasser nur die Kosten der Bereitstellung und verschwenden es daher in unserer Geringschätzung. Der Gebrauch jeder dieser Ressourcen bedeutet aber, daß wir das Recht anderer am gleichzeitigen oder späteren Gebrauch schmälern. Selbst die sogenannten erneuerbaren Ressourcen sind endlich — man braucht Fläche, um Sonnen- oder Windenergie zu ernten, und auch die Zahl der mit Kraftwerken verbaubaren Wasserläufe ist begrenzt.

In einem System endlicher Ressourcen ist ein unbegrenztes Wachstum nicht möglich — das ist eine Binsenweisheit der Ökologie. Die moderne Ungleichgewichtsökologie sagt uns starke Fluktuationen voraus, deren Amplitude mit zunehmender Betrachtungszeit eher größer als kleiner wird (biologische Rotverschiebung, „reddened spectrum", Pimm und Redfearn 1988). Die Anhänger des Gleichgewichtsgedankens glauben an ein Einschwenken in einen mehr oder minder stabilen Zustand bei einer über lange Zeit erhaltbaren Dichte (carrying capacity). Wo liegt die Carrying capacity der Biosphäre für den Menschen? Dies bedarf einer Definition der Ansprüche für ein humanes Leben, nicht der Berechnung der Menge zirka 70 kg schwerer zweibeiniger Säugetiere, die ernährt werden kann. Diese Definition muß die Ansprüche für Ernährung, Behausung, Bildung, Persönlichkeitsentfaltung sowie für physische und psychische Gesundheit enthalten. Jedes Wachstum an Ressourcenverbrauch sollte erstens an seiner Effizienz im Umsatz in einen Zuwachs an Wohlbefinden gemessen werden (so verbrauchen die Bürger der USA bei nur wenig höherem Lebensstandard pro Kopf dreimal soviel Energie wie ein Westeuropäer); zweitens an den Einbußen, die in einem anderen Bereich als Folge eintreten können. Das würde manche Wünsche, die von ökologischen Bewegungen geäußert werden, dann doch nicht nur auf subjektive Werturteile begründet erscheinen lassen. Vielleicht erweist sich das Gefühl, man sollte manche Teile der Biosphäre in Ruhe lassen, als das psychische Bedürfnis, neben der Streßsituation der Menschengedränge der Großstädte in „ungestörter Natur" wenigstens zeitweise den Spuren der eigenen Spezies entgehen zu können.

Literatur

DAWKINS, R., 1976: The selfish gene. Oxford University Press, Oxford: 224 ff.

FENCHEL, T., 1987: Ecology — Potentials and Limitations. Excellence in Ecology I. Ecol. Inst., Oldendorf/Luhe.

LINDEMANN, R., 1942: The trophic-dynamic aspect of ecology. Ecology *23*: 399—418.

LINDLEY, D., 1988: Is the Earth alive or dead? Nature *332*: 483—484.

LOVELOCK, J., 1982: Unsere Erde wird überleben. GAIA — Eine optimistische Ökologie. Piper, München: 223 ff.

MÖBIUS, K., 1877, 1926: Die Auster und die Austernwirtschaft. Wiegandt, Hempel u. Parey, Berlin.

ODUM, E., 1969: The strategy of ecosystem development. Science *164*: 262—270.

ODUM, E., 1971: Fundamentals of Ecology. Saunders, Philadelphia: 574 ff.

ODUM, H.T., 1971: Environment, Power and Society. Wiley-Interscience: 331 ff.

OTT, J., 1981: Adaptive Strategies at the Ecosystem Level: Examples from two Benthic Marine Systems. P.S.Z.N. I: Marine Ecology *2*: 113—158.

OTT, J., 1985: Ökologie und Evolution. In: J. Ott, G. Wagner und F. Wuketits (Hrsg.): Evolution, Ordnung und Erkenntnis. Parey, Berlin: 47—68 ff.

PIMM, S. and A. REDFEARN, 1988: The variability of population densities. Nature *334*: 613—614.

REMMERT, H., 1985: Was geschieht im Klimax-Stadium? Naturwissenschaften *72*: 505—512.

RIEDL, R., 1980: Biologie der Erkenntnis. Die stammesgeschichtlichen Grundlagen der Vernunft. Parey, Berlin.

SALE, P., 1977: Maintenance of high diversity on coral reef communities. Am. Nat. *111*: 337—359.

THIENEMANN, A., 1941: Leben und Umwelt. Bios Band 12. Barth, Leipzig.

THORSON, G., 1957: Bottom Communities. In: J.W. Hedgpeth (Ed.): Treatise on Marine Ecology and Paleoecology. Volume I. Ecology. Geol. Soc. Am. Mem. *67*: 461—534.

WIESER, W., 1988: Möglichkeiten und Grenzen der Ökologie. Biologie in unserer Zeit *18/1*: 31—33.

In den letzten drei Beiträgen wenden wir uns dem Humanbereich zu. Zunächst wird die Sprache behandelt. Der bekannteste systemtheoretische Ansatz in der Linguistik ist der Strukturalismus. Die Bedeutung von Offenheit bzw. Abgeschlossenheit linguistischer Systeme wird diskutiert. Auch die Evolution bzw. Nicht-Evolution der Sprache aus strukturalistischer Sicht wird behandelt. Die reduktionistisch/atomistische Sicht von aus unabhängigen Elementen zusammengesetzten Wörtern oder Sätzen wird dem Kontextualismus gegenübergestellt, wo beispielsweise Wörter erst aus dem Zusammenhang ihre Bedeutung erhalten. Dabei ist allerdings darauf zu achten, was in diesem Zusammenhang unter Bedeutung zu verstehen ist.

Elisabeth Leinfellner-Rupertsberger, Dr. phil., ist unter anderem Universitätslektor am Institut für Sprachwissenschaft der Universität Wien. Sie arbeitete auch an einem Forschungsprojekt über „sprachverstehende Systeme am Computer" am Institut für Medizinische Kybernetik und Artificial Intelligence der Universität mit und ist weiters Associate Editor der Zeitschrift „Cybernetics and Systems" sowie verantwortliche Herausgeberin der „Schriftenreihe der Wittgenstein-Gesellschaft". Zahlreiche Veröffentlichungen (Bücher und Artikel). Sie wurde aufgrund ihrer Vorlesung „Wissenschaftstheorie der Linguistik" gebeten, einen Seminarvortrag über Linguistik zu halten.

Strukturalismus in der Linguistik

Elisabeth Leinfellner-Rupertsberger

Diejenigen von uns, die sich mit der Sprache beschäftigten, lernten, das Relativitätsprinzip auf linguistische Operationen anzuwenden. Die spektakulären Entwicklungen der modernen Physik trieben uns in diese Richtung, ebenso wie die Bildtheorie und die Praxis des Kubismus, in dem alles auf Beziehungen beruht und wo Wechselwirkungen zwischen Teilen und dem Ganzen ... dominieren. Sowohl der Moskauer Linguistenkreis ... als auch ... die sogenannte Prager strukturalistische Schule bezogen sich bei ihren Versuchen, die Grundprobleme der Relativität und der Invarianz zu verknüpfen, ausdrücklich auf Einsteins methodologische Bemühungen (Roman Jakobson, „Einstein and the Science of Language").

1. Allgemeine Grundlagen

Die Summe alles Nachdenkens darüber, was denn nun die Natur der Sprache als System sei, mündet in der strukturalistischen Linguistik gewöhnlich in eine Zusammenfassung der folgenden Art:

> Sprache ist ein System, dessen Komponenten gegenseitig auf verschiedene Weisen verbunden sind und sich gleichzeitig bedingen (Vachek 1964, 463).

Bevor wir genauer auf das Problem eingehen, soll der linguistische Strukturalismus schematisch skizziert werden, und zwar der nach-Saussuresche Strukturalismus unter Ausschluß der Hjelmsleyschen Schule (Saussure selbst, der Gründer des klassischen Strukturalismus, paßt nicht völlig in das heutige Bild des klassischen Strukturalismus; vgl. Stetter 1976). Die Grundvorstellung des Strukturalismus, sei er nun linguistisch oder anthropologisch, ist in diesem Zitat enthalten; besonderes Augenmerk muß auf die Formulierung „sich gleichzeitig bedingen" gelegt werden, die einen sprachinternen, zeitlosen und funktionalen Zusammenhang ausdrückt: Sämtliche Strukturen der Sprache, seien es nun syntaktische („grammatische"), semantische (Bedeutungsstrukturen) oder andere, müssen innerhalb der Sprache selbst erklärt werden können (vgl. unten 3.3.3 und 3.3.4). Dieser Funktionalismus hat einerseits zu großen theoretischen Erkenntnissen geführt, andererseits auch zu unliebsamen Beschränkungen, von denen noch die Rede sein wird.

Der europäische linguistische Strukturalismus ist untrennbar mit dem Namen de Saussures verknüpft, dessen 1916 das erste Mal und posthum erschienene Buch, „Cours de linguistique générale", zu seiner Bibel geworden ist. Der amerikanische Strukturalismus ist der Hintergrund, vor dem sich dann die neueren Richtungen, insbesondere der Syntax als Generativer Grammatik, entwickelt haben, wenn auch hier — wie so oft in der Wissenschaft — die Kinder ihre Eltern verleugnen. Der Unterschied zwischen amerikanischem und europäischem Strukturalismus besteht hauptsächlich darin, daß der amerikanische Strukturalismus viel stärker die empirischen Methoden betont, die ihn in die Nähe zum Behaviorismus und in der Philosophie zum Empirismus und Positivismus bringen.

Die Sprache als System wird in obigem Zitat nicht als die Summe aller vorhandenen, stets mehr werdenden sprachlichen Äußerungen, als die Summe aller Texte vorgestellt, sondern als etwas, das den aktualen Sprachgebrauch determiniert. Wie man dieses determinierende System heute verstehen könnte, wird in Kap. 5 erläutert. Das von den aktualen Texten losgelöste determinierende System wird im linguistischen Strukturalismus „langue" genannt; es enthält neben den verschiedenartigen „Bausteinen" der langue die Relationen, die die „Bausteine" miteinander verknüpfen (wegen dieser Relationen ist die langue nicht bloß die additive Summe ihrer Teile); dies wiederum determiniert das empirische System Sprache samt seinen Subsystemen. Diese Relationen können auch, wie in einer Generativen Grammatik, als Regeln formuliert werden. Das langue-System wird oft als der alleinige Gegenstand der Linguistik angesehen. Wichtig ist (a), daß hypothetisch angenommen wird, daß jedes Individuum über das ganze langue-System verfügt; (b), daß es sich bei den „Bausteinen" oder Komponenten um diskrete, atomistische Elemente eines Inventars, etwa eines Inventars von „Worten", d.h. Lexemen oder Morphemen, „Sprachlauten", d.h. Phonemen etc. handelt.

Da wir den Fachtermini „Lexem", „Phonem" etc. noch öfters begegnen werden, möchte ich sie gleich hier an einem kleinen Beispiel erläutern: Wenn wir die Zeilen aus Heines „Fragen",

(1) Es murmeln die Wogen ihr ew'ges Gemurmel,
Es wehet der Wind, es fliehen die Wolken,
Es blinken die Sterne gleichgültig und kalt,
Und ein Narr wartet auf Antwort.
(Heine 1885, Bd. 1, 186)

laut vorlesen, dann haben sie erstens eine lautliche Seite, also das, was wir durch unseren Artikulationsapparat hervorbringen, was wir hören, und was der Physiker als Schallwellen analysieren kann. Als nächstes haben wir die syntaktischen Relationen, etwa zwischen „ein Narr" und „wartet", die die des syntaktischen Subjekts zum syntaktischen Prädikat sind. Drittens versteht man, was Heine ausgedrückt hat, das heißt, man hat die Bedeutung der Sätze, ihren semantischen Aspekt, entschlüsselt, und zwar rein sprachlich, d.h. ohne daß man die beschriebene empirische Szene vor sich hat. Die Wörter, so wie sie in dem Text vorkommen, nennt man „Exemplare“. So kommen in der Strophe 4 Exemplare „es“ vor, 3 Exemplare „die“, 1 Exemplar „Wolken“ etc. Aber wenn wir allgemein über diese Wörter (Exemplare) reden wollen, dann fassen wir z.B. alle Wörter „Wind“, denen wir begegnet sind, hinsichtlich ihrer Bedeutung(en) in einer Klasse zusammen, und diese Klasse nennen wir „das Lexem *Wind*“. Wenn wir über alle die Sprachlaute, d.h. Phone, etwa alle die vielen [n], die in dem Gedicht vorkommen, sprechen wollen, dann fassen wir diese vielen [n] hinsichtlich ihrer relevanten Kennzeichen auch in einer Klasse zusammen, dem Phonem /n/ (vgl. unten 3.3.1). Wollen wir über das diskutieren, was man in der Schule „Stammsilben“ und „Endungen“ nennt, also etwa über „Wolke“ und „-n“, dann nennen wir sie, wenn sie im Text auftreten, „(freie und gebundene) Morphe“ und als Klasse „(freie und gebundene) Morpheme“. Wenn es auf diese feineren Unterscheidungen nicht ankommt, dann werden wir einfach „Wort“ verwenden.

Im langue-System stehen nun Lexeme in Relation zu anderen Lexemen, Phoneme in Relation zu anderen Phonemen etc. Diese — als Regeln formulierbare (vgl. oben) — Relationen halten das determinierende langue-System zusammen, wofür wir gleich ein Beispiel geben: Im langue-System des Wortschatzes (besser: Lexemschatzes) gibt es eine semantische Relation, die man den Bedeutungsgegensatz nennt, wie bei *tot—lebendig.* Diese Relation, als Regel formuliert, bestimmt unser sprachliches Verhalten, wenn wir „tot“ und „lebendig“ verwenden, etwa derart, daß wir nicht sagen können: „Diese Katze ist tot und lebendig“ (trotz SCHRÖDINGERs Katze). Es sind nach der strukturalistischen Auffassung nur die Relationen, die die atomistischen Elemente des Inventars kennzeichnen; das Element selbst hat streng genommen keine unabhängigen Eigenschaften.

Das langue-System kann natürlich nicht alles sein, was wir unter „Sprache“ verstehen; es gibt selbstverständlich das, was die einzelnen Sprecher/innen einer Sprache tatsächlich hervorbringen, das, was von der langue determiniert wird, nämlich die Satzfragmente (Syntagmen), Sätze, und Texte. Sind z.B. Texte dann kein System, oder kein System von Subsystemen? Man muß hier genau zwischen der Sprache als langue-System und Sprache als empirischem System und seinen Subsystemen unterscheiden.

Wie sollen wir nun das langue-System in die Systemtheorie eingliedern? Nach den Systemtheoretikern ACKOFF (1974) und MILLER (1971) tritt die Systemtheorie in zwei Formen auf: Die empirische Systemtheorie beschreibt empirische Systeme; die theoretische zerfällt in zwei Abteilungen, in eine, in der empirische Strukturen theoretisch repräsentiert werden, und in eine rein theoretische.

Aber Sprache als langue-System, so wie es im strikten Strukturalismus aufgefaßt wird, kann mit keinem dieser Systembegriffe völlig identifiziert werden. Denn die Sprache als existierendes langue-System ist einerseits etwas, das sich wie eine mathematische Struktur, wie ein Kalkül, wie ein platonischer Ideenhimmel über den Individuen befinden soll — eine Ansicht, die der Strukturalist SPENCE kühl als „Unsinn“ bezeichnet hat (SPENCE 1976, 11); andererseits soll jedes Individuum über das langue-System verfügen. Demnach ist das langue-System nach der klassischen strukturalistischen Auffassung weder theoretisch, noch ist es so richtig empirisch. Eine neue Lösung dieses Dilemmas wird in Kapitel 5 gegeben.

2. Die Sprache als empirisches System

Zunächst wollen wir uns mit der einfacheren Frage der Sprache als empirisches System beschäftigen. Eine Sprache als empirisches System von Satzfragmenten, Sätzen, Texten zerfällt in voneinander gut abhebbare Subsysteme des empirischen Systems: Die Sprache ist also entweder regional, sozial u.a., d.h. hinsichtlich des pragmatischen (= nicht-sprachlichen) Kontextes stratifiziert; aber sie kann auch sprachintern-historisch oder sprachintern-stilistisch, d.h. hinsichtlich von Sprachstilen, seien diese nun individuell oder nicht, usw. stratifiziert werden. Anders ausgedrückt, wir erkennen bei einem vorgegebenen sprachlichen Gebilde im allgemeinen mit einer gewissen Sicherheit, welcher Sprachschicht, welcher Epoche, welcher Stilrichtung, oder sogar welchem/r Autor/in es zugehört.

Ein Gedicht zum Beispiel kann einerseits den allgemeinen syntaktischen und semantischen Relationen, resp. Regeln, wie sie die langue vorgibt, genügen; aber es kann auch regelhafte Züge zeigen, die nur diesem Gedicht zukommen, und die es als ein relativ abgeschlossenes „individuelles“ System erscheinen lassen. Nehmen wir ein Gedicht von JANDL,

(2) lichtung

manche meinen
lechts und rinks
kann man nicht
velwechsern.
werch ein illtum.
(WAGENBACH 1972, 12)

Hier gelten ein Menge bekannter Relationen oder Regeln, aber daneben noch zwei andere, die sonst nirgends gelten, nämlich,

Regel (1): Ersetze /R/ durch /l/.
Regel (2): Ersetze /l/ durch /R/.

(Ballweg und Schramm 1975, 20). Diese zwei Regeln gelten also nur für das empirische System „lichtung“, das sich hiemit gleichzeitig einen Teil seines langue-Systems (siehe unten, 3.1) selbst erzeugt hat.

Die soziale Stratifikation äußert sich in Texten, Satzfragmenten, Sätzen, die verschiedenen Soziolekten angehören, die regionale in Texten, Satzfragmenten, Sätzen, die verschiedenen Dialekten zuzuordnen sind. Texte etc., die einem bestimmten Soziolekt angehören, werden also gemeinsame Merkmale haben, d.h. ein Subsystem bilden, ebenso Texte etc., die einem bestimmten Dialekt angehören. Heine ist ein Meister der ironischen Darstellung des Übergangs von einem empirischen sprachlichen Subsystem zu einem anderen: In Beispiel (3) wird so getan, als hätten wir zwei sozial unverträgliche Texte vor uns, einen, der im Stil des balladenhaften Volksliedes verfaßt ist, und einen, die letzte Zeile, der die Sprechweise der „besseren“ Gesellschaft imitiert:

(3)

Die Jahre kommen und gehen,
Geschlechter steigen ins Grab,
Doch nimmer vergeht die Liebe,
Die ich im Herzen hab'.

Nur einmal noch möcht' ich dich sehen,
Und sinken vor dir aufs Knie,
Und sterbend zu dir sprechen:
„Madam, ich liebe Sie!“
(Heine 1885, Bd. 1, 107)

Die Sprache als empirisches System von Subsystemen, Sub-Subsystemen etc. genügt den bekannten Bedingungen der Systemtheorie, etwa: Die Subsysteme stehen untereinander in den verschiedenartigsten, oft verschwommenen Wechselwirkungen; z.B. sind Texte als Subsysteme oder Sub-Subsysteme in verschiedenen Dialekten nicht völlig voneinander abgetrennt, d.h. in sich abgeschlossen; ein Beispiel für die Verschwommenheit der Grenzen zwischen Texten in verschiedenen Dialekten ist etwa, daß *Tomate* in den süddeutschen Sprachgebrauch und *Samstag* in den norddeutschen Sprachgebrauch eingedrungen ist. Individuelle stilistisch stratifizierte Texte haben doch oft Einflüsse von anderswo erfahren etc. Das empirische System Sprache und seine Subsysteme sind vom Umgebungssystem relativ abhebbar, sie sind trennbar und transportierbar. Um zum Beispiel das empirische System Sprache von anderen Kommunikationssystemen abzuheben, hat man Merkmale eingeführt, die nur der sprachlichen Kommunikation zukommen sollen, z.B. daß jedes aktuale, d.h. geäußerte Wort in Phone gegliedert ist, und daß man in Sprache über Sprache kommunizieren kann (HOCKETT 1964, 1966; GLASERSFELD 1976). Die Transportierbarkeit ist leicht dadurch erfüllt, wenn man zeigen kann, daß eine Gruppe von Sprechern ihre Sprache in Form von aufgezeichneten oder auswendig gelernten Texten in ein fremdes Land mitnehmen kann. Das empirische System Sprache ist relativ zusammenhängend. Es enthält Subsysteme sowohl des ganzen Systems als auch Subsysteme von Subsystemen, d.h. Sub-Subsysteme usf. Zum Beispiel kann ein geäußerter Satz ein Subsystem eines größeren empirischen Subsystems der Sprache, nämlich eines Textes, sein. In einem Text als Subsystem hängen Sätze als Sub-Subsysteme wechselseitig, etwa semantisch, zusammen, ebenso im Dialog zwischen zwei oder mehreren Dialogpartnern. Die empirisch vorkommenden Sätze selbst sind also auch Systeme, weil sie aus Wörtern nach syntaktischen und semantischen Regeln gebildet werden. Soweit zur Sprache als empirischem System und ihren Subsystemen. Verglichen mit der langue als System sind die empirischen sprachlichen Systeme weder starr noch statisch.

3. Die Sprache als langue-System

3.1 Diskussion der allgemeinen Voraussetzungen

Wie steht es aber nun mit der Sprache als langue-System? Eine genaue Betrachtung zeigt, daß hier traditionellerweise meist angenommen wird, daß das langue-System der Sprache drei Subsysteme enthält, nämlich (a) das System der Phoneme und ihrer Relationen zueinander, (b) das System der syntaktischen, zusammen mit den morphologischen „Bausteinen“ und der entsprechenden Relationen, die ihre regelhafte Kombination repräsentieren (die „Grammatik“), und (c) das der semantischen „Bausteine“ oder Komponenten, der aus den Komponenten zusammengesetzten Bedeutungen von Lexemen und der semantischen Relationen zwischen den Lexemen.

Dementsprechend unterscheidet man zwischen (a) der Phonemik (= Phonologie), (b) der Syntax im Verein mit der Morphologie und (c) der Semantik als den drei wichtigsten Disziplinen der Linguistik, die sich mit diesen drei Subsystemen des Systems langue beschäftigen.

Nach der klassischen strukturalistischen Auffassung und zum Teil unter dem Einfluß der Logik nimmt man an, daß die drei Subsysteme des langue-Systems in sich absolut — oder zumindest relativ — abgeschlossen sind. Dies ist eine Hypothese. Das ganze langue-System wird wiederum als in sich abgeschlossen angesehen, d.h. als eine funktionalistische Einheit, die von pragmatischen Bedingungen unabhängig ist. Diese Abgeschlossenheit des ganzen langue-Systems wird im Rahmen des europäischen Strukturalismus vor allem auch dadurch bewerkstelligt, daß angenommen wird, daß die semantischen Strukturen, die Bedeutungsstrukturen, innersprachlich sind, wie noch gezeigt werden wird. Denn die Bedeutung ist es ja, die die Verbindung der Sprache zur außersprachlichen Wirklichkeit herstellen könnte; aber dies würde der funktionalistischen Auffassung widersprechen.

Die prinzipielle Grundvoraussetzung des langue-Systems ist der Atomismus. Die Komponenten, die diskreten „Bausteine“ des jeweiligen langue-Subsystems, sind durch Relationen zu Komplexen verknüpft. Die Komplexe können dann wieder restlos in ihre Komponenten zerlegt werden. Man kann dies als die „alphabetische“ Vorstellung von der Sprache bezeichnen. Also: Morpheme bestehen aus diskreten Phonemen, die wiederum systematisch durch die regelhafte Kombination ihrer atomistischen Komponenten beschrieben werden können. Zum Beispiel kann das Phonem /b/ durch die phonemischen Komponenten +STIMMHAFT und +VERSCHLUSSLAUT (relational, siehe unten, 3.3.1) beschrieben werden. Bedeutungen von Lexemen bestehen aus kleinsten atomhaften Einheiten, „Bausteinen“, den Bedeutungskomponenten, sodaß sich einerseits etwa die Bedeutung von *Mädchen* aus den relationalen Komponenten +MENSCHLICH, +WEIBLICH und −ERWACHSEN und vielleicht einigen anderen zusammensetzen und jederzeit wieder in diese zerlegen läßt (vgl. unten 3.3.3, Tabelle (2)). Diese atomistische und von Regeln geleitete Kombinatorik, resp. einfach die relationale Struktur soll sich auch auf der Ebene des empirischen Systems Sprache vorfinden, wonach dann aktuale Sätze aus Wörtern (Exemplaren) bestehen und die Bedeutung eines vorliegenden Satzes durch die Kombination der Bedeutungen der Wörter entsteht. In der Philosophie entspricht dieser semantischen Kombinatorik im Satz Freges Prinzip der Kompositionalität, das auch von Wittgenstein im „Tractatus“ vertreten wird und das noch heute in der philosophischen Semantik (z.B. der Montague-Semantik) eine grundlegende Rolle spielt.

3.2 Die reduktionistische Auffassung im linguistischen Strukturalismus

Man kann diese und verwandte Gedanken zusammenfassen und erhält dann die Grundelemente einer solchen Auffassung, die wir die „klassische" oder auch „reduktionistische" (TALMY 1987) nennen können.

Als erstes fassen wir einige der obigen Bemerkungen in zwei Grundvoraussetzungen zusammen:

Erstens: Die Sprachteilnehmer verfügen über einen gemeinsamen Code, d.h. das langue-System (die Kompetenz in einer Generativen Grammatik) in Form des Inventars und der kombinatorischen Regeln, resp. der Relationen in der langue derart, daß individuelle Eigenheiten hinsichtlich der langue vernachlässigt werden können. Zum Beispiel, wenn jemand die Gewohnheit hat, statt „Diözese" stets „Diezöse" zu sagen, dann wird dieser „Fehler" nicht gleichzeitig als ein Element der langue betrachtet.

Zweitens: Der individuelle Sprachgebrauch ist determiniert: Er besteht in der Verwendung von sprachlichen Mitteln, über die wir alle gemeinsam verfügen, und dies geht nach Regeln vor sich, resp. korrespondiert Relationen, über die wir ebenfalls alle gemeinsam verfügen. Nicht-regelgebundenes sprachliches Verhalten, d.h. sprachliches Verhalten, für das die langue keine Regeln oder Relationen vorgibt, etwa die Bildung neuer Metaphern oder „Diezöse" statt „Diözese", kann vernachlässigt werden, d.h. ist nicht durch die langue determiniert, ist, in anderen Worten, zufällig oder chaotisch (LÜDI 1985, 90; vgl. jedoch eine „natürlichere" Auffassung an Hand des JANDL-Gedichtes, Kap. 2, Beispiel (2)).

Nun zu den speziellen Grundlagen:

(a) Es gibt eine feste Zahl von nicht mehr weiter zerlegbaren Elementen, Komponenten oder „Bausteinen", etwa morphologischen Kategorien („Wortarten") wie ADJEKTIV, VERB, SUBSTANTIV, semantischen und phonemischen Komponenten wie den gerade genannten, etc.

(b) Diese Elemente werden auf Grund einer festen Zahl von Regeln, resp. Relationen kombiniert; die so entstandenen Komplexe können restlos in die Elemente aufgelöst werden.

(c) Dieser kombinatorische Prozeß kann iteriert werden, sodaß hierarchische Strukturen entstehen. Zum Beispiel nimmt die Kategorie SATZ in der Hierarchie einen höheren Rang ein, als die Kategorie VERB oder SUBSTANTIV, die semantische Komponente +MENSCHLICH einen niedrigeren als +LEBEWESEN, usw. (vgl. unten, 3.3.2 für die syntaktische Kombinatorik).

(d) Jedes nicht-atomare, komplexere Element ist einfach eine andere Art, eine Kombination weniger komplexer Elemente hinzuschreiben, bis wir schließlich bei den atomaren Elementen angelangt sind; es selbst hat holistische Eigenschaften nur insofern, als die Kombination durch Regeln produziert wurde, die zu den kombinierenden Elementen hinzutreten müssen.

(e) Wenn wir eine beliebige Hierarchie als gerichteten Baumgraphen mit nur einer Wurzel darstellen, etwa als

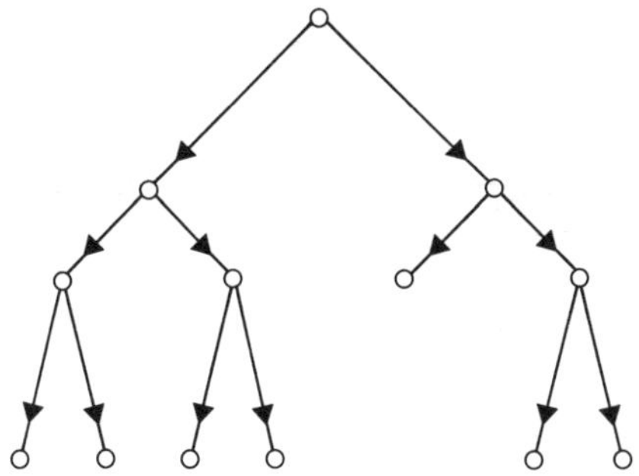

Abb. 1: Baumgraph

dann kann jeder Teil der Hierarchie, der unmittelbar von einem Knoten dominiert wird, so betrachtet werden, als sei er vom Rest der Hierarchie unabhängig. Dies ist möglich, weil die langue-Struktur, die der Baumgraph verkörpert, statisch gesehen wird (aber vgl. unten, 3.3.2).

(f) Das langue-System als Ganzes — bzw. seine Subsysteme — ist stets perfekt und in einem dynamischen (labilen) oder sogar statischen Gleichgewicht; es hat keine evolutionäre Entwicklung: Entwicklung kann nur als Sprung von einem perfekten Zustand zum nächsten (vergleichbar dem Punktualismus in der Evolutionstheorie) dargestellt werden, d.h. als eine Abfolge von: Ordnung des langue-Systems — Chaos im empirischen System — Neuordnung des langue-Systems (Lüdtke 1970, 38). Jedoch als funktionales Ganzes bleibt das langue-System „essentiell" immer dasselbe, d.h. es entstehen keine qualitativ neuen essentiellen Relationen (oder Regeln; vgl. 3.3.2). Die Abfolge von Ordnung — Neuordnung muß zyklisch sein, da sie nicht evolutionär sein kann: Veränderungen werden — vom langue-System her gesehen — wieder rückgängig gemacht. Martinet (1955, 94) hat daher gesagt, daß die Sprache in einen zirkulären Prozeß verwickelt ist, wo die Faulheit des Menschen die Sprache „verschleift", und der Wunsch nach Verständlichkeit wieder Differenzierungen schafft, ad infinitum. Historisch gesehen gibt es jedoch Sprachentwicklungen, die nicht zyklisch, sondern evolutionär sind (vgl. Bichakjian 1988). Man kann diese Ansichten als rein methodologische Forderungen betrachten (Heger 1971, 6 ff); aber sie sind doch auch, wie angedeutet, Ausdruck eines Essentialismus.

Veränderungen betreffen stets das ganze langue-System oder eines der drei genannten Subsysteme als ganze, nicht nur deren Teile, d.h. jedesmal, wenn sich ein Teil eines (Sub-)Systems verändert, zieht dies Veränderungen im ganzen (Sub-)System nach sich. Sonst könnte die Gleichgewichts- oder Stabilitätshypothese nicht aufrecht erhalten werden. Dies ist ein ausnehmend holistischer Zug, der dem sonstigen kombinatorischen Atomismus und insbesondere Bedingung (e) zu widersprechen scheint. Der Widerspruch löst sich aber auf, wenn wir bedenken, daß Veränderungen nicht zur langue selbst gehören sollen (vgl. oben).

An den nun folgenden Beispielen wird gezeigt werden, daß ein allzu eng gefaßter, reduktionistischer Systembegriff einerseits an den empirischen Daten scheitert; andererseits ist der modifizierte Begriff der langue nach wie vor ein theoretisch fruchtbares Konzept (vgl. Kap. 5).

3.3 Die drei Subsysteme der langue

3.3.1 Das phonemische (Sub-)System

Nehmen wir an, Deutsch sei eine Sprache, die wir nicht verstehen. Alles, was wir vor uns haben, ist der Fluß der Rede, vielleicht auf einem Tonband. Und glücklicherweise können wir gleich feststellen, was die Morphe, resp. Morpheme (vgl. oben, Kap. 1) sind. Bei dieser Gelegenheit fällt uns auf, daß es Morpheme gibt, die sich beim paarweisen Vergleich nur durch einen „Laut" unterscheiden, d.h. sogenannte minimale Paare bilden, z.B.:

(4.1) *passe* : *Tasse* : *Kasse* : *Gasse* : *fasse* : *schasse* : *Masse* : *nasse* : *lasse* : *Rasse* : *jasse*; (4.2) *Pein* : *Bein*; (4.3) *Tusche* : *Dusche*; (4.4) *Bier* : *dir* : *Gier*; (4.5) *fahr* : *wahr*; (4.6) *riechen* : *riefen*; (4.7) *Rachen* : *raffen*; (4.8) *weißen* : *weisen*; (4.9) *rinn* : *Ring*;

usw. (Ebneter 1973, 16). Wichtig an diesen „Lauten" sind nur diejenigen Eigenschaften, die sie funktional von anderen „Lauten" unterscheiden; d.h. die Eigenschaften werden funktional zu (als Regel formulierbaren) Relationen umgedeutet. Also: Ob ich ein Zungen-R, [r], erzeuge, indem ich mit der Zunge gegen die Zähne vibriere, oder ein Rachen-R, [ʀ], das spielt im Deutschen keine Rolle; ob ich „bitte" einmal mehr oder weniger aspiriert oder eventuell sogar gar nicht aspiriert ausspreche (Aspiration = Behauchung), das spielt im Deutschen auch keine Rolle; die Bedeutung von „bitte" bleibt dieselbe. Aber ob ich in der Tusche oder in der Dusche gewesen bin, d.h. ob der Anfangskonsonant von „-usche" einmal stimmlos, als [t], und einmal stimmhaft, als [d], ausgesprochen wird, das macht einen großen Unterschied aus.

Die „Laute", die auf diese Weise funktional voneinander abgehoben werden, sind dann die schon genannten Phoneme (vgl. Kap. 1).

Auf Basis solches paarweisen oder reihenweisen Vergleiches erhalten wir den Bestand der konsonantischen Phoneme des Deutschen (ohne die Kennzeichnung durch „/ /") wie folgt:

	labial	labiodental	dental	palatal	velar	uvular	laryngal
Verschlußlaute	p b		t d		k g		
Reibelaute		f v	s z	ʃ (ʒ)	ç/x		h
Nasallaute	m	n			ŋ		
Laterale			l				
Gerollte			(r)			R	
Halbvokale				(j)	(w)		

Tabelle 1: Die konsonantischen Phoneme des Deutschen

(Ebneter 1973, 16). Hier haben wir also das phonologische langue-Subsystem der Konsonanten des Deutschen vor uns. Die Beziehungen zwischen diesen Phonemen sind funktional durch die relationalen Oppositionen (Relationen), die zwischen ihnen bestehen, geregelt. Zum Beispiel unterscheiden sich die Phoneme /p/ und /b/ nur dadurch, daß /p/ –STIMMHAFT (= +STIMMLOS) zukommt, und /b/ +STIMMHAFT (= –STIMMLOS).

Nun, das sieht sehr schön aus: Wir haben hier ein geschlossenes langue-System von konsonantischen Phonemen — das natürlich in der Verwirklichung dann große individuelle Unterschiede zeigen kann —, wo alles seinen Platz hat und durch eine relationale oder regelhafte Kombinatorik von zum Beispiel artikulatorischen Komponenten wie +STIMMHAFT, –STIMMHAFT etc. vollständig beschrieben werden kann.

Schon beim Isolieren der Phoneme geht man jedoch eigentlich über das phonemische Subsystem hinaus, weil man — entgegen den strukturalistischen Prinzipien — nur dann solche Morphempaare und -reihen bilden kann, wenn man weiß, daß die jeweiligen isolierten Einheiten tatsächlich Morpheme sind, und dies stellt man gewöhnlich semantisch fest.

Die Regelmäßigkeit und völlige Abgeschlossenheit des Phonemsystems wird auch an anderer Stelle, und zwar gewissermaßen im System selbst, durchbrochen; denn eine kleine Schlange findet sich auch in diesem Paradies, und das ist der palatale Reibelaut, der durch das Fraktur-„z" repräsentiert wird. Dieses Phonem ist in die Liste hineingekommen, ohne daß man dafür ein minimales Morphempaar gefunden hat. Hier kann man sagen: Gerade noch einmal davongekommen, denn es handelt sich um ein Phonem, das aus dem Französischen übernommen wurde und das den Anfangskonsonant in *Journal* und *Jour* (wie in *Jour fixe*) abgibt. Man kann also sagen, daß diese Ungereimtheit im langue-System nicht einen Webfehler der deutschen Sprache spiegelt, sondern durch die Übernahme eines Fremdwortes hervorgerufen wurde.

Im Sinne der „alphabetischen" Auffassung muß stets eine Reduktion möglich sein, das heißt, es muß stets möglich sein, das langue-System oder Subsystem restlos auf seine Komponenten, und diese — wenn möglich — wiederum auf die empirische Wirklichkeit zurückzuführen. Was lag nun näher, als anzunehmen, daß den diskreten Phonemen als „Bausteinen" der Morpheme in der physikalisch-artikulatorischen, meßbaren Wirklichkeit diskrete Phone als „Bausteine" der aktualen Wörter entsprächen? Man hätte damit zwei reduktionistische Fliegen mit einer Klappe geschlagen: (a) Man hätte die Phoneme — die ja Klassen sind — auf ihre Elemente, die entsprechenden empirischen Phone, reduziert; (b) man hätte die aktualen Wörter „alphabetisch" auf ihre Phone reduziert. Die phonemische Analyse auf dem Papier und die physikalische Analyse wären dann äquivalent. Freilich hätten da schon ein paar Dinge vorwarnen müssen:

Sehen wir uns noch einmal die Tabelle an. Wir bemerken in ihr das Phonem /ç, x/. Dies ist nur ein Phonem; aber es erlaubt zwei so weit auseinanderliegende Formen seiner Realisierung, d.h. „Arten" von Phonen, daß man beide angedeutet hat (komplementäre Variation). Es handelt sich, wenn das Phonem /ç, x/ realisiert wird, um den Laut, der am Ende von „ich" oder von „ach" ausgesprochen wird. Bei genauerer Analyse stellt sich heraus, daß auf [a], [o] und [u] immer [x] folgt; in allen anderen Fällen, das heißt nach [i] oder [e], wird [x] zu [ç] palatalisiert (palatum = Gaumen). In anderen Worten, was vorher kommt, übt einen Einfluß auf das aus, was nachher kommt; damit ist aber die Konzeption einer atomistischen Kombinatorik über den Haufen geworfen. Da es sich aber hier nur um ein einziges Phonem handelt, d.h. daß [x] und [ç] nicht zur Unterscheidung minimaler Paare dienen, hat dies für das phonemische langue-System keine Konsequenzen.

Aber wie steht es nun mit der Frage nach der artikulatorischen und physikalischen Wirklichkeit der Phoneme, d.h. ihrer Reduktion auf das, was tatsächlich vorliegt, ihre Phone? Ist unser Sprechen, die lautliche empirische Seite, „alphabetisch"? Können wir, um es einfach zu sagen, ein Tonband zerschneiden und dann die als Phone realisierten Phoneme fein säuberlich nebeneinander auf den Tisch legen? Das Interessante ist hier, daß das Sprechen, die lautliche empirische Seite der Sprache, nicht „alphabetisch" ist. Was wir also gewissermaßen zu hören und auszusprechen glauben, nämlich eine lineare Folge von diskreten Phonen, die diskrete Phoneme realisieren, entspricht nicht der Wirklichkeit: Wir produzieren gesprochene Sprache derart, daß sich die Realisierungen zweier Phoneme so stark überschneiden, daß sie nicht getrennt werden können, oder daß zumindest ihre Trennung vom Standpunkt des Sprechens/Hörens aus sinnlos ist. Um bei der Tonband-Analyse zu bleiben: Wenn wir etwa die Phone [d] und [u] in [du] voneinander trennen wollten, dann erhalten wir entweder mehr als [d], oder etwas, das kein Phon mehr ist. Aber bei der phonemischen Analyse von /du/ gehen wir davon aus, daß /d/ und /u/ diskret sind und völlig separiert werden können. Empirisch geht es übrigens auch umgekehrt nicht: Wenn man schon aufgezeichnete gesprochene Sprache als Blöcke benutzen will, um künstlich sprachähnliche Gebilde zu erzeugen, dann gelingt dies nur, wenn man Blöcke von ca. 1/2 Silbe Länge verwendet, also Blöcke, die länger als ein Phon sind (vgl. die Darstellung in LIEBERMAN 1984). Empirisch versagt also die vom Reduktionismus vorausgesetzte Reduktion auf diskrete „Bausteine", und damit fällt auch die ein-eindeutige Entsprechung zwischen Phonen und Phonemen.

Wir können uns die Frage stellen: Warum dieses Ineinanderfließen der Phone? Gesprochene Sprache ist deshalb nicht „alphabetisch", d.h. die Phone stehen deshalb nicht in einer ein-eindeutigen Beziehung zu den Phonemen, weil dann der sprachliche Prozeß viel langsamer, zu langsam, ablaufen würde. Ein paar Zahlen mögen dies belegen: Man kann gesprochener Sprache, wenn auch mit Mühe, bis zu 400 Wörtern pro Minute folgen. (Es handelt sich hier um englische Wörter, die gewöhnlich kürzer als die deutschen sind.) Wenn wir annehmen, daß jedes Wort 4—5 Phoneme realisiert, dann kommen wir auf ca. 30 als Phone realisierte Phoneme pro Sekunde. Wir wissen aber auch, daß 30 als diskrete Phone realisierte Phoneme pro Sekunde vom menschlichen Ohr nicht bewältigt werden können. 30 diskrete akustische Einheiten pro Sekunde werden zu einem vom Gehör nicht mehr analysierbaren Rauschen. Der Tonhöhe dieses Rauschens kann man zwar entnehmen, wie schnell gesprochen worden ist, aber das ist schon alles. Schon 15 diskrete Phone können nicht mehr für sich wahrgenommen werden.

Was ist hier geschehen? Nun, etwas sehr Typisches. Eine diskrete Einteilung, die sich bewährt hat — in der Sprache zum Beispiel beim alphabetischen Schreiben — erweist sich nicht als das, was man vermutet hat, nämlich als eine Einteilung der empirischen — hier artikulatorischen oder auditiven — Wirklichkeit. In diesem Sinne sagen Phoneme mehr über unsere Auffassung der gesprochenen Sprache aus, als darüber, wie wir wirklich gesprochene Sprache produzieren oder hören.

3.3.2 Das syntaktische Subsystem

Anstelle der Phoneme und ihrer Komponenten wie +STIMMHAFT, −STIMMHAFT haben wir nun Sätze (besser: Kompetenz- oder langue-Sätze, siehe unten) und ihre Komponenten, z.B. syntaktische und morphologische Kategorien und Morpheme. Wie drückt sich nun in der Syntax oder Grammatik die Suche nach einem geschlossenen langue-System aus? Es sollte intuitiv klar sein, daß eine Syntax, die als Kalkül aufgefaßt wird, am ehesten dem geschlossenen System nahekommt. Dies trifft vor allem für Generative Grammatiken zu, die denn auch manchmal als Axiomensysteme (Itkonen 1976; Wang 1971) dargestellt werden. Wir diskutieren hier nur diejenigen Züge einer solchen Grammatik, die als strukturalistisch angesprochen werden können (vgl. auch Kap. 1). Von Generativen Grammatiken wird gesagt, ihre Aufgabe bestünde darin, alle syntaktisch korrekten Kompetenz-Sätze einer Sprache, und nur diese, zu erzeugen. Das heißt, das System soll lückenlos operieren, eine beliebte strukturalistische Vorstellung. Die nun folgenden Regeln (Generative Grammatiken arbeiten meist mit Regeln, nicht mit Relationen) sind, wie zu erwarten, nur einfachste Demonstrationsobjekte — es wäre unmöglich, hier auch nur die Grundzüge einer Generativen Grammatik adäquat aufzuzeigen:

Regel (1):	SATZ ⟶ NOMINALPHRASE + VERBALPHRASE
Regel (2):	NOMINALPHRASE ⟶ ARTIKEL + NOMEN
Regel (3):	VERBALPHRASE ⟶ VERB + NOMINALPHRASE
Regel (4):	ARTIKEL ⟶ {*das*}
Regel (5):	NOMEN ⟶ {*Mädchen, Buch*}
Regel (6):	VERB ⟶ {*liest*}

Wenn wir diese Regeln und die folgende Zeichnung, Abb. (2), verstehen wollen, dann brauchen wir nur dreierlei zu wissen:

(a) Der Pfeil bezeichnet eine Ersetzungsoperation, wobei das, was links von ihm steht, und das in Regel (1)—(3) etwas Komplexeres bezeichnet, durch das, was rechts steht und das in Regeln (1)—(3) die Teile des Komplexes bezeichnet, ersetzt wird; (b) Die Regeln müssen alle angewandt werden; (c) Aus der Menge der Morpheme, die durch die geschlungenen Klammern eingeschlossen wird, muß jeweils eines ausgewählt werden; es wird also nicht der ganze Ausdruck als Substitut verwendet (trifft hier nur für Regel (5) zu.

Wenn wir die Ersetzungsprozedur systematisch durchführen, dann sehen wir, wie langsam die Hierarchie entsteht, und schließlich ein satzförmiges Gebilde.

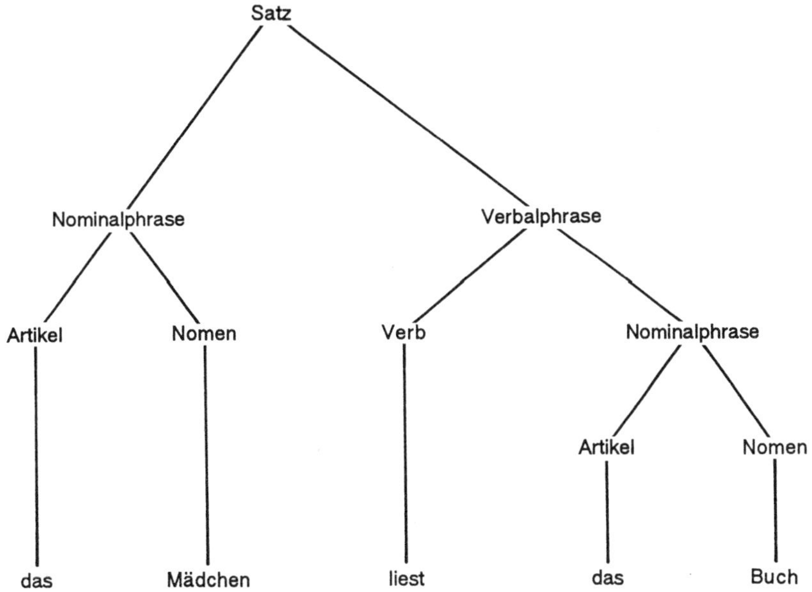

Abb. 2: Als Graph dargestellte syntaktische (Phrasen-)Struktur in einer Generativen Grammatik

Wir müssen uns hüten, die so entstehenden sprachlichen Gebilde als Sätze anzusehen, die so, wie sie sind, in der empirischen Wirklichkeit vorkommen. Sondern es handelt sich um Sätze im Rahmen der Kompetenz, die erzeugt und dann erst mit wirklichen, empirisch vorkommenden Sätzen verglichen werden müssen.

Bei manchen Vertretern der Generativen Grammatik wird von jedem Element des Graphen, also auch morphologischen und syntaktischen Kategorien, wie VERB und NOMINALPHRASE, behauptet, daß es psychologische Realität besitzt. Dann erscheint das Verwenden von Sprache als ein geschlossener kausaler Prozeß, in dem die Sprachbenützer mechanische input-output-„Geräte" sind (LINELL 1980, 195; LEINFELLNER 1980, 42 ff).

Wenn wir also von der Wahl zwischen *Mädchen* und *Buch* absehen, dann ist ein solches System also deterministisch und reduktionistisch. Auf einen bestimmten Schritt folgt stets ein bestimmter nächster, und die komplexeren „höheren" Kategorien sind aus den „niedrigen" zusammengesetzt, bzw. lassen sich als Kombination dieser Einheiten analysieren (vgl. oben, 3.2 Bedingung (d)). Jeder Teil des Graphen kann beliebig vom Rest abgetrennt werden; er kann dann so betrachtet werden, als sei er in sich abgeschlossen. Oder? Nun, wenn man von der Abgeschlossenheit der Teile des durch die Regeln erzeugten Graphen ausgeht, dann werden z.B.

die Personalpronomina in Relativsätzen gewisse theoretische Schwierigkeiten bereiten:

(5) . . . träumt von einer Palme,
Die fern im Morgenland
Einsam und schweigend trauert
Auf brennender Felsenwand.
(HEINE 1885, Bd. 1, 79)

Das Relativpronomen „die“ kommt in einem Teil der Hierarchie, im Relativsatz, vor, der einerseits eine in sich abgeschlossene syntaktische Struktur ist; andererseits bezieht es sich doch auf die Folge „einer Palme“, die Element eines anderen abgeschlossenen Teils der Hierarchie, des Hauptsatzes, ist. Bei Relativsätzen wird also zunächst einmal die Bedingung (e) verletzt, daß jeder Teil der Hierarchie so betrachtet werden kann, als sei er in sich abgeschlossen (vgl. oben, 3.2; die Auflösung des Problems kann hier nicht geschildert werden).

Wie verträgt sich die prozessuale Auffassung, nämlich daß Sätze schrittweise erzeugt werden, mit der Ansicht, daß, im ganzen gesehen, die Sprache als langue-System statisch ist? Es können Veränderungen in den Regeln (vgl. oben, 3.2, über „essentielle“ Relationen) selbst gar nicht erfaßt werden. Oder, wenn es sich um das Verhältnis der einfacheren kindlichen Sprache zur Erwachsenensprache handelt, dann geht man von einer zyklischen Vorstellung aus, die der strukturalistischen MARTINETs (vgl. oben 3.2) verwandt ist: Es gibt einen Prozeß, in dem abwechselnd die Kinder die Grammatik vereinfachen und die Erwachsenen sie komplizieren. Daher ist die Sprache als Ganzes doch etwas, das statisch gesehen wird, d.h. sich zumindest im labilen Gleichgewicht befindet (vgl. oben 3.2). Für Sprachvariation, evolutionäre Sprachentwicklung und die Umformulierung der syntaktischen Regeln als sogenannte Variabilitätsregeln (Regeln, die mit einer Wahrscheinlichkeit ihres Auftretens verknüpft sind) ist im Rahmen solcher Auffassungen kein Platz; alle diese empirisch beeinflußten Untersuchungen werden von extremen Vertretern der Generativen Grammatik aufs heftigste abgelehnt. Ein einfaches Indiz dafür, daß auch Generative Grammatiken trotz aller dynamischen Regeln letztlich statisch sind, ist, daß stilistische Neuerungen in der von der Generativen Grammatik beeinflußten Literatur gewöhnlich als Abweichungen von den Regeln gesehen werden. Das System ist in jedem Augenblick perfekt!

3.3.3 Das semantische Subsystem

So weit, so gut. Aber jetzt wählen wir das Vokabular in Regel (5) einmal umgekehrt aus. Und da erhalten wir das satzartige Gebilde:

(6) *Das Buch liest das Mädchen.*

Hier erscheint das Buch als Agens, als etwas, das die Tätigkeit des Lesens ausübt. Dieser Fall ist natürlich gewissermaßen nicht vorgesehen; aber wie kommen wir aus diesem Dilemma heraus? Wir müssen eben Regeln einführen, die verhindern, daß *Buch* wie ein Agens behandelt wird, wie etwas, das etwas tun kann. Und man muß Regeln einführen, die besagen, daß *lesen* nur solche Terme als seine syntaktischen Objekte wählen kann, die mit *lesen* semantisch verträglich sind: *Buch, Plakat, Zeitung* usf. Solche Regeln sind aber Bedeutungsregeln, keine syntaktischen Regeln; es muß also hier die Semantik der Syntax zu Hilfe kommen; das syntaktische Subsystem (als Teil der langue, Kompetenz) ist dann gegenüber dem semantischen Subsystem (als Teil der langue, Kompetenz) nicht völlig abgeschlossen.

Man könnte nun meinen, gut: Wir setzen eben zusätzlich atomistisch und gleichzeitig regelhaft die Bedeutung des Satzes aus den Teilen, den Bedeutungen der Wörter, zusammen; dann können wir, im ganzen gesehen, den atomistischen und reduktionistischen Standpunkt beibehalten. Und je nachdem, welche solche Bedeutungen zusammengesetzt werden, werden wir verschiedene Sätze mit verschiedenen Bedeutungen erhalten. Man betrachte nun die drei folgenden Sätze:

(7) Das schlägt dem Faß den Boden aus.
(8) Das geht über die Hutschnur.
(9) Das setzt dem Ganzen die Krone auf.

Diese drei Sätze bedeuten dasselbe; ihre Bedeutung kann daher nicht aus den Bedeutungen der Wörter zusammengesetzt sein. Freilich handelt es sich hier um Redensarten, von denen strikte Strukturalisten annehmen, daß sie als Ganzes der langue angehören. Aber kann die Auffassung, daß die Satzbedeutung sich aus den atomistischen Bedeutungen der Wörter zusammensetzt, generell vielleicht doch angewandt werden?

Daß sich die Satzbedeutung oder die Bedeutung von Einheiten, die länger als ein Wort oder Morphem sind, zusammensetzen läßt, setzt auch voraus, daß eine Bedeutung sich nicht einmal nur über ein Wort, Lexem oder Morphem und einmal über mehrere erstrekken darf. Das heißt, die morphologischen und syntaktischen Strukturen einerseits und die semantischen Strukturen andererseits müssen einander auf ein-eindeutige Weise entsprechen. Daß dies nicht stimmt, kann man an einem einfachen Beispiel sehen:

Betrachten wir die Paare:

(10) *Henne — Hahn Katze — Kater Hindin — Hirsch Kuh — Stier*

dann ist es klar, daß es sich semantisch um den Unterschied im natürlichen Geschlecht dreht; und es ist anzunehmen, daß wir hier Bedeutungen als Kombinationen von semantischen Komponenten wie +TIER, +WEIBLICH einerseits und +TIER, –WEIBLICH (= +MÄNNLICH) andererseits für je eines dieser Lexeme vorfinden werden. Nun wissen wir aber, daß es nicht für alle Tierarten solche geschlechtsspezifischen Bezeichnungen gibt, vor allem nicht bei Tieren, die der Mensch nicht gezüchtet hat, oder für die er sonst kein Interesse hatte. Wir müssen dann umschreiben und etwa

(11) *weiblicher Frosch — männlicher Frosch*
weibliche Amsel — männliche Amsel

sagen. Die aus den semantischen Komponenten zusammengesetzte Bedeutung ist in Beispiel (10) mit nur einem Lexem verknüpft; in Beispiel (11) verteilt sie sich auf zwei Lexeme. Hier wird die Bedingung der ein-eindeutigen Entsprechung verletzt, wie sie eigentlich auch eine Voraussetzung des geschlossenen langue-Subsystems und seiner Kombinatorik ist (Leech 1974, 127).

Besonders deutlich treten solche Verletzungen der These von der regelhaften Kombinatorik von atomhaften „Bausteinen", z.B. Bedeutungskomponenten, natürlich in der schönen Literatur auf. In der Dichtung werden oft Bedeutungen ad hoc verändert. Aber wenn sie erst im Text verändert werden, dann können sie nicht schon vorher dagewesen sein, und wenn sie nicht schon vorher dagewesen sind, dann können sie auch nicht Bestandteil einer semantischen Kombinatorik gewesen sein. Ja, der Kontext kann Bedeutung erschaffen, wie wir uns an folgendem Beispiel klarmachen können:

(12) Wenn Sie im Krieg gegen den Feind gemult werden, werden Ihre Erben eine Pension erhalten.

In Beispiel (12) erzeugt der Kontext die Bedeutung von „gemult"; die Bedeutung des Satzes kann daher hier nicht durch die Zusammensetzung der a priori vorhandenen Bedeutungen aller seiner Wörter entstanden sein.

Ein Beispiel, wo der Kontext die Bedeutung spezialisiert, ist:

(13) Ich kaute das schreckliche Zeug.
(14) Ich trank das schreckliche Zeug.

In Beispiel (13) meint „Zeug“ etwas Festes und in Beispiel (14) etwas Flüssiges.

Oder, um ein Beispiel aus der Dichtung zu nehmen:

(15) Dich wundert nicht des Sturmes Wucht, —
du hast ihn wachsen sehn; —
die Bäume flüchten. Ihre Flucht
schafft reitende Alleen.
(Rilke 1928, 51)

Wir kennen zwar eine Zimmerflucht, wenn auch keine flüchtenden Zimmer; daß Bäume flüchten wie ein belebtes Wesen, wie ein Mensch oder ein Tier, das ist eine Bedeutungsvariation oder -änderung, die erst hier erschaffen wird. Dieses Zusammentreten von Wörtern mit unerwarteten Folgen, d.h. unerwarteten Bedeutungen, Bedeutungsvariationen etc., die erst im Text erzeugt werden, kann man sich bildlich wie folgt vorstellen (Zeichnung nach Pittioni 1973, 120):

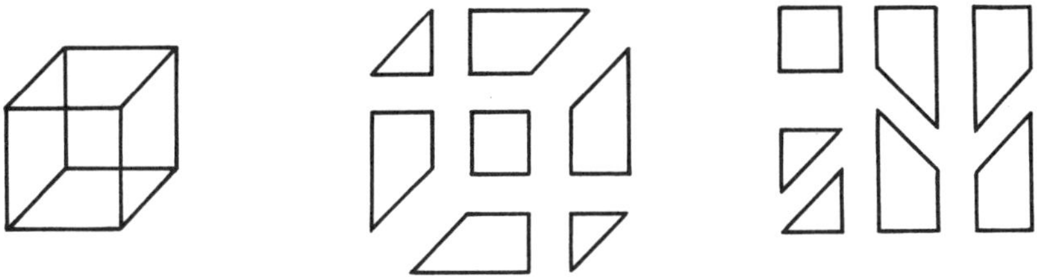

Abb. 3: Unerwartete „holistische“ Folgen einer Kombination

Um dem Problem, daß Bedeutungen, Bedeutungsvariationen etc. teilweise erst im Text entstehen, zu entgehen, wird hier — analog zur Generativen Grammatik — oft behauptet, daß die poetische Sprache nicht durch das langue-System der Sprache erfaßt werden könne und daher abweichende Sprache sei (vgl. oben, 3.3.2).

3.3.4 Die langue als Schachspiel ohne Schachspieler

Wir wollen aber die Hoffnung nicht aufgeben. Wenn wir schon die syntaktischen und semantischen Subsysteme nicht als in sich abgeschlossen retten können, dann vielleicht das gesamte langue-System?

Dazu müßte man vor allem zeigen, daß eine Semantik möglich ist, die sprachintern ist. Man stellt sich im Strukturalismus sprachinterne (operationale) Bedeutung wie folgt vor:

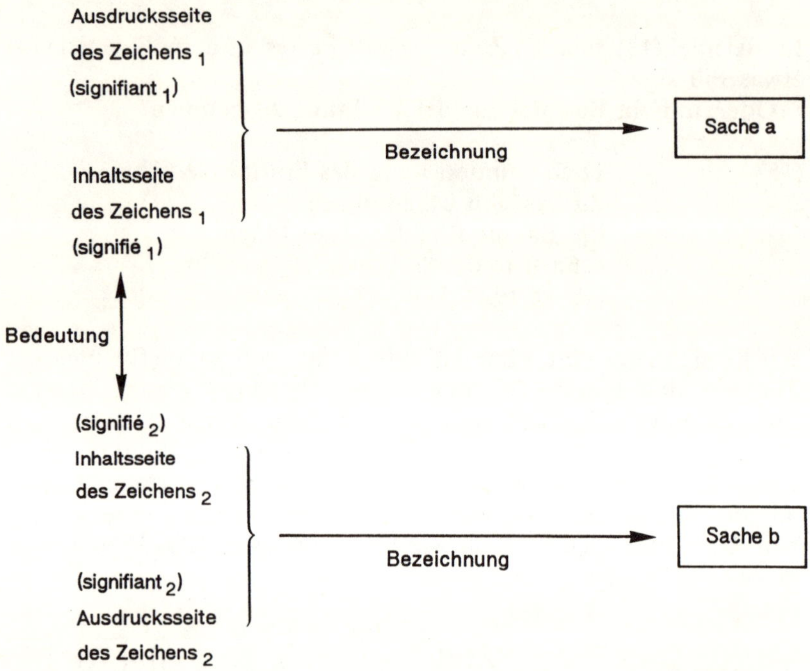

Abb. 4: Sprachinterne Bedeutungen als Beziehungen zwischen Wortinhalten (signifiés)

Wir sehen, daß hier keine Pfeile von der Wirklichkeit zur Sprache führen. Bedeutung selbst wird als Relation zwischen zwei Inhalten, den signifiés, dargestellt.

Man kann hier von Wittgenstein ausgehen, der in seinem Spätwerk behauptet hatte, daß die Bedeutung eines Wortes sein Gebrauch in der Sprache sei (PU 43). Im strukturalistischen Kontextualismus, der meist streng sprachintern vorgeht, wird — im Einklang mit Wittgenstein — „Gebrauch in der Sprache" als Gebrauch in sprachlichen Kontexten interpretiert: Vereinfacht kann man sich dies wie folgt vorstellen.

(16)	(17)
Der Schnee fällt.	Den Apfel kann man essen.
Der Apfel fällt.	Die Birne kann man essen.
Der Regen fällt.	Der Schnee ist eine atmosphärische Erscheinung.
Die Birne fällt.	Der Regen ist eine atmosphärische Erscheinung.

usw. Wenn wir nur die linken vier Sätze, Beispiel (16), hätten, dann müßten wir annehmen, daß *Schnee*, *Apfel*, *Regen* und *Birne* bedeutungsgleich sind, denn erstens ist ihr Gebrauch als Wörter (Exemplare) in den Kontexten „fällt" gleich, weil der Kontext jedesmal (lexematisch) „derselbe" ist, ähnlich wie in

(18) Ich fahre mit der Straßenbahn.
(19) Ich fahre mit der Tramway.
(20) Ich fahre mit der Bim.

(*Bim* ist ein von den Wiener Stadtwerken geschaffener Neologismus). Zweitens können die vier Wörter aus Beispiel (16) in allen Kontexten — der in diesem Fall auf einen stets gleichen Kontext reduziert wurde — füreinander eingesetzt werden. Natürlich ist dies nicht so, denn es gibt andere Kontexte, wie wir aus der zweiten Gruppe, Beispiel (17), sehen können; daher wird sich die eine Bedeutung der vier Lexeme *Schnee*, *Apfel*, *Regen* und *Birne* differenzieren (in Beispiel (17) in zwei Bedeutungen, die von *Apfel* und *Birne* einerseits und die von *Schnee* und *Regen* andererseits). Worauf es hier ankommt, ist, daß angenommen wird, daß alle Bedeutungen auf diese Art und Weise sprachintern, ohne sich auf die empirische Welt zu beziehen, theoretisch erfaßt werden können. Bei der folgenden — schematisch verkürzten — systematischen semantischen Darstellung der Bedeutung der Lexeme *Frau*, *Mann* etc. wird also angenommen, daß die semantischen Komponenten +WEIBLICH, +ERWACHSEN etc. sprachintern gewonnen wurden:

	+menschlich	+weiblich	-weiblich	+erwachsen	-erwachsen
Frau	+	+	-	+	-
Mann	+	-	+	+	-
Mädchen	+	+	-	-	+
Knabe	+	-	+	-	+
Kind	+	0	0	-	+

Tabelle 2: Komponentenanalyse sprachinterner Bedeutungen

Wittgenstein hat die hier zugrundeliegenden philosophischen Ansichten in seinen späteren Schriften (z.B. BBB, PU) klar ausgesprochen. Er legt nunmehr einerseits — zum Unterschied zu seinem frühen Werk, dem „Tractatus" — gar keinen Wert auf die

Beziehungen zwischen Wörtern und empirisch existierender Welt; andererseits betont er in vielen, vielen Beispielen die sprachinterne Bedeutung: Weder drücken Sätze Gedanken aus (PU, § 501), noch gehen uns Bedeutungen im Kopf herum, zusätzlich zu den Wörtern (PU, § 329). In den „Blue and Brown Books" sagt er, daß der Satz als Zeichen seine Bedeutung vom Zeichensystem, d.h. der Sprache, zu der er gehört, erhält. Was aber dem Zeichen Bedeutung verleihe, sei nicht der Geist, sondern einfach andere Zeichen (BBB 1965, 5). Viel anders könnte es ein orthodoxer Strukturalist auch nicht formulieren. Im Gegenteil, während im Strukturalismus die Bedeutungen zumindestens als (gedankliche) Wortinhalte (signifiés) gesehen werden, so sind sie bei WITTGENSTEIN nicht einmal das, sondern nur andere Zeichen, sodaß sich die Semantik auf eine Zeichenalgebra reduziert. Die Farbe Rot habe man daher mit der Sprache (d.h. ihrem sprachinternen Gebrauch, E.L.) gelernt, und ebenso den Begriff „Schmerz", sagt WITTGENSTEIN (PU, § 381).

Die Schachspiel-Metapher, die schon bei DE SAUSSURE als Metapher für das langue-System der Sprache herhalten muß, erscheint auch prompt bei WITTGENSTEIN. Bei WITTGENSTEIN sind die Schachfiguren sowohl Wörter, als auch gleichzeitig Bedeutungen, insoferne sie als „Kontext" fungieren. Alles, was an ihnen interessant ist, sind die topologischen Relationen zwischen ihnen, die den semantischen Relationen zwischen den Wörtern analog sein sollen. Die Semantik der Sprache erscheint als manipulativer Gebrauch von Zeichen, als Kalkül von Zeichen, mit Regeln, die letztlich den Regeln für die relationale räumliche Anordnung der Figuren am Schachbrett gleichgesetzt werden können. Wäre es so, dann müßte es genügen, eine Anordnung von Zeichen anzusehen, um die Bedeutung eines bestimmten Zeichens herauszufinden.

Das heißt nichts anderes, als daß die Auffassung, daß Bedeutungen nur sprachintern sind, zu einer Sprache führt, die wir nicht verstehen. Und das heißt weiter, daß wir das abgeschlossene langue-System als Ganzes öffnen müssen, und zwar müssen wir es in Richtung der empirischen Welt und des Gedächtnisses öffnen, d.h. wir müssen voraussetzen, daß einerseits irgendwo einmal Bedeutungen unserer empirischen Umgebung „entnommen" werden, und andererseits, daß auch der/die Sprecher/in mit seinem/ihrem Gedächtnis selbst Teil des langue-Systems ist. Um bei der Schachspiel-Metapher zu bleiben: Wir sehen nicht nur das Schachbrett, sondern auch den/die Schachspieler/in, nicht nur die Figuren, sondern auch, daß diese ursprünglich wirkliche Heere repräsentierten, wirkliche Könige und Königinnen, Bischöfe, Bauern usw. Ja, wir erlauben sogar, daß sich die Spielregeln ändern, daß Figuren auf Nimmerwiedersehen verschwinden, und daß neue auftauchen.

4. Texte und die Öffnung des semantischen langue-Subsystems

Nun wollen wir zum Schluß ein paar Bemerkungen über Texte machen, die deutlich zeigen, daß man mit einer nur sprachinternen Semantik nicht auskommt. Wir begeben uns hier von der Ebene der langue wieder auf die der empirischen Systeme. Unter „Texten“ verstehe ich einfach sprachliche Produkte, empirische Subsysteme, die in sich semantisch zusammenhängen. Man kann sich zunächst fragen, ob Texte aus Sätzen als diskreten „Bausteinen“ „zusammengesetzt“ sind oder nicht. Schon bei der Syntax und Semantik der Sätze ergaben sich hier Schwierigkeiten (vgl. 3.3.2 und 3.3.3). Nun, bei Texten treten ähnliche irreduzible Situationen auf, aber, wie zu erwarten, in verstärktem Maße:

(21) Ich erhalte kein Krankengeld. Ich habe sechs Kinder. Können Sie mir sagen, warum? (DRESSLER 1978)

(22) Es war vor rund acht Jahren, als der Unfall passierte. Zuhause in der Wohnung. Ich wollte eine Glühbirne wechseln und fiel von der Leiter. Nur durch Zufall fand mich eine Nachbarin und verständigte das Rote Kreuz. Mehrere Brüche am rechten Bein waren die Folge... (ÖSTERREICHISCHES ROTES KREUZ, Vorrang, 1988, Heft 2, 4)

Natürlich sind die Beispiele (21) und (22) einerseits unfreiwillig komisch. Aber andererseits sehen wir gleichzeitig, daß in einem Text nicht Sätze einfach aneinandergereiht werden, sondern daß jeder Satz eines Textes Elemente enthält, die zum nächsten, aber auch zum übernächsten, zum vorhergehenden, zum drittnächsten etc. hinführen. Der Prozeß der textlichen Verknüpfung geht also sowohl nach vorwärts, als auch nach rückwärts. Daher finden wir die Beispiele (21) und (22) zwar komisch, verstehen sie aber trotzdem richtig. Empirische Texte genügen keinesfalls den Anforderungen des klassischen linguistischen Strukturalismus, der sich (daher?) mit ihnen auch nicht weiter beschäftigt hat. Es wurde allerdings später versucht, verschiedene Systeme auch für Texte zu entwickeln, die denen für Sätze, Morpheme, Bedeutungen etc. theoretisch gleichkommen sollten.

Wir können uns die hier wichtige Frage stellen, ob der Textzusammenhang in allen Fällen mit einer innersprachlichen Semantik alleine hergestellt werden kann:

(23a) Urbino ist eine hübsche Stadt.

(23b) Die Linguisten und Linguistinnen gingen zum Internationalen Zentrum, um Vorträge zu hören.

Da ist nichts, aber gar nichts, in der innersprachlichen semantischen Struktur der Sprache, was zwischen dem Satz (23a) und dem Satz (23b) semantischen Zusammenhang stiften kann. Nur wenn wir wissen, daß es erstens in Urbino ein Zentrum für Semiotik gibt, und daß dort 1984 eine Linguistikkonferenz stattgefunden hat, hängen Satz (23a) und Satz (23b) zusammen. Das heißt, wir müssen mindestens über die empirische Bedeutung von Satz (23a) und Satz (23b) informiert sein, über deren empirische Wahrheit, resp. Falschheit, um den Text als zusammenhängend zu erkennen. Hier muß also das innersprachliche (operationale) semantische System der Sprache nach außen, für die empirischen Bedeutungen, geöffnet werden, um den Textzusammenhang erkennen zu lassen.

Nicht immer muß die Öffnung eine Öffnung auf die empirische Welt, respektive die empirischen Bedeutungen hin sein; es kann sich auch um die Einbettung in das Wissen, das eine Person hat, handeln. Nehmen wir den Text:

(24a) Der Salamander bewegte sich.
(24b) Das Feuer flackerte.

Die Sätze (24a) und (24b) mögen als unzusammenhängend erscheinen. Wenn wir jedoch über das Hintergrundwissen verfügen, daß man früher glaubte, daß Salamander im Feuer leben, dann erscheinen die Sätze (24a) und (24b) plötzlich als zusammenhängend.

5. Zwei Interpretationen des Konzepts der langue

Wir haben bis jetzt die Frage offengelassen, was das langue-System eigentlich ist und nur auf die Ambivalenz des Konzeptes hingewiesen (vgl. Kap. 1). Das gesamte langue-System der Sprache, d.h. das Inventar aller Morpheme, Lexeme, Phoneme, semantischen und phonologischen Komponenten etc. plus der dazugehörigen, als Regeln formulierbaren Relationen, welches sich aus den Abertausenden von Texten abstrahieren läßt, existiert nur in der Linguistik, die die vielen, vielen individuellen Sprachäußerungen theoretisch zusammenfaßt. Das langue-System als Ganzes hat dann nur theoretische Existenz. Wir wollen es „langue$_1$“ nennen.

Andererseits ist es selbstverständlich, daß auch das Individuum über so etwas wie eine langue (oder Kompetenz) verfügt. Betrachten wir nun die Kennzeichen des sogenannten „konzeptuellen“ oder „semantischen“ Gedächtnisses im Gegensatz zum „episodischen“ Gedächtnis nach Tulving (1983) — etwa: das semantische Gedächtnis ist symbolisch, a-zeitlich, relativ unabhängig vom pragmatischen Kontext, aufs Allgemeine bezogen, der Zugang zu ihm ist automatisch etc. (Tulving 1983, 35) — und seine Wurzeln im episodischen Gedächtnis, dann sehen wir, daß die langue zu einem großen Teil nichts anderes ist als der Ausdruck oder die Struktur dieses konzeptuellen Gedächtnisses, das sich während des Lebens des Individuums durch soziales und individuelles Lernen aufbaut. Diese Art langue wollen wir „$langue_2$" nennen.

Daraus folgt, daß $langue_1$ und $langue_2$ auf weite Strecken übereinstimmen müssen, aber theoretisch streng zu trennen sind. Auf diese Weise löst sich das Dilemma, das seit langem mit dem Konzept der langue verknüpft ist, ohne daß man das Konzept selbst aufgeben muß.

Hingegen ist das über allem schwebende langue-System, an dem alle Individuen „teilhaben" sollen, das langue-System des klassischen Strukturalismus, eine Fiktion, aber eine Fiktion, die großen heuristischen Wert hatte, und der obendrein heute eine neue theoretische (als $langue_1$) und empirische (als $langue_2$) Deutung gegeben werden kann.

Benützte und ein- und weiterführende Literatur

Ackoff, R.L., 1974: Toward a System of System Concepts. In: J.D. Couger and R.W. Knapp (Eds.): System Analysis Techniques. Wiley, New York—Chichester—Brisbane: 27—38.

Ballweg, J., 1980: Strukturelle Linguistik. In: H.P. Althaus, H. Henne und H.E. Wiegand: Lexikon der Germanistischen Linguistik. Max Niemeyer, Tübingen: 109—120.

Ballweg, J. und A. Schramm, 1975: Sprachliche Abweichung und ihre Rolle bei der Konstitution sprachlicher Texte. In: U. Engel und P. Grebe (Hrsg.), 1974: Sprachsystem und Sprachgebrauch. Festschrift für Hugo Moser zum 65. Geburtstag. Band 1. Schwann, Düsseldorf: 9—30.

Bichakjian, B. H., 1988: Essentialism in Language, or: A Convenient Postulate. Vortrag: Conference on the Biology of Language. Rydzyna (Polen).

Blanke, G.H., 1973: Einführung in die semantische Analyse. Hueber Hochschulreihe. Band 15. Hueber, München.

Broekman, J.M., 1974: Structuralism: Moscow—Prague—Paris. Synthese Library. Band 67. Reidel, Dordrecht—Boston—Lancaster.

Caws, P., 1973: Structuralism. In: P.P. Wiener (Ed.): Dictionary of the History of Ideas. Band 4. Scribner, New York: 322—330.

Coseriu, E. and H. Geckeler, 1981: Trends in Structural Semantics. Tübinger Beiträge zur Linguistik. Band 158. Narr, Tübingen.

Dressler, W.U., 1978: Rezension von Halliday und Hasans „Cohesion in English" (1976), Longman, London. Language *54*: 676—678.

EBNETER, T., 1973: Strukturalismus und Transformationalismus. List Taschenbücher. Band 1423. List, München.

GECKELER, H., 1973: Strukturelle Semantik des Französischen. Romanistische Arbeitshefte. Band 6. Niemeyer, Tübingen.

GECKELER, H. (Hrsg.), 1978: Strukturelle Bedeutungslehre. Wege der Forschung. Band 426. Wissenschaftl. Buchgesellsch., Darmstadt.

GLASERSFELD, E.v., 1976: The Development of Language as Purposive Behavior. In: S.R. Harnad, H.D. Steklis und J. Lancaster (Eds.): Origins and Evolution of Language and Speeches. New York Academy of Sciences. Band *280* New York Academy of Sciences, New York: 212—226.

GREIMAS, A.J., 1971: Strukturale Semantik (Übersetzung von „Sémantique structurale", Paris 1966). Vieweg und Sohn, Braunschweig.

HEGER, K., 1971: Monem, Wort und Satz. Konzepte der Sprach- und Literaturwissenschaft. Band 8. Niemeyer, Tübingen.

HEINE, H., 1885: Sämmtliche Werke. Band 1. Hoffmann und Campe, Hamburg.

HOCKETT, C.F. and R. ASCHER, 1964: The Human Revolution. Current Anthropology *5*: 135—168.

HOCKETT, C.F., 1966: The Problem of Universals in Language. In: J.H. Greenberg (Ed.): Universals of Language (2nd edition). MIT Press, Cambridge, Mass.: 1—29.

ITKONEN, E., 1976: Axiomatics in Linguistics. Lingua *38*: 185—220.

JULIA, P., 1983: Explanatory Models in Linguistics. A Behavioral Perspective. Princeton University Press, Princeton, N.J. (Kap. 4 „Structuralist Background", behandelt amerikanischen Strukturalismus.)

LEECH, G., 1974: Semantics. Penguin, Harmondsworth, Middlesex.

LEINFELLNER, E., 1969: Zur nominalistischen Begründung von Linguistik und Sprachphilosophie: F. Mauthner und L. Wittgenstein. Studium Generale *22*: 209—251.

LEINFELLNER, E., 1980: Kausalität und Sprache: Phonetik/Phonologie, Syntax, Semantik. Österreichische Studiengesellschaft für Kybernetik, Wien.

LEINFELLNER, E., 1988 (im Druck): Fritz Mauthners Sprachphilosophie. In: M. Dascal, K. Lorenz und U. Meggle (Hrsg.): Handbuch der Sprachphilosophie. Band 2. De Gruyter, Berlin—New York.

LEINFELLNER, E., 1989 (im Druck): On the Purported Foundation of Linguistics and AI Through Wittgenstein's Late Philosophy. Journal of Pragmatics.

LEINFELLNER, E. und W. LEINFELLNER, 1978: Ontologie, Systemtheorie und Semantik. Duncker und Humblot, Berlin.

LIEBERMAN, P., 1984: The Biology and Evolution of Language. Harvard University Press, Cambridge (etc.).

LINELL, P., 1980: On the Similarity Between Skinner and Chomsky. In: T.A. Perry (Ed.): Evidence and Argumentation in Linguistics. De Gruyter, Berlin (etc.): 190—199.

LÜDI, G., 1985: Zur Zerlegbarkeit von Wortbedeutungen. In: C. Schwarze und D. Wunderlich (Hrsg.): Handbuch der Lexikologie. Athenäum, Königstein am Taunus: 64—102.

LÜDTKE, H., 1970: Sprache als kybernetisches Phänomen. In: H. Pilch und H. Richter (Hrsg.): Theorie und Empirie in der Sprachforschung. Festschrift Eberhard Zwirner. Bibliotheca Phonetica. *9*: 34—50.

MARTINET, A., 1955: Economie des changements phonétiques: Traité de phonologie diachronique. Francke, Bern.

MILLER, J.G., 1971: The Nature of Living Systems. Behavioral Science *16*: 278—301.

ÖSTERREICHISCHES ROTES KREUZ (Hrsg.), 1988: Vorrang. Heft 2. Landesverband Wien.

PITTIONI, V., 1973: Mathematik als Gespräch. Programm zu einer Grundlegung der Mathematik. Conceptus *7*: 110—123.

RILKE, R.M., 1928: Das Stunden-Buch. Insel, Leipzig.

SAUSSURE, F.DE.,1962 (1916): Cours de linguistique générale. Payot, Paris.

SPENCE, N.C.W., 1976: Essays in Linguistics. A Critique of Some Basic Concepts. Internationale Bibliothek für allgemeine Linguistik. Band *20*. Fink, München.

STETTER, C., 1976: Die Idee der Semiologie bei F.de Saussure. Deutsche Sprache *4*: 289—304.

TALMY, L., 1987 (Manuskript): The Non-reductionist Properties of Language (Material zu einem Vortrag). Institut für Medizinische Kybernetik und Artificial Intelligence, Wien.

TULVING, E., 1983: Elements of Episodic Memory. Oxford University Press, New York.

VACHEK, J. (Ed.), 1964: A Prague School Reader in Linguistics. Indiana University Press, Bloomington.

WAGENBACH, K. (Hrsg.), 1972: Lesebuch. Luchterhand, Berlin.

WANG, J., 1971: Zur Beziehung zwischen generativen und axiomatischen Methoden in linguistischen Untersuchungen. In: A.v. Stechow (Hrsg.): Beiträge zur generativen Grammatik. Benjamins, Amsterdam: 273—282.

WITTGENSTEIN, L., 1965: The Blue and Brown Books (= BBB). Harper and Row, New York.

WITTGENSTEIN, L., 1961 (1922): Tractatus Logico-philosophicus. Routledge, London.

WITTGENSTEIN, L., 1960: Philosophische Untersuchungen (= PU). In: L. Wittgenstein: Schriften. Band 1. Suhrkamp, Frankfurt am Main.

Nach der Linguistik kommen nun die (Rechts-)Soziologie und die Jurisprudenz bzw. ihr gegenseitiges Verhältnis zur Sprache. Die Rechtssoziologie ist ihrem Selbstverständnis nach mit dem wirksamen, die Jurisprudenz mit dem geltenden Recht befaßt. Dahinter steht die These, daß aus dem Dualismus von Sein und Sollen notwendigerweise zwei unterschiedliche Betrachtungsweisen mit jeweils unterschiedlichem Untersuchungsgegenstand folgen. Diese These wird einer kritischen Analyse unterzogen. Die Systemtheorie spielt dabei insofern eine Rolle, als gezeigt wird, daß Geltung und Wirksamkeit des Rechts sich zu einem einheitlichen Untersuchungsgegenstand — dem Rechtssystem — verbinden, das einer einheitlichen Betrachtungsweise zugänglich ist.

MICHAEL THALER *(geb. 1949) studierte in Wien Rechtswissenschaften und in Cambridge vor allem Philosophie. Seit 1982 ist er Dozent am Institut für Verfassungs- und Verwaltungsrecht der Universität Salzburg. Interesse auch an soziologischen Fragestellungen, insbesondere der Anwendung von Systemtheorie (im Sinn* LUHMANNS*). Mit dem Erstherausgeber ist er durch die Ankündigung einer Vorlesung mit dem Titel „Ordnung und Chaos" in Kontakt gekommen.*

Systemtheorie, Soziologie und Recht

MICHAEL THALER

1. Geltung und Wirksamkeit von Rechtsregeln

Jede Rechtsbetrachtung sieht sich mit dem Sein-Sollen-Dualismus konfrontiert (KELSEN 1960, 5 f). Dieses Phänomen ist nicht etwa nur semantisch-logischer Natur, besteht also nicht nur darin, daß aus Seinsätzen keine Sollensätze und aus Sollensätzen keine Seinsätze abgeleitet werden können. Das Phänomen ist ein ontologisches und besteht darin, daß das Recht offenbar in zwei voneinander zu unterscheidenden Bereichen — einem Sollensbereich und einem Seinsbereich — existiert. Geht man davon aus, daß die Geltung die spezifische Existenz von Recht ist, so stellt sich die Frage, was mit der Aussage „die Regel ‚in Österreich soll auf der rechten Straßenseite gefahren werden' gilt" gemeint ist. Der Satz bedeutet, daß in Österreich auf der rechten Straßenseite gefahren werden soll. Er bedeutet nicht:

a) daß man sich in Österreich gebunden fühlt, auf der rechten Straßenseite zu fahren oder
b) daß in Österreich die Behörden Strafen verhängen, wenn nicht auf der rechten Straßenseite gefahren wird oder
c) daß in Österreich im allgemeinen auf der rechten Straßenseite gefahren wird.

Die Aussage, mit der die Geltung einer Regel behauptet wird, gibt keinen Seins- sondern einen Sollenssachverhalt wieder. Sie beschreibt daher einen Sollens- und keinen Seinsbereich. Die Geltung einer Rechtsregel ist somit ihre spezifische Existenz in einem Sollensbereich. Sie ist von der Wirksamkeit der Rechtsregel im Seinsbereich zu unterscheiden (KELSEN 1960, 10 ff und 215 ff). Die Wirksamkeit kann in ihrer Anerkennung, Durchsetzung oder Befolgung oder in einer Verbindung dieser drei Elemente gesehen werden.

Dem Dualismus zwischen Sollen und Sein, Geltung und Wirksamkeit entspricht der Umstand, daß das Recht Gegenstand zweier Disziplinen ist: der Jurisprudenz und der Rechtssoziologie. Während die Jurisprudenz mit Geltung und Inhalt der Rechtsregeln befaßt ist, beschäftigt sich die Rechtssoziologie vor allem mit der Wirksamkeit der Rechtsregeln. MAX WEBER vertritt die These, daß es sich hier um zwei unterschiedliche Betrachtungsweisen mit unterschiedlichem Untersuchungsgegenstand handelt (1985, 181 f). Das geltende Recht ist etwas anderes als das wirksame Recht, und zwar in einem doppelten Sinn. Zum einen muß, was gilt, nicht wirksam sein und was wirksam ist, nicht gelten. Zum anderen besteht das geltende Recht aus Sinngehalten, während sich das wirksame Recht in Verhaltensregelmäßigkeiten äußert. Das geltende Recht ist demgemäß Gegenstand einer hermeneutischen Disziplin — der Jurisprudenz —, während das wirksame Recht nur als Gegenstand einer nomologischen Disziplin — der Rechtssoziologie — in Frage kommt. Diese läßt sich dahingehend zusammenfassen, daß aus dem Dualismus von Sollen und Sein notwendigerweise zwei unterschiedliche Betrachtungsweisen mit jeweils unterschiedlichem Untersuchungsgegenstand folgen. Diese These soll im folgenden einer kritischen Untersuchung unterzogen werden. Die Systemtheorie spielt dabei insofern eine Rolle, als gezeigt werden soll, daß Geltung und Wirksamkeit des Rechts sich zu einem einheitlichen Untersuchungsgegenstand — dem Rechtssystem — verbinden, das einer einheitlichen Betrachtung zugänglich ist. Wie ebenfalls gezeigt wird, kann dem Dualismus von Sollen und Sein im Rechtssystem Rechnung getragen werden. Aus dem Sein-Sollen-Dualismus folgt also nicht die Notwendigkeit zweier unterschiedlicher Betrachtungsweisen mit unterschiedlichem Untersuchungsgegenstand.

2. Verhaltens- und Sinnebene

Da Rechtsregeln Sinngehalte von Sätzen sind, ist der Sollensbereich als Sinnbereich anzusehen. Die Unterscheidung zwischen Sein und Sollen ist somit eine spezifische Form der Unterscheidung zwischen einem Seins- und einem Sinnbereich. In dieser verallgemeinerten Form findet sich diese Unterscheidung etwa auch bei POPPER im Rahmen seiner Dreiweltentheorie (1974, 172 ff). Dem Seinsbereich entspricht bei ihm die Erste Welt oder die Welt der physikalischen Zustände, dem Sinnbereich die Dritte Welt oder die Welt der Ideen im objektiven Sinn bzw. der möglichen Gegenstände des Denkens.

Die Unterscheidung zwischen Seins- und Sinnbereich oder — speziell auf soziale Phänomene abgestellt — zwischen Verhaltens- und Sinnebene impliziert nicht eine Trennung dieser beiden Bereiche. Im Gegenteil, es soll vielmehr gezeigt werden, daß soziale Phänomene gerade dadurch gekennzeichnet sind, daß sie über eine Verhaltens- und Sinnebene verfügen. Es ist daher nicht richtig, daß sich die Jurisprudenz nur mit den Sinngehalten von Rechtstexten befaßt. Eine derart statische Betrachtung des Rechts würde dem Rechtserzeugungsprozeß nicht Rechnung tragen. Die Jurisprudenz hat es nicht nur mit den fertigen Produkten dieses Prozesses — den Rechtsregeln —, sondern auch mit dem Prozeß selber zu tun. (Vgl. hiezu Kelsen 1960, 72 f, der zwischen einer statischen und einer dynamischen Rechtsbetrachtung unterscheidet.)

Die Jurisprudenz betrachtet daher nicht nur eine Sinnebene, sondern auch die mit dieser verbundene Verhaltensebene. Dasselbe gilt, mit umgekehrten Vorzeichen, für die Rechtssoziologie. Sie kann ihren Gegenstand nicht adäquat erfassen, wenn sie ausschließlich soziales Verhalten untersucht und dabei die Sinnebene ausklammert, an der dieses soziale Verhalten orientiert ist. Nehmen wir folgendes Beispiel: Ein Polizist schaltet die Ampel auf Rot. Der Autofahrer bleibt stehen. Klammert man hier die Sinnebene aus und beschränkt sich auf eine Untersuchung der Verhaltensebene, so bleibt einiges verborgen, was für die Beurteilung des ursächlichen Zusammenhanges zwischen dem Rot der Ampel und dem Stehenbleiben des Autofahrers entscheidend ist. Man übersieht den Vorgang der Informationserzeugung und der Informationsverarbeitung. (Vgl. etwa Flechtner 1984, 123 ff.) Die Informationserzeugung ist gekennzeichnet durch eine Kommunikation, bestehend aus drei Elementen (Luhmann 1985, 193 ff): die Mitteilung (ein Polizist schaltet die Ampel auf Rot), das Verstehen (der Autofahrer faßt dies als ein Zeichen mit einer Bedeutung auf), die Information (der Haltebefehl, der von der von der Verkehrsbehörde installierten Ampel ausgeht). Diese Kommunikation verkörpert die Verbindung von Verhaltens- und Sinnebene. Ein bestimmtes Verhalten fungiert als Zeichen mit einer bestimmten Bedeutung und verknüpft so im Rahmen der Kommunikation die Verhaltens- mit der Sinnebene. Die Informationsverarbeitung besteht hier unter anderem darin, daß der Autofahrer insofern an einer Sinnebene orientiert ist, als er vom Haltebefehl sowie von bestimmten Erwartungen ausgeht. (Zum Begriff der Erwartung in der Soziologie vgl. u.a. Weber (1968, 440 ff), Parsons und Shils (1951, 14 ff und 105 ff), Luhmann (1972, 31 ff) und Luhmann (1985, 139 f und 396 ff)). Nicht jedes Verhalten muß übrigens sinnhaft orientiert sein. Ein Verhalten kann auch bloß reaktiv sein. In diesem Fall ist die Informationsverarbeitung nicht sinnhaft an Erwartungen oder Regeln orientiert, sondern eine bloße Reaktion auf die Information.

Es gibt Erwartungserwartungen und Verhaltenserwartungen. Der Autofahrer erwartet etwa, daß die anderen Verkehrsteilnehmer von ihm erwarten, daß er stehenbleibt. Er erwartet auch, daß sich die anderen Verkehrsteilnehmer daran orientieren. Er erwartet weiters, daß für den Fall des Zuwiderhandelns allgemein erwartet wird, daß er bestraft wird, und daß die Verwaltungsstrafbehörden sich an dieser Erwartung orientieren. Aus den Verhaltenserwartungen ergeben sich für ihn folgende Gesetzmäßigkeiten:

a) Wenn dem Haltebefehl zuwidergehandelt wird, dann besteht die Möglichkeit eines Unfalles.

b) Wenn dem Haltebefehl zuwidergehandelt wird, dann besteht die Möglichkeit einer Bestrafung.

Das Verhalten des Autofahrers wird dadurch bestimmt, wie er sich an dem Haltebefehl und diesen Erwartungen orientiert. MAX WEBER (1985, 12 f) unterscheidet hier eine zweckrationale, eine wertrationale, eine affektuelle und eine traditionale Form der Orientierung. Der Autofahrer kann die verschiedenen Möglichkeiten gegeneinander abwägen: die Gefahr des Unfalls und der Bestrafung gegen den Vorteil, schneller voranzukommen, und wird sich erst dann für die eine oder die andere entscheiden. Er kann aber auch diese Überlegung außer acht lassen und nur deshalb, weil er den Haltebefehl akzeptiert oder nicht akzeptiert, stehenbleiben oder weiterfahren. Er kann ferner rein affektmäßig entscheiden und aus Angst vor den Folgen stehenbleiben oder etwa im Hochgefühl der Lebensfreude die Kreuzung überqueren, ohne an irgendwelche Folgen zu denken. Schließlich ist es auch möglich, daß der Autofahrer rein gewohnheitsmäßig stehen- bzw. nicht stehenbleibt. Entscheidend ist, daß menschliches Verhalten hier als Orientierung an einer Sinnebene bestimmt ist, die hier in Form von Regeln und Erwartungen in Erscheinung tritt. Läßt man den Sinnbezug außer acht, so wird nicht klar, wieso der Autofahrer schließlich stehengeblieben ist. Es gibt dann für den Betreffenden nämlich weder einen Haltebefehl noch eine Orientierung an bestimmten Gesetzmäßigkeiten oder regulativen Regeln. Klammert man somit die Sinnebene aus, kann man der spezifischen Natur sozialer Phänomene nicht gerecht werden, die in einer Verbindung von Verhaltens- und Sinnebene besteht.

Man gelangt damit zu dem Ergebnis, daß sowohl Jurisprudenz als auch Soziologie sich mit sozialen Phänomenen, d.h. mit Phänomenen befassen, die aus einer Verbindung von Verhaltens- und Sinnebene bestehen. Wollen sie diesem Charakter sozialer Phänomene Rechnung tragen, so müssen sie in der Lage sein, sowohl die Verhaltens- als auch die Sinnebene zu erfassen. Das ergibt aber nicht nur einen gemeinsamen Untersuchungsgegenstand, sondern auch eine gemeinsame Betrachtungsweise.

3. Das Rechtssystem als soziales System

Der gemeinsame Untersuchungsgegenstand — das Rechtssystem — ist ein soziales System. Die Abb. 1 zeigt ein soziales System.

Die Elemente eines sozialen Systems sind Kommunikationen und nicht — wie es traditioneller Auffassung entspricht — etwa Menschen. Der Mensch geht nie zur Gänze in ein soziales System ein, sondern immer nur vermittels bestimmter Kommunikationen.

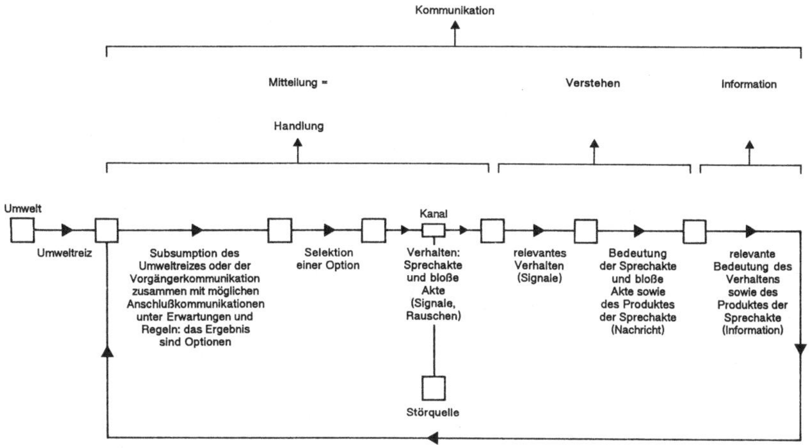

Abb. 1: Soziales System

Eine Kommunikation wird entweder durch einen Umweltreiz (ein Brand bricht aus) oder durch eine andere Kommunikation (jemand begrüßt einen anderen) ausgelöst. Dies erfolgt in der Weise, daß der Umweltreiz oder die Vorgängerkommunikation zusammen mit möglichen Anschlußkommunikationen unter Erwartungen und Regeln subsumiert werden. Die Erwartungen und Regeln machen die Struktur des sozialen Systems aus. In einem sozialen System gibt es etwa die Regel, daß im Brandfalle schleunigst Hilfe herbeizuholen ist, widrigenfalls man sich eines Unterlassungsdeliktes schuldig macht, das mit entsprechenden Sanktionen verbunden ist. Die Regel befiehlt somit eine bestimmte Anschlußkommunikation und sieht für den Fall des Zuwiderhandelns entsprechende Nachfolgerkommunikationen vor. Man subsumiert den Umweltreiz (Brandfall) und die möglichen Anschlußkommunikationen (Hilferuf, Ignorieren etc.) unter die Regel im Hinblick auf mögliche Konsequenzen. Das Ergebnis sind eine Reihe von Optionen, aus denen eine ausgewählt werden muß. Dieser Selektion folgt ein entsprechendes Verhalten.

Die hier aufgezeigten drei Elemente (Herausarbeiten von Optionen, Selektion einer Option, Verhalten) konstituieren eine Handlung (Zum Handlungsbegriff sowie zum Verhältnis von Handlung und Kommunikation vgl. LUHMANN 1985, 191 ff). Der Umweltreiz oder eine Vorgängerkommunikation lösen somit eine Handlung aus, die Teil der Anschlußkommunikation ist. Dieser Teil der Anschlußkommunikation wird auch als Mitteilung bezeichnet und stellt eines der drei Elemente der Anschlußkommunikation dar (neben dem Verstehen und der Information).

Zu dem der Handlung zugrunde liegenden Verhalten treten andere Akte als kanalgerechte Störungen hinzu. Begrüßt A den B auf der Straße und beginnen sie ein Gespräch, so sind für dieses Interaktionensystem auch die Handlungen der anderen, auf der Straße anwesenden Menschen kanalgerecht, nicht aber relevant, d.h. sie stellen Störungen dar, die ausgeschieden werden müssen. Nur das für das Interaktionssystem relevante Verhalten wird als Signal aufgefaßt, dem eine bestimmte Bedeutung zukommt. Das Verhalten kann bestehen in einem Sprechakt (jemand grüßt mit „guten Morgen"), in einem bloßen Akt, der ganz offensichtlich Zeichencharakter hat (jemand zieht den Hut) und Akten, deren Zeichencharakter nicht offensichtlich ist (jemand kommt auf einen zu). Bei der dritten Gruppe könnte bezweifelt werden, daß es sich um ein Signal handelt. Auch hier übermittelt allerdings der Akt eine Nachricht. Man merkt es, wenn man ihn in Beziehung zu dem zugehörigen Interaktionstypus setzt (Fußgängerverkehr, Begrüßung auf der Straße, Straßenschlägerei). Kommt jemand auf mich zu, wählt er eine bestimmte Möglichkeit, etwa aus einem dieser drei Möglichkeitsbereiche, aus. Verstehe ich die Handlung nicht als Möglichkeit aus einem solchen Möglichkeitsbereich, kann ich die Handlung nicht einschätzen (vgl. dazu etwa Ashby 1985, 182 ff).

Durch die Einordnung eines bestimmten Verhaltens in einen Möglichkeitsbereich wird diesem eine bestimmte Möglichkeit zugeordnet, die seine Bedeutung darstellt. Ist das Verhalten ein Sprechakt, so wird auch dem Produkt des Sprechaktes — dem Geäußerten — ebenso eine Möglichkeit und damit eine bestimmte diskursive Bedeutung zugeordnet. Damit wird das zweite Element der Kommunikation — das Verstehen — definierbar. Das Verstehen sortiert die für die Einordnung in den Möglichkeitsbereich relevanten Verhaltensweisen aus und ordnet ihnen oder ihren Produkten eine bestimmte Möglichkeit, d.h. eine bestimmte Bedeutung zu. Die Bedeutung des Verhaltens oder seines Produktes ist die Nachricht. Ist die Nachricht für die Informationsverarbeitung relevant, so stellt sie eine Information dar. Fragen mich mehrere Leute hintereinander, ob ich schon gehört habe, daß X und Y geheiratet haben, so handelt es sich in allen Fällen um eine Nachricht, aber nur im ersten Fall um eine Information. Die Nachricht hat in allen übrigen Fällen keinen Informationscharakter, da sie für die Informationsverarbeitung nicht mehr relevant ist (ich habe X und Y bereits gratuliert).

Die Kommunikation erweist sich damit als Prozeß der Informationserzeugung. Eine Information im Rahmen eines sozialen Systems entsteht immer nur durch Kommunikationen des Systems. Bricht etwa ein Brand aus, so ist dieser Umweltreiz noch keine Information. Erst wenn das Feuer zum Gegenstand einer Kommunikation gemacht wird, erhält es soziale Relevanz. Nur als Gegenstand einer Kommunikation stellt es eine Information dar, die in der Anschlußkommunikation verarbeitet werden kann. Der Zusammenhang zwischen den Kommunikationen wird dadurch hergestellt, daß am Ende der Kommunikation eine Information und am Anfang der Anschlußkommunikation die Informationsverarbeitung steht. Die Informationsverarbeitung ist eine Handlung, d.h. sie besteht aus den drei Elementen: Herausarbeitung von Optionen, Selektion einer Option, Verhalten. Nicht jede Handlung ist allerdings auch eine Informationsverarbeitung. Löst etwa der Umweltreiz „Feuer" eine Handlung aus, so stellt die Handlung keine Informationsverarbeitung dar, da eine Information nicht durch den Umweltreiz, sondern nur durch eine Kommunikation des Systems entstehen kann.

3.1 Der Rechtsakt

Da das Rechtssystem ein soziales System ist, setzt es sich ebenfalls aus Kommunikationen, und zwar insbesondere aus spezifisch rechtlichen Kommunikationen, zusammen. Wie aus der Abb. ersichtlich, liegen auch hier der Mitteilung Sprechakte und bloße Akte zugrunde.

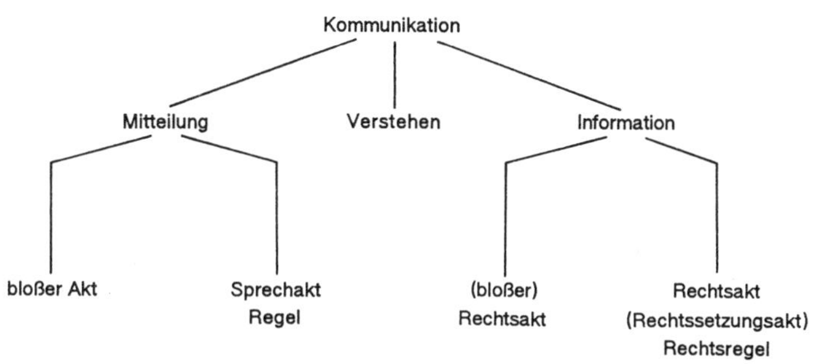

Abb. 2: Der Rechtsakt

Aufgabe des Verstehens ist es, diese Sprechakte und bloßen Akte als Zeichen mit einer spezifisch rechtlichen Bedeutung zu deuten. Die Deutung erfolgt anhand von Rechtsregeln (vgl. dazu Kelsen 1960, 3 f). Bei Weber wird ein Rechtsakt nicht durch Deutung anhand einer Rechtsregel, sondern durch Orientierung an der Rechtsordnung im Rahmen der Informationsverarbeitung konstituiert. Ein Delikt, das nicht auf Grund einer sinnhaften Orientierung an der Rechtsordnung gesetzt wird, wäre demnach kein Delikt. (Zur Kritik dieses Standpunktes vgl. Kelsen 1945, 178.)

Die spezifisch rechtliche Bedeutung der Sprechakte und bloßen Akte ist die Information. Bei einem bloßen Akt ist sie der Rechtsakt, der diesen Akt bildet. Nimmt A dem B 1000 S ab, so ist das ein bloßer Akt, der je nach den Umständen die spezifisch rechtliche

Bedeutung Raub oder Exekution haben kann. Ein Sprechakt kann als bloßer Rechtsakt oder als Rechtssetzungsakt deutbar sein. Ordnet A an, daß B 1000 S zu bezahlen hat, so kann es sich etwa um die rechtlich irrelevante Anordnung eines Straßenräubers handeln. Der Sprechakt ist aber insofern als Rechtsakt anzusehen, als er einen strafgesetzlichen Tatbestand erfüllt. Es kann sich aber auch um ein Leistungsurteil handeln, das von einem Richter verhängt wird. Der Sprechakt ist dann ein spezieller Rechtsakt, nämlich ein Rechtssetzungsakt, dessen Produkt eine Rechtsregel ist.

Die Beziehung zwischen den spezifisch rechtlichen Kommunikationen — den Rechtsakten — kann man sich dadurch veranschaulichen, daß man sich das Rechtssystem in Aktion vorstellt. Es wird etwa auf Grund von Bürgerinitiativen eine Verordnung erlassen, mit der für bestimmte Teile einer Stadt ein Nachtfahrverbot verhängt wird. Wegen Überlastung der Rechtsdurchsetzungsbehörden wird allgemein eine nur beschränkte Durchsetzbarkeit der Verordnung erwartet. Das Verhalten der Verkehrsteilnehmer ist in zweckrationaler Weise an dieser Erwartung orientiert, mit der Folge, daß die Verordnung weitgehend nicht befolgt wird. Die nur sehr sporadische Bestrafung der Verkehrsdelikte durch die Rechtsdurchsetzungsbehörden bestärkt die allgemeine Erwartung und führt zu einem weiteren Abnehmen der Befolgung der Verordnung. Im Endergebnis spielen sich bestimmte Verkehrsverhältnisse ein, die eine Reaktion des Rechtssetzers hervorrufen, wodurch der Prozeß neuerlich in Gang gesetzt wird. Die Maßnahmen des Rechtssetzers orientieren sich an der allgemeinen Erwartung und versuchen eine bessere Durchsetzbarkeit und damit auch eine bessere Befolgung der Verordnung zu fördern.

Dieses Beispiel zeigt zweierlei:

1. Der geschilderte Vorgang bildet eine Rückkoppelung. Zunächst löst ein Umweltreiz einen Rechtsakt aus. Auf den Rechtssetzungsakt, durch den die Verordnung erlassen wird, folgen Rechtsakte, die in einer Nichtbefolgung der Straßenverkehrsordnung bestehen. Die Nichtbefolgung hat nur beschränkte Rechtsakte der Rechtsdurchsetzungsbehörden zur Folge, was wiederum von Einfluß auf die Nichtbefolgung der Verordnung ist. Das Ergebnis sind bestimmte, durch Rechtsakte charakterisierte Verkehrsverhältnisse, die dem Rechtssetzer Anlaß zur neuerlichen Rechtssetzung, somit zur Setzung eines neuerlichen Rechtsaktes geben. Die Erklärung der Zusammenhänge zwischen diesen Rechtsakten setzt voraus, daß man

a) deren spezifische rechtliche Bedeutung in Rechnung stellt und
b) sie als ein Verhalten deutet, das an einer Sinnebene orientiert ist. Die Sinnebene ist durch die Verordnung und die allgemeine Erwartung ihrer mangelnden Durchsetzbarkeit bestimmt. Wieso ein Rechtsakt auf den anderen folgt, wird nur klar, wenn

man die Rechtsakte als Ergebnis einer Informationsverarbeitung ansieht.

2. Betrachtet man als Gegenstand der Rechtsbetrachtung die spezifisch rechtlichen Kommunikationen — die Rechtsakte —, so ergeben sich die Zusammenhänge zwischen den Rechtsakten aus informationsverarbeitenden Prozessen. Folgt auf den Rechtsakt A der Rechtsakt B, so ist der Rechtsakt A die Information, die mit dem Ergebnis verarbeitet wird, daß ein Rechtsakt B gesetzt wird. Fragen der Geltung und des Inhaltes von Rechtsregeln gehören zur Informationserzeugung, d.h. zur Vorgängerkommunikation, Fragen der Wirksamkeit zu dem informationsverarbeitenden Teil der Anschlußkommunikation. Da eine Informationserzeugung ohne Informationsverarbeitung zwecklos und eine Informationsverarbeitung ohne Informationserzeugung unmöglich ist, bilden sie zusammen einen einheitlichen Untersuchungsgegenstand. Eine Aufteilung des Untersuchungsgegenstandes in das geltende Recht der Juristen und das wirksame Recht der Soziologen erscheint daher zwecklos oder gar unmöglich.

Das Ergebnis der obigen Überlegungen ist somit ein einheitlicher Untersuchungsgegenstand — das Rechtssystem — bei dem Verhaltens- und Sinnebene untereinander verbunden sind. Dieses Rechtssystem ist einer einheitlichen Betrachtungsweise in Form einer systemtheoretischen Rechtsbetrachtung zugänglich.

4. Jurisprudenz und Rechtssoziologie

Diese Feststellung bringt uns an den Ausgangspunkt zurück. Gemäß der dort untersuchten These folgen aus dem Dualismus von Sein und Sollen zwei unterschiedliche Betrachtungsweisen mit unterschiedlichem Untersuchungsgegenstand. Die Soziologie, als nomologische Theorie, befaßt sich mit dem wirksamen Recht, d.h. mit Verhaltensregelmäßigkeiten, während die Jurisprudenz, als hermeneutische Disziplin, mit dem geltenden Recht, d.h. mit Sinngehalten, befaßt ist. Bestrebungen, zu einer einheitlichen Betrachtungsweise mit einheitlichem Untersuchungsgegenstand zu gelangen, waren bisher dadurch gekennzeichnet, den Dualismus von Sein und Sollen zu überwinden und an seine Stelle einen Monismus zu setzen. Als Beispiel können hier die realistischen Rechtstheorien herangezogen werden, die geltendes Recht mit wirksamem Recht gleichsetzen (vgl. etwa Olivecrona 1940; im Ergebnis auch Ross 1958; dazu Kelsen 1959/1960, 1 ff). Die hier angestellten Überlegungen sind den entgegengesetzten Weg gegangen. Es wurde gezeigt, daß der Dualismus von Sein und Sollen kein Hinderungsgrund, sondern vielmehr die Voraussetzung für eine einheitliche Betrachtungsweise des Rechts und einen einheitlichen Untersuchungsgegenstand darstellen.

Man könnte dennoch versuchen, den Dualismus von Jurisprudenz und Rechtssoziologie mit folgender Argumentation aufrechtzuerhalten: Es ist richtig, daß die Jurisprudenz sich nicht nur mit einer Sinnebene und die Rechtssoziologie sich nicht nur mit einer Verhaltensebene befaßt. Die Jurisprudenz muß sich auch für die Verhaltensebene und die Rechtssoziologie auch für die Sinnebene interessieren. Dessenungeachtet ergibt sich insofern ein Unterschied, als die Jurisprudenz sich nur für die spezifisch rechtliche Bedeutung bestimmter Verhaltensweisen, nicht aber auch für die kausalen Beziehungen zwischen ihnen interessiert. Dieser Problembereich bleibt der Soziologie vorbehalten.

An dieser Argumentation ist soviel richtig, daß der Dualismus von Jurisprudenz und Rechtssoziologie aufrechterhalten werden kann. Es folgt aber daraus nicht, daß dieser auch aufrechterhalten werden muß. Die Jurisprudenz befaßt sich traditionellerweise damit, wie bestimmte Verhaltensweisen zu ihrer spezifisch rechtlichen Bedeutung gelangen. Dieser Vorgang ist ein Prozeß der Informationserzeugung. Die Rechtssoziologie untersucht vor allem die kausalen Beziehungen zwischen Rechtsakten. Diese Beziehungen ergeben sich aus dem Prozeß der Informationsverarbeitung. Wie bereits erwähnt, hängt die Informationserzeugung engstens mit der Informationsverarbeitung zusammen. Es ist zwar möglich, wenn auch vielleicht nicht sinnvoll, die Informationserzeugung isoliert zu untersuchen und die Informationsverarbeitung auszuklammern. Es ist aber unmöglich, die Informationsverarbeitung ohne die Informationserzeugung zu untersuchen. Jurisprudenz ohne Rechtssoziologie ist daher möglich, nicht aber Rechtssoziologie ohne Jurisprudenz (vgl. KELSEN 1945, 175 ff). Die Rechtssoziologie ist die umfassendere Disziplin, da sie nicht ohne juristische Betrachtungsweise auskommt. Der Dualismus von Jurisprudenz und Rechtssoziologie entpuppt sich damit als Autonomieanspruch der Jurisprudenz. Nur eine Autonomie der Jurisprudenz von der Rechtssoziologie, nicht aber der Rechtssoziologie von der Jurisprudenz, ist möglich. Es können nicht kausale Beziehungen zwischen Rechtsakten aufgezeigt werden, ohne die Rechtsakte als solche, d.h. als Akte zu deuten, denen eine spezifisch rechtliche Bedeutung zukommt. Das aber ist eine spezifisch juristische Betrachtungsweise, die solcherart im Rahmen der Rechtssoziologie zur Anwendung gelangt.

Die Rechtssoziologie als umfassende Rechtsbetrachtung ist damit zu einem entsprechenden Ansatz verpflichtet, der folgende Bedingungen erfüllen muß:

a) eine einheitliche, juristische Betrachtungselemente umfassende Betrachtungsweise,
b) einen einheitlichen Untersuchungsgegenstand und

c) die Voraussetzung des Dualismus von Sein und Sollen, Verhaltens- und Sinnebene.

Das hier vorgeführte Modell eines Rechstssystems hat gezeigt, daß ein solcher Ansatz von der Systemtheorie geliefert werden kann. Die hier geschilderte systemtheoretische Rechtssoziologie ist insofern ein Gegenargument gegen die These, wonach aus dem Dualismus von Sein und Sollen zwei unterschiedliche Betrachtungsweisen des Rechts mit unterschiedlichem Untersuchungsgegenstand folgen. Man kommt prinzipiell mit einer Betrachtungsweise aus, da die Jurisprudenz in der Rechtssoziologie aufgeht. Diese Betrachtungsweise hat nur einen Untersuchungsgegenstand: das Rechtssystem.

Literatur

Ashby, W.R., 1985: Einführung in die Kybernetik. Suhrkamp, Frankfurt.

Flechtner, H.J., 1984: Grundbegriffe der Kybernetik. Eine Einführung. dtv., München.

Kelsen, H., 1945: General Theory of Law and State. Russell and Russell, New York.

Kelsen, H., 1959/1960: Eine „Realistische" und die Reine Rechtslehre. Bemerkungen zu Alf Ross: On Law and Justice. In: ÖZÖR Band X NF: 1—25.

Kelsen, H., ^{2}1960: Reine Rechtslehre. Deuticke, Wien.

Luhmann, N., 1972: Rechtssoziologie. Rowohlt, Reinbek.

Luhmann, N., 1985: Soziale Systeme. Grundriß einer allgemeinen Theorie. Suhrkamp, Frankfurt.

Luhmann, N., 1986: The Autopoiesis of Social Systems. In: F. Geyer and J. van der Zouwen (Eds.): Sociocybernetic Paradoxes. London—Beverley Hills: 172—192.

Olivecrona, K., 1940: Gesetz und Staat. Munskogaard, Kopenhagen.

Parsons, T. and E.A. Shils (Eds.), 1951: Toward a General Theory of Action. Harvard University Press, Cambridge Mass.

Popper, K.R., 1974: Objektive Erkenntnis. Ein evolutionärer Entwurf. Hoffmann und Campe, Hamburg.

Ross, A., 1958: On Law and Justice. Stevens and Sons, London.

Weber, M., 1968: Über einige Kategorien der verstehenden Soziologie. In: ders.: Gesammelte Aufsätze zur Wissenschaftslehre. J.C.B. Mohr, Tübingen: 427—474.

Weber, M., 1985: Wirtschaft und Gesellschaft. J.C.B. Mohr, Tübingen.

Der letzte Beitrag dieses Buches beschäftigt sich mit der Medizin. Nach prinzipiellen Überlegungen zum Begriffspaar Reduktionismus — Ganzheitlichkeit wird auf die Problematik von Medikament und Placebo eingegangen, im speziellen, was die Psychopharmaka betrifft. Es werden Widersprüche im reduktionistischen Ansatz aufgedeckt, sowohl was Medikament als auch Placebo betrifft. Dabei geht es vor allem um den Begriff „Wirkung". Letztlich laufen die Überlegungen darauf hinaus, daß Heilung nicht erzwungen, sondern nur induziert werden kann. Es ist also — durchaus im Rahmen von Selbstorganisationsmodellen — nur möglich, den Boden für die Selbstheilung zu bereiten.

GERHARD LANGER *(geb. 1945), Professor für Psychiatrie an der Psychiatrischen Universitätsklinik in Wien, studierte Medizin in Wien. Nach mehrjährigen Forschungsaufenthalten in München und New York leitet er seit 1978 die, gemeinsam mit seiner Arbeitsgruppe aufgebaute, „Psychobiologische Therapieforschungsstation" der psychiatrischen Klinik in Wien. Er ist Herausgeber eines umfassenden Werkes über Psychopharmaka. Sein Interesse als Arzt und Wissenschaftler gilt in besonderer Weise der Verbindung von Theorie und Praxis in der Medizin. Dies belegt auch die vorliegende Arbeit, in welcher er, nach einer kritischen Erörterung grundlegender Fragen aus der Theorie der medizinischen Therapie, den Versuch unternimmt, am Aufbau einer Synthese von reduktionistischen und ganzheitlichen Denkmodellen mitzuarbeiten. Das Ziel ist noch fern, auf dem Wege der Entwicklung eines menschengerechteren Weltbildes auch die theoretischen Grundlagen der Medizin in solcher Weise umzudenken, daß die Praxis des medizinischen Alltags von allen Beteiligten der großen therapeutischen Gemeinschaft wesentlich besser als bisher gelebt werden kann.*

Medikament und Scheinmedikament (Placebo), „Aura curae" und die therapeutische Wirkung

Reduktionistische und ganzheitliche Aspekte in der Medizin

Gerhard Langer

Zur allgemeinen Problematik. Drei allgemeine Aspekte der Problematik, von der das Seminarthema „Systemtheorie und Reduktionismus" und auch mein eigener Beitrag handeln, spreche ich hier an:

a) Das „Sprachproblem", oder — der „Reduktionismus" beginnt und endet bei der Sprache. Man kann nämlich nicht von der „Ganzheit" (es gibt nur diese eine, nämlich die Ganzheit der realen Welt und des evolutionären Prozesses in ihr) *reden*, ohne im Denk- und Sprechakt des selbstreflexiv-bewußten Erlebens die Ganzheit analysierend (benennend, operierend, „erkennend") zu zerstückeln. Oder anders gesagt: Man kann zwar glauben, man rede von der *Ganzheit*, doch das, was man redend als Ganzheit *denkt*, ist eigentlich bloß eine „quasi Ganzheit".

Die analysierende Aktivität von Denken und Sprechen in Alltag und Wissenschaft nenne ich „analytisch-reduktionistisch". Ihr steht zur Seite eine verbindende Aktivität, in welcher man die analysierten „Weltbruchstücke" im begrifflich-assoziativen Denken miteinander zu verbinden trachtet; und zwar verbindet man entweder in *einer* Systemebene („verbindend-reduktionistisch"), oder in *mehreren* Systemebenen („ganzheitlich").

„Reduktionistisch" nenne ich also im folgenden jene Weise des Denkens und Sprechens (in Alltag und Wissenschaft), in welcher *beide* sprachlichen Aktivitäten reduktionistisch betrieben werden, die „analytisch-reduktionistische" und die „verbindend-reduktionistische". Wenn hingegen die verbindende Aktivität „ganzheitlich" erfolgt, so nenne ich den gesamten Denk- und Sprechakt „ganzheitlich", ungeachtet der Tatsache, daß dessen analytischer Schenkel reduktionistisch ist (wann immer also in dieser Arbeit von „ganzheitlich" die Rede ist, meine ich diese bestmögliche „quasi-Ganzheit" im Denken und Sprechen). Dies heißt aber, daß sogar die „Systemtheorie" oder andere „holistische" Aktivitäten eigentlich nur „*relativ* ganzheitlich" („quasiganzheitlich") sprachlich gedacht werden können, weil auch sie im selbstreflexiven Humanbewußtsein sprachlich-begrifflich — sei es analytisch oder verbindend — operieren. Wo ist da ein Ausweg?

b) Das Problem als „Januskopf", oder — man produzierte die nämlichen Probleme, die man denkend zu lösen sucht. Die *reduk-*

tionistische Weise des Denkens und der Sprache zeigt ein problemschillerndes Janusgesicht. Einerseits „erkennt" man ein Problem nur im reduktionistischen Akt der Analyse, doch man „produziert" es hiermit auch, weil nämlich ein Problem sich als Problem erst in der gedachten (analytischen) Isolation von der Ganzheit erweist. Andererseits „löst" man Probleme, und zwar direkt(!), nur im reduktionistischen Denken und seinem Handeln (z.B. spezifische Therapie; siehe Kap. 1), doch löst man hierbei, nicht zuletzt, nur einen Teil derjenigen Probleme, die man — mittels der sprachlichen Fixierung — selber produziert hat. Zusätzlich induziert man in den Akten der Problemlösung die Entstehung von künstlichen Welten („Kultur"), welche ihrerseits neue („ungeahnte") Probleme produzieren. Wo ist da ein Ausweg?

c) Das „Syntheseproblem", oder — gibt es einen rettenden Weg aus dem Erfolg? Das reduktionistische Denken und sein Handeln sind extrem erfolgreich, im Alltag und in den Wissenschaften, allen berühmten Kulturpessimisten zum Trotz, die mit ihren öffentlichen Unkenrufen ebenfalls erfolgreich werden, an Geld und Ansehen. Es gibt keinen guten Grund für „den Reduktionismus", seine erfolgreiche Strategie zu ändern, einen Ausweg zu suchen, es sei denn, das „Wasser der Probleme" und deren erfolgreicher „Lösungen" steht ihm „bis zum Hals" (z.B. in der Medizin sind wir bald so weit). Somit trotzt sich der Reduktionismus jeden ganzheitlichen Syntheseversuch, man kann ihn von außen nicht erzwingen, nur *selber* ab; vom reduktionistischen Erfolg wird nur in kleinen Portionen, nicht mehr als unbedingt notwendig, geopfert. Also sind Schritte, z.B. für eine Synthese aus reduktionistischen und ganzheitlichen Strategien („Synthese" verstanden als Aufhebung von Gegensätzen auf höherer Ebene), zwecks Reduzierung der Problematik (siehe oben), nicht aus Einsicht zu erwarten, solange der reduktionistische Erfolg zu Buche schlägt. Es sei denn, man beginnt am *Wert des Erfolges* selber zu zweifeln. Dieser Zweifel wäre aber schon eine ganzheitliche Aktivität, und zwar des „Problembewußtseins" (Langer 1990); es handelt sich hierbei um eine in ihrem Vorstadium sprachlich noch gar nicht faßbare, also „echt-ganzheitliche" Aktivität, die *vor* der analytisch-reduktionistischen Problemerkennung des selbstreflexiven Denkens wirksam ist.

„Zwischen den Zeilen gesprochen" wird also immer klarer: Man sollte bei metakritischen Syntheseversuchen auch die vermeintliche „Allmacht der Sprache" (siehe oben) hinterfragen, was sogar aus reduktionistischer Sicht kein gefährlicher Irrweg sein muß, wenn man die Konsensfähigkeit folgender wohlbekannter Einsichten bedenkt: „Man sieht nur mit dem Herzen gut" und „es gibt nichts Gutes, es sei denn man tut es".

Zu meinem speziellen Beitrag. Die einleitend im allgemeinen skizzierte Problematik möchte ich in meinem Beitrag am Gegenstandsbereich der Medizin z.T. explizieren. Der Bereich der Medizin ist offenbar so umfassend, daß sich der „Makrokosmos" der allgemeinen Problematik im „Mikrokosmos" der Medizin widerspiegeln kann. Tatsächlich steckt auch die moderne Biomedizin, wie jeder als Patient, Arzt, etc. erleben kann, mitten in den Folgen der oben skizzierten Problematik des reduktionistischen Paradigmas. Ein Weg hieraus führt auch für die Medizin (z.B. UEXKÜLL und WESIACK 1988) über ein „integrierendes Konzept" — ein anthropologisches, innerhalb welchem der notwendige Paradigmawechsel, mit Hilfe eines semiotisch-systemtheoretisch geleiteten Denkens und Handelns, durchgeführt werden könnte. Mein Beitrag möchte für diesen langen, zukünftigen Weg heraus aus der monosystemisch-reduktionistischen Einseitigkeit der Biomedizin einige „plurisystemische Pflastersteine" mit den entsprechenden semiotisch-systemtheoretischen Verbindungen anbieten.

Für meine spezielle Explikation des Reduktionismusproblems am Beispiel der modernen Biomedizin wähle ich den medizinisch bedeutenden und auch dem Laien verständlichen Themenbereich von Arzneimittel (Medikament) und „Placebo" („Scheinmedikament"). Dem überaus erfolgreichen, reduktionistischen Programm der naturwissenschaftlichen Medizin stelle ich eine ganzheitliche Konzeption des eigentlichen Placebo — ich nenne sie „Aura curae" — zur Seite(!), nicht gegenüber. Ferner erörtere ich die zu wenig beachtete Ganzheitlichkeit dessen, was man landläufig die „therapeutische Wirkung" oder die „Wirksamkeit" einer Therapie nennt — ich nenne sie die „klinisch manifeste, therapeutische (Gesamt-)Wirkung".

„Das Ganze ist mehr als die Summe seiner Teile." In dieser Einleitung sei schließlich auch meine Hypothese über folgende Frage kurz zusammengefaßt: In welcher Beziehung steht die oben skizzierte, allgemeine Problematik (man könnte sie etikettieren: „Das Ganze ist mehr als die Summe seiner Teile") mit meinem speziellen Beitrag aus der Medizin? Ich meine, es handelt sich bei der Problematik um eine Charakteristik des Humanbewußtseins (vgl. LANGER 1990), und zwar in folgender Beziehung zur realen Welt:

Die Ganzheit der realen Welt, des kosmisch-evolutionären Prozesses („das Ganze"), kann durch das Humanbewußtsein punktuell in zwei Arten von Bestimmungsstücken („Teile") zerlegt werden: Im analytischen Akt des selbstreflexiven Denkens, einer reduktionistischen Aktivität, erleben wir unterscheidbare „*Orte*"; im emotionalen Erleben, einer „quasi" ganzheitlichen Aktivität, erleben wir unterscheidbare „*Bewegungen*". Unter „Orten" subsumiere ich u.a. Gegenstände (z.B. Arzneimittel) und Zustände (z.B. Angstinhalte). Unter „Bewegungen" subsumiere ich u.a. die Wirkungen von Gegenständen (z.B. Arzneimittelwirkungen) und von Zuständen (z.B. Wirkungen der Angst). Zwei wichtige Charakteristika des Humanbewußtseins sind nun mit dieser Begrifflichkeit allgemeiner formulierbar und die erwähnte dreifache Problematik (siehe oben) wird verständlicher:

Erstens. Man kann im Humanbewußtsein nicht *gleichzeitig* beide Arten von Bestimmungsstücken („Ort“ und „Bewegung“) des evolutionären Prozesses festhalten (vgl. „psychische Unschärferelation“; Kap. 2.2c). Zweitens. Sogar der — relativ zum analytischen Denken — „quasi ganzheitliche“ Akt des emotionalen Erlebens ist reduktionistisch(!) relativ zur Ganzheit des evolutionären Prozesses selber, eine Ganzheit, die das Humanbewußtsein wegen der „psychischen Unschärferelation“ aber nicht in seiner Ganzheit erfassen kann (vgl. LANGER 1990).

Dementsprechend gliedert sich mein Beitrag im großen wie folgt: Im 1. Kapitel erörtere ich reduktionistisch erfaßbare „Orte“ in einem Individuum — also z.B. Rezeptoren für Arzneimittel und die Arzneimittel selber, und ich erörtere das reduktionistische Konzept des zur Pille verdinglichten Placebo. Im 2. Kapitel erörtere ich quasi ganzheitliche „Bewegungen“ — also z.B. Arzneimittelwirkungen und Placebowirkungen, und ich erörtere meine „quasi ganzheitliche“ Konzeption vom Placebo, nämlich die „Aura curae“. Beide genannten Bestimmungsstücke („Orte“ und „Bewegungen“) sind nur Teile in der Ganzheit des individuellen Patienten selbst, Teile, welche das Individuum integriert und im individuellen Humanbewußtsein analysierend erlebt. (Übrigens: Das Individuum ist eine mikrokosmische „Ganzheit“ innerhalb der makrokosmischen „Ganzheit“ der realen Welt.)

1. Reduktionistische Konzepte — „Medikament und Scheinmedikament“

In der Medizin von heute spielt das Arzneimittel (Medikament) eine entscheidende Rolle. Wer den Reduktionismus und den enormen Erfolg der naturwissenschaftlichen Biomedizin verstehen will, kann mit dem Studium der Arzneimittel, deren Theorie und Praxis beginnen. Hierbei trifft man auch bald auf den Begriff des „Placebo“, das — wen könnte es wundern? — von der Biomedizin zum „Scheinmedikament“ reduziert, zur „Pille“ verdinglicht worden ist. Beide Konzepte — „Medikament und Scheinmedikament“ — kann ich hier nur kurz skizzieren (siehe Kap. 1.1., 1.3.).

Der große Wert dieses reduktionistischen Programmes hat aber seinen Preis. Doch möchte ich hier nicht von ökonomischen, ökologischen oder soziopolitischen Problemen in der Medizin sprechen, sondern von den (inneren und äußeren) Widersprüchen dieser reduktionistischen Konzepte (siehe Kap. 1.2., 1.4.), welche deren Revisionsbedürftigkeit anzeigen. Da es aber keine Alternative zum naturwissenschaftlichen Reduktionismus gibt — in der Medizin gewiß nicht(!) — muß wohl die Revision dieser Konzepte in einer „Synthese“ (Definition siehe oben) mit „ganzheitlichen“, z.B. mit systemtheoretisch-semiotischen Konzepten in der Medizin, gesehen werden (z.B. UEXKÜLL und WESIACK 1988). Mehr hierüber in den Kapiteln 2 und 3.

„Arzneimittel“ (Pharmakon, Medikament). So nennt man eine chemische Substanz, deren biologische Wirkungen im allgemeinen reproduzierbar und prognostizierbar, d.h. „spezifisch“ sind. Die Spezifität ihrer Wirkung verdankt diese chemische Substanz der Möglichkeit einer Art von „Schlüssel-Schloß“-Interaktion („Passung“) mit ganz bestimmten, zu ihr passenden Mikro-Orten, die in unterschiedlichen biologischen Geweben lokalisiert sein können. Solche passende Mikro-Orte, chemisch meist Makromoleküle, nennt man Rezeptoren. Die primäre, spezifische Wirkung der Arzneimittel läßt sich somit als molekulare, physikochemische Interaktion konzipieren. (Zur Klarstellung: Zu *dieser* Art von naturwissenschaftlichem Reduktionismus in der Biomedizin, welcher z.B. Arzneimittel und primäre Wirkung auf der selben Systemebene untersucht, kann es keine „ganzheitliche" Alternative geben!)

Zur näheren Erläuterung des Rezeptor-Konzeptes in der Pharmakologie zitiere ich aus Goldstein et al. (1974): "Whatever effects a drug produces in a biological system must be regarded as ultimate consequence of physicochemical interactions between that drug and functionally important molecules in the living organism. Sometimes a drug may act by combining with a small molecule or ion. In the great majority of cases, however, drugs are presumed to interact with macromulecular components of tissues. These elements with which drugs combine we call receptors."

Das, was ich über Arzneimittel im allgemeinen sagen will, werde ich am Beispiel der Psychopharmaka erörtern (siehe Kap. 1.1.), weil angesichts der plurisystemischen Wirkungen der Psychopharmaka die Widersprüche einer reduktionistischen, *mono*systemischen Betrachtungsweise besonders deutlich dargestellt werden können, und weil ich auch am Beispiel der Psychopharmaka die Verbindung zu Placebo (siehe Kap. 1.3.) am anschaulichsten illustrieren kann.

1.1. Ein Psychopharmakon — „Arzneimoleküle für die kranke Seele"?

Es gibt im allgemeinen zwei Blickrichtungen — eine „klinische" und eine „neurobiochemische", aus denen man die Psychopharmaka charakterisiert. Die vorherrschende Auffassung sei einleitend nun vorgetragen:

Aus klinisch-therapeutischer Sicht versteht man unter einem Psychopharmakon ein „psychotropes" Arzneimittel, nach dessen Einnahme sogenannte psychiatrische Symptome zur Auflösung gebracht werden können: Gefühle schwerster Angst und uneinfühlbarer depressiver Verstimmung, Wahnideen, Halluzinationen, — sogar die bizarren Denkinhalte aus der subjektiven (Vorstellungs-)Welt eines „schizophrenen" Patienten können — bei vielen, aber nicht bei allen Patienten — im Laufe einer (mehrwöchigen) Therapie mit Psychopharmaka einem „normalen" Erleben und Verhalten weichen (unter „normal" meint man denjenigen psychischen Zustand vor der Manifestation einer Erkrankung, den ein Patient und seine mitmenschliche Umwelt als des Patienten „Normalzustand" bezeichnen). Bekanntlich kann man mit Psychopharmaka nicht nur psychisch schwer gestörtes, d.h. „psychotisches" Erleben und Verhalten normalisieren, sondern man kann mit manchen dieser Arzneimittel — z.B. mit den „Tranquilizern" — auch die Alltagsängste des „normalen Menschen" symptomatisch positiv beeinflussen (vgl. LANGER und HEIMANN 1983). Man verwechsle Psychopharmaka also nicht mit den sogenannten psychoaktiven Drogen (z.B. Alkohol, Psychostimulantien, Opiate, etc.), welche zwar psycho-*aktiv*, aber im allgemeinen eben nicht, wie Medikamente (Pharmaka) es tun, *therapeutisch* wirken. Übrigens: Die modernen Psychopharmaka sind noch relativ jung; die ältesten unter ihnen zählen an Jahren kaum ein Menschenalter (vgl. zur Geschichte der Psychopharmaka LANGER 1983).

Aus neurobiochemischer Sicht versteht man unter Psychopharmaka — sofern man sie nicht überhaupt als „Neuropharmaka“ bezeichnet — jene besonderen chemischen Substanzen (meist technisch-synthetisch hergestellt), welche spezifische (pharmakologische) Wirkungen dadurch entfalten, daß sie sich an spezielle, „passende“ Bindungsstellen (Neurorezeptoren) von Nervenzellen reversibel anheften und hiedurch deren normale Funktion (d.h. die synaptische Erregungsübertragung) beeinflussen. Die Existenz solcher für Psychopharmaka spezifischen Neurorezeptoren konnte man übrigens nachweisen, z.B. für die Psychopharmakasubklasse der Benzodiazepine (Tranquilizer; angstlösende Medikamente von der Art des Valium^R; vgl. HAEFELY 1983).

Nun zu meiner Kritik: Im reduktionistisch geleiteten Denken schließt man nun die klinische und neurobiochemische Wirkung der Psychopharmaka ganz einfach kurz und konzipiert — fälschlich — die Psychopharmaka als „Moleküle für die kranke Seele“. Diese Charakterisierung pflegt man zwar in dieser Weise nicht auszudrücken, aber in der landläufigen Benennung der Psychopharmaka als „psychotrope“ Arzneimittel ist dieser reduktionistische Kurzschluß sprachlich explizit. Ich meine: „psychotrop“, d.h. „auf die Seele gerichtet“, ist ein Gespräch, ein Lächeln, aber kein wie immer geartetes chemisches Molekül (siehe Kap. 2.2.).

1.2. Widersprüche im reduktionistischen Psychopharmakon-Konzept

Hier möchte ich nur zwei Seiten der Widersprüchlichkeit im vorherrschenden Konzept über die Psychopharmaka aufzeigen, Widersprüche, die nach einer Revision der Konzeption verlangen.

a) Der (mögliche) Widerspruch im Namen. Schon im Namen „Psycho-Pharmakon“ steckt, wie ich bereits oben kurz angesprochen habe, ein (möglicher) Widerspruch, wenn man nämlich, im reduktionistischen Kurzschluß, das Pharmakon *direkt* mit „der Psyche“ verbindet, so als ob ein Arzneimittel *unmittelbar* (primär, „psychotrop“), kraft seiner molekularen Konfiguration, das psychische Geschehen therapeutisch beeinflussen könne (somit müßte man eigentlich, in Analogie zu den neuronalen Rezeptoren, „psychische Rezeptoren“ für die Arzneimittel postulieren, was wohl ein

Unsinn wäre). Tatsächlich wirken Psychopharmaka primär als *Neuro*pharmaka. Daß diese Arzneimittel — zu Recht — auch *Psycho*pharmaka genannt werden, rechtfertigt sich nur durch ihre mittelbare, psychisches Geschehen letztlich therapeutisch beeinflussende Wirkung (siehe Kap. 2.2.), — aber auf diese klinisch manifeste „Endwirkung" kommt es eben schließlich an!

„Psychopharmaka". So nenne ich zerebrotrope Arzneimittel, welche psychotherapeutische Wirkungen induzieren können. Hierzu folgende, zusammenfassende Erläuterung:

Die Wirkung der Psychopharmaka ist gerichtet („trop") auf neurobiologische Strukturen (Neurorezeptoren), d.h. ihre primäre Wirkung ist „neurotrop". Deswegen nennt man diese Substanzen auch „Neuropharmaka", wenn man von ihren primären, neurobiologischen Wirkungen redet. Ferner: Viele dieser Pharmaka wirken auf größere neuronale Funktionssysteme. Um dieser zerebralen („zerebrum": Gehirn) *System*wirkung, welche wahrscheinlich die therapeutische Wirkung bei psychischem Geschehen induziert, auch semantisch Ausdruck zu geben, sollte man in Verbindung mit den klinisch-therapeutischen (psychotherapeutischen) Wirkungen besser von „zerebrotropen" Wirkungen dieser Pharmaka reden.

Also: Klinisch manifest wird bei den Psychopharmaka eine psychotherapeutische Wirkung; naturwissenschaftlich manifest werden neurotrope bzw. zerebrotrope Wirkungen. *Psycho*trope Wirkungen können diese Pharmaka aber nicht ausüben, weil physikochemische Arzneimittel ihre Wirkungen auf die Psyche nicht direkt richten können, sondern nur indirekt, d.h. sie *induzieren* (innerhalb der biopsychosoziokulturellen Systemhierarchie eines Individuums) die *Manifestation* eines ganzheitlichen Geschehens, das man klinisch die „psychotherapeutische Wirkung" nennen kann.

b) Der Widerspruch in der Praxis. Die therapeutische Praxis in der Anwendung von Psychopharmaka ist zur Zeit doppelt(!) widersprüchlich. So hilft die pharmakologisch geläufige, neurobiochemische Charakterisierung der Psychopharmaka nur wenig für die therapeutische Indikationsstellung (d.h. die Beziehung „Krankheit" — Medikament) und hilft — zweitens — nur wenig für die Kontrolle des Therapieverlaufes mit Psychopharmaka.

Erläuterung. Obgleich die Psychopharmaka primär *neurobiochemisch* wirken (nur diese Wirkung ist wissenschaftlich reproduzierbar!), orientiert man sich in der therapeutischen Praxis mit Psychopharmaka („Indikation") nicht an neurobiochemischen oder psychobiologischen Kriterien des Patienten, sondern an *psychologischen,* und zwar am psychopathologischen Zustandsbild des Patienten (z.B. Depression). Man stellt also dem psychologischen Zustandsbild des Patienten eine psychologische Klassifikation der Psychopharmaka zur Seite (z.B. „Antidepressiva"). Wir plädieren hingegen (LANGER und SCHÖNBECK 1983) für eine psycho*biologische* Charakterisierung (Indikation) der Patienten in jenen Situationen, in denen primär neuro*biologische* Therapien (z.B. Psychopharmaka) zur Anwendung kommen.

Zum zweiten Widerspruch. Auch in der Weiterführung der Psychopharmakotherapie und in der Beurteilung des Zeitpunktes der Beendigung einer Therapie mit Psychopharmaka gelten unserer Argumente von oben.

Die **psychologische, klinisch-therapeutische Klassifikation** der Psychopharmaka (z.B. Antipsychotika, Anxiolytika, Antidepressiva, etc.) ist unscharf. So kann durchaus z.B. ein antidepressives Medikament auch anxiolytisch (angstlösend) und auch antipsychotisch wirksam werden (vgl. LANGER und SCHÖNBECK 1983). Ein Psychopharmakon zeigt also ein psychologisch relativ breites Wirkungsspektrum (weil das Psychopharmakon eben *nicht* „psychotrop", d.h. nicht *primär* psychologisch wirksam ist). Ferner stützt sich diese unscharfe psychologische Charakterisierung (z.B. Antidepressiva) auf die allgemeine klinische Erfahrung; im Patienten*einzelfall* hingegen mag sich die psychotherapeutische Wirkung in phänomenologisch unerwarteter Weise präsentieren, oder die Wirkung kann sogar ausbleiben, obgleich die primäre, neurobiochemische Rezeptorwirkung des Medikamentes in *jedem* Patienten eintritt.

Die Gründe für den Widerspruch in der Praxis sind vielfältig. Nur zum geringeren Teil liegen sie darin, daß die neurobiologischen Korrelate der psychischen „Krankheiten" bei den meisten Patienten, bei denen Psychopharmaka angewendet werden, heute noch unbekannt sind und daß die Entdeckung der Psychopharmaka nur auf der psychologisch-empirischen Systemebene erfolgt war (vgl. LANGER 1983), wohingegen ihr neurobiochemischer Wirkungsmechanismus erst Jahrzehnte später und ihre psychotherapeutischen Wirkungsbedingungen überhaupt noch nicht aufgeklärt werden konnten. Den Hauptgrund für den geschilderten Widerspruch sehe ich vielmehr im vorherrschenden, reduktionistischen Denken in der Medizin, welches sich um die wesentliche Verschiedenartigkeit von hierarchisch unterschiedlichen Systemebenen (z.B. physikochemische Ebene versus psychologische) wenig kümmert, sondern „Krankheiten" und „Therapien" reduktionistisch „molekularisiert" und auf der mikrobiologischen Ebene alles miteinander direkt(!) in Beziehung setzt. Ich meine: Nur in einer semiotischen Konzertanz aus reduktionistischen und systemtheoretischen Konzeptionen könnte man sich, wenn überhaupt, das Faktum der psychotherapeutischen Wirkung der Psychopharmaka verständlich machen.

Erläuterung. Ein spezielles Beispiel für die Widersprüchlichkeit der reduktionistischen Konzeption ist die weitverbreitete Meinung in der Biopsychiatrie und in den Neurowissenschaften, man könne aus dem biochemischen Wirkungsmechanismus von Psychopharmaka direkt(!) auf eine entsprechende biochemische Störung bei denjenigen „Krankheiten" rückschließen, bei welchen diese Pharmaka therapeutisch wirksam sind. Die bekannte, naturwissenschaftlich konzipierte **„Dopaminhypothese der Schizophrenie"** (vgl. WEINER 1985) beruht genau auf diesem reduktionistischen Kurzschluß. Hierbei bestreitet zwar niemand, daß diejenigen Psychopharmaka (Neuroleptika genannt), welche bei „schizophrenen" Patienten therapeutisch wirksam sind, einen starken Einfluß auf die neuronale, den Neurotransmitter Dopamin involvierende Erregungsübertragung haben, doch daraus sollte man nicht schließen — was auch bisher nicht empirisch belegt werden konnte —, daß bei „schizophrenen" Patienten die dopaminerge Erregungsübertragung „gestört" ist. Übrigens haben wir in einer Studie am Menschen zeigen können, daß bei den Neuroleptika die antidopaminergen und antischizophrenen Wirkungen positiv korreliert sind (LANGER et al. 1977). Befunde wie diese stützen zwar die — neurobiochemisch gut belegte — „Dopaminhypothese der Neuroleptikawirkung" auch beim Menschen, doch die plurisystemische Bedingungshierarchie (Ätiopathogenese) der

„schizophrenen" Symptomatik läßt sich sogar durch die Kenntnis des Wirkungsmechanismus der Neuroleptika beim Menschen nicht ausreichend erhellen.

1.3. Placebo — nur „Schein und Pille" (Scheinmedikament)?

In der Theorie und Praxis der modernen Biomedizin reduziert man den Organismus und die Therapie zum Ding. Sei es, daß man die Ganzheitlichkeit des Therapieprozesses konzeptionell zur spezifischen (Wirkung einer) Arzneimittelpille reduziert (siehe Kap. 1.1.), oder sei es, daß man die plurisystemische Ganzheitlichkeit des therapeutisch *un*spezifischen Umfeldes von individueller Heilung — also Placebo — zur (Wirkung einer) „Placebopille" verdinglicht. Über letztere, reduktionistische Konzeption von Placebo soll hier die Rede sein, und zwar in den medizinischen Anwendungsbereichen des therapeutischen Alltags und der wissenschaftlichen Forschung.

a) Die „Placebopille" — Scheinmedikament der Gefälligkeit. Die plurisystemische Ganzheitlichkeit des therapeutisch *un*spezifischen („*pro*therapeutischen") Heilungsumfeldes eines Patienten („Aura curae", siehe Kap. 2.3.), also das „allgemeine Rundherum" um jede spezielle Therapie, das konzipiert man in der modernen Biomedizin, seit etwa 50 Jahren, reduktionistisch verdinglicht. So versteht man heute unter „Placebo" meist nicht viel mehr als eine Pille, ein „Scheinmedikament", d.h. eine pharmakologisch unwirksame („*un*spezifische") Substanz, über die man den Patienten aber glauben läßt — „Schein" —, es handle sich um ein pharmakologisch wirksames Arzneimittel. Nicht viel älter, etwa 200 Jahre, ist die abschätzige Bewertung von Placebo (placebo, lat.: „ich werde gefallen") als Mittel der ärztlichen Gefälligkeit angesichts der anspruchslosen Begehrlichkeit eines Patienten (Patient: „Herr Doktor, ich erwarte, daß Sie rasch irgendetwas gegen meine Beschwerden tun!").

b) Die „Placebopille" — Kontrollsubstanz der Forschung. Auch die wissenschaftliche Forschung bedient sich heute des Placebos in der verdinglichten Form einer „Placebopille"; und zwar verabreicht man Placebo als eine pharmakologisch unwirksame Substanz („Leersubstanz") im Rahmen von sogenannten placebokontrollierten Studien. Solche Studien haben den Zweck, mit Hilfe einer wissenschaftlichen Methodik den Nachweis der Wirkung von neuen Arzneimitteln auf der *klinisch-therapeutischen* Systemebene mit Hilfe einer wissenschaftlichen Methodik zu erbringen.

Systemtheoretisch gesehen begründet sich die klinische Placebokontrolle auf der Tatsache, daß jedes Arzneimittel nur auf der mikrobiologischen Systemebene *spezifisch* („Schlüssel-Schloß"-Interaktion) wirksam werden kann. Je weiter „entfernt" von der mikrobiologischen Ebene nun in der Systemhierarchie eine gerade interessierende klinisch manifeste, therapeutische Wirkung zu liegen kommt, umso *relativer* wird die Spezifität der klinisch manifesten Wirkung eines Arzneimittels (d.h. es gesellen sich unspezifische Wirkungen spezifischer Arzneimittelwirkungen hinzu). Aus den genannten systemtheoretischen Gründen ist dieser unspezifische Anteil bei der Arzneimittelklasse der Psychopharmaka besonders groß, weil hier, zusätzlich zur biologischen, auch die psychosoziokulturellen Systemebenen die klinisch manifeste Wirkung entscheidend mitgestalten.

In der Methodik der Placebokontrolle stützt man sich konzeptionell auf die „Additivitätshypothese" (FRANK 1982) der Placebowirkung. Sie besagt, daß "... placebo effects are associated with the taking of any drug, active as well as unactive" (MELMON et al. 1980). Man nimmt also — zu Recht — an, daß bei jeder (!) klinisch manifesten Wirkung, die im Rahmen der Verabreichung eines mikrobiologisch spezifischen Arzneimittels auftritt, ein unbestimmter Teil dieser klinischen (Gesamt-)Wirkung gar nicht durch das Arzneimittel selber „verursacht" wird, sondern durch therapeutisch *un*spezifische Faktoren, eben durch „Placebo". Um nun den „Arzneimittelanteil" in der klinischen (Gesamt-)Wirkung erkennen zu können, „subtrahiert" man mit Hilfe der Placebokontrolle die Placebowirkungen von der klinischen Gesamtwirkung (grob gesprochen: Gesamtwirkung = Pharmakonwirkung + Placebowirkung), und man meint, als Resultat erhalte man die „wahre" Wirkung des Arzneimittels (im Jargon der Placebokontrolle nennt man das Prüfpharmakon tatsächlich „Verum"!). Wenn also z.B. in der „Pharmakon-Gruppe" 90 Prozent der Patienten symptomfrei werden und in der „Placebo-Gruppe" 30 Prozent, so meint man, aus diesem Unterschied der „Therapieerfolgsquote" direkt den Unterschied zwischen Pharmakonwirkung und Placebowirkung ablesen zu können. Diese etablierte, *interpretative* „Subtraktionsmethode" halte ich für konzeptionell falsch (vgl. LANGER 1987).

„Placebokontrolle". Die sogenannte placebokontrollierte Studie gilt zur Zeit als die beste wissenschaftliche Methode zur *fiktiven* Extraktion des „medikamentenspezifischen" Anteils aus dem gesamten Erscheinungsbild („Gesamtwirkung") einer klinisch manifesten Wirkung. Hierbei vergleicht man nach (!) Studienabschluß die Wirkungen einer Leersubstanz mit den Wirkungen eines Prüfpharmakons in zwei Gruppen von Patienten, wobei eine Gruppe die Placebopille und die andere Gruppe die Arzneimittelpille „doppelblind" eingenommen hatte („doppelblind" heißt, daß weder die Patienten noch der diese Studie durchführende Arzt *vor* Studienabschluß wissen, zu welcher der beiden experimentellen Gruppen ein bestimmter Patient und eine bestimmte „Pille" gehören).

1.4. Widersprüche im reduktionistischen Placebo-Konzept

Hier fasse ich einige Widersprüche in der reduktionistischen Konzeption von Placebo zusammen, wie sie z.T. schon im bisherigen Text kurz angeklungen sind. Die Erörterung der ethischen Problematik in der Anwendung von Scheinmedikamenten (z.B. „Täuschung des Patienten", „Vorenthaltung wirksamer Medikation"), ebenso wie weitergehende Ausführungen zum Thema der Widersprüche (z.B. Widerspruch in der Arzt-Patient Beziehung), entnehme man meiner einschlägigen Arbeit über Placebo/„Aura curae" (LANGER 1987).

a) Widersprüchlichkeit im Begriff „Placebo". Bezüglich des begrifflichen Widerspruchs der reduktionistischen Placebokonzeption erörtere ich folgende zwei Widersprüche.

Erstens — der Widerspruch in der Reduktion einer *mehr*schichtigen (biopsychosoziokulturellen) Systemhierarchie zur systemisch *ein*schichtigen (physikochemischen) Pille. Man konzidiert zwar, daß sogar eine „Placebopille" (z.B. „das neue Medikament aus Amerika, wirksam sogar gegen hartnäckigste Kopfschmerzen"), um Placebowirkungen induzieren zu können, für einen Patienten nur Teil eines komplexen, biopsychosoziokulturellen Systemgefüges ist, trotzdem konzipiert man Placebo als monosystemische „Pille" und handelt auch entsprechend reduktionistisch.

Die „Pille" als „Zeichen". Man könnte mir nun einwenden, daß man mit der Placebopille ein plurisystemisches Geschehen, bestehend aus privaten Vorstellungen, Handlungen und Interaktionen und vielen weiteren biopsychosoziokulturellen Faktoren innerhalb der konkreten, krankheitsunspezifischen Heilungssituation eines Patienten gar nicht verdinglichen will — wiewohl die Pille ein Ding ist —, sondern daß man die Placebopille als ein Zeichen für dieses komplexe Heilungsumfeld konzipiert. Meine Antwort hierauf wäre, daß diese Hypothese semiotisch unhaltbar sei: Es kann kein einzelnes Zeichen (z.B. eine Placebopille) stellvertretend für eine *mehrschichtige* Systemhierarchie (nämlich biopsychosoziokulturell) wirksam werden.

Zur Erläuterung: Zwar kann ein einzelnes Zeichen (z.B. eine Nationalflagge) eine Systemebene so komplex wie eine Nation „repräsentieren" (gewiß nur ganz allgemein), doch müßte das Zeichen „Placebopille" noch viel mehr leisten, nämlich von der mikrobiologischen Rezeptorebene bis zur soziokulturellen Systemebene *zahlreiche* semiotische Verbindungen herstellen können. Diese *pluri*systemischen Semiosen (Zeichenprozeß) kann kein Zeichen alleine leisten; hierfür sind mehrere Zeichen auf unterschiedlichen Systemebenen erforderlich, von denen die Placebopille nur *ein* Zeichen, wenngleich ein wichtiges, ist.

Übrigens: In der Verdinglichung bis zum Schluckbaren sind der moderne Placebosaft und der „primitive" Zaubertrank der Naturvölker ganz gleich (allerdings ist der letztere gerade wegen seines reich ausgestalteten Heilungsumfeldes, innerhalb dessen der „Zaubertrank" verabreicht wird, symptomatisch wirksamer!).

Zweitens — der innere Widerspruch in der Placebodefinition. Die begriffliche Widersprüchlichkeit zeigt sich sogar in der reduktionistischen Definition von Placebo selbst, sobald man die Definition aus reduktionistischer, naturwissenschaftlicher Sicht analysiert, was ich hier versuchen will: „Placebo ist ein Scheinmedikament, eine unwirksame indifferente Substanz" (PSCHYREMBEL 1986); so lautet die landläufige (reduktionistische) Definition.

Drei mögliche innere Widersprüche. Zunächst möchte ich fragen: Wieso bezeichnet man Placebo als „unwirksame Substanz", wenn man doch Placebopillen gerade wegen ihrer Wirksamkeit einsetzt, und zwar sowohl als vielseitiges Mittel der ärztlichen Gefälligkeit, als auch im wissenschaftlichen Experiment der klinisch-therapeutischen Wirksamkeitsprüfung („Placebokontrolle").

Ferner frage ich: Wenn man hingegen — fälschlich — meint, die Wirksamkeit der Placebopille selber liege im „Schein" (vgl. LANGER 1987, 6), so gerät man mit der Benennung von Placebo als „Schein-Medikament" in einen — naturwissenschaftlich gesehen — inneren Widerspruch. Denn: Sofern man Placebo als „Medikament" konzipiert, besteht es doch gerade nicht aus „Schein", sondern aus einer pharmakologisch indifferenten, chemischen Substanz (Moleküle); und sofern man Placebo als „Schein" konzipiert, besteht es gerade nicht aus einer molekularen Substanz. (Wollte man hingegen den DESCARTESschen Substanzbegriff hier anwenden und sowohl die Moleküle als auch den Schein als „Substanzen" bezeichnen, dann würde sich zwar mein letztgenannter Einwand auflösen, doch entstünde nun das „indifferente Substanz" als ein innerer Widerspruch in der Definition.)

Schließlich könnte ich fragen: Wenn man hingegen unter Scheinmedikament ein Zeichen (für ein Arzneimittel) versteht, also etwas Immaterielles, welches gekoppelt ist an eine materielle, pharmakologisch unwirksame Trägersubstanz, so übersieht man die bedeutende Tatsache, daß selbstverständlich auch ein Arzneimittel ein Zeichenträger ist, der z.B. „Schein" (z.B. unterschiedlichste Erwartungen des Patienten werden geweckt) tragen kann. Ferner wird man mit dem Wort „Schein-Medikament" der *pluri*systemischen Wirksamkeitspalette von Placebo bei weitem nicht gerecht (siehe oben). Wollte man nun statt „Zeichen" im Singular den Pluralbegriff der hierarchisch-systemischen „Semiosen" (Zeichenprozesse) einführen, so verließe man den reduktionistischen Standpunkt und näherte sich meinem ganzheitlichen Konzept der „Aura curae" (siehe Kap. 2.3.).

b) Widersprüchlichkeit im wissenschaftlichen Umgang mit Placebo. Auch hier erörtere ich zwei Widersprüche in der reduktionistischen Konzeption.

Erster Widerspruch — man eliminiert die Anomalie statt sie zu integrieren. Es ist nämlich innerhalb des physikochemisch-biologischen Paradigmas der „Schulmedizin" wider die Regel („Anomalie"), daß im besonderen Rahmen der Verabreichung einer pharmakologisch inerten Placebopille („Leersubstanz") biologisch faßbare (Placebo-)Wirkungen, die in ihren Erscheinungen durchaus ähnlich denen eines Pharmakons sind, überhaupt auftreten können. Statt diese Anomalie der Placebowirkung als Indiz für die Korrekturbedürftigkeit des reduktionistischen Paradigmas zu erkennen und eine systemtheoretisch erweiterte Konzeption von Placebo zu suchen, sieht man in der Placebowirkung nichts weiter als einen Störfaktor („psychologische Störgröße"), welchen man im wissenschaftlichen Experiment der „Placebokontrolle" glaubt eliminieren zu können („Additivitätshypothese", siehe Kap. 1.3.).

Zweiter Widerspruch — man verwendet die Placebopille wie einen „Jolly Joker" in der wissenschaftlichen Therapieforschung. So halte ich das Postulat der „Placebokontrolle" für in sich widersprüchlich, daß alle Unterschiedlichkeit (in den zahlreichen unterschiedlichen Placebofaktoren und in den unterschiedlichen Placebostudien) mit ein und derselben Art von Placebopille „kontrollierbar" ist (die Placebopille, die in einer Studie verwendet wird, gleicht man lediglich optisch an die jeweilige Arzneimittelpille an, damit beide Pillen ununterscheidbar werden). Dieses Postulat setzt nämlich voraus, daß der biopsychosoziokulturelle Kontext immer konstant (invariant) bleibt, und zwar 1) ungeachtet der Unterschiedlichkeit in der Art eines zu prüfenden Medikamentes (z.B. ein Kreislaufmittel oder ein Krebsmittel), 2) ungeachtet der individuellen Unterschiedlichkeit der Menschen und auch 3) ungeachtet der Tatsache, daß man bei einer placebokontrollierten Studie als Patient in der Prüfpharmakongruppe gewiß in einen *anderen* biologischen Zustand gerät (das Pharmakon *muß* biologisch wirksam sein) als ein Patient in der Placebogruppe. Das letztgenannte Argument betrifft das entscheidende Invarianz-Postulat der Placebokontrolle, nämlich die Annahme, daß die Placebowirkungen in den beiden Patientengruppen einer kontrollierten Studie *gleich* sind! Ich meine hingegen, daß die Annahme einer „Placebo-Invarianz" systemtheoretisch absurd und nur innerhalb des Reduktionismus vertretbar ist. Man bedenke: Sogar in*tra*individuell ändert sich fortwährend der biopsychosoziokulturelle Kontext — und somit „Placebo/Aura curae" — im Laufe einer Krankheit und Therapie, eine Tatsache, die jeder an sich und anderen beobachten kann!

Somit darf man sich nicht wundern, daß nach jeder *klinischen* placebokontrollierten Therapiestudie, insbesondere mit Psychopharmaka (Psychopharmaka haben — aus Indikationsgründen — das systemisch mehrschichtigste Heilungsumfeld), eigentlich unklar bleibt, wie viele und welche der biopsychosoziokulturellen Einflußgrößen der Placebowirkung in einer konkreten Studie tatsächlich mit der Placebopille „kontrolliert" worden sind. Oder anders gesagt: Es wird bei der Prüfung eines neuen Psychopharmakons erst nach mehreren, von einander unabhängigen Studien klar, was das neue Medikament eigentlich („von sich aus", ohne Placebowirkung) reproduzierbar und prognostizierbar bewirken kann. Erst in der großen Zahl der Studien (und Patienten) über ein neues Psychopharmakon „mittelt" sich, statistisch, allmählich das Wissen über die pharmakologische Wirksamkeit heraus; erst in der großen Zahl gelangt das reduktionistische Forschungsprogramm in der Medizin zu seinem „Wissen" im allgemeinen, welches aber selbst dann nie — mit POPPER (1973) — zum sicheren Wissen werden kann.

2. Ganzheitliche Aspekte — „therapeutische Wirkung“ und „Aura curae“

Im vorigen Kapitel war von *reduktionistischen*, naturwissenschaftlichen Konzepten in der Medizin die Rede, und zwar von den praktisch sehr bedeutenden Konzepten von „Medikament und Scheinmedikament“. Im vorliegenden Kapitel soll die „Ganzheit“, zumeist die des Individuums, adressiert werden, eine Ganzheit, die als *Prozeß* in der therapeutischen Wirkung wirksam ist und bestenfalls „quasi ganzheitlich“ im Humanbewußtsein (siehe Einleitung) zur Beobachtung gelangen kann. Und spezieller zum Thema gesagt: Kein Medikament (und seine Wirkung) kann sich durch sich selber bestimmen (wie die reduktionistische Position uns glauben lassen könnte), sondern eine chemische Substanz bestimmt sich als Medikament erst in der Ganzheit der therapeutischen Wirkung („Wirksamkeit“).

Zur Erläuterung: Erst die als klinisch-therapeutisch beurteilte Wirkung, auch „Wirksamkeit“ genannt, macht aus einer unbedeutenden chemischen Substanz und deren unbedeutender neurobiochemischen Wirkung etwas Bedeutungsvolles, nämlich ein spezifisches Arzneimittel mit einer therapeutischen Wirkung. Ferner sind die pharmakologische Wirkung und insbesondere die klinisch manifeste, therapeutische Wirkung als Wirkung ein ganzheitliches Geschehen, welches *nicht* reduktionistisch verdinglicht werden *kann*. Wieso nicht? Man kann zwar ein ganzheitliches *Konzept*, weil ein Menschenwerk, reduktionistisch verdinglichen (z.B. Placebo/ „Aura curae“ zum Scheinmedikament), aber man kann nicht einen ganzheitlichen *Prozeß*, wie den therapeutischen, der *kein* Menschenwerk ist, verdinglichen. Man kann allerdings ein Konzept über einen Prozeß reduktionistisch denken, z.B. kann man „Aura curae“-Wirkungen als Scheinmedikamentwirkungen denken.

Man muß also unterscheiden zwischen einem Konzept, welches man quasi ganzheitlich *oder* reduktionistisch denken kann und einem Prozeß, der als Geschehen *nur* ganzheitlich wirksam sein kann.

In diesem Kapitel rede ich also von den ganzheitlichen *Prozessen* der therapeutischen Wirkung (siehe Kap. 2.1., 2.2.) und von meinem quasi ganzheitlichen *Konzept* der „Aura curae“ (siehe Kap. 2.3.).

2.1. Die „klinisch manifeste, therapeutische (Gesamt-)Wirkung“

Das, was ein Patient an sich selber oder ein Arzt am Patienten im Laufe einer erfolgreichen Behandlung („Therapie“) beobachten kann, nämlich eine psychobiologische Zustands*änderung* („Wirkung“) hin zur „Gesundheit“, diesen Prozeß nenne ich hier die „klinisch manifeste, therapeutische (Gesamt-)Wirkung“. Sie ist, genauso wie die „Krankheit“, ein ganzheitliches Geschehen innerhalb eines Individuums. Diese therapeutische Wirkung im Prozeß der „Gesundheit“ aufzulösen, ist übrigens das bedeutendste Ziel aller medizinischen Aktivität, sei es im klinischen Alltag oder in der wissenschaftlichen Forschung. Die kurative Medizin sucht dieses Ziel aktiv zu erreichen (von der „Krankheit“ zur „Gesundheit“), wogegen die präventive Medizin das vermeintlich bereits gewonnene Ziel der Gesundheit aktiv zu bewahren sucht. Nun zum Begriff in seiner Zusammensetzung:

„Gesamtwirkung“ nenne ich *jede* therapeutische Wirkung, nicht nur deshalb, weil sie immer als Manifestation der Ganzheit eines Individuums klinisch zur Beobachtung gelangt, sondern auch deshalb, weil sich in jeder „klinisch manifesten, therapeutischen (Gesamt-)Wirkung“ drei bedeutende Einflußgrößen (nämlich die natürliche Selbstheilung, spezifische und unspezifische Wirkungen) *un*entwirrbar zur *einen* (Gesamt-)Wirkung verbinden (vgl. LANGER 1987). **„Klinisch manifest“** nenne ich diese therapeutische Wirkung deshalb, weil sie dem Arzt und Patienten mit *unbewaffnetem* Auge („klinischer Blick“) sichtbar wird. Schließlich bedenke man, daß jede klinisch manifeste Wirkung eine *pluri*systemische, hochkomplexe Wirkung ist.

Die „klinisch manifeste, therapeutische (Gesamt-)Wirkung“ kann man mittels des reduktionistischen Denkprozesses der (natur-)wissenschaftlichen Analyse auf verschiedene Weise semantisch zergliedern:

a) Man kann bewertend unterscheiden zwischen therapeutisch „erwünschten“ und „unerwünschten“ Wirkungen (Nebenwirkungen).

b) Man kann naturwissenschaftlich unterscheiden zwischen „spezifischen“ und „unspezifischen“ Wirkungen. Erstere sind die absichtsvoll induzierbaren und somit vielfach prognostizierbaren therapeutischen Wirkungen, die man in der naturwissenschaftlichen Biomedizin glaubt — statt induzieren — „produzieren“ zu können; letztere (unspezifische) Wirkungen nennt man synonym mit Placebowirkungen.

c) Man kann nach den Einflußgrößen für die Gesamtwirkung folgende drei Faktoren unterscheiden: 1. die spezifischen Einflüsse einer Therapie; 2. die unspezifischen Einflüsse des protherapeutischen Heilungsumfeldes (Placebo, „Aura curae“); 3. die „natürliche, organismische Selbstheilung“. Letztere innerorganismische Einflußgröße integriert die spezifischen und unspezifischen Wirkungen mit den innerorganismischen Wirkungen, eine Integration, deren Ergebnis als manifeste therapeutische Gesamtwirkung imponiert.

Wegen der Ganzheit der klinisch manifesten, therapeutischen (Gesamt-)Wirkung muß das analytisch-reduktionistische Urteil über ihre drei Einflußgrößen, d.h. über deren relative Gewichtung, im *Einzelfall* eines Patienten immer hypothetisch bleiben. Zwar glaubt man (fälschlich!), mit Einführung der Placebokontrolle (siehe Kap. 1.3.) das Differenzierungsproblem dieser drei Einflußgrößen wenigstens statistisch gelöst zu haben, doch im Einzelfall eines Patienten wird niemand *genau* zu sagen wissen, welches Gewicht z.B. das Spezifische des Arzneimittels zur klinisch manifesten, therapeutischen Gesamtwirkung (z.B. antidepressive Wirkung) beigesteuert hat.

2.2. Die Wirkungen von Psychopharmaka, Placebo und Psychotherapie

Das im vorigen Abschnitt (siehe Kap. 2.1.) über die klinisch manifeste, therapeutische (Gesamt-)Wirkung eher allgemein Gesagte soll hier an drei Beispielen von Wirkungsarten spezieller ausgeführt werden. Hierbei sei folgendes vorweggenommen: Den psychopharmakologischen und den psychotherapeutischen Wirkungen ist gemeinsam, daß sie therapeutisch sind, d.h. sie können durch primäre, d.h. *direkte* Einflußnahmen die klinisch manifeste therapeutische Wirkung induzieren, d.h. *indirekt* bewirken. Also: Diese beiden Wirkungen sind spezifisch nur bezüglich ihrer primären Wirkungen und sind bloß „relativ spezifisch" bezüglich ihrer klinisch manifesten Wirkung.

Als drittes Beispiel einer Wirkungsart werde ich kurz die Wirkungen von Placebo („Aura curae"-Wirkungen) erörtern. Im Unterschied zu den beiden erstgenannten Wirkungen sind die Placebo- oder „Aura curae"-Wirkungen *nicht* therapeutisch zu nennen, weil nämlich diese Wirkungen *un*spezifisch sind. Zwar unterstützen die Placebowirkungen den therapeutischen Erfolg und bereiten ihn vor („*pro*therapeutisch"), aber sie induzieren keinen therapeutischen Prozeß im *spezifischen* Sinne des naturwissenschaftlichen Paradigmas (welches nach größtmöglicher Reproduzierbarkeit und Prognostizierbarkeit einer Wirkung verlangt).

a) Die Psychopharmakonwirkung — eine psychotherapeutische Wirkung. Aus dem, was ich über die klinisch manifeste, therapeutische Wirkung gesagt habe, folgt, daß die *klinische* Psychopharmakonwirkung nicht spezifisch („psychotrop"), sondern nur „relativ spezifisch" sein kann, weil die klinisch manifeste, therapeutische Wirkung nicht ausschließlich vom Medikament bestimmt wird, sondern ein vom *Individuum* erst zu integrierender Prozeß ist. Dessen ungeachtet ist der Gegenstandsbereich der therapeutischen Wirkung der Psychopharmaka unzweifelhaft die „Psyche", weswegen ich die therapeutische Wirkung von Psychopharmaka als „psychotherapeutisch" (nicht „psychotrop") bezeichne.

Dies ist kein Streit um Worte, sondern um Konzepte, und er hat überdies sehr große therapeutisch-praktische Bedeutung im Umgang mit dem Patienten, nämlich: Wenn man Psychopharmaka als „psychotrop" konzipiert, so muß man konsequenterweise glauben, daß das Psychopharmakon selbst(!) die klinisch-therapeutische Wirkung bewirkt. Wenn man hingegen Psychopharmaka als „psychotherapeutisch" konzipiert, so meint man, daß das Psychopharmakon die klinisch-therapeutische Wirkung bloß induziert, d.h. letztlich macht sich der *Patient* die für ihn passende psychotherapeutische Wirkung *selber*.

Wegen seiner Bedeutung führe ich den schon erwähnten Sachverhalt nun zusammenfassend näher aus (vgl. Langer 1986). Aus naturwissenschaftlicher, reduktionistischer Sicht besteht zwischen einem Arzneimittel und seiner Rezeptorwirkung eine spezifische Beziehung (siehe Kap. 1.1.). Diese Aussage ist wissenschaftlich zutreffend, weil man das Arzneimittel und seine Wirkung auf der *gleichen* Systemebene beschreibt. Man beschreibt also z.B. die Wirkung eines Antibiotikums auf der mikrobiologischen Systemebene der Bakterien, oder man beschreibt die Wirkung eines Psychopharmakons auf der neurobiochemischen Systemebene der Neurorezeptoren (man sagt z.B. „Neuropharmaka vom Typ der Neuroleptika wirken durch Blockade von dopaminergen Rezeptoren“). Bis hierher redet man von Tatsachen, nicht von Vermutungen. Für erkenntnistheoretisch problematisch halte ich hingegen die vorherrschende Position und — hier ist von Vermutungen die Rede — daß Psychopharmaka „psychotrop“ wirksam sein sollen. Man impliziert in dieser landläufigen Rede, daß die antidepressive, die anxiolytische oder andere Wirkungen von Psychopharmaka der *un*mittelbare Ausdruck einer direkten spezifischen Einflußnahme auf die klinisch manifeste Gesamtwirkung seien (siehe Kap. 2.1.).

Systemtheoretisch gesehen ist diese vorherrschende Position unhaltbar: Ganz offensichtlich liegt doch zwischen der Systemebene der primären, neurobiochemischen Rezeptorwirkung eines Psychopharmakons und der Ebene der „klinisch manifesten, psychotherapeutischen Wirkung“ (z.B. antidepressive Wirkung) eine „plurisystemische Hierarchie“. Somit kann die *indirekte*, klinisch manifeste Wirkung der Psychopharmaka nur „relativ spezifisch“ sein verglichen mit der spezifischen Wirkung der *primären*, neurobiochemischen Einflußnahme. Die Wirkung der Psychopharmaka ist therapeutisch in dem Sinne, daß psychisch abnormes Geschehen („psychiatrische Symptome“) dank der Gabe von Psychopharmaka letztlich normalisiert werden kann. (Übrigens kann auch ein Gespräch, obgleich psychotrop, nur *letztlich* psychotherapeutisch wirken, indem es die Manifestation der psychotherapeutischen Wirkung induziert, aber nicht produziert.)

Leider scheut man sich im deutschen Sprachraum vor einer systemtheoretisch konsequenten Redeweise, anders als im angloamerikanischen (z.B. Usdin und Forrest 1977), wo durchaus und unproblematisch von der „psychotherapeutischen Wirkung der Psychopharmaka“ geredet wird. Worin liegt der Unterschied? Bei uns bindet man offenbar den Begriff „psychotherapeutische *Wirkung*“, in Analogie zum Begriff „Psychotherapie“, definitionsgemäß an die angewandte *Methode* (d.h. Anwendung von psychologischen Techniken; Strotzka 1984). Diese Usance ist problematisch: Hiermit impliziert man nämlich nicht nur, daß die Systemebene der angewandten Methode und die Systemebene der klinisch manifesten Wirkung immer dieselbe sein muß (s. potentieller Widerspruch im Wort „Psycho-Pharmakon“), sondern man impliziert sogar eine spezifische (starre!) Ursache-Wirkung-Koppelung (vgl. Rezeptormodell, Kap. 1). Diese reduktionistische Konzeption führt, wenn Psychisches involviert ist (z.B. bei der Psychopharmakotherapie), zu Widersprüchen, welche ich nun näher ausführen möchte.

„Psychotherapeutische Wirkung“. Gegen die Übernahme des naturwissenschaftlichen Standpunktes der a) Bindung einer Wirkung an die Systemebene der angewandten Methodik und b) der starren (spezifischen) Ursache-Wirkung-Beziehung innerhalb *einer* Systemebene wäre auch in der Psychologie nichts einzuwenden, könnte man mit psychologischen Techniken tatsächlich die psychotherapeutische Wirkung direkt erzwingen (was nur selten möglich ist), oder könnte man zumindest beim Auftritt von psychotherapeutischen Wirkungen sicher ausschließen, daß sie auf anderem Wege (z.B. durch „Spontanremission bei natürlicher, psychobiologischer Selbstheilung“; Placebowirkung; etc.) zustande gekommen sind als durch die intendierte spezifische psychologische Technik (vgl. unten). Weil man also die (in der Definition) postulierte Beziehung zwischen einer bestimmten psychotherapeutischen Technik einerseits und der manifesten (Gesamt-)Wirkung andererseits im Einzelfall eines Patienten weder im Auftritt erzwingen, noch als Ursache-Wirkungs-Beziehung eindeutig nachweisen kann, sollte man sich lieber an die beobachtbaren Fakten halten und das Adjektiv „psychotherapeutisch“ an den *Gegenstandsbereich* der manifesten Wirkung — das psychische Geschehen — binden. Genau das will ich mit der Rede von der „psychotherapeutischen Wirkung“ von Psychopharmaka sagen und denken (vgl. „psychische Unschärferelation“, siehe Kap. 2.2c.).

Alle diejenigen, die Psychopharmaka als „psychotrope“ (statt psychotherapeutische) Substanzen bezeichnen — und das ist immerhin die Mehrheit in der deutschsprachigen Medizin, implizieren somit (ohne sich dessen immer selbst bewußt zu sein), daß Psychopharmaka „Arzneimittel für die kranke Seele sind“. Das sind sie aber nicht! Die Moleküle der Psychopharmaka richten sich eben nicht auf die Psyche („psychotrop“), sondern sie binden sich an ganz spezifische, mikromolekulare Empfängerstellen (Neurorezeptoren) auf Millionen von Nervenzellen, auf denen nicht die Psyche „sitzt“, sondern nur das Psychopharmakon (siehe Kap. 1.1.)!

Es bleibt übrigens unklar, wie die zerebrotrope Wirkung der Psychopharmaka letztlich beim gestörten psychischen Geschehen Ordnung induzieren kann, d.h. letztlich psychotherapeutisch wirksam wird. Gewiß ist bloß, daß die Ordnung nicht vom Psychopharmakon produziert, sondern nur induziert wird, d.h. — ich wiederhole mich — die psychotherapeutische Wirkung macht sich letztlich der Patient selber, man kann sie ihm nicht einflößen.

b) Die Placebowirkung — die „individuelle“ Wirkung. Die Wirkung von Placebo kann sehr viele klinisch manifeste Arzneimittelwirkungen phänokopieren. Diese quasi „Panazee Wirkung“ verdankt die Placebowirkung der wesentlichen Placeboeigenschaft der Individualisierung der Wirkung (siehe „Aura curae“, Kap. 2.3.). Die wichtigste Voraussetzung für dieses Geschehen ist, daß sich der Patient der Heilungssituation *bewußt* ist (wenn man eine „Placebopille“ ohne Wissen des Patienten in dessen Frühstückstee gibt, kann niemand erwarten, daß Placebowirkungen auftreten werden!).

Die Placebowirkung ist, da sie mit und auch ohne Gabe eines Arzneimittels auftreten kann, die häufigste der in der Medizin klinisch beobachtbaren Wirkung(-skomponent)en. Überhaupt ist keine medizinische Intervention denkbar, in deren Gefolge man den Auftritt von Placebowirkungen am wachen (!) Menschen mit

Sicherheit ausschließen könnte. Andererseits ist klar, daß Placebowirkungen nicht imstande sind, einen Patienten zu heilen, sondern ihr *pro*therapeutischer Wert in ihrer vielseitigen, aber im Auftritt nicht erzwingbaren *symptom*normalisierenden Effizienz liegt, die im besten Falle als vorübergehender Behandlungserfolg imponiert.

Es ist wichtig, sich immer wieder die allgemein anerkannte Tatsache bewußt zu machen, daß auch *Arzneimittel* den Auftritt von Placebowirkungen induzieren können. Dies wird man immer dann vermuten, wenn klinisch manifeste, therapeutische Wirkungen beobachtbar werden, obgleich das Pharmakon entweder fehlindiziert verabreicht worden ist (z.B. ein Antibiotikum bei einer banalen Erkältung), oder in pharmakologisch völlig inadäquat niedriger Dosierung eingenommen worden ist. In der Medizin nennt man eine Arzneimittelgabe von der geschilderten, pharmakologisch unqualifizierten Art ein „Pseudoplacebo“ (besser wäre der Name „Pharmaplacebo“; siehe Langer 1987, 6).

c) Psychotherapeutische Wirkung, „psychische Unschärferelation“. In den vorangegangenen Abschnitten dieses 2. Kapitels erörterte ich in *systemtheoretischer* Argumentation die klinisch manifeste, therapeutische (Gesamt-)Wirkung und deren systemische Integration. Es zeigte sich, daß ihre drei Einflußgrößen (aus mehreren hierarchisch unterschiedlichen Systemen) auf der *einen* Beobachtungsebene der manifesten therapeutischen Gesamtwirkung für den „klinischen Blick“ (und auch in der Selbstbeobachtung) unentwirrbar integriert sind.

Hierzu möchte ich eine analoge *erkenntnistheoretische* Problematik, deren Erörterung ich in diesem Abschnitt schon begonnen habe (siehe Kap. 2.2a), weiter ausführen, und zwar eine bedeutende erkenntnistheoretische „Feinkornproblematik“ auf der psychologischen Systemebene. Diese Problematik ist möglicherweise — mutatis mutandis — in allen Gegenstandsbereichen der Wissenschaften beschreibbar. Das Gesagte bezieht sich auch, wie unschwer zu erkennen ist, auf die in der Einleitung skizzierte Problematik.

Im Gegenstandsbereich der Psychologie/Psychiatrie ist es im *Einzelfall* eines Patienten prinzipiell unmöglich, eine bestimmte psychologisch-therapeutische Einflußnahme (Psychotherapie) mit einer nachfolgenden psychischen Zustandsänderung (psychotherapeutische Wirkung) in eine wissenschaftlich gültige, spezifische Beziehung zu bringen. Man kann also die Zustandsänderung im Vorhinein nicht erzwingen und man kann im Nachhinein nicht *genau* bestimmen, wodurch die beobachtete psychische Zustandsänderung in Richtung Normalisierung bedingt war. Diese prinzipielle Unbestimmbarkeit im Einzelfall nenne ich, aus erkenntnistheoretischer Sicht, die „psychisch-kausale Unschärferelation“; sie ist eine Folge der, wie ich es nennen möchte — „psychischen Unschärferelation“ (vgl. Langer 1990). Beide seien nun kurz ausgeführt.

„Psychische Unschärferelation". Bei einem (menschlichen) Individuum kann die absichtsvolle Untersuchung der beiden Arten von Bestimmungsstücken des psychischen Geschehens, nämlich Bestimmungsstücke des „Ortes" des psychischen Geschehens (d.h. psychischer Zustand und Inhalt) und Bestimmungsstücke der „Bewegung" (d.h. Motivation und Intention), nur durch zeitlich-örtliche *Fixierung* von jeweils einem der beiden Bestimmungsstücke erfolgen; d.h. Bestimmungsstücke aus beiden Arten können nicht *gleichzeitig* fixiert werden (dies gilt für die Untersuchung einer Wahrnehmung und einer Vorstellung genau so wie die Untersuchung eines Verhaltens). Ferner gilt: Beim Akt der absichtsvollen Untersuchung des einen Bestimmungsstückes verändert sich (unbestimmbar) das andere Bestimmungsstück der komplementären Art.

Erläuterung. Man kann die besagte, absichtsvolle Untersuchung sowohl in*tro*spektiv (beim Erleben und Vorstellen), als auch in*ter*subjektiv (beim Verhalten) durchführen. Im Akt der Untersuchung kann man aber nur untersuchen, indem man das zu Untersuchende, obgleich es Bestandteil eines Prozesses ist, zeitlich-örtlich *fixiert* und dann in seine Bestimmungsstücke aufspaltet. Ferner kann man nur Bestimmungsstücke von jeweils *einer* Art („Ort" oder „Bewegung") zeitlich-örtlich untersuchen, d.h. im selbstbewußten Erleben dadurch vergegenwärtigen und anhalten, daß man den Raum-Zeit-Strom des psychischen Prozesses blockiert. Man kann also weder das psychische Geschehen „im Flusse" untersuchen, noch kann man komplementäre Bestimmungsstücke von „Ort" und „Bewegung" gleichzeitig untersuchen. Das aber wäre notwendig, um das psychische Geschehen in seiner prozessualen Ganzheit zu erfassen (vgl. LANGER 1990).

Wohlgemerkt: Es handelt sich hierbei *nicht* um das Phänomen der sogenannten **Enge des Bewußtseins** (die „Enge" zeigt sich innerhalb *einer* Art von Bestimmungsstücken, „Ort" oder „Bewegung"), sondern darum, daß das analysierende, selbstreflexive Humanbewußtsein („absichtsvolle Untersuchung") die Ganzheit des psychischen Prozesses artifiziell fixiert (vergleichbar einem toten, histologischen Schnitt) und in Bestimmungsstücke der beiden Arten aufspaltet. Die Aufspaltung erfolgt in zwei voneinander anscheinend isolierbare Arten von Bestimmungsstücken (einerseits von der Art „Ort": Zustand und Inhalt eines psychischen Geschehens; andererseits von der Art „Bewegung": Motivation und Intention eines psychischen Geschehens).

Somit ist klar, daß sogar jede absichtsvolle Wiederverbindung („verbindend-reduktionistisch" wie auch „ganzheitlich"; siehe Einleitung) artifiziell sein muß, da auch die integrierende Aktivität der Wiederverbindung, weil innerhalb des Humanbewußtseins, den Prozeß nicht „im Flusse lassen kann", sondern ihn fixiert und in seine Bestandteile aufspaltet. Ferner ist klar, daß durch den Untersuchungsakt der Fixierung und Aufspaltung die zu untersuchenden psychischen Bestimmungsstücke selber *un*untersuchbar verändert werden.

Beispiel: Man untersuche an sich selber (introspektiv) z.B. das Erleben von Angst oder an einem Mitmenschen (intersubjektiv) dessen ängstliches Verhalten. Im Akt dieser absichtsvollen Untersuchung fixiert (vergegenwärtigt) man dieses dynamische psychische Geschehen entweder zum Angst-Zustand/Inhalt (wie wenn man einen laufenden Film plötzlich anhalten wollte und ein Einzelbild nach dem andern betrachtete), oder man vergegenwärtigt sich dessen Motivation/Intention („wieso und wovor habe ich Angst?"). Welche der beiden Arten von Bestimmungsstücken man auch analytisch-reduktionistisch in der absichtsvollen Untersuchung fixiert, man kann Inhalte und Motivationen der Angst (sie gehören im Prozeß zusammen!) nicht gleichzeitig untersuchen, und zudem beeinflußt man im bewußten Akt der Vergegenwärtigung der Angst ihren dynamischen Ablauf in unmeßbarer Weise. In der Medizin, insbesondere in der Psychiatrie, ist jedermann klar, daß die Untersuchung eines Patienten gleichzeitig auch eine — günstige oder ungünstige — Beeinflussung dessen ist, was man untersucht (vgl. „Aura curae", Kap. 2.3.).

„Psychisch-kausale Unschärferelation". Bei einem menschlichen Individuum bleibt während und nach dem Auftritt der psychotherapeutischen Wirkung (d.h. eine psychische Zustandsänderung mit einer Bewegung von einem Zustand zum anderen) deren kausales Bedingungsnetz unbestimmbar. Somit ist die „psychisch-kausale Unschärferelation" der psychotherapeutischen Wirkung eine Folge der „psychischen Unschärferelation". Das Gesagte gilt also für die Beurteilung der Bedingungskonstellation des *Faktums* einer psychotherapeutischen Wirkung. Auch die Kenntnis der Systemebene der intendierten therapeutischen Beeinflussung, d.h. die Kenntnis der „Eintrittspforte" der angewandten therapeutischen Methode (z.B. Gespräch, Medikament, etc.), ändert an dieser prinzipiellen Unbestimmbarkeit nichts.

Beispiel: Wenn ein einfühlsamer Arzt seinem Patienten im Rahmen eines fachkundigen Gespräches ein Psychopharmakon verabreicht, z.B. einen angstlösenden Tranquilizer, und der Patient, der bislang unter schwerster Angst litt, erlebt hierauf eine Linderung oder gar Befreiung seiner Angstgefühle, so kann man nicht feststellen — wegen der „psychisch-kausalen Unschärferelation" —, zu welchen Anteilen diese manifeste psychotherapeutische Wirkung durch das Arzneimittel, durch Placebo („Aura curae"), durch relativ spezifische psychologische Einflüsse im Kontext des methodenkundigen Gespräches und schließlich durch die psychobiologische Selbstheilungsfähigkeit des Individuums bedingt ist.

Zwar kann man nach jahrelanger, einschlägiger professioneller Erfahrung versuchen, allgemeine Regeln für die typische(!) „Patient-Kontext-Therapie"-Triade zu formulieren (und die psychologisch-psychiatrischen Wissenschaften haben dies auch im *allgemeinen* getan), doch selbst wenn diese Regeln mit Sicherheit gültig wären (was wissenschaftlich nicht bewiesen ist), so stünde man doch im Einzelfall eines Patienten mit der Frage nach der individuellen Bedingungsstruktur einer manifesten psychotherapeutischen Wirkung immer auf dem Boden des Hypothetischen („psychisch-kausale Unschärferelation").

2.3. Das ganzheitliche Konzept der „Aura curae" (Placebo)

Fassen wir das bisher über Placebo Gesagte kurz zusammen: Einhelligkeit herrscht darüber, daß „Placebo" ein Name für etwas Reales ist, das sich in Form von vielgestaltigen, psychobiologisch faßbaren Placebowirkungen äußern kann. Diese Placebowirkungen sind im therapeutischen Alltag und in der wissenschaftlichen Forschung dokumentierbar. „Placebo" ist also keine phantastische Erfindung der Quacksalber, was nicht ausschließt, daß letztere z.T. kunstfertiger als die „Schulmedizin" aus der Wirkung von Placebo

Nutzen ziehen. Keine Einhelligkeit herrscht hingegen darüber, was „Placebo“ eigentlich ist. Ein „Scheinmedikament“? Ich meine nein. Mit dieser reduktionistischen Denkweise kann man das, was die Placebowirkung tatsächlich bedingt — nämlich eine mehrschichtige, biopsychosoziokulturelle Systemhierarchie — eher karikieren als charakterisieren.

Mein nachfolgender Versuch einer begrifflichen Charakterisierung des eigentlichen Placebo, also die Frage nach der Ganzheit der Bedingungsstrukturen der Placebowirkung, sollte selber folgende Bedingungen erfüllen: a) die Charakteristika des Begriffes sollen der intersubjektiv-realen („objektiven“) Erfahrung nicht widersprechen; b) das, was man mit dem Begriff meint, soll (natur-)wissenschaftlich erforschbar sein und schließlich soll c) der Begriff so konzipiert werden, daß dessen Praxis keine oder deutlich geringere ethische Probleme aufwirft als die Anwendung des landläufigen, reduktionistischen Placebobegriffes. Der Zweck des Unterfangens muß auch klar sein: Es soll ein Begriff aus der therapeutischen Wirklichkeit des Heilungsumfeldes herausgeschält werden, der neben der Erfüllung dieser Bedingungen jedem Patienten auch einen erheblichen Mehrwert relativ zum herkömmlichen Placebobegriff anzubieten vermag. Wohlgemerkt, es geht mir hierbei nicht um die Konstruktion eines Kunstproduktes, sondern um die begriffliche Freilegung des eigentlichen Placebos — ich nenne es „Aura curae“ —, welches immer als Ganzes wirksam wird („Placebowirkung“), sogar wenn man glaubt, daß man sich — mit Absicht — auf die Verordnung eines „Scheinmedikamentes“ beschränkt hat (zur näheren Erörterung, siehe Langer 1987).

Charakterisierung des eigentlichen Placebo („Aura curae“). „Aura curae“ nenne ich die Interaktion zwischen einem Patienten, der die Heilung seines persönlichen Leidens erwartet und seinem plurisystemischen, biopsychosoziokulturellen Heilungsumfeld. In diesem Heilungsumfeld verspricht man sich, oder scheint man die Heilung ganz allgemein durch symptom*un*spezifische Maßnahmen zu versprechen. Der Patient mißversteht aber nun das Allgemeine der „Aura curae“ als etwas Spezielles, was auf die Einzigartigkeit seiner Individualität gerichtet scheint. Er erlebt die „Aura curae“ als seine persönliche Heilungserwartung, ausgestaltet innerhalb seiner eigenen, individuell strukturierten psychobiologisch-soziokulturellen (Vorstellungs-)Welt. (Hiermit kann man sich die Tatsache verständlich machen, wieso Placebowirkungen immer *individuell* passen, im Unterschied zu Pharmakonwirkungen).

„Aura curae“. Wörtlich die „Luft der Pflege“ oder, im übertragenen Sinne, das „unspezifische Heilungsumfeld“. So lautet mein Benennungsvorschlag für das, wofür der Name „Placebo“ eigentlich steht, was aber u.a. durch die begriffliche Fehlkonstruktion des „Scheinmedikamentes“ und durch das etymologische Korsett der „Gefälligkeit“ (placebo; lat.: ich werde gefallen) verschleiert wird.

Mit dem Wort **„Aura“** („Luft“) möchte ich die Ubiquität und unscharfe Begrenzung des eigentlichen Placebo ausdrücken, nämlich: a) die Unspezifität von Placebo bezüglich bestimmter Symptome und Krankheiten; b) die systemische Mehrschichtigkeit der Bedingungsstruktur von Placebo; c) die Interaktivität (semiotische Verbindungen) dieser biopsychosoziokulturellen Systemhierarchie innerhalb des Umfeldes der Sache, um die es geht, nämlich um Heilung.

Mit dem Wort **„cura“** ist die allgemeine Pflege in Richtung auf spezielle Heilung gemeint, oder biomedizinisch ausgedrückt, das für das konkrete Leiden Unspezifische an jeder spezifischen Therapie. Ein Patient „übersetzt“ nun die allgemeine Pflege in die für ihn individuell bedeutungsvolle Erwartung(!) über die Wirkung der Pflege.

„Aura curae“-Wirkungen (Placebowirkungen) nenne ich die klinische Realisation (Manifestation) der oben beschriebenen Interaktion zwischen einem Patienten und seinem unspezifischen Heilungsumfeld.

Placebowirkungen können wegen ihrer systemisch mehrschichtigen Bedingtheit weder monokausal begründet (und auch nicht deterministisch prognostiziert werden), noch kann man ihre *pro*therapeutische Manifestation erzwingen (was bei der spezifischen Wirkung eines Arzneimittels — statistisch und allgemein gesehen — vielfach möglich ist). Obgleich symptom*un*spezifisch wirksam, können die Placebowirkungen im individuellen Falle, vorübergehend, die symptomatischen Wirkungen von vielen spezifischen Einflußnahmen (Therapien) phänokopieren, d.h. von den Wirkungen der letzteren nicht unterscheidbar sein. Dennoch — oder gerade deshalb — ist die „Aura curae“ nur ein *pro*therapeutischer (die Therapie unterstützender) Faktor, aber keine Therapie sui generis, d.h. der normalisierende Einfluß der „Aura curae“ ist *un*spezifisch, *un*vorhersehbar und *un*beständig in der Wirkung, sofern die Wirkung überhaupt auftritt.

3. Zusammenfassung und Conclusio

Zum Ende meiner Arbeit möchte ich einige der Aspekte des reduktionistischen und eines „quasi ganzheitlichen“ Forschungsprogrammes zusammenfassen und einige ihrer Vorteile und Nachteile auch in *allgemeiner* Weise explizieren, damit das Gesagte auch interdisziplinär verwendet werden könne.

„Reduktionismus“ und Medizin. Das reduktionistische Forschungsprogramm in der modernen Biomedizin verdankt einen bedeutenden Teil seines weltweiten Erfolges der Anwendung des „pharmakologischen Prinzips“, d.h. man verwendet Arzneimittel primär als *allgemeine* („spezifische“) Therapien für Krankheiten, nicht aber primär als *besondere* Therapien für Individuen. (Selbstverständlich sind Arzneimittel auch im individuellen Falle wirksam, doch nur insoweit, als die individuellen Therapiebedürfnisse eines Patienten durch die allgemeine Wirkung des Arzneimittels im wesentlichen erfüllt sind). Im Sog dieses erfolgreichen, naturwissenschaftlichen Forschungsprogrammes wird verständlich, daß man sogar den Charakter von Placebo auf den einer chemischen

Substanz — wenngleich einer pharmakologisch indifferenten — reduzierte und sodann diese Placebopille als Kontroll- und Referenzsubstanz (vergleichbar einem Urmeter) für wissenschaftliche Wirksamkeitsprüfungen in der pharmakologischen Therapieforschung etablierte. Ferner erforscht man im reduktionistischen Programm Krankheiten und Symptome in ihrer Allgemeinheit, aber nicht menschliche Individuen in ihrer Besonderheit. Auch in der wissenschaftlichen (placebokontrollierten) Therapieforschung erforscht man die Wirksamkeit eines Arzneimittels nicht am Individuum, sondern am Typus (z.B. „typische Melancholie"), d.h. man untersucht die Wirksamkeit eines Arzneimittels im statistischen Vergleich von zwei *Gruppen* von möglichst typisch kranken Individuen.

Die **Vorteile** einer reduktionistischen Theorie und Praxis liegen — auch in der Medizin — ganz allgemein in der Möglichkeit für den individuellen Menschen (und für die Gesellschaft), sich die Welt seines privaten Innenlebens („Vorstellungswelt") und die öffentliche Außenwelt („Wahrnehmungswelt") *verfügbar* zu machen. Dies geschieht dadurch, daß man Aspekte des kosmisch-evolutionären Prozesses („Ganzheit") dank des Humanbewußtseins in Zeit und Raum (im „Augenblick") fixiert, d.h. sich rational und emotional vergegenwärtigt (vgl. LANGER 1990). Über die Welt verfügen heißt — im doppelten Sinne — sie *festzuhalten*, d.h. vergegenwärtigen *und* handeln. So sind z.B. die reduktionistischen, spezifischen Therapien der Medizin Praktiken des „Festhaltens", d.h. des Erkennens der (spezifischen) „Schlüssel-Schloß"-Interaktion und der — relativen — Verfügbarkeit über den Prozeß der Krankheit („relativ" deshalb, weil nur „relativ krankheitsspezifisch"). Zum Vorteil der „Welt-Verfügbarkeit" gesellt sich der Vorteil der „Welt-Verallgemeinerung". So beschreibt man z.B. in medizinischen Lehrbüchern Allgemeines, d.h. typische Krankheiten und typische Therapien. Ohne diesen Denkprozeß der verallgemeinernden Abstraktion (er beginnt schon mit der einfachen Begriffsbildung) könnte man sich die reale Welt gar nicht verfügbar machen. Hierbei helfen die „Falsifikation" (POPPER 1973) und die „Kollektivierbarkeit der Vernunft" (OESER 1988) auch in der Medizin dem Erkenntnisfortschritt weiter.

Die **Nachteile** einer reduktionistischen Theorie und Praxis liegen in der Medizin insbesondere in einer Entindividualisierung, z.B. in der „Mechanisierung" des Menschen und seiner Umwelt. Man wartet und „repariert" Menschen gleich Maschinen — und nicht wenige Patienten glauben tatsächlich an eine mechanistische „Entstörbarkeit" (Beseitigung) ihrer Krankheit.

„Ganzheitlichkeit" und Medizin. Ein „quasi ganzheitliches" Forschungsprogramm in der Medizin stellt, im Unterschied zum reduktionistischen Forschungsprogramm, das Individuum in den

Mittelpunkt, und zwar in doppelter Weise: Das Subjekt wird sowohl im Akt der Beobachtung (nämlich als Arzt), als auch im Gegenstand der Beobachtung (nämlich als individueller Patient), in die wissenschaftliche Forschung und in den medizinischen Alltag eingeführt (vgl. UEXKÜLL und WESIACK 1988). Somit werden Arzt und Patient endlich zu Partnern.

Die **Vorteile** einer systemtheoretischen Theorie und Praxis liegen — auch in der Medizin — im Sich-Einfügen (Gegenteil von Verfügen) in den evolutionären Prozeß und im Loslassen-Können (Gegenteil von Festhalten) der Dinge dieser Welt. Man denkt und lebt als Teil *im* Ganzen, statt sich dem Ganzen gegenüber zu stellen und das Ganze nach seinem individuellen (bzw. vergesellschafteten) Willen zu verändern. Humanbewußtsein ist auch hier in Aktion, doch nicht das selbstreflexiv, analytisch vergegenständlichende Humanbewußtsein des Reduktionismus, sondern das emotional quasi „ganzheitlich" verbindende Bewußtsein einer ökologisch zuträglichen Lebensweise. In der Medizin schafft die Ganzheitlichkeit der „Aura curae" (Placebo) jenes auf das Individuum abgestimmte Milieu für die Heilung, ohne aber Heilung, wie die spezifische Therapie, erzwingen zu wollen.

Die **Nachteile**, z.B. in der Medizin, sind aus dem letzten Satz klar. Die Befreiung von Leid und Krankheit ist nicht käuflich und technisch machbar, und man kann sie auch nicht einklagen (!) wie in der Biomedizin.

Conclusio. Man kann die Ganzheit des evolutionären Prozesses der realen Welt, innerhalb welcher wir leben, nicht durch kulturell-wissenschaftliche Aktivitäten absichtsvoll steuern, erst recht nicht sie schaffen, man kann nur — insbesondere durch kulturell-wissenschaftliche Aktivität(!) — *induzierend* auf die Ganzheit einwirken, d.h. bessere oder schlechtere Bedingungen dafür schaffen, daß plurisystemische Verbindungen („Semiosen") sich *selber* innerhalb der Gesamtheit realisieren können (z.B. Semiosen zwischen dem natürlichen Ganzen der Welt und den artifiziellen, kulturfähigen Bruchstücken unserer reduktionistischen Aktivitäten im Denken und Handeln). Was wir ganz allgemein brauchen — nicht nur in der Medizin — ist also eine Institutionalisierung von integrativ-wissenschaftlichen Strategien zum Zwecke des Aufbaus einer Theorie und Alltagspraxis der modernen Zivilisationsgesellschaften, mit dem Menschen im Mittelpunkt, z.B. im Sinne einer „Ökologie des Geistes" nach GREGORY BATESON (1985).

„Herrn Prof. THURE VON UEXKÜLL in großer Wertschätzung gewidmet, auch in Anerkennung seines Beitrages für eine semiotisch-systemtheoretisch fundierte Theorie der Medizin."

Literatur

BATESON, G., 1985: Ökologie des Geistes. Anthropologische, psychologische, biologische und epistemologische Perspektiven. Suhrkamp, Frankfurt.

FRANK, D.R., 1982: Differentielle Pharmakopsychologie — Ein Beitrag zur Additivität des Placeboeffektes. Beltz, Weinheim—Basel.

GOLDSTEIN, A., L. ARONOW and S.M. KALMAN, ^{2}1974: Principles of drug action: The basis of pharmacology. J. Wiley & Sons, New York—London—Sidney—Toronto: 1.

HAEFELY, W., 1983: Neurophysiologische und neurobiochemische Wirkungen der Tranquilizer und Hypnotika. In: G. Langer und H. Heimann (Hrsg.): Psychopharmaka: Grundlagen und Therapie. Springer, Wien—New York: 306—309.

LANGER, G., 1983: Ausschnitte einer Geschichte der Psychopharmaka im 20. Jahrhundert. In: G. Langer und H. Heimann (Hrsg.): Psychopharmaka: Grundlagen und Therapie. Springer, Wien—New York: 21—36.

LANGER, G., 1986: Über die psychotherapeutischen Wirkungen von Psychopharmaka: Grundsätzliche Anmerkungen aus psychobiologischer Sicht. Wiener Medizinische Wochenschrift *19*: 491—497.

LANGER, G., 1987: Placebo: Jenseits von „Schein" und „Störgröße". Argumente für die Aufwertung eines bedeutenden protherapeutischen Begriffes („Aura curae"). Wiener klinische Wochenschrift *99*, Heft 20 (Suppl. 175): 1—20.

LANGER, G., 1990: Fragmente für eine „Semiotische Bewußtseinskonzeption". In: G. Guttmann und G. Langer (Hrsg.): Das Bewußtsein und seine Umwelt. Wiener Studien zur Wissenschaftstheorie 4. Österreichische Staatsdruckerei (in Vorbereitung).

LANGER, G. und H. HEIMANN, 1983: Psychopharmaka: Grundlagen und Therapie. Springer, Wien—New York.

LANGER, G., E.J. SACHER, P.H. GRUEN and F.S. HALPERN, 1977: Human prolactin response to neuroleptic drugs correlate with antischizophrenic potency. Nature *266*: 639—645.

LANGER, G. und G. SCHÖNBECK 1983: Klinische Pharmakologie der Antidepressiva. In: G. Langer und H. Heimann (Hrsg.): Psychopharmaka: Grundlagen und Therapie. Springer, Wien—New York: 96—110.

MELMON, K.L., A.G. GILMAN and S.E. MAYER, 1980: Prinziples of therapeutics. In: L. Goodman and A. Gilman (Eds.): The pharmacological basis of therapeutics. MacMillan, New York—Toronto— London: 40—55.

OESER, E., 1988: Das Abenteuer der kollektiven Vernunft. Evolution und Involution der Wissenschaften. Parey, Berlin—Hamburg.

POPPER, K.R., 1973: Logik der Forschung. Mohr, Tübingen.

PSCHYREMBEL, W., 1986: Klinisches Wörterbuch. De Gruyter, Berlin—New York.

STROTZKA, H., 1984: Psychotherapie und Tiefenpsychologie. Springer, Wien—New York.

UEXKÜLL, T.v. und W. WESIACK, 1988: Theorie der Humanmedizin: Grundlagen ärztlichen Denkens und Handelns. Urban & Schwarzenberg, München—Wien—Baltimore.

USDIN, E. and I.S. FORREST, 1977: Psychotherapeutic drugs. Dekker, New York—Basel.

WEINER, H., 1985: Schizophrenia: Etiology. In: H.I. Kaplan and B.J. Sadock (Eds.): Comprehensive Textbook of Psychiatry/IV, Vol. 1. Williams & Wilkins, Baltimore—London—Los Angeles—Sidney: 650—679.

Personenregister

Sachregister

Band 1 der *Wiener Studien zur Wissenschaftstheorie* erschien 1987:

RUPERT RIEDL und ELFRIEDE MARIA BONET (Hrsg.): **Entwicklung der Evolutionären Erkenntnistheorie.** Mit Beiträgen von: Dieter Flamm, Robert Kaspar, Wilhelm Lütterfelds, Peter Markl, Gerhard Medicus, Erhard Oeser, Rupert Riedl, Günter Wagner/Gerhard Ackermann und Franz M. Wuketits

Geschichte, Differenzierung und heutige Position der Evolutionären Erkenntnistheorie. Eine interdisziplinäre Auseinandersetzung aus den Bereichen Philosophie, Anthropologie, Biologie, Mathematik, Medizin und Psychologie.

Band 2 der *Wiener Studien zur Wissenschaftstheorie* erschien 1988:

ERHARD OESER und ELFRIEDE MARIA BONET (Hrsg.): **Das Realismusproblem.** Mit Beiträgen von: Gerhard Ackermann, Dieter Flamm, Giselher Guttmann, Karl W. Kratky, Gerhard Langer, Rainer Maderthaner, Peter Markl, Erhard Oeser, Hans-Christian Reichel, Rupert Riedl, Günter P. Wagner, Eike-Meinrad Winkler, Franz M. Wuketits.

Der zweite Band der Reihe behandelt — ebenfalls in der für diesen „Zweiten Wiener Kreis" typischen, fächerübergreifenden Art — das vielschichtige Realismusproblem, das nicht nur eine der Kernfragen des philosophischen Denkens markiert, sondern auch für die Wissenschaft, die ihre Voraussetzungen zu reflektieren genötigt ist, akut geworden ist.

In Vorbereitung für 1990:

Wiener Studien zur Wissenschaftstheorie 4:

G. GUTTMANN und G. LANGER (Hrsg.): **Das Bewußtsein und seine Umwelt.**

In Vorbereitung für 1991:

Wiener Studien zur Wissenschaftstheorie 5:

PETER MARKL und GÜNTER P. WAGNER (Hrsg.): **Evolution durch natürliche Selektion, Analyse eines interdisziplinären Paradigmas.** Es gibt bis heute keine andere erfolgreiche Theorie zur Erklärung von Selbstorganisationsprozessen als die der natürlichen Selektion, wie sie zuerst von Darwin vorgeschlagen wurde. Evolution durch Variation und Selektion wurden mittlerweile zu einem Erklärungsparadigma, das auch für andere als genuin naturwissenschaftliche Forschungsgegenstände diskutiert wird.

Aus dem wissenschaftlichen Programm der EDITION S:

HEINZ KNIENIEDER: **Negation und Tradition der Philosophie in der Marxschen Ideologiekritik.** Herbst 1989

Knienieders Studie legt die kritischen Impulse der Marxschen Theorie wieder frei. Ohne den „jungen“ Marx zu fetischisieren und gegen den „reifen“ der politischen Ökonomie auszuspielen, wie die sogenannte „humanistische“ Marxinterpretation es getan hat, wird demonstriert, wie im Marxschen Programm einer Aufhebung der Philosophie in vernünftige gesellschaftliche Praxis die Traditionslinien des deutschen Idealismus und der materialistischen Aufklärung konvergieren und an ihrem Schnittpunkt über sich selbst als Philosophie hinausweisen.

Aus dem wissenschaftlichen Programm der EDITION S:

PETER MARKL (Hrsg.): **Neue Gentechnologie und Zellbiologie.** Chancen, Risken, Probleme. Frühjahr 1988

Aus dem Inhalt:

Gentechnik und Molekularbiologie
Bedeutung der Gentechnik für die Grundlagenforschung
Neue Technologien in der Pflanzenzüchtung
Neue Biotechnologien in der Tierzucht
Genanalyse und Gentherapie in der Medizin
Chromosomenanalyse
Industrielle Aspekte des Einsatzes der Gentechnologie
Wirtschaftliche Bedeutung der Biotechnologie
Gentechnologie und biologische Waffen
In-vitro-Befruchtung und Embryotransfer
Moraltheologische Erwägungen
Philosophisch-ethische Problematik
Die künstliche Befruchtung beim Menschen —
Zuverlässigkeit und zivilrechtliche Folgen
Das argumentative Dilemma des Widerstandes
gegen die moderne Biotechnik